Johanna H.-Huiffner

Träume zwischen Geist und Schöpfung

Originalausgabe – Erstdruck

Johanna H.-Huiffner

Träume zwischen Geist und Schöpfung

Spirituelle Traumdeutung

Schardt Verlag Oldenburg

Bibliografische Information Der Deutschen Bibliothek
Die Deutsche Bibliothek verzeichnet diese Publikation in der Deutschen
Nationalbibliografie; detaillierte bibliografische Daten sind im Internet
über http://dnb.ddb.de abrufbar.

1. Auflage 2002

Copyright © by
Schardt Verlag
Uhlhornsweg 99 A
26129 Oldenburg
Tel.: 0441-21779287
Fax: 0441-21779286
Umschlag von Heike Wiese
Herstellung: Janus Druck, Borchen

ISBN 3-89841-082-X

Inhaltsübersicht

Prolog

„GOTT HAT DIE SCHÖPFUNG ZUERST GETRÄUMT
ER TRÄUMT SIE NOCH
ER WIRD SIE IMMER TRÄUMEN"

Alle Schöpfung wird zuerst geträumt,
sozusagen in der Imagination vorweggenommen.
Das war immer so und wird immer so sein.

Träume haben Schöpferkraft! Im selben Maß,
wie Gott die Schöpfung träumt und erschafft, genau so ... tut der Mensch
als Minimodell des Ganzen, desgleichen.

Die Schöpfung ist als Erschaffenes der Ausdruck des Erschaffenden
(Gottes), darin ER sich spiegelt und erfährt.

Die sogenannte Traumebene als Entsprechung der psychischen Kraft
verbindet als Träger und Mittler
die beiden Ebenen Geist und Körperwelt. Diese Mittlerebene läßt noch
alle Korrekturvorschläge zu, bevor dann Ideen und Absichten in die physische Ausfertigung gebracht werden.

Nach demselben Prinzip soll sich der Mensch
als Miniaturausdruck des Ganzen begreifen.
Also: im entsprechend kleineren Maßstab, der am Ende der gleiche ist
(Größenordnungen gibt es nicht wirklich), vollzieht
der Mensch genau das Gleiche.

Er hat eine Idee, muß sie in alle Richtungen hin genau überprüfen und
kann sie dann, bereinigt, in die bewußte Erschaffung,
in die materielle Wirklichkeit hinein projizieren unter
Aussprechung der Absicht: „Es geschehe so!" oder „so sei es!" (Anfang
des Johannes-Evangeliums „Am Anfang war das Wort, und das Wort war
bei Gott, und Gott war das Wort!")

Das ist die ewige Schöpferkraft des Träumens.

Später, bei wachsendem Begreifen, ergibt sich zunehmend eine Verlage-
rung von Wirklichkeiten, im selben Maß,
wie sich Traumqualität und Traumspektrum ständig erweitern.

Auch hier zeigt sich eine deutliche Dynamik bei bewußt Träumenden,
die sich, wie alles in diesem Universum, quasi
auf einer Spirallinie fortbewegt.

Dieser Schulungsprozeß ist atemberaubend und anstrengend.

Der Sinn ist klar: **Lehrstoff,** hier das Träumen, **muß immer Neuland sein
und erworben werden.**

Ohne eigene Anstrengung gibt es kein Fortkommen.
Bequemlichkeit ist als Nährboden völlig ungeeignet.

Wie in allen Themenbereichen läuft es darauf hinaus,
daß jeweils die **Gegenwart** den entscheidenden alchimistischen
Schmelzpunkt für
Vergangenheit und Zukunft gleichermaßen enthält.

Träume sind keine Schäume

Jeder kennt die sehr oberflächliche Floskel „Träume sind Schäume".
Das ist keine Volksweisheit, sondern schlichtweg Dummheit. Der frühere Mensch hatte Zugang zu seinen Träumen, wie zu vielem anderen Urwissen auch. Man denke nur an den in allen alten Kulturen verankerten selbstverständlichen Umgang mit Träumen, sogar in Politik und Öffentlichkeit. Bewußt wurde um Träume gebeten angesichts großer Entscheidungen; seien es die Traumbilder indianischer Kulturen, seien es die tief integrierten Traumpfade der Ureinwohner Australiens, geradezu kulthafte Befragungen im alten Griechenland, und nicht zuletzt seit Jahrtausenden der überlieferte Umgang mit der himmlischen Welt über Träume, wie es in der Bibel überliefert wird.

Nicht zu fassen ist, wie es möglich war, daß die christliche Theologie jede Menge Traumereignisse äußerst schwerwiegender Bedeutung vor der Nase hat und prompt abstrahiert. Es geht ein tiefer Riß durch die Denkgewohnheiten bezüglich Träumen, der nicht einmal bemerkt wird. Die Traumberichte werden eher rein rhetorisch oder als eine Art Kuriosum behandelt. Zahllose Traumgeschichten werden in der Bibel dargestellt, die konsequent angenommen und befolgt wurden.

Wer von den heutigen Theologen würde kompromißlos einem Traumaufruf Folge leisten, wie es die Persönlichkeiten damaliger Zeiten getan haben. Theologische Historiker sind imstande, die tollsten Schlußfolgerungen in gedanklichen und verbalen Akrobatenakten zu vollziehen, aber die Unmittelbarkeit von Traumaussagen scheint keinen Bezug zur heutigen Zeit zu haben. Für den sogenannten modernen Menschen, der einseitig im Rationalen verankert ist, scheint es undenkbar, daß Träume und andere Kanäle heute noch genauso ihren Platz und ihre Lebendigkeit haben wie in früheren Zeiten, einschließlich der Berichte von Mystikern des Mittelalters.

Die Nabelschnur in die spirituellen Bereiche ist nie abgerissen! Man kann sie lahmlegen, negieren und ungenutzt lassen, aber als Grundausstattung ist sie heute so präsent wie je.

Bestenfalls wird die Vergangenheit rehabilitiert, der Gegenwart aber nach wie vor Mißtrauen und das ewig gleiche Unwissen entgegengebracht. Die Vergangenheit scheint unverfänglich. Die Geschichte ist voll davon, besonders die christliche Geschichte.

Auch die Engel werden möglichst abstrahiert. Wer keine sehen kann, für den existieren sie meist nicht, bestenfalls hypothetisch. Blumenduft und Atomstrahlung kann man auch nicht sehen, dennoch existieren sie.

Daß das eine akzeptiert wird, das andere nicht, liegt u. a. an der übernommenen Übereinkunft, was menschliche Wahrnehmung anbelangt. Blumenduft können fast alle wahrnehmen, die Auswirkungen von Atomstrahlen kann man nicht leugnen. Engel können nur wenige wahrnehmen – bisher. Irgendwo in diesem Akzeptanzbereich gibt es einen Riß, der allerdings nicht wie eine Mauer unveränderlich sein muß. Man kann ihn heilen, weil er ausschließlich im Denken des Menschen existiert.

Noch immer nicht ist der alte Fehler korrigiert worden: das heute phantastisch und unmöglich Erscheinende kann morgen wahr werden. Dafür gibt es zahllose Beispiele; um nur zwei zu nennen: der alte Traum vom Fliegen und das alte Weltbild einer flachen Erde.

Jeder Mensch auf dieser Erde träumt; unabhängig von Hautfarbe, Rasse, Alter, Bildungsstand und Absicht, Tiere träumen auch, aber in anderer Qualität. Das Träumen ist einer der wesentlichen Grundausdrücke der Seele und damit eine Grundausstattung des Menschen überhaupt. Wenn endlich erkannt wird, was das Träumen bedeutet und welch unglaubliches Geschenk es ist, kann endlich diese reichhaltige Quelle genutzt werden.

Bisher noch wird diese kostbare Gabe überwiegend verschenkt. Auch von der konventionellen Psychologie, denn leider deckt ihr Verständnis nur einen kleinen Teil der Trauminhalte ab. Der weitaus wertvollste Teil, nämlich der übergeordnete Aspekt der spirituellen Ebene, bleibt auf der Strecke. Ich wundere mich seit langem, wie hartnäckig die meisten Psychologen in der unteren Traumdeutungsebene verharren, obwohl es doch ein Pioniergenie gegeben hat, nämlich C. G. Jung. Der hat den Sprung in die gigantische Ebene der Intuition gewagt, auch auf die Gefahr hin, sich lächerlich zu machen im Neuland der nicht direkt akademischen Beweisbarkeit. Es grenzt heute noch an ein Wunder, daß er als namhafter wegweisender Psychologe überlebt hat, bei dem Freimut, mit dem er sich zu Spirituellem, Intuition und offener Kommunikation mit unsichtbaren Geistwesen bekannt hat. Gott sei Dank setzen viele den begonnenen Weg fort. Noch befinden diese sich in der Situation einer Minderheit, bedürfen großen persönlichen Mutes, sich vom Etablierten loszusagen. Immer noch bewegen sie sich am Rande der Ächtung, wenn nicht gar Verfolgung.

Dieses Buch soll ein *Lernbuch*, nicht ein Lehrbuch sein. Ein deklariertes Lehrbuch würde allzu leicht die Schlüssel in die gefährliche Nähe des Dogmatischen rücken. Fixierung aber ist der Feind des Lebendigen. Aus Intuition kann man kein Dogma machen, das liegt in ihrer Natur. Träume sind immer individuell zugeschnitten und müssen aus dem persönlichen Dunstkreis des Träumers verstanden werden, somit sind sie nicht direkt übertragbar auf andere. Wohl gibt es jede Menge Übereinstimmungen und

Ähnlichkeiten, gültige allgemeine Schlüssel, die C. G. Jung als Archetypen bezeichnet hat. Der Zusammenhang aber muß sehr subtil gehandhabt werden, sonst führt jede Spur in die Irre.

Jeder Mensch hegt unterschiedliche Assoziationen zu den Begriffen. Dem muß bei der Deutung Rechnung getragen werden.

Es ist nicht so, daß man alle Träume versteht, wenn man einen versteht. Traumdeutung muß in Anlehnung erfolgen, nicht in Kopie.

Das Wesentliche für das Erfassen des dynamischen Zusammenhangs ist eine schöpferische Fähigkeit, so wie der Traum selber schöpferischer Natur ist. Anders ausgedrückt: das schöpferische Potential findet sich sowohl in dem Traum selber wie in der Aufschlüsselung. Diese Möglichkeit, am Schöpferischen teilzuhaben, ruht in jedem Menschen, auch in solchen, die behaupten, sie seien „überhaupt nicht kreativ". Um dann das Erkannte, Aufgeschlüsselte zu realisieren in die materielle Alltäglichkeit hinein, bedarf es wieder der Schöpferkraft. So erschafft der Mensch auch neue Wirklichkeit in seinem Lebensbereich. Ein wahrhaft großes Geschenk.

Träume weisen auf innere Tatsachen hin, bleiben aber offen für freie Entscheidung, bieten keine zwanghafte Patentlösung an. Sie helfen Begreifen, zeigen vorurteilslos Möglichkeiten auf, zwingen aber nie in vorgefertigte Handlungen. Sie sind Hilfen, aber keine Zwänge. Dabei gilt die Tendenz: je bewußter eine Seele träumt und übersetzt, um so stärker wird sich der Schauplatz (um nicht zu sagen das Schlachtfeld) des freien Willens herausschälen. Umgekehrt gilt: je weniger eine Seele sich ihrer selbst noch bewußt ist, um so direkter werden konkrete Richtlinien vorgestellt.

Träume sind *keine* Produkte des Unterbewußten!

Träume kommen immer aus dem Höheren Bewußtsein.

Niemals sind sie einfach mehr oder weniger läppische Wiederholungen von Alltagserlebnissen, die in der Nacht nochmals durchexerziert werden müssen. Wohl ist dieser Bereich im Träumen auch enthalten, aber den bloßen Mechanismus reiner Wiederholung zu unterstellen, bedeutet eine Abwertung der sinnigen, geistigen, weit gespannten Botschaften. Ebenso wie in der Natur niemals etwas verschwendet wird, ohne Sinn und Zweck geschieht oder lediglich dasselbe wiedergekäut wird, haben wir dieselbe Gesetzmäßigkeit in den feinstofflichen Bereichen vorliegen.

Gerade im tieffragenden Ernstnehmen der verborgenen Bedeutung hinter den Ausdrucksmitteln des Alltäglichen wird erst die ganze Vielschichtigkeit des permanenten Dauerangebots offenbar. Da erst beginnt die Reise ins Innere, ein Abenteuer unvorstellbaren Ausmaßes. Der Mensch meint, er kenne die Erscheinungswelt so, wie sie ist und läßt es sich leider damit genügen. Die weiterbohrende innere Stimme übertönt er möglichst laut. Tatsache ist, er kennt lediglich die Projektion seiner Sichtweise auf die Welt; er unterliegt einer Täuschung, denn diese Projektion ist nicht *die* Wirklichkeit, es ist nur eine von vielen. Dieser Mangel muß erst erfaßt werden; auch dabei helfen Träume, die Überleitung in eine andere Wirklichkeit sind und zugleich in andere Wirklichkeiten führen.

Wie oft bekam ich zu hören, wenn ich nach Träumen fragte: „... nur ein paar zusammenhanglose Fetzen ... Ich hab nur was geträumt, was ich gestern erlebt habe ... Ich hab nur dummes Zeug geträumt ..."

Solche Bemerkungen kommen sogar von Leuten, die es bereits besser wissen müßten, die die Informationen bereits haben, daß es weder Unsinn, noch banal, noch zusammenhanglos ist, was sie träumen. Daran kann man erkennen, wie tief, wie hartnäckig sich die alten Vorurteile in uns zu halten vermögen.

Frau G., seit langem auf schmerzlicher Suche nach ihrem spirituellen Weg, hat sich als Psychologin mit C. G. Jung befaßt. Uraltes tiefes Mißtrauen und daraus Besser-Wissen als Selbstbehauptung (retten, was noch zu retten ist) stehen ihr im Weg. Sie wird von einigen eher geisterhaften Leiden geplagt, wehrt sich hartnäckig erst einmal, mir ihre Träume zu erzählen. Aus den Sitzungen bei mir wird eine Tonnenlast von alten karmischen Belastungen offenbar, um die sie grundsätzlich bereits wußte. Wie bei jedem andern auch, bildet sich in dem jetzigen Leben ein Querschnitt des Ganzen heraus, der wie ein Neuaufguß alter erworbener Muster wirkt. Jetzt, in der Erdphase der totalen Erneuerung und Umwandlung wird alles zusammen sozusagen auf den Punkt gebracht.

Durch die tief eingebrannten Erlebnisse, die als Muster gespeichert sind, hat sie gründlich das Fürchten gelernt und scheut immer dann zurück, wenn es an den Kern geht. Das ist menschlich und legitim, sollte sich aber ändern. Aus dem Grund bohre ich, wenn sie scheut. Auch bei folgendem Traum behauptete sie, verstanden zu haben; er bezöge sich lediglich auf ihre sehr negativen Kindheitserfahrungen. Sie tut, als brauche sie keine Hilfe. Ihr Erscheinen hier spricht deutlich genug vom Gegenteil, deshalb wage ich zu insistieren.

Sie erhält einen großen Schlüssel, der in ein blau gestrichenes Gartentor paßt, Teil eines ebenfalls blauen Holzzauns, über den man nicht hinwegsehen kann (... wie in Norwegen die Zäune sind, sagt sie). Sie schließt das Tor auf, geht in das Grundstück und sieht voller Entsetzen auf zwei ausgebrannte Einfamilienhäuser, das linke steht ihr näher, das rechte etwas nach hinten versetzt. Es erfaßt sie furchtbare Panik, das plötzliche Wissen, hier ist eine Katastrophe geschehen und türmt.

In ihrem Verständnis hatten Entsetzen und Flucht Vorrang. Sie bezog den Traum auf ihre Eltern. So weit so gut.

Das war aber nicht alles. Einen weiteren Schwerpunkt nimmt der Schlüssel ein, den sie übergangen hat, wegen der emotionalen Panik (das linke Haus war ihr näher; sie hat also eher Zugang zur emotionalen Katastrophe, kommt dort zuerst heran). Der Traum sagt aber auch unmißverständlich, daß die Zeit reif ist, sich die Sache anzuschauen, den Mut aufzubringen, sich zu stellen. Der Schlüssel dafür ist ihr gegeben! (Blau als die Farbe des Erkennens, Verstehens, Bewußtseins und zugleich der Erlösung, des Heilens). Also ein Geschenk, das Notwendige zu tun. Mit der Flucht landet sie wieder dort, wo sie sich schon lange befindet. So kommt sie nicht weiter. Jetzt ist der Moment der Wahrheit gekommen, ihre Chance, hineinzugehen in das alte Drama, um frei werden zu können. Stellt sie sich nicht, dreht sie sich im Kreise und kommt aus der Panik nicht heraus.

Es besteht die einzigartige Möglichkeit, den Traum zu korrigieren, das Drehbuch neu zu schreiben, in die Häuser hinein zu gehen. Nur dann geht es weiter. Bringt sie den erforderlichen Mut auf, wird ihr mit allen Mitteln geholfen werden. Die Lichtwelt besitzt nicht nur außerordentliche Möglichkeiten für solche Hilfe, sondern ist äußerst zuverlässig damit, wartet immer mit den größten Überraschungen auf, was Zeitpunkt und Art und Weise der Hilfe anbetrifft. Den ersten Schritt muß allerdings immer der Mensch machen, das ist Gesetz. Die Hilfen sind genial und immer mit einem wunderbaren Humor durchsetzt, wie der Wissende täglich erfahren kann. Mit einer weiteren Kostprobe davon wurden wir in derselben Sitzung beglückt, in der sie mir den Traum erzählte.

An dieser Stelle möchte ich Stefan Zweig zitieren:

„Der geistigen Menschen höchste Leistung ist immer Freiheit, Freiheit von Menschen, von den Meinungen, von den Dingen, Freiheit zu sich selbst."

Das bedeutet nicht, sich auf eine einsame Insel zurückziehen zu müssen, sondern beschreibt eine innere Überwindung.

In der gemeinsamen Arbeit mit Frau G. hatte sich bereits eine scheinbar unüberwindliche Leidensflucht herausgeschält, wie bei den meisten Menschen vorhanden; das aber war ihr nicht bewußt. Leiden kann nur überwunden werden, wenn man mutig hinein geht und die inneliegenden Botschaften annimmt. Leiden ist kein Selbstzweck und keine ewige Notwendigkeit, aber eine Notwendigkeit zur Schulung, solange, wie man es braucht. Es hört auf, wenn man es nicht mehr braucht. Auch das ist ein Gesetz der inneren Welt; es nützt nichts, es nicht zu akzeptieren.

Die höheren Seelenbotschaften treten pausenlos, buchstäblich mit Engelsgeduld an jeden heran, nicht nur in Träumen, sondern gleichfalls im äußeren Alltagsgeschehen und in der inneren Stimme (Gewissen). Die Aussagekraft von äußeren Ereignissen und Träumen ist von der gleichen modellhaften Lesart; beiden liegt der gleiche Schlüssel zugrunde. Die innere Stimme haben wir verlernt zu hören. Allzu viel innerer und äußerer Lärm (hausgemacht!) übertönen sie, als da sind: Wünsche, Begierden aller Art, gleich ob grob oder subtil, mechanische Abläufe, Gewohnheiten, permanenter Gedankenwust, törichte Vorstellungen. (In Träumen häufig als Zirkus, Varieté oder Rummelplatz dargestellt; die Täuschung, Illusion der physischen Welt).

Wir haben uns unsere Empfänglichkeit für wesentliche Botschaften im Wachbewußtsein verstellt, unerreichbar gemacht, so daß der liebevollen geduldigen Anleitung aus unsichtbaren Bereichen nichts anderes übrigbleibt, als Hinweise während des Schlafes zu geben. Dann nämlich stellt sich unser zensierender Denkapparat nicht hindernd in den Weg. Der Kanal für Botschaften ist offen. Dann sind wir zugänglich und müssen hinhören. Nun tritt wiederum das Drama des Wegschiebens und der Verständnislosigkeit auf den Plan: wir erhalten die Botschaft, aber sie ist scheinbar in einer Fremdsprache geschrieben, die wir nicht (mehr) beherrschen, geschweige denn verstehen (wollen).

Diese Fremdsprache, die eigentliche „Mutter-Vater-Sprache", will nun wieder gelernt werden. Falls nicht, wird sie auf eine andere Ebene verlagert werden müssen, die des Erleidens; wir haben die Wahl.

Träume verstehen bedeutet auch die Möglichkeit des Abwendens, der Beschleunigung von Entwicklung. Indem wir im Vorfeld Träume beherzigen, können wir also Leiden abwenden und Entwicklung beschleunigen.

Es gibt niemals dumme Träume,
es gibt nur dumme Träumer!

Unwissenheit, Verständnislosigkeit und Vorurteile (Hochmut) sind am Werk, nicht etwa unsinniger Traum-Kauderwelsch. Nichts, gar nichts in diesem Universum ist rein zufällig, chaotisch oder ohne Sinn (was für eine blinde Unterstellung). Wenn sich das wirklich so verhielte, wie die meisten vorgeben zu glauben, was meinst du, lieber Leser, wie es im Kosmos und auf der Erde aussähe? Die Existenz aller Dinge würde augenblicklich zusammenbrechen.

Wenn man das einmal akzeptiert hat, wird man zwangsläufig anfangen zu schürfen, was denn hinter allem stehen mag. Erst dann kann der Zugang anlaufen.

Wer nicht fragt, kriegt keine Antwort.
Wer nichts wissen will, erfährt auch nichts.

Es ist natürlich viel bequemer, sich nicht anzustrengen und alles beim Alten, Gewohnten zu belassen. Die Zeit, die kostbare Lebenszeit bringt sich allemal von alleine hin, die läuft ohne eigenes Zutun ab. Aber zum Ziel führt Treiben-Lassen keinesfalls. Weil fast alle es so machen, muß es doch nicht richtig sein.

Die Masse hat nicht recht. Der Mensch ist *nicht* geborgen in der Masse und im Massenverhalten (Ziel ist echte Gemeinschaft, das ist etwas gänzlich anderes). Schlimm genug, daß er es sich so vorgaukelt und sich darin wohl zu fühlen scheint.

In jedem Fall wird und muß er herausgerissen werden aus dieser Schlafhaltung, um seiner selbst willen. Er hat die Wahl, ob er es freiwillig tut oder sich von Ereignissen überrollen lassen muß.

Mir persönlich liegt mehr die Haltung: wenn ich schon so hart und so viel, so Schönes und Großartiges und Schweres lernen muß und soll, dann will ich es lieber gleich tun und versuchen, ein *Dürfen* daraus zu machen.

Plädoyer für die Notwendigkeit, unverzüglich zu ändern

Man möge mir verzeihen und mich nicht der Eitelkeit bezichtigen, wenn ich behaupte, Wesentliches zu dem Thema Träume beitragen zu können. Für mich bedeutet dieser Beitrag eine hohe, verantwortungsvolle Aufgabe, ein Vermächtnis, dem ich mich mit all meinem Wissen und meiner Erfahrung stellen will. Umgekehrt wäre es verantwortungslos, dies zu unterschlagen oder nur wenigen persönlich zukommen zu lassen, bricht doch mit dem Thema und dessen Verständnis, seiner Auslotung in das alltägliche Bewußtsein hinein, eine revolutionäre neue Epoche des Menschen überhaupt an. Alles Vorangegangene stellt nichts weiter als eine Basis dar, auch die Sackgassen, die die orthodoxe Traumdeutung der Psychoanalyse in die Welt gesetzt hat, die mehr Unheil angerichtet hat, als ihre Gebraucher ahnen. Ebenso wird das, was sich nun artikuliert, in der Zukunft wiederum Basis sein für die nachfolgenden Entwicklungen. Niemand postuliert ausgegrenzt eine ewige Wahrheit für alle Zeiten. Das verstieße gegen das Gesetz des Lebens, das Wandlung heißt. Der bewußte Mensch, der sich diesem Gesetz freiwillig unterwirft, wird imstande sein, den Schwung und die Kraft der Entwicklung zu nutzen, um Evolution voranzutreiben.

Wenn ich von Evolution rede, meine ich ausnahmslos die geistig-seelische, die die materielle ihrem Vorbild gemäß nach sich zieht.

Der Ausdruck im biologisch-physikalischen Bereich ist *immer* ein nachfolgender. Anders herum ist es überhaupt nicht möglich, denn alle Dinge ohne eine einzige Ausnahme, entstehen zuerst im „unsichtbaren" Bereich, bevor sie sich manifestieren können.

Ein einfaches Beispiel: ein Architekt, der ein Haus bauen will, hat zuerst eine Vorstellung, eine Imagination. Wenn sie genial ist, ist sie inspiriert. Danach arbeitet er den Plan genau aus, überprüft ihn auf Schwächen und Fehler, bevor er ihn in die Ausfertigung gibt. Oder hast du schon einmal den umgekehrten Fall erlebt? Erst in der materiellen Ausfertigung werden übersehene Fehler offenbar.

Ebenso wird kein Architekt zuerst ein Dach in die Luft setzen können, sondern muß dem Gesetz der Folgerichtigkeit entsprechen und mit dem Unterbau beginnen.

Das Drama der augenblicklichen Menschheit besteht darin, daß sie Ursache und Wirkung nicht auseinanderhalten kann und lediglich die Wirkung betrachtet, ohne die Ursachen zu hinterfragen. Eine Situation der Bodenlosigkeit, die sich prompt in allen anderen Bereichen getreulich spiegelt, sei es in Landwirtschaft, Medizin, Finanzwesen oder anderen.

Weltweit setzt sich ansatzweise die Ahnung durch, daß mit den herkömmlichen Mitteln diesem Dilemma nicht zu entkommen ist.

Überhaupt muß verstanden werden, daß Entkommen keine Problemlösung sein kann, auch Verlagern nicht. Inzwischen könnte jeder Mensch auf dieser Erde begriffen haben, daß der Fluchtweg abgeschnitten ist. Unerbittlich wird er sich dieser Herausforderung stellen müssen, da es längst ums Ganze geht, ob das nun angenehm ist oder nicht, danach wird sicherlich nicht gefragt. In den letzten Jahren sieht es so aus, als würde die Menschheit auch die letzte Chance vertun, ihr Verhalten konsequent zu ändern. Je länger aber gezögert wird, um so massiver werden die Lektionen sein müssen; das ist unausweichlich. Entgehen ist für niemanden möglich. In zahllosen Traumbeispielen wird der Fluchtweg abgeschnitten. Ich werde ein paar Beispiele bringen.

Wenn einer nach München will und verpaßt sämtliche Autobahnausfahrten, kann er zwar immer noch dahin gelangen, aber unter immer erschwerteren Umständen.

Dieses Universum wird von der Alliebe des Göttlichen getragen und gelenkt, folglich gibt es immer wieder eine Chance zu lernen und zu wachsen. Aus einer höheren Perspektive gesehen gibt es keinerlei Grenzen für inneres Wachstum. Im materiellen Bereich müssen grenzenähnliche

Befristungen gestellt werden, um den Menschen vor den Folgen seiner eigenen Torheit möglichst zu schützen, ohne dabei den Willen zu beschneiden. Beispiel:

Gute Eltern warnen zwar immer wieder ihr Kind, nicht an die Herdplatte zu fassen, weil das weh tut. Irgendwann faßt das Kind in seiner unersättlichen Entdeckungslust, seinem Trotz und seiner – zuerst – Unbelehrbarkeit doch an die Herdplatte. Die Eltern lassen es zu, bemüht, den Schaden so klein wie möglich zu halten. So sind wir alle kleine Kinder in den Erziehungsprozessen des Lebens, eingebunden in die zeitlichen Abläufe auf dem Schauplatz Erde.

Eine der größten Lektionen, die nun reif sind, erteilt zu werden, ist Verantwortung. Verantwortung über das eigene Leben und zugleich über die Erde als gehorsame hohe Dienerin des Schöpfers. Das Mißverständnis über den Auftrag: Macht euch die Erde untertan, wie es gehandhabt worden ist, muß nun revidiert werden mit allen Konsequenzen. Es ist allerhöchste Zeit dafür. Die Ermächtigung zu jeder Ausbeutung, um egoistische, maßlose Gierwünsche zu befriedigen, ganz nach selbstherrlicher Lust und Laune, war ganz sicher nicht damit gemeint. Vielmehr sollte der Mensch sich voller Respekt, Dankbarkeit, Fürsorge und Verantwortung der reichhaltigen Möglichkeiten dieser Erde bedienen und begreifen, was er seinerseits im Austausch geben kann.

Es gibt eine unmittelbare Entsprechung zwischen der Erde und der Körperlichkeit des Menschen. Siehe die Worte bei Beerdigungen: Staub zu Staub, Asche zu Asche; von Erde bist du genommen, zu Erde sollst du wieder werden.

Es steht ein ungeheuerlicher Evolutionssprung bevor, besser gesagt, wir befinden uns mitten darin. Der Ausgang ist nicht festgelegt, sondern offen und hängt ganz davon ab, in welchem Maß der einzelne und die gesamte Menschheit als Kollektiv sich dieser Herausforderung stellt. (Siehe Weltuntergangsträume, die sich auch häufen.)

Noch immer sieht es leider so aus, als ob die Herausforderung weltweit nicht angenommen würde und die Erde damit gezwungen wird, in großem Stil abzuschütteln, was ihr nicht zuträglich ist, und das ist viel, sehr viel. Sie erfüllt damit den höheren Dienst, dem Menschen Einhalt zu gebieten in seiner maßlosen Zerstörungswut, die ansonsten keine Möglichkeit mehr übrig ließe, existent zu bleiben.

Das Gesetz des Lebens ist vorrangig Erhaltung, nicht Zerstörung. Da wo Zerstörung geschieht, handelt es sich in Wirklichkeit um eine Maßnahme des Erhaltens, die allerdings nicht in dem engen, bisherigen menschlichen Denkmuster verstanden werden kann.

Es ist allerhöchste Zeit zu beherzigen, daß nicht dieselben Mittel aus der Bredouille heraushelfen können, die hinein geführt haben. Folglich bieten die gängigen Versuche keinen Erfolg. Man kann den Teufel eben nicht mit Beelzebub austreiben. Bekämpfungen in allen Formen sind nichts weiter als flache Beschwichtigungen, Halbherzigkeiten, Ausdrücke von Hilflosigkeit, Starrsinn und unerkanntes Gewaltdenken. Darin sind wir Erdenmenschen seit langen Zeiten prächtig geübt und erfahren. Es muß also etwas völlig anderes, Neues her.

Dieses – scheinbar – Neue ist Spiritualität, ist Erkenntnis. Der lange, lange Weg der inneren Entfremdung, der Trennung vom inneren wahren Wesen wieder zur Ganzheit, muß nun wieder entdeckt werden. Das ist die Wende, von der so viel geredet wird.

Jeder Mensch ist seinem innersten Wesen nach spirituell, ganz gleich, ob er sich dessen bewußt ist oder nicht. Es gilt „nur", den Zugang zu finden und rasant zu entwickeln.

Einer der markanten Sätze, die ich bereits vor Jahren erhielt, lautete:

„Scheinbar sichere Gefüge werden aufgehoben!"

Dem Menschen ist von Haus aus die Fähigkeit, Spiritualität zu leben, mitgegeben als ein ungeheures Potential, dem in die Zukunft hinein keine Grenzen gesetzt sind. Bisher wissen nur einzelne Menschen um die unvorstellbare Kapazität, über die sie verfügen, nur eine kleine Minderheit ist bisher imstande, sie zu nutzen. Die Chance, *mit* dem Evolutionssprung voll einzusteigen, ist unerhört. Daß die meisten Menschen sich unmäßig vor diesen notwendigen Veränderungen fürchten und beharrlich beim Alten verbleiben möchten aus „Sicherheits"-Gründen, ist menschlich, aber töricht.

Für diese Geburt in das Neue hinein werden Geburtshelfer benötigt. Die sind da. Jeder von ihnen mit einem voll erwachten Bewußtsein und der Hingabe an diese Aufgabe. Und nicht nur Menschenhilfe gibt es bei dieser Geburt; doch davon später.

Selbstverständlich sind alle Geburtswehen hart; jede Menschenmutter auf der Erde kann das bestätigen. Es gibt nichts Beständiges von Wert, das nicht über Mühe, Schmerz, Anstrengung und hohe Selbstbeteiligung erworben werden muß. Jeder kann dies unschwer in seinem Leben konstatieren. Der alte Wunsch des Menschen, es möge doch leicht und mühelos gehen, muß endlich als Illusion entlarvt werden. Jeder muß für sich lernen, mit den Ereignissen innen und außen zu gehen, statt ständig zu protestieren und sich zu widersetzen. Jede Art von Widerstand verursacht unweigerlich schmerzhaftes Dilemma. Wir sind nicht auf der Erde, um es angenehm und bequem zu haben, sondern zu lernen.

18

Dem Lernwilligen wird geholfen; auch das ist ein Gesetz. Anspruchsvoll aber tröstlich. Die sogenannten Schwächeren werden mitgezogen von denen, die vorangehen. Es gibt dabei keinerlei Hierarchie im Sinne von Bewertung. Die Pioniere dienen freiwillig und kennen kein anderes Ziel, als den noch Schlafenden beim Wachwerden zu helfen. Alle alten Vorstellungen von besser oder schlechter werden allmählich verschwinden, auch wenn das noch lange dauern mag. Auch das ist ein Kriterium des Neuen Zeitalters, das so mächtig und unerbittlich heraufzieht und dabei ist, sich unter sehr bewegten Vorzeichen zu etablieren.

Es gibt nichts zu fürchten außer dem, was du selber verursachst. Du kannst freiwillig mitmachen oder dich widersetzen. Das ist ein Teil der menschlichen Freiheit. Mitmachen bedeutet Erfüllung der eigenen Aufgabe in diesem gigantischen Prozeß. Widerstand bedeutet Not. Diese Not ist keine Strafe oder Verwerfung, sondern eine zugelassene Maßnahme für Dennoch-Lernen. Noch fürchtet sich der Mensch erheblich vor seiner eigenen Freiheit. Soldatischer Gehorsam ist ihm meist lieber. Freiheit bedeutet zu wählen und dann zu der Wahl zu stehen. War sie nicht gut, die Folgen zu tragen, ohne jemand anders verantwortlich, haftbar zu machen. Ein freier Mensch braucht keinen Prügelknaben mehr für sein Leid.

Ich bitte dich, lieber Leser, von vornherein um Verzeihung wegen der Wiederholungen in diesem Buch! Ich weiß nicht, wie die zu vermeiden wären. Für viele Traumerklärungen muß ich bereits von Anfang an die Schlüssel benutzen, die erst später erklärt werden. Träume mit ihren zahllosen Bildüberschneidungen greifen natürlich auch in den Erklärungen ineinander.

Eindringliche Ermahnungen ethischer Natur oder Ermutigungen für dich wiederholen sich ebenfalls des öfteren. Halte mir mein inniges Anliegen dahinter bitte zugute, um so tiefer wird es dringen. Wir wissen doch von uns, *wie* schnell wir wieder vergessen.

Die Schöpfung als Abbild

„Alles Lebendige ist nur ein Gleichnis"

Die gesamte Schöpfung stellt eine unvorstellbar vielfältige Abbildung geistiger Ideen und Imaginationen dar, die ins Außenfeld hinein manifestiert werden, um Existenz zu gewinnen und damit Expansionen zu ermöglichen für den Allgeist, der sich darin spiegelt.

Im gleichen Maß, wie sich dieser Vorgang in denkbar gigantischstem Rahmen vollzieht, geschieht das Gleiche im menschlichen Bewußtsein. Jeder einzelne Mensch trägt wie eine Art Mini-Modell die gleiche Fähigkeit in sich, die Idee, das Konzept des Ganzen in sich zu spiegeln wie ein Abbild und innerhalb seines individuellen Rahmens ebenfalls Wirklichkeit im Außenfeld werden zu lassen. Wir finden die Entsprechungen in sämtlichen Ebenen und Größenordnungen, wie überhaupt Entsprechung einen absolut verbindlichen Schlüssel für das Verständnis der Schöpfung liefert.

In der gesamten Biosphäre drückt sich genau diese Entsprechung in allen Bereichen aus. Der Makrokosmos entspricht haargenau dem Mikrokosmos, das eine ist ohne das andere nicht denkbar, nicht möglich.

Stelle dir die Funktion des Auges vor, das optisch ein Bild über Schwingungen empfängt und abbildet, sinnigerweise auf dem Kopf stehend. Der so Sehende ist sich dessen nicht bewußt, ebensowenig wie der subjektiven Übersetzung des Abbildes. Die in einem Bergsee gespiegelte Landschaft erscheint auch auf dem Kopf stehend.

Darin liegt ein versteckter Humor, den der Wissende mühelos als Ausdruck der Illusionswelt erkennt. Zugleich drückt sich sinnbildlich darin aus, daß das wahrgenommene Abbild nur ein Spiegelbild der Wirklichkeit des Geistes sein kann.

Du kannst sicher davon ausgehen, daß der Haushund die Dinge, die er sieht, anders wahrnimmt und interpretiert als du. Das Rotkehlchen im Garten erlebt wiederum eine ganz andere Version, obwohl es optisch die gleichen Dinge sieht. Worin also liegt der Unterschied? Im Bewußtsein.

Das Bewußtsein wird vorrangig geprägt von sehr persönlichen Denk- und Fühlmustern. Die Sicht der Tiere ist selbstverständlich auf weniger ausgeprägte persönliche Wahrnehmung ausgerichtet, weil sie einen anderen Bewußtseinsstand innehaben als Menschen. Aber innerhalb der Menschheit sind die Unterschiede ebenfalls gravierend.

Ein Einwohner aus New York wird ein Auto, ein Buch oder einen Wassertümpel vollständig anders wahrnehmen als ein Aborigine, obwohl er, sachlich betrachtet, dasselbe sieht.

Wenn eine einzige, objektive Sichtweise genügen würde, brauchte es auch nur einen einzigen Menschentypen, sei es im Unikat oder in vervielfältigter Ausfertigung zu geben, identische Kopien des Urbildes. Das aber wäre nicht nur unsinnig, sondern auch langweilig.

Diesem Grundverständnis muß man in der Traumdeutung Rechnung tragen.

Wenn zwei das gleiche träumen, so ist es noch lange nicht das gleiche. Logisch. Ich komme in Beispielen noch genauer darauf zu sprechen.

Was sich an unendlichen Möglichkeiten immer mehr auftut, scheint zunächst verwirrend und mag gelegentlich Unwillen erregen. Nichtsdestoweniger bietet es erst die schönste Fülle, die die Schöpfung gerade durch den Menschen hindurch in Gang und Expansion hält. Expansion ist Entwicklung, ist Wachstum, ist Vervielfältigung, ist Reichtum, ist Differenzierung, ist Freude.

Die archetypischen Grundgemeinsamkeiten in Träumen, unabhängig von Weltgegend und Kultur, erweitern sich ständig, sind fließende und keine starren, für ewig feststehenden Größen, Fakten.

Auto, Eisenbahn, Flugzeug, Fahrrad, Telefon und dergleichen haben längst Eingang gefunden in die allgemeine Traumwelt, obwohl es diese Dinge noch nicht lange gibt.

Von welcher zentralen Bedeutung Bildsprache ist, mußt du dir einfach klarmachen. Kleine Kinder lernen ausnahmslos am liebsten durch Bilder. In vielen Bereichen werden Bildvergleiche herangezogen, um etwas verständlich zu machen. Jeder weiß aus seiner Lebenserfahrung, daß Bildhaftes am tiefsten und längsten im Gedächtnis haftet. Nicht zuletzt ist gerade die Bibel ein grandioses Beispiel dafür. Prüfe jeder selber nach, wie oft er nur aufgrund von Bildvergleichen überhaupt ahnungsweise versteht, wovon die Rede ist. (Auf den christlichen Hintergrund, unabhängig von institutionellen Einrichtungen wie Kirchen oder Religionen, werde ich noch näher eingehen.) Jesus war der größte Geschichtenerzähler aller Zeiten, und das aus gutem Grund.

Dasselbe gilt für Märchen und Mythen. Sie sind durch ihre Bildhaftigkeit wunderbar geeignet, uralte Weisheit und Historisches wesentlich unverfälschter zu speichern als nur Sprache, die viel mehr Veränderungen und damit Mißverständnissen unterworfen ist. Außerdem vermögen sie Inhalte wesentlich komprimierter zu vermitteln als nur Texte.

Die Bilder des Lebens erzählen genauso Geschichten wie die Träume. Allen Geschichten liegt derselbe Schlüssel zugrunde. Wer den Schlüssel kennt, hat Zugang zu allen Geschichten.

Meine Erfahrung langjähriger Arbeit mit Menschen zeigt, daß ausnahmslos alle, sowohl betont intellektuell ausgerichtete Menschen wie wenig intellektuell veranlagte, spontan und lebendig auf bildhafte Vorstellungen ansprechen.

Man bekommt keinen Kuchen gebacken, indem man das Rezept liest. Umgekehrt braucht man zum Kuchenbacken sehr wohl ein Rezept.

Ein Buch ist gut, vielleicht sogar unerläßlich, aber es ist nicht alles. Die Arbeit, wenn möglich spielerisch, muß getan werden. Man kann

Traumverständnis genausowenig allein hypothetisch über Bücher lernen wie Klavierspielen.

Klavierspielen.

Traum-Spielen. Spielend lernen wie ein Kind über Bilder, z. B.

Eine Kombination von Praxis, Spiel, Ernst, Fleiß, Übung, Bücher-Anleitung, Abenteuerfreude, Pioniergeist, all das wird gebraucht zum Weiterkommen. Wie sonst könnten wir wirklich Leben lernen?

Du kannst die gesamte Schöpfung mit einem vielschichtigen gewaltigen Kryptogramm vergleichen. Abbilder, Zahlen, Buchstaben, Worte, Töne, Ereignisse, Dinge, Wesen ... alles sind verschlüsselte Darstellungen, chiffrierte Botschaften, die enträtselt werden wollen. Der Eifer und die Fähigkeit dazu müssen von bewußten Wesen entwickelt werden. Es wird Spürsinn dafür benötigt. Der hohe Ernst dahinter bedarf auch der Wahrnehmung des Spiels.

Ob Piktogramm oder Kryptogramm – beides trifft zu, beides vereint sich zu einem einzigen Rätselgebilde, dessen Code „geknackt" werden will. Nicht von ungefähr haben alte Schriften eine Bildsprache benutzt. Wir tun es noch; werde dir der Einheit bewußt, lerne zu entschlüsseln. Kein Zufall, daß weltweit Rätsel auf dem Papier derart beliebt sind, sowohl Bild- wie Texträtsel. Sie sind ein Spiel, werden mit Ernst betrieben und schärfen den Verstand wie die geradezu kriminologische Spürfähigkeit. Aber beschränke dich nicht auf diese Projektion! Erweitere das Ganze in das gesamte Territorium: die Schöpfung!

Intuition – der Wegweiser durch das Traumlabyrinth

Die Intuition ist eines der gewaltigsten Geschenke des Schöpfers an den Menschen, ein Potential von unvorstellbaren Ausmaßen. Man kann sie überhaupt nicht überschätzen, nur unterschätzen. Wer seine eigene Anlage zur Intuition unterdrückt aus simplen gewohnheitsmäßigen Denkmustern heraus und in der unbewußten Neigung, sich an die vermeintlichen Sachzwänge gegenwärtiger Maßstäbe anpassen zu müssen, der amputiert sein ganzes Wesen, ohne es zu merken.

Intuition ist Genie. Intuition ist Gnade, ist ein Teil des göttlichen Menschen. Intuition vermag der Fülle scheinbar zusammenhangloser Einzelteile, *den* Zusammenhang, den innewohnenden Sinn zu geben. Intuition ist der Ariadnefaden, der den Weg im Labyrinth unendlich vielgestaltiger Erscheinungsformen, das Gerüst, den Sinn und Zweck verständlich macht.

Ohne Intuition wird jede Erklärung lebendiger Modelle zu bloßer mechanischer Anreihung zufälliger Ereignisse herabgewürdigt. Ohne Intuition kann nur ein Weltbild von Zufälligkeiten und Chaos bestehen. Über Intuition wird der Zugang zum tief innewohnenden Sinn erkannt. Intuition ist der Hauptkanal, durch den der ewig sprudelnde Quell der Erkenntnis endlos und reichhaltig fließen kann. Wer sich der Intuition nicht öffnet, wird im blinden Herumstochern stecken bleiben.

Intuition ist der Wegweiser durch das vermeintliche Labyrinth der Träume und zugleich der Träger der Inhalte.

Intuition ist der wahren Mitte des Menschen, nämlich dem Herzchakra, zugeordnet. Diese Mitte stellt das absolute Zentrum dessen dar, was den Menschen zum Menschen macht: seine einzigartige psychische Kraft, die der Seelenebene entspricht.

Es wird Zeit zu begreifen, daß alle schöpferischen Genies dieser Erde ihre bahnbrechenden Schöpfungen auf intuitiver Ebene empfangen haben. Sie alle wußten darum und bekennen es offen, darüber gibt es zahllose Dokumentationen. Es bleibt unbegreiflich, wieso diese Tatsache im Denkmuster der heutigen Gesellschaft so sehr verdrängt, ja geleugnet wird.

Dahinter steht nichts weiter als eine bodenlose Angst, sich der eigenen Intuition zu öffnen, aus dem einfachen Grund: das hätte Konsequenzen. Im gewohnten Denk- und Handelnstrott fühlt sich der Mensch scheinbar sicher, muß scheinbar nichts verändern, kann erleichtert so weiterwursteln wie vorher. Veränderung bedarf des Willens, braucht einen gewaltigen Energieschub, Initiative. Nichts ist so schwer, wie sich freiwillig ändern, sei es in großen oder kleinen Dingen.

Der veränderungsbereite Mensch läßt sich freiwillig auf innere Erdbeben ein. Solche Seelenbeben aber sind nicht leicht zu ertragen und durchzustehen bis zum nächsten Schritt, zum Neuen hin. Es braucht Mut und Tapferkeit. Nachgeben und Treibenlassen scheint leichter. Da aber liegt der Fehlschluß: am Ende erweist sich der momentan bequemere Weg als der unhaltbare, unerträgliche. In der Entsprechung kennt jeder dieses Gesetz aus dem Alltag seines Lebens.

Was ich heute aus Unlust aufschiebe, gestaltet sich in der Verzögerung sehr viel schwieriger zu bewältigen. Beispiel Erziehung: eine augenblickliche Nachgiebigkeit einem Kind gegenüber aus Bequemlichkeit wird später unweigerlich neu serviert, dann allerdings potenziert. Im Bereich Umwelt dasselbe: das Bequemere, Billigere im Augenblick wird in Zukunft das Unbezahlbare sein.

Niemand täusche sich über sich selbst: das Potential der Trägheit, Lauheit und Bequemlichkeit trägt jeder in sich. Kein Gott und kein Mensch kann einem die Auseinandersetzung damit abnehmen. Das muß jeder selber für sich tun. Dabei ist der eine mit sich unerbittlich, der andere läßt alles laufen.

Wohlgemerkt: äußere Betriebsamkeit, Hektik, viel Machen sind meist Verlagerungsmechanismen, hinter denen ein raffinierter Beschwichtigungs- und Bestechungsversuch steht (Guck mal – ich tue doch ganz viel! Reicht das denn nicht?). Bewegung als Selbstzweck gehört in die tierische Ebene. Es muß gefragt werden nach der wirklichen Motivation, die im Grund der Seele verborgen liegt. Es ist nämlich wesentlich leichter, viel im Gewohnten zu machen, als sich neuen Wegen in tiefster Aufrichtigkeit zu stellen. Nicht einmal starkes soziales Engagement ist immer das, wofür es der Ausübende hält. Wir sind wahre Meister im Selbstbetrug. Tiefste Wahrhaftigkeit und Intuition aber gehören eng zusammen.

Jeder, der in die Traumarbeit einsteigt, wird in dem Revier genau mit dieser Doppelbödigkeit konfrontiert. Träume sagen immer die Wahrheit; hier werden wir unseren scheinheiligen Ersatzangeboten gegenübergestellt, die wir an den Kern des Lebens herantragen, um der unangenehmen Selbsterkenntnis zu entgehen.

Die meisten brauchen geraume Zeit, bis sie endlich der Aufforderung nachkommen, allnächtlich ihre Träume aufzuschreiben. Es tauchen sämtliche denkbaren Ausflüchte auf wie:

Ich war so müde.

Es waren nur Traumfetzen, kein Zusammenhang.

Ich konnte mich am nächsten Tag nicht erinnern.

Es war nur Unsinn.

Ich war ganz sicher, daß ich mich morgen früh noch genau erinnern könne.

Der Traum war derart lebendig, daß ich ihn sicher behalten würde ...

Lauter faule, unbewußte Ausweichmanöver.

Intuition ist viel mehr als das Salz am Braten. Sie ist die Essenz, die überhaupt den Schlüssel liefert, um endlich das große Tor zu den Geheimnissen der Schöpfung und des Menschen aufzuschließen.

Intuition ist einer der großen Unterschiede zwischen Mensch und Tier. Auf der körperlichen Ebene nennt es der Mensch Instinkt; hier aber betrifft es lediglich die tierische Ebene, den Bauch. Im rein Geistigen nennt es sich Inspiration, betrifft die allen gemeinsame Ebene des Geistigen, die nichts Trennendes enthält; eine Ebene, der als höchster Instanz alles Lebendige gleichermaßen angehört.

Die Intuition bedient sich der individuellen, einzigartigen, unverwechselbaren Wesenheit eines einzelnen Menschen, seiner ganz spezifischen Ausprägung.

Rückkoppelnd kann diese Ausprägung ohne Intuition nicht verstanden werden. Und was nicht verstanden wird, kann sich nicht bewußt vollziehen, damit bliebe es in der Ebene des Tierischen stecken. Dahin genau wollten die Irrwege menschlichen Denkens lange Zeit das Menschenwesen herabwürdigen. Was für ein Mißverständnis; was für eine Diskriminierung.

Darin liegt wirklich Tragik.

Jeder Mensch besitzt die Kostbarkeit der Intuition als angelegten Schatz, der gehoben werden will. Träume sind ein wesentliches Mittel, genau das zu tun.

Sie sind Schulung, Modell, Energieträger, Vermittler, Botschafter, Schlachtfeld, Vorschläge, alles zugleich. Das Spektrum reicht in alle nur denkbaren Ebenen.

Die Intuition ist nicht eine für sich stehende, isolierte Größe, die wie ein Handwerksgerät gebraucht werden will, sondern eine unbegrenzte Potenz, die in sämtliche universellen Bereiche dringt, alles mit allem verknüpft. Sie entzieht sich ihrem Wesen nach der stets verzweifelt gesuchten Beweisbarkeit, hinter der der Mensch immer so wild hinterherjagt. Sie ist innen, nicht außen. Man kann sie nicht mit technischen Geräten einfangen, messen und beweisen. Genausowenig wie die Seele selbst, die auch nicht gemessen oder seziert werden kann. Der Versuch muß von vornherein scheitern. Man kann eine Mozart-Symphonie nicht mit einem Fotoapparat zu Gehör bringen und einen wunderschönen Frühlingstag mit einem CD-Spieler abbilden. Es sind einfach die falschen Mittel. Deshalb reden alle so verzweifelt aneinander vorbei. Einen Mittelwellensender, den man nur auf seinem spezifischen Frequenzkanal empfangen kann, kriegt man auch nicht auf einer anderen Welle. Derartige Beweissuche ist müßig.

Eine Eigenschaft der Intuition ist die innere Sicherheit des Wissens, die keine Beweise benötigt.

Alles was über Intuition hereinkommt, war schon da. Es gibt nichts zu erfinden, man kann es nur neu entdecken.

Da stellt sich die Frage: wozu dann der ganze Zirkus, wenn schon alles da war?

Um sich im Menschenbewußtsein niederzulassen, zu wirken im Sinne von Erkenntnis. Es wird immer wieder neu, auf andere Weise erschaffen in die physische Wirklichkeit hinein, damit es existent sein kann. Die Idee als solche reicht nicht aus, sie will sich stets aufs neue darstellen und verwirklichen. Ein Beispiel soll das verständlicher machen:

Eine geniale Komposition liegt als Notenbuch im Schrank parat. Sie existiert, aber wie tot, solange man sie nicht hören kann. Erst wenn einer mit dem Willen der Hingabe und dem notwendigen Rüstzeug sie zu Gehör bringt, wird dieses Stück Genie Wirklichkeit. Es würde niemand auf die Idee kommen, es bei einer einmaligen Aufführung zu belassen. Das Immer – wieder – neu ist Leben, ist immer wieder anders. Es gleicht auch kein Naturjahr auf der Erde dem andern, und doch wiederholt es sich permanent.

Nur was in die Absicht der Verwirklichung genommen wird, gewinnt Substanz. Das ist eins der großen Geheimnisse der Schöpfung. Jeder Mensch hat seinen Platz darin und soll ihn begreifen und füllen. Träumen kann jeder. Allein damit zeigt sich bereits sein Anteil an diesem Potential. Niemand ist davon ausgeschlossen.

Zwischen Intuition und der Fähigkeit, bewußt zu lieben, besteht eine siamesische Zwillingschaft. Beides gehört zusammen. Die Fähigkeit des Herzens für Lieben an sich kann noch ungerichtet, chaotisch erscheinen. Intuition allein ohne Herz kann völlig neutral oder gar in mörderischer Qualität auftreten und zerstören. Erst die Einheit von beiden erlaubt zielgerichtete, bewußte Verwirklichung dessen, was ursprünglich gemeint ist:

„Göttliche Liebe macht sehend,
menschliche Liebe macht blind"

Das bereinigte Menschenherz kann Intuition in höchster Qualität empfangen und teilhaben am Wesen der göttlichen Liebe. Intuition ist nicht ein Werkzeug, dessen man sich für selbstsüchtige Zwecke bedient, Intuition ist ein Zustand, eine Daseinsform, eine Grundhaltung der Seelenerwartung, sozusagen der Pfadfinder unter den Möglichkeiten: allzeit bereit.

Sie kommt unverhofft, hat einen äußerst unberechenbaren Charakter. Man kann sich zwar hinsetzen und darum bitten, sich darauf einstellen, auf Empfang gehen. Man kann zetern und drängen – sie läßt sich nicht befehlen. Meist erscheint sie wie beiläufig, voller Überraschungen. Manchmal kommt sie sogar ungelegen, paßt nicht in den selbstgemachten Zeitplan, in die eng gefaßten Absichten des Alltags.

Läßt man sie dann ungehalten durchrauschen, bleibt sie nicht haften. Die Gelegenheit ist verpaßt. Was im Gedächtnis bleibt, entbehrt des Feuers. Man tut also gut daran, ihr unmittelbar zu folgen, Gehorsam zu leisten, wenn sie gehört werden will. Man tut gut daran, alles stehen und liegen zu lassen, wenn sie in Kraft tritt.

Intuition ist wie ein kategorischer Imperativ eines göttlichen Geschenkes. Die gleiche Qualität wird nicht wiederholt.

Auch ein verpaßter Traum wiederholt sich nicht in identischer Weise. Es hilft später kein Lamentieren, (hätte ich ...). Immer vorausgesetzt, die Grundinformation als solche ist bereits bekannt. Man muß auch in diesem Bereich konsequent lernen, Prioritäten neu zu setzen.

Pünktlich, auf Kommando, sozusagen programmatisch erscheint Intuition nur in einem Fall, nämlich dann, wenn sie der Empfänger für selbstlose Hilfe benötigt, die im Einklang mit dem göttlichen Willen steht.

Noch einmal: den Zugang quasi automatisch herzustellen ist nur möglich, wenn der Anlaß außerhalb des Ego steht. Der Hintergrund der Absicht muß frei von Eitelkeit, Machtstreben und Gier sein; selbst dann bedarf es eines aktuellen Anlasses und der Bitte. Spielchen und Launen rangieren unter Mißbrauch von spiritueller Energie; dann werden die falschen Kräfte gerufen, und die können sich sehr geschickt tarnen. Intuition ist ein hoher Ausdruck der Gnade und kann nicht selbstherrlich wie ein Schalter an- und abgestellt werden. Man kann darum bitten und in aller Bescheidenheit warten. Wenn das Niveau, die Qualität einer Bitte für eigene persönliche Zwecke stimmt, kann zeitlich gesehen, diese Erwartung auf eine harte Probe gestellt werden, bis sie erfüllt wird, da zugleich immer eine Lektion in Geduld erteilt wird.

Der innere Gehalt eines Traumes entspricht einem ganzen Paket von Informationen. Es dreht sich um vertikales Wissen im Gegensatz zu linearem. Im Bild kann augenblicklich ganzheitlich verstanden und gespeichert werden. Verbale Übertragung, also das Nacheinander der Erläuterung findet immer im Achsenkreuz von Raum und Zeit statt, ganz gleich, ob außen im Dialog oder innen mit sich selbst. Damit findet aus der 4. Dimension, der astralen, in der die Träume sich verbildlichen, eine Übersetzung in die gewohnte Dreier-Dimension statt. Mit diesem Vorgang wird allmählich das Wissen höchst komplexer Art anderer Dimensionen vermittelt und verhilft uns zu dem anstehenden, sich bereits vollziehenden Übergang dorthin: (in die nächst höhere Dimension), die den Evolutionssprung ausmacht.

Man kann über Traumbilder stundenlang referieren, ohne die gleiche komplexe Qualität zu erreichen, wie sie sich in den Bildern selbst darstellt. Die Traumbilder sind also den verbal aufgeschlüsselten Inhalten überlegen. Der hochkonzentrierte Gehalt ist in den Bildern wie in Mikrochips eingelagert.

So fremd das dem einzelnen scheinen mag: in Wirklichkeit konnte es der phantasiebegabte Mensch seit je. Jedes Kind vermag in einem einzigen

Bild eines Bilderbuches eine vielseitige Geschichte zu erleben, ohne einen einzigen Text dazu. Diese Fähigkeit gehört zur Grundausstattung, ist aber durch mangelnde Übung in Vergessenheit geraten.

Phantasie definiert der „moderne" Mensch als Spekulier-Neigung bis hin ins Uferlose. Tatsächlich ist Phantasie eine Ausdrucksart der Schöpferkraft, der Vorschläge, alle Möglichkeiten imaginativ durchzuspielen. Selbstverständlich müssen diese Vorschläge in eine kontrollierte Form gebracht werden.

Intuition und Träume fließen aus derselben Quelle.

Traumschule und – Prüfung

Die Fülle und Bandbreite der Traumwelt ist eine unendliche. Selbstverständlich träumt jeder Mensch im Prinzip vor seinem kulturellen Hintergrund. Das verträgt sich auf den ersten Blick manchmal nicht mit den archetypischen Modellen, auf den zweiten Blick sehr wohl. Geist und Seele haben nicht die geringste Schwierigkeit, alles unter einen Hut zu bringen. Das Zensieren und Sortieren ist eine Spezialität des Alltags-Bewußtseins.

Nicht alle Träume besitzen die gleiche weittragende Bedeutung. Es gibt sehr wohl „Eintagsfliegen" dabei, die vorrangig ein aktuelles Alltagsproblem (-chen) verarbeiten helfen. Dennoch: auch in dem Fall ist die Fähigkeit des Geistes wunderbar, einen kleinen Konflikt in eine übergeordnete Bedeutung zu transferieren, so daß eine grundlegende Lektion daraus gezogen werden kann. Damit erhält der sogenannte banale Alltag in jedem kleinsten Geschehnis seinen Wert. Mit anderen Worten: der ureigentlich hohe Sinn der Seele vermag alles zu verwerten, was ist. Die Natur spiegelt das Gleiche wider; auch da geht nichts verloren.

Am Ende stellt sich heraus, daß es überhaupt nichts Wertloses gibt, gleich ob es sich um kleine oder große Dinge handelt; der Erwachende lernt aus allem.

Normalerweise wird aus der Kürze eines Traumes auf seine Unwichtigkeit geschlossen, und entsprechend muß ein langer komplizierter Traum wichtig sein.

Das ist überhaupt nicht an dem.

Ich habe oft erlebt, wie ein geradezu endloser Traum mit tausend ermüdenden Ecken und Wendungen sich nach mühsamem Durchboxen als Eintagsfliege entpuppt, ohne einen nennenswerten großräumigen Bezug. Es ging lediglich daraus hervor, daß der Träumer (oder die Träumerin) eine Neigung hat, sich selbst besonders geschickt auszutricksen, aus jeder

Mücke einen Elefanten zu machen. Auch Übergewissenhaftigkeit kann zu überverwickelten Träumen führen.

Umgekehrt können sich kurze Träume als Großhinweise entpuppen.

Eine Träumerin vernimmt die klaren Worte:

„Nimm Lila!"

Fast hätte sie es mir nicht erzählt, weil sie es für belanglos hielt. Dabei war es eine unmißverständliche Aufforderung, sich endlich kosmischer Kräfte zu bedienen; sich um Kontakt mit der unsichtbaren Welt zu bemühen, sich ihr zu öffnen. Das Lila ist dem 7. Chakra, dem Scheitelchakra zugeordnet, über das direkt kosmische Energien samt Informationen empfangen werden können. Ohne bewußte Bereitschaft ist solcher Empfang nicht möglich. Sie hatte also einen wichtigen Zugang verschlossen gehalten und quälte sich durch Unverständnis mit ihrem Leben herum, statt sich zu öffnen für die höheren Hilfen. Die Traumbotschaft war unmißverständlich.

Eine andere Träumerin hört klar:

„George weiß es!" (Englische Aussprache)

Durch Nachfragen ergibt sich folgendes: Georg (deutsche Aussprache) ist ein weißrussischer Aussiedler aus der Nachbarschaft, ein fleißiger, bescheidener Mensch, der für wenig Entgelt bereit ist, Arbeiten zu erledigen, die kaum jemand machen will oder kann. Sie gab ihm für einen erledigten Auftrag mehr, als er gefordert hatte. Er hat sie daraufhin mit Fassungslosigkeit und einer unsäglichen Freude angeschaut. („Den Blick werde ich mein Leben lang nicht vergessen.")

Die Träumerin ist bereits eine wache Seele, im Begriff, liebevoll Alten und Sterbenden zu helfen nach innerem Auftrag. Dabei ergibt sich noch mancher Konflikt mit ihrer Familie, in ihrer Ehe; auch in ihrem inneren Bereich sind noch Reste von Altem zu bereinigen. Um sie zu ermutigen in ihrem Durchhaltevermögen, nicht auf Lorbeeren und Lohn zu pochen, entgegen allen Konventionen – erhält sie diese Worte. Der Lohn wird in der Lichtwelt gutgeschrieben, daher die englische Aussprache – George (siehe Kapitel englisch = engelanisch als Traummittel). Ihr innerer Seelen-George weiß Bescheid.

Sinnigerweise ist George der Schutzheilige von England. Der Name selbst bedeutet ursprünglich „Bauer, Ackermann". George ist als derjenige, der den Drachen besiegt der Sage nach, ein Aspekt Michaels und vertritt damit die Sonne, das Feuer des Herzens, den Kämpfer. George dient Gott und der Erde gleichermaßen.

Es werden auch Texte durchgegeben, wie man sieht. Vorwiegend aber wird in Bildern geträumt. Selten sind sogar die Texte direkt verständlich, sondern meistens orakelhaft. Genau wie in den Bildern muß der verborgene Wortsinn gesucht werden.

Wenn sich der Leser nun empört fragt, warum die Botschaften nicht unverschlüsselt kommen und uns mit Rätselhaftigkeit auf die Nerven gehen, warum es denn so „unnötig" schwer gemacht wird, allen Lernstoff zu begreifen, probt er den menschlichen Aufstand.

Der Sinn ist klar: ohne Anstrengung ist nichts gewonnen. Sei ehrlich mir dir, lieber Leser; würde dir alles mundgerecht vorgekaut, mühelos in den Schoß fallen, wie lange würde es dauern, bis dich die Trägheit völlig am Schlaffittchen hätte? Denke an das Märchen vom Schlaraffenland. Würde es dir wirklich gut tun, wenn deine Lernfähigkeit nicht pausenlos erprobt würde?

Was wäre das für ein Schullehrer, der jedes Jahr denselben, längst bekannten Stoff vornähme und den Kindern auch noch die Hausaufgaben fertig diktieren würde? Das Ganze wäre eine Farce, nichts würde gelernt. So *kann* es nicht gehen, denn der Mensch befindet sich bis zum letzten Augenblick in der Lebensschule der Erde und muß immer wieder Prüfungen ablegen.

Herr M., der wegen schwerer Angstzustände und Herzbeschwerden zu mir kam, liefert im Laufe der Zeit eine Reihe Schul- und Prüfungsträume ab, bei denen immer wieder betont wird, daß er seine wirklichen Möglichkeiten nicht nutzt. Er bezeichnet sich selber – wie viele – als „Realist" und als unkreativ. Es ist ihm nicht beizukommen, daß er diese Selbstprojektion als Alibi benützt, um sich nicht ändern zu müssen. Er will seine konventionelle Lebensauffassung einfach nicht hergeben und begreift angeblich den Zusammenhang mit seinen Beschwerden nicht, die natürlich so nicht weniger werden können.

Sein Leben lang hat ihn jeder – er selbst sich auch – für einen Teufelskerl angesehen. Stets hat er sich sehr angestrengt, dieses Image aufrecht zu halten mit Waghalsigkeit und sportlichen Aktivitäten und sogenannten männlichen Mutproben. Seine emotionale Seite hat er vollständig negiert. Die meldet sich nun zunehmend und lautstark zu Wort über seine spezifischen Beschwerden. Es liegt derart viel Nachdruck darauf, daß er seinen Beruf nicht mehr ausüben kann. Der Rückweg ist abgeschnitten, um ihn nachdrücklichst auf den Mangel durch Einseitigkeit hinzuweisen.

Er muß das Abitur wiederholen.

Immer und immer wieder der Abiturtraum in ähnlichen Variationen. Desgleichen steht er *oft im Traum tief beschämt in der Unterwäsche da.* Im Außenfeld hat er einstmals sein Abitur gemacht; aber hier handelt es sich um die Seelenreifeprüfung, die er nicht besteht, obwohl er könnte. Es reicht der Seele niemals aus, nur vor den Menschen zu bestehen. Keine Kleider schützen ihn länger vor der Bloßheit der Seele, die sich kaum bekleidet vor dem inneren Gewissen zeigt.

Er sitzt in einer Matheklausur in Schwulitäten, weil er die Aufgaben nicht kann. Vorn sitzt und wacht ein strenger Vorgesetzter, rechts von ihm ein bekanntes Gesicht aus der Vergangenheit (ein ehrgeiziger Mensch), *links von ihm ein guter Freund. Keiner läßt ihn abschreiben.*

Er hat immer in Mathematik abgeschrieben, weil er keine Lust hatte, es zu lernen. Er hat sich damit so durchgemogelt. Das geht nun nicht mehr, denn Mathematik im Traum steht für das Gesetz (in Zahlen). Das aber ist unerbittlich, denn es verkörpert ebenso das göttliche Gesetz. Zahlen sind den Steinen zugeordnet, und beides dem Wurzelchakra, das als Gegenpol zum 7. Chakra das unumwerfliche Gesetz der Schöpfung ausdrückt. Die alte Art von Ehrgeiz, nämlich vor Menschen zu glänzen, anerkannt zu werden, ist endgültig vorbei. Der strenge Vorgesetzte (Lehrmeister oder Prüfer aus der Lichtwelt, zugleich sein eigenes höheres Gewissen) erlaubt keine Mogelei mehr. Nicht einmal sein Freund auf der Herzensseite läßt ihn abschreiben; sonst wäre er im Traum auch nicht sein Freund!

Eine spätere Ankündigung: *in vier Wochen wird er durchs Mathe-Abitur fallen!*

Die Schlinge zieht sich zu. Die Ziffer 4 bezeichnet die Vollendung einer Lebensepoche. (siehe Zahlen und die 4 Elemente). Das ist ein echter Alptraum, der der Seele vorhält, daß sie dabei ist, alle Chancen zu verpassen, in dieser Inkarnation die Seelen-Reife-Prüfung in Überwindung, bzw. Beherrschung des göttlichen Gesetzes zu bewältigen.

Abschlußfest mit der Schulklasse in der Schule. Er hat dafür keine passenden Kleider; die von den andern, die er sich gerne leihen würde, passen ihm nicht. Alle schlafen nach dem Fest in der Schule. (Sprung, neuer Traumteil). *Ein alter Mann zieht sein Boot ans Ufer eines großen Flusses. Er (der Träumer), soll Terrassen hochsegeln, von denen eine ganze Reihe übereinandergetürmt da stehen. Schon bei der ersten Terrasse gibt er auf und kehrt um, weil es ihm zu anstrengend ist. Dann stürzt er von einem hohen schmalen Sims über dem Fluß, weil er Angst hat.*

Eine traurige Bilanz fürwahr. Der konventionelle Sportsgeist hilft ihm überhaupt nichts. Er kann in den alten Weltbild-Kleidern mit seinen Kumpels auf frühere Weise nicht feiern, von ihm wird mehr erwartet. Die andern schlafen (seelisch), weil sie meinen, sie hätten die Lebensprüfung mit der äußeren bereits bestanden. Jede Prüfung ist bloß eine Zwischenbilanz, kein Abschluß. Alles im Traum muß nach innen gewendet verstanden werden.

„(Wir fangen immer wieder an, aber wir hören nie auf!)"
Der alte Mann ist einer der in den Weg geschickten Wächter und Weisen, die weiterhelfen sollen, Ermahner auch. Der Fluß ist der Fluß des Lebens, hier recht trübe, schmutzig (wie ich erfrage), weil er den allgemeinen Strom öffentlicher Meinung darstellt. Dem entgegen soll er in Stufen nach oben segeln! Mit dem Segeln ist verdeckt die Hilfe zugesagt, denn zum Segeln braucht man Wind; den würde er von oben erhalten. Aber er scheut wieder die Anstrengung, das Konventionelle, so Gefährliche zu verlassen, obwohl er es könnte! (Er behauptet stereotyp, er könne nichts verstehen).

In einem anderen Traum *ist er bei der Tour de France mitgefahren, hat die anderen in einer 180-Grad-Kurve abgehängt; danach ging es steil einen steinigen Holperweg hinauf, den er auch schaffte in erstaunlich kurzer Zeit.*

Also Selbstbetrug. Die Kurve *ist die* Wende, die genau entgegengesetzt führt. *Er kann* sie vollziehen, er hat das Zeug und die Kraft dazu. Aber er tut es im Außenfeld nicht. Was für ein Jammer.

Der mitleidige Leser kann sich wohl mit diesem Träumer identifizieren. Aber bedenke bitte: wenn er es nicht schafft, das für ihn Mögliche, muß er weiterhin – und dann zunehmend – in körperliche und psychische Nöte geraten. Das ist gewiß nicht leichter als sich stellen!

Jeder kann von den Träumen der anderen lernen; nicht nur werkstattmäßig, sondern auch inhaltlich. Jeder kann immer wieder die Schwächen der andern bei sich finden und mit überprüfen.

Wir reagieren darauf genauso wie im Straßenverkehr: ein Polizeifahrzeug hinter einem veranlaßt unweigerlich zum „ertappten" Überprüfen der eigenen Fahrweise.

Frau A. träumt:
Bei einer Klassenarbeit soll sie über Titan schreiben. Sie hat keine Ahnung. Ein guter Freund, der über das Thema alles weiß, sitzt ganz hinten, weit weg von ihr. Sie selber sitzt mit dem Rücken zum Lehrer, der ihr nicht hilft.

Beim Nachfragen stellt sich heraus, daß sie Titan für ein Edelgas hält. Titan aber ist ein Metall und wird für alle möglichen Mischungen benutzt.

Die Titanen aus der griechischen Mythologie sind gestürzte Götterrebellen in zweiter Generation, die sich gegen die Weltordnung auflehnen, 12 an der Zahl. Metallische Legierungen drücken uralte Mißverständnisse bezüglich des göttlichen Wissens aus, Mißbrauch mit diesem Wissen aus

Eigennutz und Machtgier. Die uralten Alchimisten-Überlieferungen, wie aus einfachen Metallen Gold gemacht werden soll, und seit ewig nach dem Stein der Weisen gefahndet wird, sprechen genug darüber. Edelgas aber steht für das wahre Wissen, ist dem unverfälschbaren Astralen, Luftigen zugeordnet. Es besteht also ein enger Zusammenhang zwischen dem Nichtwissen über Titan und dem anteiligen uralten Erbe der Titanen, die in unserer Tradition Aspekte der gefallenen Engel sind. Sinnigerweise sind je 6 Titanen männlich und 6 weiblich. Sie soll ihre Selbsttäuschung erkennen: Fälschung statt wahrer Erkenntnis = Luziferfolge statt Christus-Nachfolge.

Der kompetente Freund ganz weit hinten ist ein verkappter innerer Helfer, an dessen Wissen sie durchaus teilhaben könnte, wenn sie sich im Laufe ihrer langen Seelenentwicklung nicht so weit nach vorn gedrängt und dann auch noch dem höheren inneren Lehrmeister den Rücken zugewendet hätte. Es steckt also Hochmut dahinter. (Die letzten werden die ersten sein. Das gilt für jeden). Sie hält sich unbesehen für einen „Liebling der Götter", ohne zu erkennen, daß sie im Titanensturz diesen Vorrang vertan hat. Dem Traum nach wäre sie durchaus imstande, diese Prüfungsarbeit zu bestehen, sonst hätte sie ihn nicht geträumt. Ein wahrhaft titanischer Traum.

Nicht lange danach, nach harten Traum-Auseinandersetzungen, hört sie deutlich die Worte:

„Es geht jetzt schnell mit Cordula! Sie war in der Erde!"

Der Aufstand der Titanen führte dazu, daß sie auf die Erde verbannt wurden. Es ist genau dieselbe Darstellung wie in der Apokalypse, wie Luzifer mit seinen Scharen auf die Erde verbannt wird, um zu begreifen. Wir alle sind Abkömmlinge dieser ursprünglichen Vorgänge und haben entsprechend unseren Anteil daran. All diejenigen, die nun bereit sind, diese Seelenanteile zu erkennen und zu bereinigen, vollziehen die angekündigte Wende, den Sprung in den Bereich der feinstofflichen Ebene, derselben, wo das Edelgas zu Hause ist (Edelgas: Spirit = Odem Gottes).

Cordula heißt soviel wie „Mädchen – Jungfräulichkeit – Opferfest"

Die Träumerin hegt starke Ängste vor männlicher Gewalt (als Antwort auf eigene Gewalttaten in früheren Leben!), wie wir bereits wußten. Sie muß jetzt und hier lernen, zu ihren weiblichen Kräften zu stehen. Es gilt, die ursprüngliche Unschuld der Seele wiederzugewinnen, nun aber über Bewußtheit und Versöhnung mit alten, unerledigten Konflikten zwischen männlicher und weiblicher Seite. Erst dann, in der Verbindung mit der Erde, die nicht nur ein weibliches Wesen ist, sondern eben auch der Schauplatz all dieser Auseinandersetzungen, können beide Kräfte in Einklang kommen. Dann erst ist sie imstande, echtes Mitgefühl mit der zwangsläufig ebenfalls lädierten männlichen Seite in ihr zu entwickeln. Das drückte sich in einem weiteren Traum so aus:

Sie soll auf der anderen Seite der Straße einem jungen kranken Mann helfen, der im Rollstuhl sitzt.

Das Traum-Ich und der Christus

Um einem in Büchern immer wieder auftauchenden Mißverständnis vorzubeugen, will ich für dieses Buch folgendes klarlegen:

Das Höhere Selbst stellt das Geistige, Übergeordnete dar, das ideale Urbild. Das Ich entspricht dem Ego, dem Alltagsverständnis jedes einzelnen Menschen; nicht gleichzusetzen mit Egoismus oder Egozentrik. Diese beiden Begriffe stellen lediglich Teilaspekte des Ego, des Ich dar. Das vollendete, runde Ego/Ich ist kostbar und notwendig. Wo wir uns als Egoisten und Egozentriker erweisen, sind wir im Ego noch nicht vollendet.

Das Traum-Ich ist nicht identisch mit dem Alltags-Ich. Es ist auch nicht identisch mit dem Höheren Selbst.

Es liegt dazwischen und vermittelt als Bote zwischen beiden – Ich und Selbst – analog zur Ansiedlung der Seele zwischen Körper und Geist.

Das Traum-Ich besitzt ein wesentlich weiteres Spielfeld als das Alltags-Ich, es weiß entsprechend mehr, hat mehr Übersicht.

Aber es ist tiefer stehend als das Höhere Selbst, das seine Stellung weit in der geistig spirituellen Höhe innehat, genaugenommen in der sogenannten Engelwelt. Es – das Höhere Selbst – ankert also von Haus aus in der Lichtwelt, die dem Göttlichen im Bewußtsein erheblich näher steht als das augenblickliche Menschen-Bewußtsein.

Engelwesen sind nicht nur individuelle Wesenheiten in einem sehr hohen Schwingungsbereich, sondern zugleich als eine Art Kollektiv zu verstehen, je nach Hierarchie der verschiedenen Engelebenen. Je höher eine Engelwesenheit steht, um so mehr ist sie fähig, wie in einer Art Elternschaft auf hoher Ebene, zahllose verschiedene Ausdrücke ihrer selbst in Einzelaspekten (wie Zellen oder „Kinder") hervorzubringen. Diese „Kinder" sind Individuen, dennoch Einzelableger der Engel. Somit erscheinen die Engelwesen als eine Art Untergötter, die in dem ihnen gegebenen (auch wachsenden!) Rahmen erschaffen. Einzelne Herausstellungen (Emanationen), Ableger, so etwas wie Außenposten, auf die tiefste, dichteste Schwingungsebene projiziert, sind Geschöpfe aller Art, wie wir sie kennen: wir selber und andere Mitgeschöpfe, seien es Tiere, Pflanzen oder Gestirne.

Der Mensch ist also ein Außenposten eines Engelwesens!

Genaugenommen wiederholt sich das gleiche Muster in allen Kollektiv-Bereichen. Eine Galaxie ist solch ein Kollektiv mit starken inneren Ähnlichkeiten und Schwingungsmustern und erscheint wie ein Organ des universellen Körpers, den ich Frau Gott nenne.

Im Einzelmenschen finden wir genau dieselben Muster wieder: der Mensch erlebt sich als ein einheitlich abgeschlossenes System. Dennoch besteht er aus Myriaden von Einzelteilen, die in vielen Größenordnungen in Gruppen zusammengefaßt sind. Vergleiche Gliedmaßen mit nicht austauschbaren Funktionen, die alle zusammen den außen sichtbaren Körper ausmachen. Die Unterabteilungen der Organe usw. sind sehr vielschichtiger Natur, innerhalb derer wieder Zellen zusammengefaßt sind; und innerhalb der Zellen die winzigen Bestandteile, die die Zelle ausmachen. Die Zerlegung geht so weit, bis die materiellen Einzelteile keine mehr sind, sondern aufgelöst erscheinen in reine Schwingungsmuster. Materie ist also eine Illusion, die aus reiner Energie besteht. Da wiederum trifft sie auf die Ebene des rein Geistigen.

Ein Menschenherz z. B. besteht aus unzähligen Zellen, die einander ähnlich sind; dennoch sind sie Einzelindividuen in kleinem Format. Man könnte vergleichsweise sagen: ein hohes Engelwesen, z. B. Michael, steht für die zahlreichen Galaxien der Herzzellen des universellen Körpers.

Alle Kulturen benutzen verschiedene Namen. Die Wesenheiten, die sich dahinter verbergen, sind dieselben. Um bei dem Vergleich zu bleiben, wären die zahllosen Herzzellen jede für sich Einzelaspekte der Wesenheit Michael.

Das Prinzip von den Puppen in der Puppe endet nach oben im Christus, bzw. in Gott, wobei Christus den Aspekt der Verbindung zwischen dem reinen Geist (dem Unvorstellbaren) und der Schöpfung als Körper Gottes vertritt. Der Christus ist also nicht nur eine allumfassende Wesenheit, sondern auch *das* Modell des Ganzen schlechthin. Dies drückt sich in dem Begriff Sohn (Menschensohn, Gottessohn) aus. Ohne diesen auch allegorischen Modellaspekt, der sich über die Inkarnation des Jesus verständlich macht (durch dieses Ereignis sollte die Verbindung zum Menschenbewußtsein lebendig erhalten bzw. neu hergestellt werden), kann man das Christuswesen nicht erfassen.

Wenn man dies verstanden hat, wird langsam klar, warum am Ende jeder einzelne Mensch auch ein winziger Ausdruck des Christus sein muß. Nebenher bemerkt, ist die halb verstandene Verzerrung die Ursache dafür, daß so oft geistig gestörte Menschen mit einem Christus-Wahn auftreten. In Nervenheilanstalten gibt es immer wieder Verwirrte, die sich für Christus halten. Diese Behauptung gewinnt vor diesem Hintergrund einen anderen Bezug.

Mit dem Aufstieg in solche Erkenntnisse wächst das Anteilige ständig nach oben, wobei oben keinen Ort, sondern ein Bewußtseins-Niveau bezeichnet. Die so hergestellte Verbindung nach unten reicht bis zum letzten Staubkorn. Es gibt nichts, was aus dieser Kette herausfallen könnte; es kann lediglich im blinden Nichtbewußtsein unerkannt bleiben.

Jede Ebene ist zugleich ein Bindeglied nach oben und unten. Der Mensch besitzt in seinem Traum-Ich, das dem Seelenbereich entspricht, ein solches Bindeglied zum Höheren Selbst, welches nicht der grobstofflichen Welt angehört. Jede Ebene ist gleichermaßen imstande, nach unten und oben weiterzuwirken. Diese Kette darf nie abreißen, weil dann Stagnation droht. Die aber bedeutet eine Art von Tod.

Der Christus war schon immer da, von Anfang der Schöpfung an. Lediglich bedürfen die verschiedenen Entwicklungsstadien von Bewußtheit verschiedener Darstellungsweisen, um dieses Grundwesen immer wieder neu verständlich zu machen.

Die angekündigte Wiederkunft des Christus ist der nächste nun anstehende Schritt und vollzieht sich nicht mehr in der stofflich materiellen Ebene (das war schon). Diese Wiederkunft geschieht im astralen Bereich, der der hereinkommenden 4. Dimension entspricht.

Mit den konventionellen Kirchenlehren, wie sie immer noch etabliert sind, hat dies alles wenig zu tun. Die Institutionen von Kirchen weisen sich als vorübergehender zeitweiser Ausdruck der noch mangelnden Selbständigkeit der Menschen aus. Da haben sie ihren Platz und ihre Notwendigkeit (gehabt). Innerhalb des Kirchenrahmens hat es seit je mutige Einzelkämpfer gegeben, und die gibt es noch; Menschen, die diesen vorgefertigten Rahmen verlassen und sprengen. Diese Menschen haben Veränderungen bewirkt, naturgemäß mit erheblicher Verspätung.

Ich möchte also nachdrücklich den Begriff des Christus in einer weit übergeordneten Weise verstanden wissen. Der Leser möge sich bitte von seinen eingeprägten sogenannten christlichen Vorstellungen lösen und begreifen, daß der Inhalt des Christentums niemals an die Kirchenform gebunden sein kann. Ansonsten kann er den direkten Zugang zum Christus schwerlich finden, einfach deshalb, weil unbemerkt der alte Institutions-Hochmut das Sagen hat. Nicht kirchliche Rituale und Zugehörigkeiten machen das Christuswesen im Menschen wirksam, sondern allein sein Handeln.

Die innere Wahrnehmung des Christus wird bei einem verantwortlich lebenden Aborigine im Busch Australiens lediglich in einer anderen Bildhaftigkeit erscheinen als bei einem Katholiken in einer Kirche, vorausgesetzt, der Katholik lebt zu Christus hin und verläßt sich nicht auf die rein äußerliche Zugehörigkeit zur Institution.

Die Christus-Wesenheit und die Engelwesen sind absolut multiple Wesenheiten, anteilig in allen ihren Geschöpfen vertreten.

Christus- und Engelträume sind erheblich häufiger, als du, lieber Leser, glaubst. Sie werden nur nicht als solche erkannt, weil sie verkleidet erscheinen, der unbewußten Vorstellung des Träumers angepaßt. Freundlich und hell sind sie immer. Und manchmal von außerordentlicher Schönheit, rufend, lockend, humorvoll, vom Träumer mit symptomatischer Sehnsucht beantwortet.

Um jeden einzelnen wird geworben.

Die allerhöchste Form des Ego wächst also über sämtliche Verbindungsketten hinein in die allerhöchste Instanz. Freilich dauert dieser Prozeß sehr, sehr lange.

Stell dir das etwa so vor: ein Wassertropfen wird in einen Fingerhut voll Wasser geschüttet, dann der Fingerhut in einen Becher geleert, der Becher in einen Eimer, der Eimer in eine Badewanne usw., bis das Ganze im Meer landet, dem Meer des Unendlichen.

Von der Lichtseite aus wird immer versucht, den Kontakt herzustellen. Das Traum-Ich ist eine wunderbare Anlaufstation.

Frau W., nachdem sie von Krankheit und Operationen stark heimgesucht worden war, träumt:

In der Ferne steht ein Mensch, der die Arme und Hände auffordernd zu ihr hin ausstreckt. Er ist so unbeschreiblich schön, daß sie tief berührt ist und bleibt von dieser Schönheit. Bei ihm stehen vier weitere, sehr schöne, freundliche Gestalten. Sie will dorthin zu ihnen, voller Sehnsucht, kann es aber nicht. Die Entfernung bleibt zu ihrem größten Schmerz.

Ebenso blieb eine unbeschreibliche Trauer, Wehmut und Sehnsucht.

Ohne jeden Zweifel: das war der Christus mit den Großen Vier, Michael, Gabriel, Raphael und Uriel. Diese vier Erzengel erfüllen einen ganz bestimmten Aufgabenbereich in der Schöpfung (siehe das Kapitel über die 4 Elemente).

Begnüge dich nicht mit weniger, wenn du alles haben kannst! Je mehr du dich von vornherein beschränkst, um so weniger wirst du erreichen. Die Seele und damit auch das Traum-Sein schläft nie. Schlaf braucht nur der Körper. Die Traumtätigkeit ist erheblich lebhafter als die meisten glauben. Das kommt daher, weil nur ein kleiner Teil dessen ins Wachbewußtsein hinüber gerettet wird. Viele behaupten sogar allen Ernstes, sie träumten nie. Schon mancher Neuling hat das hier angekündigt. Dann muß ich lachen: von jetzt ab wirst du träumen. Prompt setzt „plötzlich" Traumtätigkeit ein. Das Verwundern ist dann groß. Träumen hat auch etwas mit Offenheit und Empfänglichkeit zu tun.

Träume treten genauso gehäuft auf, im Pulk, wie Sterne. Es gibt kein mechanisches Gleichmaß. In scheinbar traumarmen Zeiten drücken sich die Seelenbotschaften mehr in anderen Bereichen aus. Schwerpunkte verlagern sich wie Wellenlinien. Gleichmaß wäre gefährlich einschläfernd, berechenbar, ohne Überraschungen. Die aber brauchen wir. Allein schon, um innen wach zu bleiben.

Wie viele Ebenen auch immer gleichzeitig mit einem Traum angesprochen werden – die innerste Ebene und damit die höchste, ist immer die spirituelle. Mit anderen Worten: es gibt keinen Traum, der nicht in erster Linie eine spirituelle Botschaft enthielte. Diese Ebene ist zwangsläufig die wichtigste und vorrangigste, eben, weil sie Inhalte vermittelt über den Bereich, aus dem alles kommt, in den alles mündet, und der alles erklärt, was ist.

In erster Linie geht es mir um den spirituellen Gehalt der Träume, nicht weil die unteren Ebenen unwichtig wären (das sind sie nicht), sondern weil diese äußeren Areale leichter verstanden werden. Der Motor sitzt im Geistigen. Nicht umgekehrt. Hat man das Geistige empfangen, erfaßt und beginnt, es zu verarbeiten, folgen die anderen Bereiche um so leichter nach. Umgekehrt ist das wesentlich schwieriger. Die Ursache kennen, läßt leichter auf die Auswirkungen schließen, als umgekehrt. Von der Höhe eines Berges aus kann man alles überschauen, auch die Täler. In der Talsohle aber kann man nur das Nächstliegende sehen.

In der materiellen Ebene wie in der Traumebene gleichermaßen bekommen wir immer, was wir brauchen.

Eine hochentwickelte Seele, die von einigen Schlacken bereinigt werden muß(te) – wie alle –, um ihre unglaublichen spirituellen Fähigkeiten freizusetzen, erfährt eine dynamische Traumfolge.

Sie steht etliche Male oben an Leitern und traut sich nicht hinunter, bis unten jemand ein Gegengewicht hinstellt.

Sie ist eine Seele von oben, die sich – aus alter Erfahrung von Leid und Schmerz und Tod – fürchtet, sich nochmals auf den „Dreck" des Erdenlebens mit allen Konsequenzen einzulassen. Das Gegengewicht ist die Erkenntnis des Lebensgeschenkes hier und jetzt, zu dem ihr geholfen wird, beispielsweise durch die Traumaufschlüsselung. Ein Verwirrtraum, der eine dieser Stationen des Sich-Einlassens beschreibt:

Sie nimmt teil an einem Seminar. Das Haus brennt; im Oberstübchen wäre sie sicher gewesen. Sie hatte einen Rosenquarz bei sich, den sie vergißt, als sie flieht. Auch ihre Handtasche läßt sie in Panik zurück. Ein junger Mann kommt zurück, um ihr zu helfen, aber das ist nicht möglich. Sie landet in einem Labyrinth und gerät aufs neue in einen Brand.

Das Seminarhaus ist die Erdschule; nur im Bereich des spirituellen Bewußtseins wäre sie sicher gewesen. Die Gabe des Rosenquarzes hat sie verschlüsselt: rosa ist die direkte Liebe des Göttlichen; in Stein gegeben als der untersten Gesetzesebene dieser Liebe und zugleich ein Geschenk der Erde. Im Klartext: ihre Seele hat über lange Inkarnationen vergessen, wo sie herkommt, und was sie mit dem Geschenk des Lebens erhalten hat; damit hat sie ihre Identität verloren: die Handtasche! Der junge Mann ist einer der Engel, ihr Schutzgeist, ihr Höheres Selbst, das ihr über lange Zeit nicht helfen konnte. Sie mußte in das Labyrinth der irdischen Verwicklungen, immer wieder durch Brand = Feuerläuterung, um nun endlich dahin zu gelangen, wo sie jetzt sich befindet: im Konglomerat des Ganzen. Jetzt ist *die* große Ära, in der aufgeräumt, saubergemacht wird, weil jetzt das Neue hereinkommen will. Ihre Teilnahme im Tätigen dabei bedarf der Entschlackung von den alten Verwirrungen.

Vorweg gingen andere Irrweg-Träume, die alle dazu angetan waren, mit den Folgen ihres Karmas aufzuräumen.

Der erste, den sie mir erzählte:

Sie sah Christus. Er erschien ihr traurig, bedeutete ihr, er sei es deshalb, weil sie noch falsche Vorstellungen von Strafe und Gericht in sich nährte.

In einer Menschenmenge erschien eine Leuchthand, die an die Wand schrieb: „Gewogen und zu leicht befunden." Sie allein von allen dort fühlte sich betroffen und verurteilt.

Genau genommen spricht der Traum eine Auszeichnung aus. Sie nimmt schuldbewußt das „Urteil" wahr, das in einem anderen Sinn gemeint ist. Nicht Verurteilen, sondern Konstatieren, das Maß erfassen, die Schule erkennen, aber an IHN loslassen. Sie konnte das nicht annehmen, daher Seine Trauer. Nur der bewußt Erlöste kann wirklich dienen in Seiner Gefolgschaft. Behält der einzelne seine Last bei sich, ist er nicht frei, Ihn durch sich wirken zu lassen.

Sie befindet sich an einem uralten Ort, wo Jesu Sprache gesprochen wird (aramäisch). Sie mußte sich verbergen vor Verfolgern (Konventionellem, Mißtrauen, der Meute). Sie soll sich mit einem lila Pullover, einem dicken weiten, beigen Rock und einem lila Strohhut bekleiden. Der Strohhut hat eine Beule.

Seit altersher versteht sie die Sprache des ewigen Göttlichen, aber über viele Inkarnationen mußte sie sich verbergen vor der blinden Überheblichkeit der Menschen (daher ihre Ängste). Die Historie ist voll davon. Natürlich hat sie als Mensch innerhalb dieser blinden Irrwege auf dem Weg der Selbstfindung ihren ganz persönlichen Anteil an Verfolgung als Täter und Schuld, eben, weil sie vergessen hatte, woher sie kam, wer sie ist. Die empfohlene Kleidung ist im bewußten Oberbereich kosmisch-spirituell (lila), wobei durch ihre Seelenwanderungen das 7. Chakra eine Beule bekommen hat, also eine Art Wunde, einen Vorwurf an IHN. Der beige Rock ist eine Erdfarbe zu Schutz und Tarnung, unauffällig. Er birgt auch einen Hinweis auf Kargheit, Genügsamkeit (die Farbe der Wüste), die neu verstanden werden will. Beide Kleidungsstücke sind gut geeignet zum Wärmen; sie hat also keinen wirklichen Mangel zu befürchten.

Sie bekommt ein Baby, hilflos, allein in einer öden Wüste, die brennt. Sie wärmt das Baby. Dann muß sie in eine Stadt; sie wäre viel lieber in ein näher gelegenes Dorf gegangen.

Weitere Träume kündigen ebenfalls Einsamkeit an. Niemand, der auf einem solchen Weg geht, kann der vorübergehenden (!) Einsamkeit entgehen, die gehört zu der berühmten engen Pforte; durch die kann man nur knapp allein hindurch. Tröstlich dabei ist die vorübergehende Natur dieser Einsamkeit. Dieser Traum läßt an die Offenbarung denken, in der die Frau ein Kind kriegt, mit diesem ebenfalls in der Wüste dem Tier entrückt wird.

„Die Bibel findet immer wieder statt!"

Diese Information erhielt ich einstmals zum Immer-Wiederkehrenden der beschriebenen Ereignisse der Bibel, gespiegelt in jedem erwachenden Menschen. Es sind Grundmodelle. Das zu begreifen, ist von weitesttragender Bedeutung.

Der ewig wiederkehrende Vorgang der Erneuerung findet in der Wüste statt. Feuer verursacht nicht nur Wüste, sondern in der Wüste wird auch das sengende Feuer besonders intensiv erlebt. Feuerläuterung, ein Reinigungs-Verbrennungsprozeß der sengenden Wahrheitssonne, die „Unkraut" verbrennt und das eigene Herz innerhalb der Seelenszenerie meint.

Dann erst wird sie in ihren Aufgabenbereich geschickt, der ihr ferner und nicht angenehm erscheint (die Stadt). Der kleine, überschaubare Rahmen eines Dorfes wäre ihr lieber gewesen. Die Masse und Anonymität der Stadt mit ihren zahllosen hilfsbedürftigen Bewohnern, also ein wesentlich großräumigeres Territorium ihrer anstehenden Aufgaben, macht ihr noch Angst. Dort aber ist der ihr zugewiesene Ort des Dienens. Unterstapeln wird nicht mehr möglich sein. Der Dienende gehorcht freiwillig und wird dorthin geschickt, wo die meiste Hilfe benötigt wird in der Seelenlandschaft. Er gehorcht auch der größeren Anforderung, wenn er's gern ein paar Nummern kleiner hätte. (Vergleiche die alte Symbolik mit Ninive, Babylon, Jericho).

Tröste dich, lieber Leser, es wird nicht von jedem gleich viel verlangt. Aber von jedem wird sein persönliches Maßvoll erwartet, wieviel oder wie wenig das sein mag, bewerte es nicht. Tu, was du vermagst. (Wer hat, dem wird gegeben. Und wer viel hat, von dem wird viel gefordert). Irgendwann einmal kommt auch der Dumpfeste dorthin.

Der Mensch muß sich bewußt – auch der Mensch von oben – auf die tiefste Tiefe einlassen, um die ganze Entfernung vom inneren Ursprung auszuloten. Erst dann kann er den vollen Wert des Göttlichen im Leben selbst ganz erfahren. Auch das hat der Jesus vorgemacht. Das Lichtbewußtsein muß in die dichteste Dunkelheit gebracht werden durch konkrete Erfahrung. Auf halber Höhe stehen bleiben ist nicht möglich. (siehe Leitertraum). Die dichteste grobstoffliche Schwingung kann sonst nicht erhöht werden, und genau das ist in dieser Zeit im Gang. Jeder hat seinen Platz in diesem Geschehen. An jedem liegt es, bei dieser Schwingungserhöhung zu helfen, es in sich zu vollziehen.

Die Träumerin wärmt das Kind. Sie selber muß ihre ganze Herzenskraft mobil machen und soll verstehen, daß die Feuerenergie außen durch sie selber umgesetzt, transformiert werden muß. So erscheint die eigene Herzensenergie als etwas aus sich selber, ist aber in Wirklichkeit zuerst empfangen worden.

Eine andere Träumerin, außerordentlich gefühlsbetont, bedingungslos zum Lernen bereit, träumt nach langen Lernperioden drei Nächte hintereinander mit vollem Bewußtsein. D. h., sie weiß im Traum, daß sie wach ist.

1. Nacht: – *Sie tötet eine Krähe.*

2. Nacht: – *Hochzeit mit einer weißen Taube.*

3. Nacht: – *Sie sieht Christus in einem Zeitungsbild, wobei sie hinter sich eine Stimme hört:*

„So männlich hast Du IHN nicht gedacht!"
Dann hat sie das Frühstück verpaßt, weil es bereits 12 Uhr ist.

Die **Krähe** steht nach indianischem Brauch für das Gesetz. Sie hat zwei Seiten (siehe Kap. Tiere oder das Doppel). Sie ist Hüterin des alten Gesetzes der Schöpfung, ohne es genau zu kennen. Die Krähe vereint Vergangenheit und Zukunft in der Macht, sich des Todes zu bedienen, um die Gestalt zu verändern, die physische Erscheinungsform, gemeint ist also eine Art Initiation, die sie in ihrer Vergangenheit vergessen, beziehungsweise verspielt (getötet) hatte.

Zum Hüten muß sich nun das Erkennen gesellen. Sie soll wissen, was sie hütet. Zum weiblichen Bereich des Herzens gesellt sich der Geist, das Erkennen, das Bewußtsein des Herzens in willentlichem, absichtsvollem Angehen von beidem in einer Hochzeit, einer ewigen Verbindung. Die *weiße Taube*, das Symbol des Friedens, der Versöhnung bezieht sich genau auf die Ebenbürtigkeit von männlich und weiblich. Offensichtlich hatte sie ihrem gesamten Gesinnungsbereich im linken Übergewicht, dem Männlichen nicht genug Raum zugestanden. Die Christuswesenheit hatte sie entsprechend nur sanft, emotional im Sinn. Das willensmäßige, kämpfende Element (Michaels Lichtschwert) war bisher zu kurz gekommen. Der Jesus hat auch gesagt zu seinen vielen Äußerungen der Sanftmut „Ich bin nicht gekommen, den Frieden zu bringen, sondern den Krieg." Damit ist natürlich nicht Gewalt und Außenkrieg gemeint, sondern die innere Auseinandersetzung mit sich selber, das Ringen um die eigentliche Wahrheit, männliche Willens- und Tatkraft.

(Noch einmal: es ist später, als du denkst!) Sie steht bereits im Zenit des Geistes, der inneren Hochzeit – 12 Uhr –. Ihre beiden Hälften sind die Fusion eingegangen, die Gleichgewicht ausmacht. Damit ist sie als Werkzeug, als echte Dienerin voll brauchbar. Der Anfang ihres 8. Schöpfungstages ist weit fortgeschritten. Unterstapeln kann sie nun hinter sich lassen. Das Zeitungsbild mutet wie eine sensationelle Aufmachung an, die ihr mit Bild geradezu ins Gesicht springt. Aber sie muß sich auch hüten vor der Schnellebigkeit einer Zeitungsmeldung, die wie eine Eintagsfliege morgen vergeht, und etwas Dauerhaftes daraus machen.

Eine junge Studentin mit starker spiritueller Anlage hat noch schwer zu ringen, um auf ihr eigenes Herz hören zu können. Sie weiß zwar darum, kann dem aber noch nicht folgen, läßt sich noch allzusehr von anderer Leute Vorstellungen befehlen.

Sie sieht Christus. Sie sieht Seine Trauer und Ihn dann sterben. Auf der linken Seite ist Er gelähmt.

Zur gleichen Zeit leidet sie geradezu an Schlafsucht.

Aus ihren beiden Augen fließt ekliger Schleim.

Das ist uralter Dreck, verfälschte Tränen, nicht angenommener Schmerz, der ihr die Sicht zerstört. Deshalb ist Er in Trauer, weil sie Seine Wahrheit noch nicht sehen kann, ihre Herzseite nicht lebt. Mit dem Schlaf weicht sie aus, flüchtet sich in alte Seelengewohnheit des „Schlafes". Es ist derselbe Schlaf, nämlich der der Seele und des Geistes, von dem Er spricht. Das Gegenteil ist die Wachsamkeit, womit ja nicht gemeint ist, daß der Mensch des nachts nicht schlafen dürfte. Das Mädchen kann noch nicht differenzieren, kann Freund und Feind nicht auseinanderhalten, wie sich herausstellt. Damit ist sie natürlich ein gefundenes Fressen für Machthaber, falsche Lehrer. Nur das innere Sehen, das Herz kann die Wahrheit erkennen, der Verstand kann gewaltig in die Irre führen. Mit dem Herzen sehen kann niemals fehlgehen.

Wenn Er in einem Menschen stirbt, bedeutet das kein ewiges Urteil, sondern Alarmstufe 1: der Betroffene hat eine schwere Sünde gegen den inneren Liebesgeist begangen, er hat Christus in sich noch einmal sterben lassen und damit seine eigene Liebeschance. Ein harter Aufruf. Aber bedenke: wir alle haben in vielen Leben, in zahllosen Augenblicken diesen göttlichen Geist in uns immer wieder sterben lassen. Das muß sich nun ändern. Er straft nicht in Zorn, sondern trauert. Es ist der schmerzliche Teil der Einsicht in uns.

Die Bibelgeschichten über Blinde, Taube und Lahme meinen in erster Linie natürlich den geistig-seelischen Hintergrund: die Blinden sind diejenigen, die Ihn, die Wahrheit, nicht sehen können, die Tauben sind die, die die innere Stimme des Gewissens nicht hören können und die Lahmen sind die Trägen, die nicht vorankommen, sich nicht aufrappeln.

Eine gekürzte Fassung eines eigenen Traumes, der mich seit ca. zwei Jahren immer aufs neue tief beschämt, weil ich mich immer wieder in alten Mustern wiederhole (hoffentlich bereits verdünnt!):

Ich hatte eine Einladung von meinem Geliebten auf 7 Uhr abends zum Souper. Dahin unterwegs in meinem kleinen Auto, an dessen Steuer ein Freund saß; ich fuhr also nicht selber. Unterwegs passierten einige Zwischenfälle (...), und ich begann zu fürchten, daß ich zu spät kommen würde, was mich sehr bedrückte. Es ging hoch oben auf sehr schlechter Wegstrecke durch Gebirge. Die Straße war nicht befestigt, durch Eismatsch und hohen Dreck schwer befahrbar. Schließlich kam ich allein an in einer Stadt, ging vier (!) Etagen hoch in einem typischen häßlichen Stadtmiethaus. Er wartete bereits. Es war etwa zwei Minuten nach sieben; das war mir peinlich, ich hätte unbedingt pünktlich sein müssen. Er war ernst und schwieg. Mir fiel siedend heiß ein, daß ich vergessen hatte, mich zu parfümieren. Nun mußte ich Ihm meinen schriftlichen Dank übergeben für die „Exclusiveinladung". Er nahm das Kuvert und las schweigend, ohne Kommentar. Mir brach äußerst schweißtreibend das schlechte Gewissen aus: ich hätte dies Schreiben hübsch herrichten sollen, mit etwas Gemaltem und Schönschrift und tollem Papier. Statt dessen hatte ich meine üblichen grauen Umweltpapiere genommen und kurz und lieblos hingeschrieben. Es war mir sehr peinlich, daß Er das Schreiben in meiner Gegenwart las, mir das nicht ersparte.

Der Tisch war wundervoll gedeckt, mit weißem Damast, Kerzen auf Silberleuchter, hübschem Porzellan und drei runden Kuchen, jeder anders, die Er selber ausdrücklich gebacken hatte. Ich wußte, es würde auch noch ein selbst gekochtes Menü geben.

Ich habe gar keinen Geliebten. Den Mann im Traum kenne ich im äußeren Habit im Alltag überhaupt nicht! Aber im Traum war Er mir sehr vertraut, eben mein „Geliebter". Es war unzweifelhaft Er. Der schlechte Weg im Hochgebirge, bedeutet den um so schwierigeren inneren Weg, je „höher" es hinauf geht in der Entwicklung. Der Freund am Steuer ist ein lieber, gründlicher, sehr bemühter, hilfsbereiter Mensch, dem ich aber auch ein wenig Langsamkeit und Betulichkeit bescheinigen möchte. Natürlich hätte ich selber am Steuer sitzen müssen, habe also etwas wegdelegiert, nicht selber getan auf dem Weg. Ein deutlicher Verweis auf Trägheit.

Hast du, lieber Leser, irgendwann einmal einen unbeschreiblich süßen Duft in die Nase bekommen, dessen Herkunft absolut unerklärlich war? (Meinetwegen bei x Grad Minus, Eiswind draußen, fernab von Häusern, o. Ä.) Wenn ja, dann hast du den Duft eines Engels in der Nase gehabt. Die duften – und wie! Der Duft bezeichnet nicht nur die Reinheit, sondern die Freude am Dienen, die die Engel haben!

Und genau das war es, was ich versäumt hatte; das war das fehlende Parfum. Ebenso lieblos war der Dank ausgefallen für all das Gute, die unglaubliche Gnade, die mir zuteil wird. Es war nur ein schnelles Pflichtschreiben, was ich zustande gebracht hatte. Mangelnder Dank – o weh ...

Die drei Kuchen stehen für die Dreiheit der Zeit, wie immer, und die Dreiheit des Menschseins, Körper, Geist, Seele. Alle verschieden, alle gleich gut und rund (vollendete Kreise), köstlich, vom höchsten Bäckermeister selbst gebacken! Also nicht trockenes, hartes Kommißbrot, wie ich mir häufig genug grollend vormachen will. Ich backe selten, bei Gebäck schmarotze ich gern; Er kommt mir auch damit liebevoll entgegen.

Die abstoßende Stadt mit dem Mietshaus ist genau ein Ort, den ich gern vermeiden würde. Ich hasse große Städte, und solche Häuser insbesondere. Natürlich begegne ich Ihm bei dieser Einladung genau da, wo es mir am scheußlichsten erscheint – nach außen. Der Hinweis, Ihm dort zu begegnen, weil Er dort genauso wohnt wie in meinem geliebten Wald, war unübersehbar.

Die Uhrzeit ist ebenfalls von großer Bedeutung. Ich weiß seit langem, daß der 8. Schöpfungstag heraufzieht, der 7. bzw. der 6. beendet, im Ausklang begriffen ist.* Das ist kein Geschehnis von einer Stunde auf die nächste, sondern ein allerdings rasanter Einfädelungsvorgang. In der Genesis heißt es jeweils: „... Und so wurde aus Abend und Morgen der ... (nächste) Tag." Ein neuer Tag bricht der Weisheit nach nicht am Morgen, sondern am Vorabend an, denn zur wahren Geburt des Neuen gehört der Tod des Alten, und das ist die Nacht. Der Mensch hält die Nacht = den Tod für etwas Endgültiges und vergißt dabei, das das Ende einer Ära zugleich der Beginn einer neuen ist. Deswegen 7 Uhr abends. Natürlich hätte ich pünktlich sein müssen. Saumseligkeit ist Schlamperei. Die kann ich mir nicht leisten; und das weiß ich auch. Wie in allen meinen Träumen gab es auch hier in den Gesprächen, der Verständigung keinerlei Mundbewegung. Die Kommunikation findet stimmlos, innen, telepathisch statt.

Der künftige Mensch, der sich jetzt in Vorbereitung befindet, wird diese Art von Kommunikation genauso beherrschen wie die Engelwelt. Achte einmal darauf, wenn du dich an einen Traum erinnerst, wie es da war. Das Gedankenlesen wird im gleichen Rahmen möglich sein, zumal niemand mehr etwas zu verbergen haben wird. Der neue Mensch ist ein Geläuterter, offen und klar wie ein reines Glas, besser ein durchsichtiger Kelch, ein Gefäß. Freilich haben wir alle noch einen weiten Weg zurückzulegen bis dorthin. Was macht's – was geschehen muß, wird geschehen. Jeder entscheidet über sein Tempo und seine Teilnahme daran selber.

*Anm. der Verfasserin: Der 7. Schöpfungstag nimmt eine Sonderstellung ein: er findet nämlich außerhalb der Dreier-Dimension statt. Das ist ein Thema für sich, auf das ich in diesem Buch noch nicht eingehen möchte.

Traummittel – Richtungen, Geographie

Sage mir, was du träumst – und ich sage dir, wer du bist!

Aus Träumen lassen sich sehr genaue Rückschlüsse ziehen auf das Wesen eines Menschen. Gerade im Traumgeschehen werden eben die Masken heruntergenommen, die sich jeder über lange Zeiten gebastelt hat, so gründlich, daß er schließlich auf seine eigene Maskerade hereinfällt. Wir sind nicht das, wofür wir uns ausgeben, das ist ein gewachsener Bestandteil des alten Fluches erworbener Doppelbödigkeit.

In dieser jetzigen Zeitepoche will das wahre Seelengesicht zum Vorschein kommen und die zahllosen Maskerade-Schichten entlarven. Die Träume spielen bei dieser Wahrheitsfindung eine grandiose Rolle.

Einer der wesentlichsten Schlüssel dabei, allen verbindlich gemeinsam, ist ein sehr einfacher Faktor:

Alles, was auf der rechten Seite erscheint, sei es in der physischen Erscheinungswelt, sei es in Träumen, bezieht sich grundsätzlich auf die rationale, die männliche Seite, der auch der Wille zugeordnet ist.

Alles, was links erscheint, ist dem Emotionalen, der weiblichen, der gefühlsmäßigen Seite zugeordnet. Selbstverständlich gilt das auch für Kinder.

Die Traumgeographie ist sehr genau und muß detailliert beachtet werden; das gilt für die vier Himmelsrichtungen wie für Hinweise auf andere Länder, z. B. die andere Seite der Erde, die hierzulande in Träumen des öfteren als Australien erscheint.

Im Traum wirst du vielleicht an eine Straßenkreuzung geführt und mußt dich entscheiden, wohin du willst.

Eine Träumerin *befand sich an einer solchen stark befahrenen Straße, wo endlose Autoketten in der Querrichtung ein Hinübergelangen unmöglich machten. Nun entdeckte sie plötzlich eine Fußgängerbrücke über diese Kreuzung, so daß sie geradeaus weiter konnte.*

Die stark frequentierte Querrichtung war die der Allgemeinheit, die sie nicht mehr selber benutzte, aber darüber hinweg konnte sie nur zu Fuß kommen, also wesentlich langsamer. Immerhin: es gab diese Möglichkeit. Im Wachbewußtsein schien es ihr noch unmöglich, ihren eigenen Weg zu gehen.

Geradeaus bedeutet in diesem Fall, den geraden Weg unbeirrbar gehen, dabei werden Brücken gebaut. In einem anderen Fall kann es auch Sturheit bedeuten, wenn z. B. jemand geradeaus eine rote Ampel mißachtet. Manchmal geht es geradeaus überhaupt nicht, weil dort gar kein Weg ist. Der Träumer steht an einer Weggabelung, an der er sich entscheiden muß, ob er rechts – rational, willensmäßig – oder links – emotional, gefühlsmäßig – weitergehen will.

Wählt er den falschen Weg, führt dieser auch im Traum immer mehr in Verwicklungen. Ausprobieren kann er allemal.

Herr S. *will in eine Stadt, muß aber unmittelbar davor eine Umleitung nach links wahrnehmen. Auch danach führt ihn immer wieder die Umleitung nach links zu Schauplätzen, wie einem Jahrmarkt, einem Parkplatz, einem Kaufhaus usw., bis er endlich überraschend auf einem kleinen Flugplatz landet, der bestimmten Aufgaben dient.*

Herr S. ist von Geburt an auf dem linken Auge so gut wie blind, was natürlich eine starke Aussage beinhaltet: er ist auf dem weiblichen Auge – Herzauge – bereits blind auf die Erde gekommen, um in dieser Inkarnation sich genau mit diesem Mangel zu befassen: nämlich sehend werden, seinem Herzsehen folgen lernen. Bei konsequenter Verfolgung dieser Aufgabe wird sich eines Tages diese Blindheit erübrigen. Auf diesem Wege muß er sich etlichen Fallen als Konfrontation stellen: der Farce menschlicher Wertigkeiten, die als Jahrmarkt erscheinen, dem Konsum (Kaufhaus), den künstlichen asphaltierten Entwicklungsstops (Parkplatz), um etwa überflüssige Dinge zu „erledigen". (Spaß-Vergnügen statt echter Freude, Spaß-Sucht zieht ihn immer wieder vom rechten Weg ab.)

Die Funktion des Traum-Flugplatzes ist eine erwünschte. Sein ursprüngliches Ziel tritt nicht weiter in Erscheinung, denn seine innere Führung leitet ihn dorthin, wohin er gelangen soll. Dies Ziel kann er nur erreichen, wenn er sich mutig auf die sonst vermiedene Ebene der Emotionalität einläßt. Seit Jahren ist er ehrenamtlich in einer Hilfsorganisation tätig, innerhalb derer er fliegen lernen will und soll. Hier trifft sich sinnig sein Wunsch mit dem der inneren Welt, die das gleiche von ihm erwartet, d. h. frei zu werden im Geist. Dafür ist ein kleiner, privater Flugplatz passend.

Seine Ehefrau vertritt naturgemäß die Gegenseite: sie lebt stark, fast ausschließlich ihre weibliche Seite und muß entsprechend die rationale entwickeln. Selbstverständlich erlebt sie körperliche Beschwerden und Einbußen stets auf der rechten Seite.

Herr E. träumt:

Er überfliegt in einem Flugzeug eine rote Ampel an einer Kreuzung. Jemand will ihn stoppen. Aber er läßt sich nicht aufhalten und landet in Gütersloh, wo es wunderbar grün ist und er viele freundliche Menschen vorfindet.

Seine Straßenampel kann nicht für ein Flugzeug gelten, weil sie eine andere Ebene betrifft. Er befindet sich bereits dort, ist fähig für den geistigen Flug, der sich von Menschengesetz nicht mehr stoppen läßt und landet an einem umfunktionierten Ort. Auf meine Frage hin erklärt er, daß der Flugplatz in Gütersloh früher ein militärischer gewesen sei, nun aber den Engländern gehöre. Wie noch oft in diesem Buch, taucht die inzwischen archetypische Bedeutung von englisch als engelanisch auf: der Bereich des Spirituellen. Er hat also den Aufschwung einer freien Seele und die Umwandlung konventioneller Machtgesetze in geistige Macht vollzogen.

Jetzt folgt ein geradezu klassisches Beispiel, wie es ähnlich in der Bibel zu finden ist. Frau T. die durch ihre noch verworrene rationale Seite stark verunsichert und ungefestigt ist, noch recht beeinflußbar über männliche Meinungen, sich ihrer Emotionalität sicher wähnt, die sie aber immer wieder in die Irre führt, träumt:

Sie steht an einer Wegscheide. Rechts führt ein schmaler dunkler Pfad zu einer erleuchteten Kirche, aber auf dem Weg droht Gefahr: ein Mann greift an, sie überwindet ihn mit plötzlichem Mut. Links geht es einen breiten, hellen, aber abschüssigen Weg entlang; sie sieht nicht, wohin er führt.

Wie man sieht, hat sie den rechten Pfad gewählt. Zum Glück! Sie hat den Mut gehabt, sich auf die Schwierigkeiten einzulassen, weil sie wußte, wohin sie kommt dabei: nämlich in ihre innerste Geborgenheit des Spirituellen.

Sicherlich führt nicht für jeden der linke Weg in die sogenannte Hölle. Umgekehrt aber gilt: der gerade, breite, glatte, abschüssige Weg ist sicherlich immer der falsche; leider auch der einfachere.

Wegkreuzung, Kreuzweg, Scheideweg sind alles Ausdrücke innerer Richtungsweiser im Bereich der Seelenentwicklung. Gar oft ist sogar eine Himmelsrichtung angegeben. Das Urbild des Kreuzes ist sehr viel älter als das Christentum, weil es der Grundlage der vier Hauptelemente entspricht, den vier Himmelsrichtungen, vier Jahreszeiten, vier Tageszeiten usw. In der Bibel ist die Rede von den vier Enden der Welt. Verbindet man die vier Enden des Kreuzes auf einer Kreislinie, erhält man lediglich eine andere Darstellungsform: nämlich den ewigen Kreislauf, den geschlossenen Kreis der Schöpfung in Bezug auf diese vier Hauptelemente.

Jede der vier Himmelsrichtungen besitzt einen anderen Charakter. Der Norden, die Nacht, ist der Ort des Todes, der Erneuerung, der Kälte, durch die alles hindurch muß, bevor es Morgen, Osten, werden kann, von wo die jeweils neue Sonne aufgehen kann zu einem neuen Tag. Der Süden, 12 Uhr mittags, befindet sich im Zenit des Geistes, im Höchststand des Bewußtseins, in dem auch die brennendste Sonnenglut herrscht, die u. U. sogar alles verbrennen kann (Läuterung durch Feuer). Der Westen nun bringt den Sonnenuntergang, den Niedergang einer Ära sowohl wie eines Tages, der noch einmal im letzten Licht alles vergoldet, was dann untergehen muß.

Die vier Jahreszeiten drücken den gleichen Ablauf aus, ebenso die vier Lebensalter des Menschen.

Ein eigener Traum, der einige Zeit zurückliegt:
Ich befinde mich mit meiner Mutter in einem weitläufigen, riesigen, wunderschönen Bauerngarten. Plötzlich weiß ich, daß ich den großen 12-Uhr-Fernzug (mittags) erreichen muß und bekomme deshalb einen furchtbaren Schreck, denn die Zeit bis dahin erscheint mir sehr knapp. Ich muß mich noch umziehen. Dann überlege ich fieberhaft, was ich mitnehmen soll. Mir fällt als erstes das Apfelbäumchen ein, das ich im Vorjahr gepflanzt habe. Nur, wie soll ich das transportieren, es ist inzwischen recht

stattlich geworden, an dem Wurzelballen würde eine Menge frischer Erde hängen. Es droht Panik aufzukommen. Meine Mutter sagt tröstend: „Laß es hier. Dein Bruder kann es dir bequem im Auto mitbringen, wenn er dich das erste Mal besuchen kommt". Ich sitze in dem Zubringerbummelzug, fahre durch flache, öde Spätherbstlandschaft ohne Baum und Strauch; nur konventionell für den Winter bearbeitete Äcker; ein trauriger Anblick für mich. Aber ich weiß nun, daß ich den großen 12-Uhr-Fernzug erreiche.

Meine Menschenmutter war zu der Zeit bereits gestorben. Das Apfelbäumchen ist eine Darstellung des berühmten Lutherischen Apfelbaums, den wir selbst dann noch pflanzen sollten, wenn wir wüßten, „daß morgen die Welt unterginge". Das bedeutet nicht nur, ein Zeichen der Hoffnung zu setzen, sondern unabhängig von Zeit und Raum, immer das Rechte und Notwendige tun in dem tiefen Wissen, diese Tat ist ewig, selbst dann, wenn sie in der materiellen Ebene keinen Bestand haben sollte; ausschlaggebend ist die geistig-seelische Tat.

Den größten Aufruf, den Höchststand des Geistes nicht zu verpassen, der in andere Bereiche führt, beinhaltet auch das Zurücklassen von allem, was war! Sowohl die alte, abgewirtschaftete Form der Erde – was die Menschen aus ihrem Fruchtbarkeitsverständnis gemacht haben – wie das längst gepflanzte Hoffnungsbäumchen, das bald für die Nachfolgenden die rechten Früchte des Erkennens tragen soll. Meine Mutter ist selbstverständlich die Erde, die nun in ihrer alten Gestalt zurückbleibt. Die alte Schönheit des vielgestalten Gartens ist der Nährboden für das Bäumchen, es soll dort noch stehen und wachsen, ich brauche mich um dessen Erfolg nicht zu bekümmern. Wenn mich dermaleinst mein Bruder, der Nächste, Nachfolgende, in den neuen Gefilden besuchen wird, hat er es sehr viel leichter, das Eingepflanzte bequem mitzubringen; hab ich ihm doch den Weg vorbereitet, bin voran gefahren. Die Eindringlichkeit, nicht zu säumen, nicht zu kleben, war sehr stark; es blieb keine Zeit mehr, Sachen mitzunehmen, das war nicht wichtig.

In andern Kapiteln gebe ich Traumbeispiele, die in andere Länder der Erde führen. Jeder Träumer nährt einen anderen Bezug zu anderen Ländern, deshalb kann man diese in der Deutung nicht verallgemeinern. Für den einen z. B. ist Amerika *das* Land der unendlichen Möglichkeiten, ein wahres Traumland aller Chancen. Für den anderen ist es ein dekadentes Machtland, in dem er um keinen Preis der Welt leben möchte, ein Land, das besonders rücksichtslos Schindluder mit der Erde treibt.

Das Kreuz, bezogen auf die Elemente, muß ein eigenes Kapitel erhalten; es ist vielschichtig und uralt, ein echtes archetypisches Gelände.

Du kannst nun bereits einsehen, wie unterschiedlich z. B. rote Ampeln verstanden werden müssen. Es muß halt genau hingeschaut werden, um verstehen zu können, was gemeint ist.

Selbst Polizisten im Traum können völlig gegensätzlich erscheinen; für den einen: Wächter alter menschlicher Ketten, Abhängigkeiten, die mutig überwunden werden müssen. Ein andermal Hüter der höheren Welten, Schutzengel, Freunde, die in Gefahren über uns wachen und uns warnen.

Traumpersonen

Alle geträumten Personen, gleich ob bekannt oder unbekannt, sind fast ausschließlich Aspekte, Abspaltungen der eigenen Persönlichkeit, und geben detaillierte Hinweise über unbewußte eigene Wesenszüge, die unbedingt einbezogen werden wollen in das Selbstverständnis, um wachsen zu können. Sie stellen also eine Art Spiegelung dar, die sich genau auf die Wesenszüge beziehen, die der Träumer der geträumten Person unterlegt. Freilich ist diese Unterstellung eine subjektive und sagt objektiv nichts über die Ganzheitlichkeit der realen Person im Außenfeld aus. Aber der Schlüssel für das Traumverständnis liegt in der Anschauung des Träumenden.

Diese Spiegelung trifft auch für die physische Welt zu. Das heißt im Klartext, auch in der realen Erscheinungswelt spielen Menschen mit ihrem So-Sein oder So-erlebt-Werden für jeden anderen eine Rolle der Spiegelung, an der ebenso gelernt werden kann und soll.

Der Träumende bedient sich anderer Menschen als Träger bestimmter Wesenszüge, um sich über seine eigenen Eigenschaften klarer zu werden. Das geschieht im „positiven" wie „negativen" Sinn. Eigenschaften, die ihn an anderen stören, bekommt er im Traum als seine eigenen aufgetischt. Eigenschaften, die er an anderen bewundert, kann er als erstrebenswert, ermutigt über den Traum, in sich selbst entwickeln.

Ein entscheidungsschwacher, ängstlicher Mensch träumt vielleicht von einem resoluten, aktiven Onkel, den er sehr achtet und bewundert.

Die Verwandten im Traum haben darüber hinaus noch besondere symbolische Bedeutung.

Zu dem direkten Wesen der Mütter und Väter kommt eine übergeordnete Komponente hinzu:

Der *Mutter*-Aspekt beinhaltet immer auch den Aspekt der Mutter Erde, die stellvertretend für die gesamte erscheinliche Schöpfung steht.

Der Aspekt *Vater* beinhaltet ebenfalls immer den übergeordneten Bereich des Schöpfer-Vaters. Das gilt für jegliche Lebenseinstellung, auch für Atheisten.

In der erscheinlichen Welt vertreten die *Eltern* den Seelenbezug zum erworbenen und anerzogenen Weltbild. Nach dem Gesetz des Universums sind die Entsprechungen in allen Bereichen verbindlich.

Das Nichtvorhandensein von Eltern oder eines Elternteils wirkt ebenso bestimmend, sozusagen im Mangelbereich: es kann eine Sehnsucht oder Ablehnung aus Schmerzvermeidung aufgezeigt werden.

Da Menscheneltern naturgemäß nicht vollkommen sind, drücken sie im Traum eben die Diskrepanz aus, die die Seele den höheren Eltern vorwirft. Angenommen, jemand besitzt eine lieblose Mutter, die ihr Kind verlassen oder überstreng, ohne Zärtlichkeit, in reiner „Pflichtausübung" großgezogen hat, so wird sich bei dem dieser erlebte Mangel in seiner Einstellung zu Mutter Erde ausdrücken: er ist der tiefsten Überzeugung, das Leben in der materiellen Ebene, die ja getragen wird von der Erde, behandelt ihn stiefmütterlich, er kommt nicht auf seine Kosten, läuft ungeliebt am Rande der Zärtlichkeit, der Nähe und Großzügigkeit. Entsprechend wird er mit den Geschenken der Erde umgehen, die Erde mit Nichtbeachtung und Respektlosigkeit behandeln, ohne Dank nehmen und dennoch nie zufriedengestellt sein. Er denkt sich nichts dabei, wenn er rücksichtslos über Erddinge verfügt, es wird nie genug sein, was sie ihm tatsächlich gibt – deshalb hat er oft auch zu wenig. Entweder, er ertrotzt sich, was man ihm vermeintlich vorenthält, bemitleidet sich stets, oder er ist immer nahe am Aufgeben.

Ein Atheist beispielsweise negiert auf analoge Art und Weise sowohl seinen Menschenvater wie den himmlischen. Der Menschenvater hat zweifellos diese Haltung vorrangig mit geprägt, ob der Betroffene das erkennt oder nicht.

In dieser Unvollständigkeit der elterngeprägten Einstellung drückt sich das auf-dem-Weg-sein, aber noch-nicht-angekommen-sein deutlich aus. Mutter- und Vaterträume müssen diese Verständnisebene zumindest streifen. Auch hier gilt die Tendenz: die höhere Ordnung hat um so mehr Gewicht, als ein Träumender seine Bewußtheit entwickelt. Am Ende löst er sich ganz von der verfügbaren Abhängigkeit der Menscheneltern.

Ein Mensch, der einen ausgesprochen liebevollen, treusorgenden Vater erlebt (hat), wird dieses Modell unbewußt auf seine Grundeinstellung dem Göttlichen gegenüber anlegen. Er tut es auf irgendeine Weise, auch wenn er nichts davon weiß.

Es wäre unzulässig vereinfacht, zu behaupten, diese Darstellung offenbare bereits das ganze Spektrum menschlicher Einstellung zu Himmel und Erde, oder zu den Menscheneltern. Aber andere Aspekte sind eher bekannt.

Vater- und Muttergestalten im Traum vertreten überdies die vorige Generation, das Ressort der älteren, erfahreneren Seele, bezogen auf karmische Vergangenheit. Je nach konkreter Erfahrung kann das bedeuten: die Mutter vertritt die weise Ratgeberin des emotionalen Bereichs, deren Führung man sich anvertrauen kann – im allerbesten Fall. Entgegengesetzt der Fall: die Mutter ist senil, eigensinnig und dominant oder unselbständig, muß im Traum vielleicht von der Bildfläche verschwinden, weil ihre emotionale Vertretung für den Träumer nicht verbindlich sein kann. Dann muß er sich lösen und Ausschau halten nach der höheren Mutter.

Dasselbe gilt für das Vaterbild, das sich im willensmäßigen Handlungsbereich als überlebt oder beispielhaft präsentieren kann. Damit werden beschränkende Fesseln zerbrochen.

Ein in Deutschland geborener Ausländer nährt noch immer – geprägt durch sein elterliches Erbe der Erziehung – die Vorstellung, er gehöre einer verfolgten Minderheit an, allein dadurch, daß er Ausländer ist. Dabei ist er vollständig integriert, hat nicht einmal mehr einen sprachlichen Beiklang, über den man ihn als Ausländer erkennen könnte. Er träumt:

Zweimal tötet ihn sein paranoider Vater
Seine Tochter bekommt ein Kind
Immer wieder kommen verbrannte Kühe aus der Erde

Verfolgungswahn entbehrt realer Grundlage, wie jeder weiß. Er nährt also ein Phantom und soll dringend damit aufhören.

Er erlebt seine erwachsene Tochter, für die er meint, alles entscheiden und regeln zu müssen als uneffektiv, tatenlos. Zugleich soll er begreifen, daß seine eigene weibliche Seite erwachsen ist und sich bereits erneuert. Nun soll er sie loslassen, damit sie endlich selber entscheiden lernen kann und muß. Das erwartete Kind ist ihre Erneuerung, ihre Selbständigkeit, die er ihr überlassen muß.

Kühe sind ein direkter Ausdruck für die geduldige Bereitschaft der Erde, ihre Kinder zu nähren mit ihrer Grundnahrung, der Muttermilch. Der Träumer weiß das nicht zu schätzen, weil er es nicht erkennt, wie gut für ihn gesorgt ist. Mit Haß und Wut (zerstörerisches Feuer) lehnt er die Fürsorge ab. Als ich ihn frage, ob seine Mutter ihn gestillt habe, weiß er die Antwort nicht. Tatsache ist, daß er nicht weinen kann. Er ist erbarmungslos gegen sich selber. Wie sehr er in einem Wahn befangen ist, wird in einem weiteren Traum aufgezeigt, in dem er mit seinem ungeliebten Chef Unzucht treibt, wider Willen.

Vor diesem Chef buckelt er mit knirschenden Zähnen, aus lauter Angst, er könne seinen Arbeitsplatz verlieren. Davon kann gar keine Rede sein. Er muß sich nicht gemein machen mit dem Unterstellungsaspekt, den sein Chef angeblich hegt. Damit verrät er seine Seelenfreiheit. Die Träume rütteln kräftig. Daß er zu ganz anderen Diensten fähig ist, nämlich, anderen Wertvolles zu geben, zeigt dieser Traum:

Sein altes Haus brennt ab. Er kann es nicht retten mit dem Gartenwasserschlauch, weil der für den Ententeich benötigt wird (so heißt es wörtlich in dem Traum).

Sein altes Seelenhaus muß abbrennen, er darf es so nicht erhalten. Ein Ententeich ist Allgemeingut in einem Dorf seit je. Früher gab es diese Dorfteiche überall für die allgemeine Feuerwehr zum Löschen bei einem Brand. Das kostbare Wasser, auch im Sinne der Reinigung und der Ressourcen, eine wertvolle Gefühlsenergie (Wasser steht für Emotionen), soll er nicht sinnlos verschwenden für etwas, das gar nicht gerettet werden soll und diese Energie für andere zur Verfügung stellen. Darin liegt ein verdeckter Auftrag, nicht nur an seine vermeintlichen Probleme zu denken und darum zu kreisen und sich selber mit diesem Verfolgungswahn umzubringen.

Was für die *Eltern* im Traum gilt, trifft in sehr ähnlichem Maß auf *Großeltern* zu. Es spielt dabei keine Rolle, ob die betreffenden Eltern oder Großeltern noch am Leben sind oder nicht. Die Bereiche der Seele sind gewissermaßen zeitlos, und die Einprägung realen Erlebens wirkt so lange, bis eine Ablösung und damit Veränderung erfolgt.

Jeder „normale" Mensch erliegt prompt seiner Alltags-Zeitvorstellung („– Ach, das kann ja nicht sein – meine Großeltern sind doch schon lange tot."). Der zeitliche Abstand gaukelt seelischen Abstand und scheinbare Überwindung/Unabhängigkeit vor. Die Träume wissen es besser und sagen es ungeschminkt.

Großeltern beinhalten überdies eine uralte archetypische Komponente, die aus dem Urwissen alter Kulturen stammt, an dem jeder von uns direkt teilhat. Bei den Indianern steht Großmutter für die Erde, Großvater für die Sonne, als dem sichtbaren Vertreter göttlichen Geistes (im Prinzip kennen wir das von der Christuslehre auch). Damit drückt sich der alte Respekt dieser Völker vor der erworbenen Weisheit der Alten, Erfahrenen aus, deren Rat man in allen Lebenslagen einholte. Die Unterscheidung Mutter – Großmutter, bzw. Vater – Großvater bezieht sich auch großräumig auf noch viel ältere Aspekte der langen Wanderschaft von Seelen.

Die Verzerrung in unserer westlichen Zivilisation liegt auf der Hand. Bei weitem nicht alle Alten sind weise. Alter und Zeit allein vermögen nicht, Weisheit zu erlangen, sondern allein im Zusammenhang mit Entwicklung und bewußter Bemühung um Wachstum kann sie erworben werden. Wir wollen hier nicht nach Schuldzuweisung suchen. Die Wurzeln für eine solche Fehlentwicklung sind vielschichtig und liegen gleichermaßen bei denen, die sich in eine solche Festlegung hinein drücken lassen, wie bei denen, die dorthin abschieben. Eine der schrecklichsten Wurzeln liegt in der furchtbaren Entfremdung zur Natur; Wachstum wird ausschließlich materiell aufgefaßt.

G. B. Shaw hat einmal geäußert: „Wenn Alter allein schon weise machen würde, dann müßten die alten Pflastersteine von London weiser als jeder Mensch sein."

Eine äußerst verbitterte Frau in schwierigen Lebensumständen, die sie als unverdient empfindet und versucht, mit falschem Menschendienst, falscher Nachgiebigkeit ihr Opfersyndrom zu bestätigen, träumt:

Da ist eine große moderne Kirche auf Sumpf gebaut. Ihre Schwester droht, in dem Sumpf zu versinken, sie zieht sie heraus.

Ein andermal *steht ihr Elternhaus im Sumpf, der immer ärger wird. Ich will mit ihr arbeiten, aber es geht nirgends, überall werden wir dabei gestört. Schließlich gehe ich resigniert mit zwei Krücken weg. Dann soll sie zu mir ins Haus kommen. Sie sieht ihren Großvater* (der längst tot ist) *winzig klein in einem kleinen Glassarg liegen; sonderbarerweise ist er lebendig.*

Ein geradezu klassischer Traum. Ihr Vater war gewalttätig, hat beide Töchter mißbraucht. Die Träumerin hat sich des öfteren geweigert, woraufhin die Schwester herhalten mußte, die sich mit der Willfährigkeit Vergünstigungen „erkaufte". Den Großvater erlebte sie als gütig, sie hat ihn geliebt. Einer ihrer Söhne ist ebenfalls gewalttätig, aber sie duldet ihn zu Hause, obwohl sie ihn längst hätte rauswerfen sollen; sie kuscht, und er nutzt sie schamlos aus.

Mit dieser katzbuckelnden Schwäche macht sie sich mitschuldig am Ganzen. Die Verflechtung ist klar. „Meine" Hilfe ist sie außerstande anzunehmen. Sie glaubt auch nicht wirklich, daß ihr geholfen werden könne. Aber auf die erlebte Liebe des Großvaters soll sie sich besinnen, die wachsen und leben lassen. Der vermeintliche Tod dieser Liebe und Fürsorge ist durchsichtig und gewaltig geschrumpft in ihrem Empfinden. Daran muß und kann sie etwas ändern. Sie selbst muß das energisch in die Hand nehmen und sich damit aus dem Sumpf herausarbeiten. Die erlebte totale Feindseligkeit und Lieblosigkeit des Lebens, die sie im Sinn hat, stimmt so nicht. Die moderne Kirche ist ihre eigene brandaktuelle spirituelle Einstellung, und die liegt wirklich im argen.

Die Unerbittlichkeit der Träume räumt kräftig auf mit dem Opfertum des armen Ich bei uns allen, indem gezeigt wird, wo unser Anteil liegt; wie sehr wir uns allzu gern im Dreck des eigenen Leides baden und damit kokettieren. Das ist menschlich; aber da sollen wir heraus.

Dieselbe Träumerin, die den schmalen Pfad nach rechts zu der Kirche gewählt hat, träumt wenig später:

Ihre Mutter will, daß sie Großvater heiratet. Es ist alles festlich geschmückt und bereit. Sie weigert sich jedoch und flieht. Dabei gerät sie in eine große finstere Stadt und fühlt sich sehr einsam. Plötzlich nimmt sie wahr, daß ihr freundlicher (sehr warmherziger) *Großvater bei ihr ist.*

Natürlich ist auch dies kein Inzesttraum, sondern zeigt nur ihre Blindheit. Die Hochzeit mit Großvater Sonne (IHM) steht an. Die Mutter (Erde) will es so. Das ewig Weibliche soll sich mit dem ewig Geistigen vermählen. Sie begreift einfach noch nicht, wer Freund, wer Feind ist. Ablenkung und falsches Mißtrauen stehen noch im Weg:

Auf einem Volksfest sieht sie einen dunklen Typen. Zwei Männer nehmen ihren Sohn mit, sie hat sofort Angst, er sei entführt worden.

Der dunkle Typ war keineswegs eine Bedrohung, genauso wenig wie die beiden anderen Männer. Sie hatte Vorurteile. Der Sohn war freiwillig mitgegangen, wie sich im sehr langen weiteren Verlauf des Traumes herausstellte. Sie mißtraut von vornherein ihren eigenen männlichen Wesenszügen, folglich ist sie auch vor dem Großvater weggelaufen. Im Alltag überrennen ihr bekannte männliche Wesen entsprechend ihre notwendigen Grenzen.

Folgerichtig gängelt sie ihren Sohn mit unsinnigen Ängsten. Daß sie dies alles eigentlich nicht mehr nötig hat, zeigen die Träume.

Kinder besitzen im Traum eine vielschichtige Bedeutung: sie stehen in erster Linie für das Nachwachsende in uns. Das gilt für die eigenen Kinder – so man hat – im besonderen und für Kinder im allgemeinen.

Eine Tochter verkörpert den nachwachsenden emotionalen Bereich, ein Sohn den rationalen. Das Alter der Kinder sagt Genaues aus über den Stand der nachwachsenden Entwicklung des Träumenden; deshalb erscheinen die eigenen Kinder bisweilen nicht im aktuellen Alter, sondern jünger. Das deutet beileibe nicht auf nostalgische Erinnerung hin.

Auch hier wieder die Analogie im sichtbaren Außenfeld: ein bewußter Erwachsener sucht an seinen Kindern zu lernen.

Ein bedeutendes Traumbeispiel, das Weichen neu stellt in einem weit verbreiteten überkommenen Traumverständnis mit sehr gefährlichen Auswirkungen. Eine Frau, Ende Dreißig, träumt:

Sie habe im Traum sich sexuell mit ihrem kleinen Sohn (sieben Jahre alt) *vereinigt, und das sei wunderbar gewesen.*

Ihr tiefer Schreck, ihre Bestürzung und Verwirrung stand ihr unheilvoll ins Gesicht geschrieben, als sie mir den Traum erzählte. Ich lachte schallend und fragte sie, bzw. sagte ihr auf den Kopf zu:

„Du hattest im Traum überhaupt kein schlechtes Gewissen, nicht wahr? Es war völlig in Ordnung, mit deinem Sohn zu schlafen."

„Ja"

„Die Bestürzung kam erst nach dem Erwachen, nicht wahr?"

„Ja"

„Du hattest also im Traumerleben und nach dem Wachwerden völlig entgegengesetzte Gefühle."

„Ja".

Aus ihrer Vorgeschichte war ein deutliches Übergewicht der emotionalen Seite zu erkennen, mit dem sie sich auch in Träumen lange herumschlug. Starke verwandtschaftliche Bindungen von abhängiger Art gab es fast ausschließlich im weiblichen Feld; Mutter, Schwester, Tante, Tochter und jede Menge komplizierter Freundschaften mit Frauen. Sie lebte in einer wirklich guten Ehe und pflegte ein lebendiges Familienleben. Sie war eine äußerst gewissenhafte, liebevolle, eher gluckenhafte Mutter mit einem hohen Bemühungsgrad und Gewissen. Ihr siebenjähriger Sohn war keß, aufgeweckt, entdeckungsfreudig, geradezu waghalsig, ständig zu Streichen aufgelegt und forderte ihre mütterliche Überängstlichkeit ständig heraus. Er war all das, was sie weigerte zu sein. Und genau diese Eigenschaft sollte sie in sich entwickeln.

Ihre Erleichterung war geradezu handgreiflich zu spüren. Der Traum sollte eine Art Zwischenbilanz von ermutigendem Charakter sein.

Von inzestuösen Wünschen, wie die orthodoxe Psychologie hier unterstellen möchte, kann weit und breit keine Rede sein.

Aus den Anfängen der Psychoanalyse her geistern in uns allen immer noch derartige Verdächtigungen umher; es wird Zeit, davon endgültig Abschied zu nehmen. Menschliche Motivation ausschließlich auf seine Sexualität zu reduzieren, ist schlechthin geistig kriminell.

Was in diesem Fall (wie vielen!) für eine Katastrophe angerichtet worden wäre mit einer Fehldeutung, kann sich jeder selbst ausmalen. So gefährlich kann Fehlverständnis sein.

Das innere Kind kann sich (bei hochentwickelten Seelen) auch auf eine Aufgabe beziehen, sei es globaler, sachlicher oder fürsorglicher Art.

Bruder, Schwester und *Nachbarn* im Traum gehen ebenfalls über die direkte Bedeutung tatsächlicher Personen hinaus. Das kann man allein schon daran sehen, daß jemand von einem Bruder träumt, obwohl er gar keinen hat.

Der Bruder ist der Nächste, die Schwester die Nächste. Nachbarn ähnlich wie Bruder und Schwester, nur mit mehr Abstand. Zu Nachbarn ist nicht nur die Distanz größer, sondern sie scheinen zufällig in den Nähebereich gerückt und oft nicht für immer; sie wechseln, im Gegensatz zur Bruder-Schwester-Rolle.

Das Kind – Baby, Schwangerschaft, Gebären

Ein gesondertes Thema, das enorme Beachtung verdient, denn schwanger werden im Traum auch Männer und können Kinder gebären! Die haben nicht etwa eine heimliche Neigung zur Homosexualität, sondern mit dieser Art Kind ist das EWIG NEUE, das EWIGE KIND in uns gemeint. Ein schöpferischer Prozeß der inneren Erneuerung, der auch auf das Alter keinerlei Rücksicht nimmt. Auch das Christuskind als dem Modell des ewigen Weihnachten (das hat mit dem 24. Dezember überhaupt nichts zu schaffen) ist darin enthalten. Spirituelle Wiedergeburt des ganzen Menschenwesens wie einzelner Wesensstrahlen ist gleichermaßen gemeint. Jeder Mensch kennt solche Träume und wundert sich aus Unwissenheit. Männer delegieren die Geburt im Traum meist an ihnen bekannte Frauengestalten, aber gemeint sind sie immer selber!

Herr E., ein hochentwickelter, feinsinniger Geist, der noch einiges zu leisten hat in Richtung mutigem direktem Einsatz, um ein vollständiger Lichtarbeiter zu sein, wird in seinen Träumen darauf hingewiesen, daß verbale Friedfertigkeit allein durchaus Feigheit sein kann. Er soll den Kampf aufnehmen und zu dem stehen, was ihm wirklich gegeben ist. Beschaulichkeit des Lebensabends, konsumieren von geistigem Stoff allein reicht nicht.

Eine alte Bekannte von ihm, (die er als reichlich bigott bezeichnet, eine alte Dame von über 70) *erzählt ihm empört und beschämt, sie sei schwanger. Daraufhin befindet er sich in einer großen Menschenmenge. Von weither wird über den Köpfen der Menge in einer Sänfte ein Lichtkind heran getragen, zu ihm hin. Dies Lichtkind besitzt ein auffallend energisches Kinn.*

Sein alteingesessener Gefühlsbereich ist nicht ganz in Ordnung, es ist ihm peinlich, sich nochmals in dem Alter auf derart Neues einzulassen, und es ist unbequem. Aber er soll energisch das Neue Kind, den Neuen Christus in sich empfangen. Diese Gnade überstrahlt wirklich alles.

Frau R., über die Mitte der 50 hinaus, träumt:

Sie sei schwanger und beschließt, alles zu lassen, was ihr schadet.

Der Traum schlägt eine Art Gelübde vor, das im Wachsein noch verifiziert werden muß. Es ist wie mit einem Testament: man muß es noch persönlich unterzeichnen, damit der Inhalt Gültigkeit erlangt.

Frau C, die bereits handfest in der Lichtwelt verankert ist und ihren hohen Dienst ausübt, wird immer mal wieder verunsichert durch ihre Vergangenheit und ihre Umwelt, eben auch durch widersprüchliche Forderungen aus der Familie, wobei sie Rückenstärkung benötigt.

Sie lehnt Sexualität ab, weil sie gerade gebärt. Erklärt empört, sie kann nicht beides. Sie soll eine Frau an den Hämorrhoiden operieren, vor den Augen des Chefarztes. Das traut sie sich nicht zu, sie scheut. Noch; leider. Sie kann.

Es bedeutet, sie soll unter der Überwachung und Hilfe der inneren Führer alte verdaute, störende, krankmachende Masse ausscheiden, in Ordnung bringen, loslassen, die Folgeschäden beseitigen. Man kann nicht zwei Herren dienen. Entweder sie macht innen einen starken Entwicklungsschub durch (das ist Vollbeschäftigung), oder sie läßt sich intim mit der Außenwelt ein. Beides gleichzeitig vermag sie nicht. (Bibel im A. T.: jedes Ding hat seine Zeit). Daß sie den höheren Anforderungen durchaus gewachsen ist, zeigt folgender Traum:

Als sie entbindet, bietet ihr der freundliche Arzt eine Schmerzspritze an. Sie „lacht sich kaputt".

Ihr Kleinmut des öfteren ist ihr bereits bekannt. Sie braucht weniger Hilfe als sie denkt. Sie ist fähiger und stärker, als sie sich immer wieder unterstellt. Der Traum ist Ermutigung, zugleich der Hinweis im Hintergrund, daß sie jederzeit Entwicklungshilfe erhalten kann, wenn sie derer bedarf. Ihre alte tiefe Verletztheit des weiblichen Aspektes, und damit der Unsicherheit, zeigt sich als heilbar und wird geheilt:

Sie befindet sich in einem wunderschönen Sanatorium, wo Frauen behandelt werden.

Frau L., die auf ihrer spirituellen Suche noch nicht ganz die rechte Richtung gefunden hat, weil sie meinte, mit jeder Menge Aktion und Außenmaßnahmen sei es zu zwingen, war entgangen, daß mit diesem Überfliegen-Wunsch nicht wirklich der alte Machtanspruch entlarvt und erledigt war:

Sie rettet an einem sehr dreckigen Flußufer einen Säugling, der bis an den Kopf im Sand steckt, hilflos leidend. In der Nähe schwirrt dessen Mutter umher, die die Fürsorge für das Kleine den älteren Geschwistern überlassen hatte, ohne allerdings Auftrag zu geben. Sie hatte es einfach angenommen.

(Diese Kinder waren aber erst 5 bis 6 Jahre alt, also zu einer solchen Verantwortung noch nicht fähig.)

Über dem Boden schwebt eine Comicpuppe, die hinten mechanisiert ist, und vorne mit einer Art Entenschnabel unentwegt „Mama, Mama" schreit.

Sie wird ihres Selbstbetruges regelrecht überführt. Das Kind in ihr ist nicht lebendig, nicht echt, schreit wie ein Automat nach Mutter Erde, nach Liebe und Fürsorge, entbehrt sie also selber, kann sie natürlich auch nicht geben. Ihre Art zu geben war Macht erlangen, herrschen. Der Entenschnabel ist für jeden einleuchtend. Wir sagen, wenn wir ein oberflächliches Plappermaul karikieren wollen „... quak quak quak ... das geht wie bei einem Entenschnabel." Das ganze Ding hat nicht einmal irgendeinen Bodenbezug, ist nicht wurzelnd, entbehrt jeder Grundlage, hängt in der Luft. Die Seelennot ist vorstellbar, nicht wahr?

Frau U. träumt:

Sie entsorgt ein Baby in der Badewanne unter Wasser. Es ist das Kind einer Angestellten in ihrer Firma (die ihr gehört).

Ein ganz schön harter Hinweis: sie enthebt sich der Verantwortung des Neuen in sich auf gefährliche Weise: das Kind kann dabei ertrinken. Im Traum bleibt das offen. Sie hat also noch eine Chance zu korrigieren. Die Angestellte ist freilich materiell nicht annähernd so gut gestellt wie die Chefin. Die Reduzierung auf wirkliche Bedürfnis-Befriedigung wird der Träumerin schon länger eindringlich nahegelegt. Sie will da nicht heran – menschlich sehr begreiflich, nichts desto weniger dringlich, es zu ändern. Bleibt sie dabei, die Lernbotschaft zu mißachten und taucht weiterhin dieses Baby in den Bereich des Unterbewußten, des Nichtwissenwollens, wird es ertrinken. Dann dürfte es erheblich schwerer werden, das wieder gut zu machen.

Wirklich etwas nicht wissen, wird bei Erkennen von der Lichtwelt vergeben und getragen. Aber etwas bereits wissen und wieder abschieben in die Zone des angeblich nicht Wissens, das steht auf einem völlig anderen Blatt. Hier wird streng geahndet. In dem Punkt sind die inneren Lehrmeister unerbittlich.

Ebenfalls ein deutlicher Warnhinweis; Frau N.:

Sie macht Urlaub mit ihrer Tochter (ein Kind von 10 Jahren) *die ein Baby hat. Sie machen den Urlaub alle drei in meiner Pension. Nebenan liegt eine feindliche Pension. Obwohl sie das weiß, geht sie hinein. Die Besitzerin ist grau gekleidet und schimpft mich eine Hexe. Das Baby ist nun schwer krank und wird abgegeben, damit sie, die Träumerin, mit ihrer Tochter Touren unternehmen kann.*

Die graue Kleidung steht für laue graue Gesinnung. Sie kann und will sich nicht für klare Verhältnisse und Fronten entscheiden. Obwohl sie unter „meinem" Dach betreut wird, spielt sie mit dem Feuer, der Verantwortlichkeit, in erster und zweiter Instanz. Vergnügliche Unternehmungen sind ihr wichtiger als der Dienst am Neuen. Dabei droht sie Einflüsterungen zu erliegen. Sie wird sehr achtsam sein müssen, wenn sie ihre Chance in diesem Leben nicht verpassen will. Vorsätzlicher Widerstand ist nur sehr schwer zu überwinden und braucht häufig viele Leben von Leid und Schmerz. Es wäre besser, sie schaffte es jetzt gleich, in diesem Leben. Die Möglichkeit besteht ohne Zweifel.

Die Helfer

Selbstverständlich tauchen auch völlig unbekannte Traumpersonen auf, oder solche, die innerhalb des Traumes vertraut sind, aber nicht im Wachbewußtsein.

Manchmal sind es Aspekte der eigenen Persönlichkeit, die noch völlig abgeschnitten vom Bewußtsein, in dieses treten wollen. Meistens aber handelt es sich um bisher noch unerkannte Helfer, die sich, als eigentlich körperlose Lichtwesen, in eine menschliche Gestalt kleiden. Manchmal auch sind es Helfer aus der Anderwelt, die einstmals als Menschen auf der Erde inkarniert waren und nun in den solcherart helfenden Dienst eingetreten sind. Oft ist ihr Erscheinungsbild gekoppelt an das, wie der Träumer es in seiner Erinnerung eines früheren Lebens trägt, in dem sich beide gekannt haben. Bei Engelwesen wird gern ein Körperbild benutzt, das der Träumer assoziiert mit einer Vorstellung aus der Märchenwelt oder sogar aus einem Fernsehfilm o. ä.. Es gibt nichts, was es nicht gibt. Alles ist möglich. Es ist unmöglich, alle vorkommenden Möglichkeiten ausführlich zu beschreiben, deshalb beschränke ich mich auf die häufigsten.

Beispiele:

Frau M. kann sich noch nicht entscheiden, ob sie ihre Seele wecken will oder nicht. Das Alte scheint ihr sicherer und einfacher. Vor meinen Hinweisen scheut sie zurück, träumt aber:

Der Turm vom Hamburger Michel stürzt ein. Das Dach der Kirche wird neu gemacht. In einem Kaufhaus mit allem Drum und Dran soll sie unverzüglich zum Chef kommen, um dort einen Freund kennenzulernen. Sie weigert sich, denkt sauer, sie wolle bloß in Ruhe gelassen werden.

Nach etwas Bohren stellt sich heraus: im Alltag will sie auch nur ihre Ruhe haben. Wenn sie die dann hat, muß sie weinen. Das aber gefällt ihr noch weniger. Zunehmend gerät sie in die Klemme. Und das ist gut so. Sie ist noch sehr jung, unter dreißig. Diese Ruhe ist Scheinruhe – ER nennt diese Ruhe den Tod. Die Aufforderung ist deutlich genug. Aber die Träumerin will nicht verstehen, daß ihre eigene innere Spiritualität sich erneuern muß, indem sie die ins Bewußtsein nimmt. Hamburg ist für sie eine faszinierende, aufregende Stadt, in der „etwas los ist". Sie will auf äußerem Rummel bestehen, und soll doch innen in Bewegung kommen und begreifen, daß die innere Reise wesentlich aufregender ist als alles, was außen geschehen kann. Der Michel ist das spirituelle Wahrzeichen dieser Seelenstadt und weist auf ihre Bewußtseinserneuerung hin (das Dach). Das Kaufhaus bietet materiell alles, was sich ein Herz nur wünschen kann. Es muß halt verstanden werden: das Kaufhaus im Traum bietet natürlich ein inneres Angebot. Der Chef ist der Meister vom Ganzen. Das freundliche Angebot, den inneren, sehr nahen Freund und Schutzengel kennenzulernen, ist wundervoll. Schade, daß sie noch so töricht ist, auszuschlagen. Man wird sie gewähren lassen, da Entscheidungen von der Lichtwelt her nie erzwungen werden. Immer wird der freie Wille des Menschen respektiert. Allerdings muß er selber jede Konsequenz aus seiner Entscheidung so oder so tragen!

Ein junger begabter Mensch, der mit Labilität zu ringen hat:

Ein riesiger Geistführer holt ihn aus der Gosse, wo er gekokst hat. Er soll duschen, es ist sehr viel Dreck abzuspülen, aber er scheut sich vor dem Mann neben ihm, der nackt auch dort duscht!

Der Wächter im Traum gibt sich sogar als Geistführer zu erkennen, ausweichen ist also nicht möglich unter vorgeblichem Mißverständnis. Das Riesige deutet auf einen hohen Führer hin mit enormer Macht. Der Träumer kann sich nicht herausreden auf seine vermeintliche Unbedeutendheit. Er wird gefordert, sich seinen Fähigkeiten zu stellen. Dafür muß er sich dem großen Reinigungsprozeß unterziehen. Wieder versucht er Ausflüchte mit vorgeblicher (falscher) Scham, die ihm als Maskerade entlarvt wird, denn er ist ja selber der andere neben sich. Nur kennt er den noch nicht. Er schämt sich also vor einem Aspekt in sich, den er einfach nicht wahrhaben will. Zugleich steht der andere Mann für Gefährten, die sich ebenfalls der peinlichen Seelenwäsche unterziehen. Seine glaubwürdige Versicherung, er habe noch nie gekokst, hilft auch weiter. Drogen und dergleichen können sich auf vielerlei verschiedene Weise ausdrücken. Sich berauschen kann man an vielen Mitteln, die gesellschaftlich akzeptiert werden. Nichtsdestoweniger sind sie Rauschmittel für die Seele und müssen als solche erkannt werden.

Viel Fernsehen, Konsum, teure Urlaube, Luxus, Bequemlichkeitsansprüche, all dies ist nicht nur toleriert in unserer Gesellschaft, sondern gilt als erstrebenswertes Ziel. Hier aber irrt die Seele. Das sind keine Ziele, sondern Betäubungsstrategien, Surrogate für das wirkliche Leben der inneren und äußeren Fähigkeiten, das Ganzsein. Und darum geht es hier. Wer viel vermag, wem viel gegeben ist, von dem wird viel erwartet. Er träumt von Ruhm und Erfolg, das sind falsche Motive für seine Talente.

Eine schwer krebskranke Frau kam zu mir, die noch nicht einmal einen Ansatz von seelischer Wachheit zeigte, was sich dann schnell änderte:

Dauernd klingelt es an der Haustür; etliche Leute kommen ins Haus zu ihr zu Tisch. Aber sie setzt ihnen nur Konserven vor, was sie keinesfalls soll, es ist ihr peinlich.

Drei Helfer stellen sich auf einem Spaziergang vor mit den Worten: „Wir helfen bei Atemnot."

Sie war schwer in Gang zu bringen, wollte nicht aus ihren Gewohnheiten heraus, immer nur im gleichen Trott bleiben. Sie hatte auch keine anderen Absichten für den Fall, daß sie weiterleben dürfte. Ich habe ihr ordentlich einheizen müssen, was ihr anfangs überhaupt nicht gefiel. Doch sie hatte schließlich keine Zeit zu verlieren mit Erwachen, bei dem Gesundheitszustand.

Es reicht also nicht, immer wieder nur Konserven aufzumachen, das ist keine Bewirtung, keine Speise für die Wesensaspekte, die gespeist und bewirtet werden wollen. Um eine noch schlummernde, aber lernbereite Seele zu unterstützen, stellen sich gern die Helfer vor, hier gleich drei, die ihr ankündigen, daß sie sie nicht im Stich lassen werden, wenn ihr einmal „die Luft ausgehen sollte", bzw. es an spiritueller Einsicht fehlen sollte. Eine andere Träumerin, bei der bereits Hellsichtigkeit aufbrechen will, (vor der sie sich leider noch fürchtet,) träumt:

Sie sitzt mit ihrem Mann in einem Boot, wo sie einen Brief von oben erhält; ihr Mann will ihr den wegnehmen, aber sie verhindert das. In dem Brief stehen die Worte: „Ich will mich um Dich kümmern!" Dabei liegt eine Videokassette, aber die kann sie noch nicht lesen.

*Im Nachbarhaus brennt es, alles ist verkohlt, die Nachbarn sind voll-
kommen kopflos. Sie kümmert sich um die Kinder.*
Zwei Tage später hängt sich genau diese Nachbarin auf.
Die Helferbotschaft von oben kommt an. Sie muß sich gegen ihre
männliche Macho-Übermacht wehren. Das Visionäre kann sie vorerst
nicht verstehen, aber es besteht bereits als Verheißung in ihrem inneren
Konto als Guthaben. Auf die innere Stimme vorweg hören und bereit sein
zum Dienen ist eins. Sie wird vorbereitet.
Frau Ö. ebenfalls hilfsbereit, dienstwillig, aber immer noch verunsichert durch gesellschaftliche – und Vorgesetztenmeinung, gewisse Eitelkeit, vor Menschen etwas zu gelten, träumt:
*Sie sucht in einem Kaufhaus ihrer Kindheit nach Wolle für einen Pull-
over und einen Arzt. Dabei geht sie in die nächsthöheren Etagen, wo es
immer wackeliger wird, immer gefährlicher. Nun kommt eine sehr freundliche Putzfrau, die sie wieder hinunter und hinausführt. Dabei entpuppt
sich das Ganze als ein Chemiekonzern.*

*Am Ende der Konfirmation ihres Sohnes macht der Pastor von ihr ein
Foto vor dem Altar und vertraut ihr es freundlich an mit dem Bescheid, sie
solle es sorgfältig zur Erinnerung aufbewahren, es sei kostbar.*

*In ihrem Auto sitzt ein Bekannter hinten und steuert das Auto von dort
aus. Auf der kurvenreichen Strecke gibt es bald eine Kollision. Sie ruft die
Polizei und fürchtet sich vor Strafe. Zu ihrer Verwunderung fragt die Polizei aber nur nach dem Verbandzeug und dem Dreieck.*

Den Pullover – etwas Wärmendes für die Kälte, kalte Zeiten, in denen
man leicht frieren kann (Unfreundlichkeit anderer Menschen usw.) will sie
selber stricken. Ihre Sehnsucht nach Heilung und die Wolle (den eigenen
Willen) kann sie in dem alten Kaufhaus der Vergangenheit nicht finden.
Sie steigt in den falschen Ebenen auf: im Prestigedenken der Gesellschaft,
da aber wackelt es gefährlich und stellt sich am Ende als etwas Künstli-
ches, äußerst Umweltunfreundliches heraus. Sie merkt das erst, als eine
innere Helferin, die Reinemachefrau (weibliche Kraft des Dienens, die bereit ist, anderer Leute Dreck weg zu schaffen, also eine arbeitsame, be-
scheidene Dienerin) ihr den Weg aus dem falschen Hochhaus des Hochmuts und der materiellen Vorstellung zeigt.

Konfirmation = Firmung ihres eigenen Willens, der nun in die Selbstverantwortung gehen soll. Dieses geistige Manifest soll sie gut bewahren und
immer dann anschauen, wenn sie dessen bedarf und nie vergessen, wenn
sie strauchelt.

Noch kann es geschehen, daß eines andern Willen (Meinung) ihr Vehikel in ein Desaster steuert, obwohl der andere bereits ein Stück hinter ihr rangiert; sie gibt immer noch ihre eigene Freiheit ab. Deshalb muß es zwangsläufig eine Kollision geben. Da sie aber bereit ist, den Fall den Ordnungshütern zu unterstellen, verfährt man gnädig mit ihr. Sie kommt mit dem Schrecken davon. Das Warndreieck ist SEIN Zeichen, das Zeichen des göttlichen Geistes, die Dreiheit in der Einheit (siehe Zahlen und Geometrie). Dies Dreieck soll ihr selber und anderen als Ermahnung dienen, worum es eigentlich geht. Das muß sie auf ihrer Lebensfahrt immer mit sich führen, darauf bestehen die Ordnungshüter. In diesem Fall sind es Ordnungshüter von oben. Die wegen ihrer Unselbständigkeit noch an den Falschen abgegebene Lenkung ihres Fortkommens und den dadurch noch unvermeidbaren Unfall kann man „verbinden".

Der Leser möge mir bitte nicht unterstellen, ich hätte lediglich spirituell gefärbte Träume herausgesucht. Das ist nicht an dem. Träume sind nun eben ihrem inneren Wesen nach spirituell. Wenn ein sogenannter Atheist sich an Träume erinnert, werden auch seine Träume spiritueller Natur sein. Ob er sie erzählt oder auch nur ernst nimmt, bleibt dahingestellt.

Die Lichtwelt ist alles andere als übelnehmerisch. Immer wieder staune ich über deren Geduld, Engelsgeduld im echtesten Sinn und partizipiere dankbar.

Die gleiche Träumerin der vorigen Träume, von der wir inzwischen wissen, wie schwer sie sich tut, ihre eigenen Gefühle anzunehmen, ihrem Herzen zu folgen, arbeitet in einer Behindertenstätte.

Sie geht mit drei behinderten Frauen zum Schwimmen, alle drei gehen unter und sind fast tot, als sie sich bemüht, die zu reanimieren. Dann übernimmt ein Helfer.

Es kommt ein Mann, auf den sie ihren Hund hetzt, weil sie sich fürchtet. Sie ist gerade dabei, mit Behinderten Basketball zu spielen. Der Mann läßt sich nicht beirren. Er sagt: „Lies das Mondbuch!"

Sie erkennt nicht ihre Helfer, fürchtet sich vor dem unbekannten Besseren, wie die meisten. Der Mond verkörpert seit altersher die weibliche Seite, die Nachtseite, die Gefühle, den empfangenden Spiegel des Sonnenlichts. Der Mond ist launisch, wechselnd und zeitweise kann man ihn nicht einmal wahrnehmen. Sie kokettiert immer wieder mit ihren eigenen behinderten männlichen und weiblichen Aspekten, besonders mit den weiblichen. Das soll sie sich näher anschauen, in der niedergelegten Weisheit lesen, sich das sagen lassen und zu eigen machen, statt ihre Loyalität (der Hund) auf den Falschen zu hetzen, nämlich auf einen inneren Freund.

Ihr nächster Traum leitet direkt über ins nächste Thema:
Sie hat eine neue Stelle angetreten in einem anderen Heim. Der Ort ist nun hell. Zu ihrer Verblüffung erweist sich der Sportlehrer als Englischlehrer. Ihre Mutter wird mit dem lästigen neurotischen Hund weggeschickt.

Englisch

Ihr altes Verständnis von Loyalität, sowie Familienbande aus Zwang und gesellschaftlicher Verpflichtung (man muß sich doch kümmern ...), alte überholte Vorstellungen von Frau-Sein müssen fort; sie erhält einen neuen Arbeitsplatz mit erheblich mehr Erkenntnislicht. Ihre alte Auffassung von Sportlichkeit, Bewegung wird ebenfalls renoviert auf ein geistiges Verständnis, denn Englisch bedeutet: engelanisch. Es ist die Sprache der Anderwelt, der Seelen- und Geisträume und -Dimensionen. Telepathische Verständigung gehört dort genauso hin wie hellhörige und hellsichtige Botschaften. Es kommt sogar vor, daß ein Träumer im Traum englisch versteht, obwohl er im Außen dieser Sprache nicht mächtig ist. Englisch sprechen viele Menschen; es ist *die* globale Sprache, mit der man sich notfalls überall in der Welt verständigen kann. Es ist die Sprache eines Landes, das einmal einen Großteil des Globus erobert und kolonialisiert hat. Über das äußerliche Recht oder Unrecht dazu wollen wir hier gewiß nicht befinden, da das engelanisch = englisch in unseren Seelen so und nicht anders festgelegt ist. Veräußerlichung unter Vergessen des Innerlichen bedeutet immer Mißverständnis/Mißbrauch.

Hochentwickelte Seelen beherrschen alle engelanisch. Im Traum gibt es nicht einmal mehr sichtbare Mundbewegung bei der engelanischen Verständigung, weil diese ohne hörbare Laute vollzogen wird.

Ein junger begabter Musiker, wie fast alle Menschen unter einer schier unüberwindlichen spirituellen Trägheit leidend, träumt:
Er will auf eine große Fähre, muß dazu eine enge Wendeltreppe hinunter und bleibt dort stecken, weil er zu dick ist. Dann muß er dort eine Prüfung in etlichen Fächern ablegen, u. a. in Mathematik. In allen Fächern besteht er glänzend, nur in Englisch bekommt er eine fünf verpaßt, fällt durch die Prüfung.

Man höre und staune: er ist überschlank im Außen. Das Steckenbleiben wegen Korpulenz bezieht sich auf seine materiellen Ansprüche (hindurch passen nur die, die sich zu beschränken wissen auf die wirklichen Bedürfnisse. Nicht Askese, sondern Verzicht auf Überflüssiges). Die Fähre ist *das* Fahrzeug für den Aufbruch und die Überfahrt zu neuen Ufern. (Übersetzen/ z.B. von englisch in engelanisch). Das Ungenügend in Englisch bezieht sich auf seine geistig-spirituellen Fähigkeiten, die zu verwirklichen er durchaus fähig wäre. (Mathematik, siehe nächstes Kap.)

Herr O., der als Lehrer sein Angebot um das Fach Englisch erweitern wollte und mitten in der betreffenden Prüfung steckte, träumt:

Zwei Englischprüfer sagen streng zu ihm: „Du hast die Zeit nicht verstanden!" / In Berlin (einer Stadt, wo er eine Weile gelebt hat) *bewohnt er in einem Mietshaus eine Wohnung, neben der sich die gleiche noch einmal befindet, völlig identisch! in der Honnecker haust. Er hört oder weiß, daß nun „Honneckers böses Herz sterben muß". / Nun sieht er sich selber sterben, gelber Kot tritt aus, ekelerregend. Er schlägt seine Mutter mit einer Schleuder.*

Wir hatten bereits einige Zeit daran gearbeitet, wie er sein Ego überwinden könne, indem er die Doppelbödigkeit seiner Wünsche und Ziele entlarvt und nach seinen echten Gefühlen schürft. Er muß begreifen, wie sehr sein ganzes Sinnen und Trachten von Egoismus, von eigennützigen Wünschen beherrscht ist, aber wie sehr er sich betrügt unter dem Vorwand, einen spirituellen Weg zu gehen. Die Identität der Wohnung zeigt sein Doppel eines diktatorischen Machthabers, der er selber ist. Die Umfunktionierung der Englischprüfung auf die innere Ebene hat er lediglich im Kopf vollzogen, aber im Herzen auf den alten Machthaberwünschen beharrt. Das aber läßt die Lichtwelt nicht durchgehen. Das Gelb ist das Gelb des Egoismus, des Neides, des dritten Chakras, dem die Leber und die Galle u. a. zugeordnet sind. Die gelbe Ausscheidung bringt die Wahrheit dann an den Tag, an dem er bereit ist zu sterben; d. h.: sein altes Ego muß sterben, damit der neue, ganze liebende Mensch zum Vorschein kommen kann. Die verbale Ermahnung deutet streng auf den Mißbrauch seiner kostbaren Lebenszeit hin, die er vertut in Beharrung auf dem alten So-Sein, trotz der wesentlichen Informationen, die er allerorten erhält.

Zum Lachen ist schon das häufige gemeinsame Auftreten von inneren Helfern und Englisch zugleich. Sie sind immer gegenwärtig, helfen dezent, drängen sich nicht auf, aber sie warten darauf, erkannt und gehört zu werden. Wenn jemand partout nicht hören will, können sie sogar mehr als deutlich, ja, zornig werden. Zornig im Sinne des feurigen Flammens lodernder Empörung über soviel Sturheit.

Eine Träumerin, die eigensinnig auf Lebeschön besteht nach ihren Vorstellungen, träumt:

Sie geht mit einer Frau, die eine sorgfältig frisierte Blondheit zur Schau trägt, eine schulterlange Innenrolle, durch einen Hausgang, der

nach rechts abbiegt. Aus einer Lichtquelle kommt ein Helfer, den sie nicht erkennt und nicht beachtet. Nach der Rechtsecke im Gang sieht sie aus der 1. linken Tür heißen Dampf schießen. Die sorgfältig frisierte Frau wird hysterisch, hat Angst, daß das Fleisch verdirbt. Der Helfer aus dem Licht staucht sie richtig zusammen, was ihr ganz und gar nicht gefällt. / Auf einem großen Marktplatz gibt es rechts eine Baustelle. Bei ihr ist wieder ein Helfer. Neben der Baustelle befindet sich eine große Kirche, aus der wunderbare Musik tönt. Dann auf einmal wird der Randbereich immer dunkler, droht den Helfer zu schlucken, der nun eine flammende Rede in Englisch hält. / Wieder tauchen Männer mit Brillen auf, die sie nicht kennt.
(Das hat sie bereits öfter in ähnlicher Weise geträumt.)

Das Rechtsabbiegen bedeutet, daß sie sich endlich ihrer eigenen Willensseite bedienen soll. Die kunstvoll frisierte blonde Frau ist eine Farce, ein Alibi des Sich-Reinwaschens vor sich selbst. Haare stehen für die Triebebene, die sie meint, für sich bereinigt zu haben (Innenrolle), blond, aber nicht echt. Diese Frau reagiert natürlich heftig auf bedrohlichen Verlust fleischlicher Wünsche, durch die Dampfreinigung (Wasser + Feuer, Sauna, Schwitzbad = Reinigung durch die zwei wesentlichen Elemente, der Synthese des Gefühls und des Erkenntnisfeuers).

Die wunderbare Musik kann sie leider noch nicht verlocken, dem Gierunrecht in sich zu widerstehen. Diese Musik steht für die echte Lebensfreude und den Dank für das, was dem Menschen so großzügig gegeben ist. Aber das, was gut für den Menschen ist, will er eben nicht haben. Seine Gier hat noch das Sagen. Deshalb muß sie sich nun die Standpauke des verschmähten, nicht erkannten Helfers anhören, die sie endlich aufrütteln soll. Die Männer mit den Brillen sind natürlich Aspekte des rationalen Verbergens, zugleich des schlechten Sehens; ihre Einsicht und Erkenntnis ist als Sicht verstellt, beschädigt, verbirgt sich auch noch dahinter. Wer das immer noch nicht nachvollziehen kann, darf den nächsten Traum als Bekräftigung, als Dreingabe lesen:

Sie putzt auf einem Kinderspielplatz ihr altes rotes Auto, währenddessen daneben ein sehr fetter Mann in der Sonne liegt und Zeitung liest.
Indem sie ihr ehemaliges Vehikel putzt, das längst der Vergangenheit angehört, läßt sich der selbstgefällige fette Macho von Eintagsfliegen informieren. Zeitungsmeldungen haben eine sehr kurze Informationsdauer. Der Körperumfang ist eine Schutzschicht und ein Selbstgefälligkeitsausdruck zugleich, Trägheit inbegriffen. Die rote Farbe des Autos steht für die Farbe der Begehrlichkeit, die sie nicht verlassen will, obwohl ihr wieder gezeigt wird, daß das ihr nicht entspricht: es sind Kindereien. Ein Spiel-

platz längst vergangener Zeiten, die sie längst hätte abservieren müssen und können.

Zahlen und geometrische Grundbausteine

Ein geradezu klassischer Traum von einem, der im Außenfeld nicht die geringste Ahnung von Träumen und deren Schlüsseln hatte, einem „Anfänger" auf diesem Gebiet, zeigt, wie tief verborgen uraltes Wissen wohnt, das über so lange Epochen im Außen vergessen wurde:

Es ist Krieg, Chaos. Er hat einen Korb mit Kartoffeln und will damit fliegen, was sich als unmöglich herausstellt. Da entdeckt er unten in dem Korb eine pyramidenförmige Kartoffel. Nun kann er fliegen.

Am Tag nach diesem Traum fühlte er sich sehr wohl und auf unerklärliche Weise getröstet, obwohl er nichts verstanden hatte!

Der Krieg und das Chaos sind Ankündigungen auf eine Zeit großer Verwirrung und Not, in der er sich eigentlich ausgeliefert und hilflos erleben müßte, wenn er nicht diese Hilfe bekäme. Kartoffeln bezeichnet er als Grundnahrungsmittel, mit dem man im Notfall überleben könnte. Das aber bezieht sich lediglich auf den physischen Bereich. Nun wird ihm das alte Wissen vorgestellt: der Mensch lebt nicht vom Brot allein! Physisch zu überleben ist nicht alles. Mit materieller Nahrung kann man sich nicht in den Bereich der Seele und des Geistes erheben, das aber ist angesagt. Die körperliche Fürsorge für bloßes Überleben reicht nicht mehr aus: er soll nach mehr trachten. Wenn er seinen Geist erheben kann in den „Luftbereich", die astrale Welt, dann kann er auch seine Körperlichkeit transformieren. Das Größere enthält das Kleinere; nicht umgekehrt.

Die Pyramide ist *das* uralte Symbol des Geistigen. Die Pyramiden auf der Erde sind nicht nur aus Stein – dem Konträren des Geistigen in der dichtesten Form – gebaute Sinnbilder, sondern zugleich Speicher einer unglaublichen Fülle von Wissen und Weisheit. Sie waren interne Schulen für die Adepten des Geheimwissens. Und sie sind seit je Energie-Einfänger und -Speicher. Durch ihre geniale Bauweise aus altem Geheimwissen heraus sind sie imstande, wie Antennen kosmische Energie aus dem All zu empfangen! Das ist auch der Grund, warum in ihnen Weizenkörner Jahrtausende lang ihre Keimkraft bewahren konnten, warum diese Weisheitsschulen nur Eingeweihten oder Anwärtern zugänglich waren. Das geheime Wissen um kosmische Kräfte war auch Bestandteil des heute noch wissenschaftlichen Rätsels, wie man damals die schweren Steinquader aufeinander türmen konnte. Das ist auf andere Weise geschehen, als rationale Menschen annehmen.

Der Traum hat seine Bedeutung nicht nur in der personellen, sondern gleichfalls in der transpersonellen Ebene: die Ankündigung einer Zeit, die global aufruft, sich uralten Wissens, uralter Zugänge zu erinnern, da ansonsten eine Auslieferung an rein materielle Not erfolgen muß.

Einen derartigen Traum bezeichne ich als Großtraum.

Das Gebiet der Zahlen und Geometrie ist derart umfangreich, daß ich lediglich eine Auswahl treffen und einige Modelle von Kombinationen und Lesarten darstellen kann.

Die Ordnung des Universums läßt sich zweifellos auch in Zahlen, Geometrie und ihren Verhältnissen untereinander ausdrücken; in der Wissenschaft geschieht dies auch. Aber nur auch. Ein noch so schlüssiges Raster kann niemals aus seiner alleinigen Sicht das Universum beschreiben. Die Mathematik ist *eine* Verständnisebene, aus der man analog in andere Ebenen einsteigen und Schlüsse ziehen kann. Zahlen und Geometrie sind logische Abstraktionen, die genau und zuverlässig wie eine Art Schablone benutzt werden können als ein Gerüst linearen Denkens. In dieser Klarheit liegt eine eigene Schönheit begründet, die allerdings von ganz anderer Art als die des Erlebens ist. Innerhalb dieser genauen Gesetze kennt die Wissenschaft Abweichungen, Ungenauigkeiten, die keinen Fehler des Systems bezeichnen, sondern einen dynamischen Antrieb für Bewegung. Reibung erzeugt Energie und Bewegung. Mathematisch genaues Metrum in Musik oder Farben wirkt stereotyp, unlebendig, grell, hart.

Zahlen, Geometrie, Licht, Töne und Rhythmus sind tief miteinander vernetzte Systeme, die alle dem gleichen Grundschwingungsbereich zugehören. Deshalb kann man Farben und Töne in Schwingungszahlen messen, aber erhält keine Aussage über deren erlebnismäßige Natur. Es bedarf verschiedener Darstellungsweisen. Einzelne Ebenen für sich herausgegriffen können nur jeweils eine einzige Sichtweise des Universums belegen. Der rein wissenschaftliche Mensch hat genau das lange Zeit getan; selbstverständlich mußte das zu Mißverständnissen und Verzerrungen führen. Wie könnte ein Tauber eine Sinfonie als Erlebnis beschreiben? Wohl kann er die Noten lesen (so er Noten kennt).

Die Schöpfung ist auf dem Grundgerüst der Gesetze von Zahlen, Geometrie, Licht, Tönen und Rhythmus gebaut. Diese Grundbausteine ermöglichen untereinander eine wirklich absolute Grenzenlosigkeit von Kombinationen. Zahlen für Ordnung, Geometrie für Formen, Licht, bzw. Farben für Schönheit, Rhythmus und Töne als Harmonie für Wohlklang. Die Möglichkeit zur Disharmonie ist reflektierenden Wesen gegeben als freier Wille innerhalb der Grundordnung. Das Gesetz hinter der Zahl drückt sich am unerbittlichsten in der dichtesten Grobstofflichkeit aus: im Stein. Deshalb ist dem Stein, der mineralischen Ebene als Vertreter des Gesetzes der Platz der 1 zugewiesen (Wurzelchakra). Die 1 liegt der 7 (dem Scheitelchakra) genau gegenüber; die ungeheure Spanne zwischen dem reinen Geist, der 7 und der dichtesten Materie, der 1, schafft genau das Energiefeld, innerhalb dessen sich alles abspielt.

Man kann den Zahlen die Buchstaben zugesellen als einen adäquaten Ausdruck von unendlichen Kombinationsmöglichkeiten. Aber in Zahlen können wir nicht sprechen oder denken, weil sie keine Laute sind. Ebenso Töne. Es dreht sich um Entsprechungen, keine Austauschbarkeiten. Die Anwendungsmöglichkeiten erscheinen unendlich, aber das grundlegende Prinzip ist einfach.

Moses erhielt die 10 Gebote auf steinernen Tafeln. Stein, die Ziffer 10 und Worte sind nichts weiter als verschiedene Ausdrucksmittel derselben Essenz (vom Inhalt mal abgesehen). Darin verborgen liegt der immer wiederkehrende Dreier-Aspekt: die Dreiheit der Zeit (Vergangenheit, Gegenwart, Zukunft), die Dreiheit Körper, Seele, Geist, und die Trinität des Göttlichen: Gott Selber als reiner Geist, Christus als Modell der Verbindung von Geist und Schöpfung, der Heilige Geist als wirkende, ausübende Kraft, als das Tätige innerhalb der Dreiheit.

Die 1 steht genial für die unteilbare grundlegende Einheit. Die Null dahinter, in der zweiten Position zeigt die Zeitebene an. Die ursprüngliche Einheit geht als Auftrag in die Ausführung der Zeit. Dementsprechend weist die 100 in die Erweiterung des Raumes hinein. In den sichtbaren Grundformen drückt sich das gleiche in der Geometrie aus, als Flächen wie Dreieck, Kreis, Quadrat, als räumliche Körper analog die Pyramide, die Kugel, der Würfel. Dazu gesellt sich als einer der wesentlichen Bausteine als Bewegungsmodell, wie ein auseinandergezogener Endloskreis die Spirale. Sie verläuft unendlich in entgegengesetzten Richtungen. Wir finden diese Grundformen in allen Varianten auch in der Natur wieder. Die Spirale in den Galaxien, bei der Entstehung von kosmischen Körpern genauso wie in Muschelgebilden oder der Doppelhelix im Erbgutträger einer Zelle. Der Meeresboden ist dicht bedeckt mit einer unvorstellbaren Menge an klaren kristallinen Formen winziger abgestorbener Muscheltierchen.

Die gleichen Strukturen finden wir im Geistigen und damit in Träumen wieder als archetypische Träger.

Die Zahlen von 10 bis 99 weisen u. a. auf die Zeitebene hin, die von 100 bis 999 zusätzlich auf die räumliche Komponente. Dennoch muß häufig gänzlich anders gelesen werden (hier hilft nur Intuition!), dann liegt der Sinn einer mehrstelligen Zahl in den einzelnen Ziffern nacheinander; oder eine Zahl macht eine Aussage als Potential oder als Summe. Was danach kommt, die Tausender-Zahlen, weist bereits hin auf Künftiges. Drei Nullen nach einer Ziffer beziehen sich bereits auf den Bereich der vierten Dimension. In der Offenbarung ist die Rede von 144 000. Diese Zahl ist nicht etwa wörtlich zu nehmen, sondern entsteht durch Malnehmen von 12 x 12, erhoben in die Dimension des Astralbereichs, der 4. Dimension. Die 12 steht als eine ganz bestimmte Qualität der Vollendung, Umrundung, wie es die 7 in einer anderen Gruppierung vertritt, oder die 4 wiederum in einer anderen. Vergleiche:

12 Stunden als Kreis auf dem Zifferblatt der Uhr, das Ganze als Doppel für Tag und für Nacht ergibt 24 (das Doppel als Qualität gleichwertiger Natur von Licht und Dunkelheit), 12 Monate als eine Umrundung der Zeit innerhalb eines Jahreskreises. Sowohl die 12 wie die 24 tauchen entsprechend oft in Träumen auf, wen wird es jetzt noch wundern.

12 + 12 bewegt sich linear auf der jetzigen Zeitebene.

12 x 12 steht für eine Potenzierung in die Raumebene hinein.

Drei Nullen dahinter als eine weitere Potenzierung in eine bisher noch nicht vollzogene Qualität.

Ein junger Mensch von rein rationaler, männlicher Ausprägung, der bis dato jede emotionale Kraft an Frauen delegiert hatte, träumt mit 22:

„Wenn Du 24 bist, kriegst Du Krebs!"

Der Satz kam als laute, klare Durchsage. Als er zu mir kam und den Traum erzählte, war er bereits einige Jahre älter. Lange hatte ihn diese vermeintliche Voraussage (Prophezeiung) geplagt, da er sie wörtlich verstanden hatte. Gemeint war etwas ganz anderes. Krebs ist der letzte Aufruf, eine uralte, tiefe Unversöhnlichkeit zu bereinigen, sei es der Erde, Gott, sich selbst, anderen Menschen, dem Leben gegenüber. Alles in allem wird das am Ende eine einzige Adresse sein. Die 24 symbolisiert die zeitliche Vollendung einer persönlichen Entwicklungsepoche der Seele, die Tag- und Nachtzeit umschließt. D. h., eine Halbzeit im hellsten Licht männlicher Macht und Erkenntnis und eine Halbzeit in der Dunkelheit der Gefühle und der Nacht, und umgekehrt der Mißbrauch männlicher Gewalt und emotionale Ohnmacht, bzw. Lüge. Der Traum insistiert streng auf der Einhaltung beider Seiten als Vollwertigem; er kündigt Konsequenzen an, wenn nicht beide Runden angenommen und gelebt werden. Nur wer sich in die Tiefe der Nacht und der eigenen Dunkelheit einläßt, kann das Licht erkennen und realisieren.

Ein anderer Träumer, der seine Gefühlswelt ebenfalls eingefroren hat (wir kennen ihn schon aus den diversen Träumen mit den verpatzten Mathematik-Prüfungen; derselbe, der zu bequem war, die Terrassen hochzusegeln) träumt:

„Sein (früherer) fetter Kollege war 12 Jahre im Dienst! Bis 74 sollte er Dienst machen, dann fliegt er raus. Er (der Träumer) löst ihn ab. Die Frau des Kollegen, die noch fetter ist, ist ungeeignet!"

Diese Zahlen entbehren im Außenfeld jeder Grundlage. Die 74 muß nacheinander, einzeln gelesen werden, also 7 und 4. Damit erhalten wir drei verschiedene Darstellungen von Zeit, von Vollendung. Und das in einem einzigen kurzen Traum!

Die 12 umrundet – wie gehabt – einmal die Zeituhr, zugleich einen Zyklus von 4 Jahreszeiten, 4 Himmelsrichtungen, die jede wieder eine andere Qualität besitzt. Die 7 wieder in der anderen Gruppierung: 7 Chakren, 7 Schöpfungstage, 7 Wochentage als Entsprechung. Alle drei Darstellungen auf einmal betonen um so eindringlicher die Notwendigkeit, wach zu werden. Dreifacher Aufruf in dreifacher Zahlensymbolik beinhaltet demnach eine Menge höherer (sprich spiritueller) Mathematik, deren dieser Träumer fähig wäre! (Erinnere dich bitte: er wollte in den Mathematikprüfungen immer abschreiben!)

Den betreffenden Kollegen hat er seit Jahren aus den Augen verloren; er mochte ihn nicht besonders. Dessen Frau kommt als Alternative nicht in Betracht, sie ist „ebenfalls zu fett". Bedeutung: beide Ausweichaspekte, die der Träumer anbietet, seinem besseren Ich als Ersatz unterjubeln will, sind nicht nur längst inaktuell, sondern haben sich beide (männliche wie weibliche Seite) eine dicke Schutzschicht zugelegt, die sie vor dem „bösen Leben", vor der vermeintlich beängstigenden Wahrheit schützen soll. Genau das tut er selber. Hier zeichnet sich im Vorfeld ein Drama ab, wie er es eigentlich nicht heraufbeschwören müßte. Erinnere dich bitte: die Träume sind brandaktuell und treten immer dann auf den Plan, wenn der Träumer reif ist für die hereinkommende Botschaft. Verstecken ist Lüge, ist Selbstbetrug.

Wenn diese drei Zahlen graphisch in einem Gebilde dargestellt würden, müßte das so aussehen:

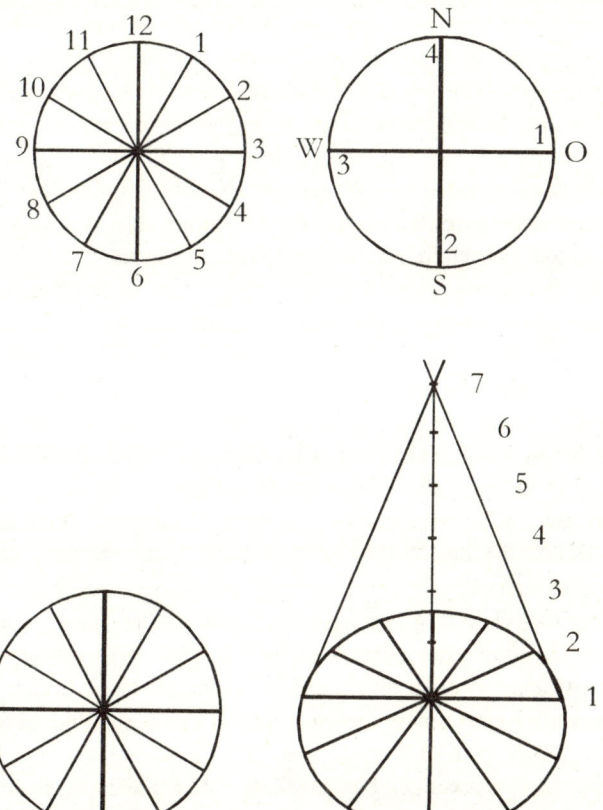

Gemeinsam haben alle Darstellungen den gleichen Mittelpunkt. Alles zu-
sammen ergibt einen Kegel, der nur eine andere Form der Pyramide ist:
Die aufsteigenden 7 auf dem Schöpfungskreis. Der gleiche Kegel mit den
sich überschneidenden Schrägen in der Spitze als dem Schnittpunkt der
Polarität, auch der Vergangenheit und Zukunft im Jetzt kann ebenso das
Bild eines Tipi bedeuten. Das Tipi ist die „häusliche Abbildung" alter
Kulturen, die sowohl mit dem Göttlichen wie der Erde tief verbunden leb-
ten. Wir tragen deren Erbe in uns. So gibt es in der Bibel etliche Stellen, in
denen ER vom Zelt oder der Hütte spricht, die er bei den Seinen aufschla-
gen bzw. bauen will.

Und gleich nochmals die 74, die in einem Traum einer Frau in den
Dreißigern vorkommt:

„74 Jahre Frau sein!" Diesen Satz hört sie klar und deutlich. *Sie befindet sich mit Verwandten in einem Glashaus, wo sie ein weißes Kleid anzieht. Am Boden liegt hoch jede Menge Dreck; sie deckt Pappe darüber, damit sie unbeschmutzt drüber gehen kann. Ein junger Mann, den sie für verkommen hielt, bietet ihr die Ehe an, worüber sie sich freut. Sie hatte ihn abgeurteilt und ist überrascht über seine liebevolle Art. / Sie will sich die Haare trocknen unter einer Dunstabzugshaube. Ihr Mann ist betrunken.*

Alle gehen schwankend auf einer Strickleiter hinunter. Sie hat Angst, daß ihr Schwiegervater krank oder bereits tot sei.

Der Traum beschreibt die tiefe alte Verwirrung durch Ablehnung ihrer wahren Gefühle, ihre Ichprojektion. Um sich weiter bemogeln zu können, hat sie ein System von Vorurteilen entwickelt und den Boden der Wahrheit verlassen. Sie weist ihr eigene Dunkelheit andern zu. Den Schwiegervater hat sie sehr gemocht, aber er ist längst tot im Außen. Wegen ihrer Unlauterkeit bringt sie die Möglichkeit der Nähe und Zuneigung in Gefahr. Ihr Mann war früher häufig betrunken, sie trägt es ihm nach und lebt so, als sei er es noch. Das Glashaus steht nicht nur für die Durchsichtigkeit, mit der ihr So-Sein durchschaubar wird, sondern auch für die berühmte Bedeutung des Volkswortes: Wer im Glashaus sitzt, sollte nicht mit Steinen werfen!

Das weiße Kleid trägt sie noch zu Unrecht: ihre Seele ist noch nicht reingewaschen durch die innere Wahrheit. Es nützt nichts, ein Provisorium (Pappe) auf den Dreck zu legen; das ist weder ein fester Boden unter den Füßen, noch hat es Bestand. Der Schmutz ist damit nicht beseitigt, nur zugedeckt. Hochmut des Urteilens und sich für sauber erklären muß sich noch unter recht wackeligen Umständen auf den Boden der Tatsachen hinunterlassen (Strickleiter). Die Haare, die die triebhafte, animalische Ebene verkörpern (Kopf: ins Bewußtsein gehoben), hat sie wohl gewaschen, aber geht nun wieder fehl mit Trocknen: eine Dunsthaube saugt Luft an, schickt die Kraft der Luft in die falsche Richtung, ist nicht geeignet, erfüllt nicht den beabsichtigten Zweck. Der Aufstieg in den Bereich der Einsicht geht sozusagen nach hinten los. Wohl bringt sie richtige Ansätze, bleibt aber nicht konsequent dabei. Der junge Mann als rationaler Aspekt ihres eigenen Wesens sowohl wie die Veränderung ihres Ehemanns hatte sie verurteilt und für hoffnungslos erachtet. Zu Recht soll sie sich mit diesem veränderten Wesen verbinden.

Die Essenz: in der Ebene der 7 und der 4, siehe Längsachse und Kreis, soll sie ein vollständiges Wesen mit dem Gesamtspektrum weiblicher Kraft jasagend werden; das ist das Gebot ihrer anrollenden Einsicht.

Ein alter Mann, es könnte ein Russe sein, sagt: „Du hast noch 7 Mark Schulden!"

In einem Bahnhof bei Nacht begegnet ihr ein bedrohlicher Penner. Sie sieht hinter dem verkommenen Mann einstige Schönheit. Dann hört sie einen Satz: „Die einzige dienstliche Verhütung ist 7 Tage Arbeit!"

Beide Träume stammen von verschiedenen Träumern. Beide Male erfolgt ein klarer Hinweis auf ausstehende Arbeitsschuld. Arbeitsschuld an sich selber, an der Kontinuität des Lernens, der inneren Schulung anhand der zeitlichen Inkarnationen. Die 7 kann sich nur vollenden, wenn die drei unteren Ebenen (vergleiche immer wieder mit den 7 Chakren und deren Zuständigkeit!) bewältigt werden im Sinne von Annehmen ohne Ausweichen, ohne Angst, ohne Überheblichkeit (Verachtung). Wer aufsteigen will mit seinem Bewußtsein in die luftigen Sphären, die mit der 5 beginnen, wo zugleich die Sphäre der Engel (auch der Erzengel) anfängt, muß begreifen, daß das Ziel die Verknüpfung der unteren und der oberen 3 in der Mitte, der Vier, dem Herzchakra erfolgt. Ganz gleich wo es fehlt, fehlt es an der Vollständigkeit. Erst wenn die gegeben ist, kann es weiter gehen, kann sich im Einzelnen, in jedem Menschen die 8 verwirklichen. Er befindet sich im Rückstand.

Im letzten Traum gibt es einen deutlichen Hinweis auf Verkommenheit des männlichen Aspekts der Träumerin; vormals hat sie eine intakte Anlage der männlichen Aspekte mitbekommen (die einstige Schönheit). Der Russe in dem Traum davor sagt etwas über das Karma des Träumers aus: er hat in einer früheren Inkarnation einen weisen Russen gekannt, der ihn gelehrt hat, dem er nicht gefolgt ist. In des Träumers Wachbewußtsein existiert folgerichtig eine alte Bewunderung für das russische Volk in seiner tiefsten Veranlagung zu starken Gefühlen, einer immensen Leidensfähigkeit und langen physischen Elendsetappen. Er ist allzusehr auf Lebeschön aus. Die strenge Ermahnung sollte er ernst nehmen.

Die 5 symbolisiert u. a. das Pentagramm, das sowohl im Weiß- wie im Schwarzmagischen seinen Platz hält. Der Mensch, aufrecht stehend mit ausgebreiteten Armen, ist ein prachtvolles Modell, sich für den einen oder anderen Weg der Weisheit zu entscheiden: Standhalten und Vorangehen in der göttlichen Weisheit in Seinem Dienst, oder den Mißbrauch für Eigennutz. Sinnig die zwei Standbeine, die auch in der Offenbarung beschrieben sind. Der Engel, der mit einem Bein auf dem festen Land und mit dem anderen im Meer steht.

Das Pentagramm ist klar in der berühmten Zeichnung von Leonardo da Vinci zu sehen. Wenn das Pentagramm nicht geschlossen ist, sondern eine

Bresche aufweist, können dunkle Kräfte Zutritt erlangen; siehe Goethes Faust I. Dann sind schwarzmagische Wesen am Werk.

In China ist die Rede (überliefert) von 5 Elementen, das Holz kommt zu den uns vertrauten hinzu. Die Indianer benennen eine 5. Himmelsrichtung: nach oben.

Gleich zwei wichtige Zahlenträume derselben Träumerin, die hohe Fähigkeiten endlich nützen soll:

Sie schleicht von hinten in ein Haus, weil sie ungesehen herein will. Jemand sagt sehr streng: „Du mußt vorn herein. Am 5ten ist auf!"

Die 5 erscheint sogar in doppelter Funktion: sie hatte kurz darauf, an einem 5. einen Termin bei mir, bei dem eine aktuelle Störung im Bereich des 5. Chakras (Kommunikation, Hals, Zunge, Reden und Schweigen) geklärt werden sollte. Sie hatte sinnigerweise akute Halsschmerzen. Hinten herum hereinschleichen ist nicht erlaubt. Klare Aufrichtigkeit ist vonnöten; d. h. daß sie auch klar nach ihrem inneren Wissen sprechen und schweigen soll. Drumrumreden ist mogeln, ist unaufrichtig, ihrer nicht würdig.

Der Freund ihres Vaters stirbt mit 61.—

Das ist kein hellsichtiger Traum. Diesen Freund ihres Vaters, der für das Familienleben nicht zur Verfügung stand, kann sie nicht ausstehen. Sie hält ihn für durch und durch marode, faul wie die Sünde; einer, der nach außen immer in Glanz und Glorie und großer Schau erscheint ohne etwas dahinter. Eine abgeschwächte Verachtung hegt sie für ihren Vater.

6 Tage Arbeit und Fleiß, am 7. Tag Ruhe. Die Ruhezeit ist gedacht für innere Schau und Besinnung nach der unentwegten Geschäftigkeit der 6 Tage vorher. Ruhezeit ist Vorbereitung für Kommendes. In unserem Fall ein Markenzeichen des erwachenden Menschen, der nun, am 7. Schöpfungstag, in der inneren Besinnung die Bilanzen zieht und Kraft sammelt für den Sprung in den 8. Tag, die neue Etappe. Ruhe ist nicht Faulenzen, Ruhe ist innere Einkehr. 6 Schöpfungstage lang war das nicht reif, deshalb nicht angesagt. Dieser Mann hat nicht gearbeitet und damit kein Recht auf die Besinnung erworben. Diese Innenschau aber verbindet mit Christus, mit der 7, mit dem Ganzen. 6 + 1 = 7. Der Spiegel für die Träumerin lautet so: sie ist immer Menschen gefällig gewesen, um sich deren Achtung und Zuneigung zu erwerben. Sie hat sich nicht für werterachtet, als ganzes, einheitliches Wesen vollwertig zu sein. Der Dienst nach Menschengesetz ist faul, weil das Motiv dahinter faul ist. So ist weder Arbeit noch Ruhe gemeint. Sie hetzt sich stets für andere ab in diesem falschen Dienst, ohne zu innerem Frieden und Harmonie finden zu können. Die unbewußte Selbstverachtung ist deutlich.

76

Erst wenn die 6 erfüllt ist (Stirnchakra), im Gleichgewicht steht, kann der Mensch eintreten in Vorurteilslosigkeit; dann kann er erkennen ohne zu bewerten oder gar zu verurteilen, weder sich noch andere. Die 6 ist das spirituelle Zentrum, dort ruht das dritte Auge. Dort wird klar Sehen, klar Denken, klar Hören geregelt. Die Sphäre der 6 entspricht den Seraphim, die die Höheren Selbste der Erzengel sind. Darüber erscheint in der Vollendung von allem die 7, Seine Lichtebene, die alles zusammenfaßt, in sich vereint. Zusammen ergeben auch die Spektralfarben das weiße Licht. Er Selber spricht von Seinem Wiederkommen (im Astralbereich) als dem Erscheinen eines weißen Blitzes. Dieser Blitz erfolgt dreimal nacheinander und kann bereits von vielen Menschen wahrgenommen werden. Manchmal im Traum, manchmal im Wachbewußtsein.

Eine Klientin sah diesen weißen Blitz dreimal, anschließend formte sich aus zahllosen Lichtpünktchen am Himmel ein Datum: der 29. November. Sie hatte diese sehr starke Vision im Mai 1998 und meinte, das Datum sei direkt eine wahrsagende Ankündigung.

Aber es war indirekt gemeint, wie immer. In diesem Jahr 1998 fiel der 1. Advent auf genau den 29. November. Advent heißt Ankündigung Seiner Wiederkunft. Die weißen Blitze drückten die andere Art von Weihnachten aus. Mit einem direkten Datum hat das nichts zu tun. Es betrifft ihre persönliche Bereitschaft und Empfänglichkeit für das Geschehen des Neuen. Bei jedem zeigt es sich anders und nicht zur selben Zeit. Dennoch gibt es einen Sprung in das Neue, wann und wie immer der erfolgen soll.

Er wird vorbereitet in jedem einzelnen, der nur bereit ist, mitzumachen. Dieser Sprung innerhalb der Dreierdimension hebelt diese auf und katapultiert sie in die nächste, die vierte. Wir bezeichnen das, was danach kommt, als den 8. Schöpfungstag. Dieser Sprung bewirkt eine Verschiebung in allen Bereichen. Es kommt damit eine andere Wirklichkeitsqualität herein. Die jetzige Wirklichkeit geht dabei nicht verloren, sondern wird von der nächsten Wirklichkeit geschluckt. Das Neue schluckt immer das Alte. Ablösung geschicht nicht nacheinander, sondern übereinander. Anders ausgedrückt: nicht zwei verschiedene Perlen werden hintereinander aufgezogen, sondern die größere umschließt die kleinere. Es geschieht konzentrisch. Persönliche Entwicklungsschübe erfolgen gleichermaßen. Nichts geht verloren, wie in der Natur. Es geht immer um Verwandlung, die zwar permanent vollzogen wird, aber nicht gleichmäßig. Schau dir den Sternenhimmel an, auch da erscheinen Massierungen, Haufen, die sich um einen Schwerpunkt bzw. um eine Achse drehen. Im Körperbereich vertritt diese Achse die Wirbelsäule, das aufrechte Trägergerüst, das Himmel und Erde verbindet, durch das sämtliche Energien hindurchfließen. Als Symbol gibt es das Zepter, immer in der rechten, der Bewußtseinshand; der Körper dreht sich um diese Achse, das entspricht dem Reichsapfel, der Schöpfungswelt, der immer in der linken Hand gehalten wird.

Eine junge Studentin träumt:
Sie befindet sich in Katakomben. Es liegt ein 8jähriger toter Junge dort, den sie mit der linken Hand zum Leben erweckt.
Sie schwimmt in klarstem Meer. Plötzlich wird es immer trüber durch auftauchende Schlingpflanzen, die ihr Sicht und Fortkommen erschweren, als sie Schwimmkünste unter Beweis stellen möchte. Die Schlingpflanzen sind eklig und beängstigend.
„Baue Deinen Tempel und predige das Evangelium!"
Diesen deutlichen Satz erhielt sie im Traum nach etlichen Verwirrungen langer harter Träume, die ihre Auseinandersetzungen mit der alten Machtfrau spiegelten, die sie war. Machtfrau im Sinne von Macht anwenden aus dunklen Absichten, aus Eigennutz.

Es muß nun unterschieden werden zwischen Macht und Ermächtigung. Macht steht für sich selber ohne Hinterfragen eines höheren Willens. Ermächtigung ist Teilhabe an der göttlichen Macht dessen, der seinen eigenen klaren Willen dem Höheren Willen unterstellt.

Baue Deinen Tempel heißt: die Lebenszeit im Körper als heiligen Tempel zu nutzen und die empfangene Wahrheit weitergeben. Jedes Leben ist heilig, das ist die Wohnstatt des Göttlichen. Erst das Bewußtsein macht es zu dem, was es wirklich ist. Wasser und Urmeer, als Geburtstopf, als Ursprung allen Lebens war ursprünglich klar. Als der Ehrgeiz, vor Menschen Bedeutung zu erlangen, sie trübte, wurde es schwierig und drohte sie zu umschlingen und vielleicht in die Tiefe zu ziehen.

Die Unterwelt der Katakomben, alte unterirdische Grabstätten, die ebenso als Hauskeller erscheinen könnten, ist der Schauplatz der Erkenntnis, großräumig mit den „Leichen im Keller" aufzuräumen, bezogen auf viele Inkarnationen. Nur dort kann sie den (scheintoten) Knaben, der ihren eigenen Willensaspekt meint, wieder zum Leben erwecken. Das geht nur mit der linken Hand, also mit dem Herzhandeln! (Der Tempel) Nur so kann sich in ihrer Persönlichkeit der Vollzug des 8. Schöpfungstages verwirklichen.

Eindeutig ein Großtraum. Sie berichtet, daß sie nach diesem Traum den ganzen Tag über von einer tiefen Freude und Harmonie erfüllt war, ohne zu wissen, warum.

Was Wunder ... (... wenn die Seele aus dem endlos langem Schlaf erwacht).

78

Aus einer riesigen Sammlung von Träumen und Ereignissen, die sie das nächste Mal mitbrachte, will ich zwei winzige Elemente herausgreifen. Im Umfeld des 50. Geburtstages ihrer Mutter

schreibt, malt ein Lehrer ein großes S an die Tafel oder die Wand.

Der 50. Geburtstag soll umfunktioniert werden auf die Wendezeit der Erde. 50 = Halbzeit. Das drückt sich in der S-Form aus: Teile das S in der Mitte, und du erhältst zwei gegensätzliche Halbbögen, eine Rechts- und eine Linkskurve. Setzt du beide Teile anders zusammen, ergeben sie einen Kreis. Bei dem Kreis liegt der Mittelpunkt außerhalb der Linie, bei dem S-Bogen auf der Linie. Dieser Schwerpunkt steht für die Wende, die andere Hälfte. Das S erscheint auch als Teil einer Spirale. Sich im Kreis drehen bringt nicht von der Stelle, aber sich auf der Spirale bewegen, den Kreis öffnen, eine Wende vollziehen. Der Lehrer stammt natürlich aus der unsichtbaren Welt. Man kann auch die Bewegung des S weiterführen zu der Bewegung einer 8. Damit erhält man eine andere Darstellung des sich anbahnenden Doppels der Erde. Die beiden verknüpften Kreise verhalten sich in etwa so, wie eine Zelle bei ihrer eigenen Teilung, die eine Verdoppelung vollzieht. Dies nur als Gedankenspiel nebenbei, als Imagination der Phantasie, die erschafft. Das Phantastische hierbei ist: alle Schöpferwesen „spielen" auf solche Art und Weise! Mache dir das mutig zu eigen. Du kannst diese Idee unendlich weiterspinnen – im wahrsten Sinne des Wortes. Die alte Indianerweisheit setzt genau die Spinnenkraft dafür ein: am göttlichen Plan weben. Die Spinne besitzt 8 Beine, in zwei Gruppen verteilt, die zusammen die Form der 8 ergeben (Näheres über die Spinne siehe Tiere).

Unser nun schon recht vertrauter Mathematik-Aspirant träumte:

Er ist Teilnehmer bei der Tour de France. Mühelos hängt er alle anderen ab, als er in eine 180 Grad Kurve geht. Nun geht es einen steilen gewundenen Holperpfad hinauf, den er in 50 Minuten schafft.

Brauchst du noch mehr Beweise, daß er imstande wäre, aktiv und voller Fähigkeiten die Wendezeit mit zu gestalten? 180 Grad *ist* die räumliche Wende (Bewegung 50 die zeitliche). Seine Außensportlichkeit ist leider nur körperlich aufgefaßt. Er könnte dieselbe Sportlichkeit innen an den Tag legen. Damit würde er seine Denkgenossen alle überrunden. Natürlich geht es steinig und steil bergauf. Aber immerhin handelt es sich um ein Edelrennen im Geist. Kann man es fassen, daß ein Mensch alles hat an innerer Ausrüstung, aber nicht benutzen will?

Wer nur die eine Hälfte, die weltliche, sehen will und kann, ruft die dunkle Giftspinne auf den Plan, Einseitigkeit ist wie eine falsche Dosis giftig. Darauf gehe ich im Thema Doppel noch etwas näher ein.

Noch ein Traum-„Fall" von höherer – spiritueller – Mathematik: (in einem anderen Traum derselben Träumerin werde ich im Kapitel „Namen" über ihre Aufforderung zur Wende berichten).

Ihr Ehemann weist sie in eine superneue technische Einrichtung ein, eine Art Rechenmaschine. Er erklärt ihr das Ganze ein Mal und hilft ihr vormachend bei der Aufgabe, die auch in der Anleitung vorgegeben ist. Das Ergebnis, die Zahl 81 000, stimmt mit der Vorlage ebenfalls überein. Aber die Einweisung ging ihr zu schnell, sie fühlt sich noch unsicher, ob sie alles allein nachvollziehen kann und beschließt, sich auf die Ziffer 3 zu beschränken.

Es gibt – natürlich – keinen Bezug zu einem Außenereignis, was die Zahl angeht. Wohl kennt sie derartige Situationen, in denen ihr Mann von ihr erwartet, daß sie den Umgang mit technischen Einrichtungen nach einmaligem Erklären beherrscht; dem fühlt sie sich jeweils nicht gewachsen. Die Außenparallele ist klar. Der Schlüssel aber liegt in den Zahlen selber.

Wir haben das Schlüsseljahr 1998, in dem die berüchtigte 666 aus der Offenbarung als Zahl des Bösen sich dreimal vollendet. Das hat sich inzwischen einigermaßen herumgesprochen. Nun stehen zahllose Menschen wie paralysiert vor diesem Datum und starren auf das vermeintlich Unausweichliche.

Was sie nicht wissen, ist die ungeheure Möglichkeit, mit dem Vollzug der persönlichen und transpersönlichen Wende, also des Umdenkens, der Umkehr auch die 6 umzudrehen! Was ist eine umgedrehte 6? Eine 9. Nun ergibt 2 x 999 auch 1998!

Der Mensch verfügt demgemäß über die Chance, die Bedrohung des Dunklen umzuwandeln.

9 x 9 ergibt 81. Malnehmen statt addieren bedeutet Potenzierung, damit Beschleunigung. Potenzierung wirkt wesentlich stärker, effektiver als Summierung, wie wir ahnungsweise analog zur Mathematik unterstellen können.

In der Zahlenfolge 1 99 8 haben wir alles enthalten, 9+9=18. Lesen wir die Zahlen von hinten durch Umkehrung, erkennen wir die 81 wieder. Die drei Nullen der 81 000 weisen in die Zukunft, in die 4. Dimension. Die 81000 zeichnet für eine verschlüsselte Qualität der zukünftigen neuen Erde, die die Träumerin noch nicht ganz verstanden hat, noch gründlicher erfassen will im Vorfeld. Dazu muß sie sich auf den einfachen Grundschlüssel der 3 besinnen. Was sie zuerst als Reduzierung einstufen möchte, stellt sich als Notwendigkeit heraus. Die Gegenwart inmitten der Vergangenheit und der Zukunft verschmilzt beide zu der Einheit des erschaffenden Jetzt. Schickt der Mensch seine Energie in die Vergangenheit oder in die Zukunft direkt, ist die Energie vertan und wirkt nicht. Man kann weder die Vergangenheit korrigieren noch die Zukunft in die Zukunft hinein festlegen. Genau das aber versuchen die meisten Menschen, ohne es überhaupt zu wissen. Der jeweils kostbare Augenblick, das Jetzt, entscheidet über beide: die Fehler der Vergangenheit einsehen und im Jetzt ändern. Das Handeln im Jetzt gestaltet die Zukunft; die wird also immer so sein, wie wir das Jetzt, die Mitte, leben. Da, und nur da liegt die göttliche Gestaltungskraft. Bei sich bleiben, in seiner eigenen Mitte, heißt auch: den Augenblick voll bewußt gestalten.

Der Traum beinhaltet den weisen Entschluß, sich dieses Tatbestandes zu bemächtigen, denn nur darüber wird es ihr möglich sein, ihren Anteil an der 81000 als Wirklichkeit an sich zu nehmen. Mit dieser Entscheidung nimmt sie ihr eigenes Maß und Tempo in die Hand und in die Selbstverantwortung. Da sie aber den Traum nicht verstanden hatte, wäre ihr ohne Aufschlüsselung der tatkräftige Vollzug hier in der stofflichen Welt noch lange nicht möglich gewesen. Begreifen im Alltagsbewußtsein *ist* Hineinziehen des Erkannten in die stoffliche Welt. Das ist die große Aufgabe des Menschen, die er in der Mitte zwischen Geist und Schöpfung als Bindeglied wahrzunehmen hat. Das kann die Lichtwelt ohne die Menschen nicht vollziehen. Laß es dir gesagt sein! Dann verstehst du, wie wichtig der Mensch, wie wichtig jeder Einzelne ist!

In jeder 9 von der 999 (1 99 8 ergibt zusammen auch 3 Neunen) ist zugleich jeweils 3 x 3 enthalten. Eine Doppelpotenzierung. Der Traum weist auf ihre Fähigkeit des Verstehens um mehrere Ecken hin. Sofern sie die nutzen wird, kommt sie sicher bald in die „höhere Schule" der Licht-Ausbildung, daran besteht kein Zweifel.

Ich zitiere einen Traum von demselben Träumer, der nicht auf die Fähre zur Überfahrt kommen konnte, weil er zu dick war, bzw. in Englisch eine 5 hatte:

Er zieht bei einer Tombola, die von einem Reisebüro veranstaltet wird, den 2. Hauptgewinn: 15 000 Mark. Ein sehr netter Angestellter des Reisebüros lacht und sagt: „Das war ein guter Werbegag! Es gibt gar kein Geld. Du gewinnst Deinen Bauch!" —

Ein herrlicher Traum, der eingerahmt gehörte:

Dieses Reisebüro ist eine jenseitige Einrichtung, der Angestellte einer der humorvollen Helfer von „drüben". Reisen meint die Abenteuerreise, den Aufbruch in die geistig-seelischen Gefilde. Dieser Träumer hat grundsätzlich Schwierigkeiten, in der Erde zu wurzeln, seine wirklichen Gefühle anzuschauen (wie so viele). Und er hat eine handfeste Störung im Hals- im Sprechbereich, er stottert stark, und zwar immer dann, wenn er sich bedrängt fühlt, dem ausweichen möchte, sich nicht stellt. Dann „rettet" er sich in Stottern. Er benutzt es als Signal und als Alibi zugleich. Die 1, das 1. Chakra steht für die urtümliche Lebenslust- und -kraft, die Einheit mit dem Leben grundsätzlich, die mutig in die Zweiheit der Teilung, der Trennung der Polaritäten geht, sich dem Spannungsfeld stellt (der 2. Hauptgewinn). Die 5, das 5. Chakra, der Kommunikationsbereich, ist gestört. Die Botschaft, die 1 zu erkennen als das, was sie ursprünglich in ihm bedeutet, und die 5 desgleichen führt weiter in die Astraldimension des Neuen. Er kann nur dabei gewinnen, sehr hoch sogar, wenn er sich den Botschaften und der Hilfe (!) öffnet. Der Lohn wird nicht in weltlichem Kapital ausgezahlt, dort wird er den Erfolg, den er fälschlicherweise gesucht hat (Anerkennung, materielle Verwöhnung durch ein reiches Elternhaus und Egobestätigung als Surrogate für das eigene mangelnde echte Selbstvertrauen, mangelnde Erdung) nicht finden. Der wahre Erfolg sieht gänzlich anders aus: im Heile-Werden, in der Vollständigkeit seines eigenen Seins. Dann wird es eine andere Art von Erfolg geben, aufgebaut auf den echten Beweggründen. Köstlich dabei der Humor des Helfers, der offen zugibt, daß er ihn verlockt hat auf den rechten Weg.

Die Engel sprechen es immer wieder aus: wir locken auch vorwärts. Wenn ihr folgt, gewinnt ihr soviel Wertvolleres als das, wonach ihr bisher gejagt habt.

Gute Eltern arbeiten manchmal mit ähnlichen geschickten Tricks.

Über Ehrgeiz, aus mangelndem echten Selbstvertrauen Anerkennung suchen, bleibt am Ende total unbefriedigend, ist Surrogat. Aus dem Bauch heraus leben wie ein Kind ist ein Teil; aber dieser Teil darf nicht übergangen werden. Die 2 ist die Mitte des Bauches. Die Zentrale, aus der alle stofflichen Lebensbelange gesteuert werden. Diesen Bauch soll er gewinnen, und damit seine echten tiefen Wurzeln ins Leben, in die Erde hinein. Wenn das kein Haupttreffer ist ...

Diese Botschaften erfassen, *ist* engelanisch lernen.

Zweifellos wird ihm geholfen werden, seine tiefsitzende Lebensangst zu überwinden und in tiefe Freude zu verwandeln. Er muß es wollen und das Seine tun, das ist unumgänglich der eigene Anteil eines jeden.

Grundlegend sei noch erwähnt, daß Zahlen sowohl wie Töne, wie geometrische Figuren, wie Licht nicht nur bestimmte fundamentale Abbildungen darstellen, sondern zugleich Energieträger *sind!* Bitte lieber Leser,

82

führe dir das tief ins Gemüt: es werden nicht nur Botschaften vermittelt mit diesen „Vehikeln", sondern sie sind zugleich die Lieferanten von Energie. Zunehmende geistige und körperliche und seelische Durchlässigkeit, die man als medial bezeichnen könnte, ermöglicht immer mehr Auffangkapazität solcher Energien. Die Wahrnehmbarkeit über die äußeren Sinnesorgane ist erheblich schwächer ausgebildet. Die innere Wahrnehmung nimmt in dieser Zeit enorm zu, so du es erlaubst und dich darum bemühst. Die äußerst hinderliche Angst vor dem Neuen, dem Unbekannten, blockiert nicht nur deine eigene Energie, sondern auch diejenige, die empfangen werden will. Höre noch heute damit auf, dich vor unbekanntem Neuen zu fürchten. Du schadest dir nur selber und der Erde. Und das kannst du eigentlich nicht wollen bei näherem Hinsehen. Deine Träume schubsen dich stets mit der Nase vorwärts, darauf kannst du dich verlassen.

Die Absicht hinter allem ist Entwicklung. Angst ist Bremse. Du erzeugst deine Angst ausschließlich selber! Aus allen beschriebenen Träumen kann dies als eine der wesentlichen Essenzen erkannt werden!

Erlaube mir bitte am Rande einen Exkurs über ein allen bekanntes Beispiel von Zahlensymbolik:

Warum glaubst du, findet Heilig Abend an einem 24. statt, warum überhaupt im Winter? Was bedeutet der 24. Juni, das zeitlich genaue Gegenstück, der Johannistag? Warum finden beide Tage quasi mit dreitägiger „Verspätung" statt? Ist dir noch nie aufgefallen, daß beide Tage an die Sonnenwende gekoppelt sind, aber eben nicht genau, sondern unscharf? Beide Daten sind ganz sicher keine historischen, sondern symbolische. Sonnentiefststand bzw. -höchststand findet jeweils 3 Tage vorher statt.

Es muß eben eine 24 sein! Erinnere dich: einmal die Vollendung einer Halbzeit, die in der Wassertaufe gipfelt, Reinigung mit Wasser (Wendezeit, Wassermannzeitalter) = Reinigung des ganzen Seins der bislang weggeschnittenen Wahrheit des Herzens. Der Wasserbereich ist Gabriels Bereich. Nun nimm es einfach als Information hin: Johannes der Täufer, um dessen symbolischen Geburtstag es sich handelt, war eine Emanation von Gabriel, genauso wie Elias; daß Elias und Johannes d. T. dieselbe Wesenheit war/ist, belegt die Bibel selber. Denk diesen Fakt konsequent durch bezüglich der Reinkarnationskette, die noch von so vielen Menschen bezweifelt wird. Lies einmal sorgfältig bei Maleachi am Schluß den vorletzten Vers und vergleiche mit Matthäus 11, 13 + 14 und 17. Vers 4-13. Wenn ich dir nun noch die Information gebe, daß sowohl Moses wie Johannes der Jünger und Evangelist Emanationen (Ausdrücke/Erscheinungsformen) von Michael waren/sind, dann wirst du hoffentlich sehr neugierig, dann verstehst du, warum an der Stelle Moses und Elias erscheinen (siehe: „Die vier Himmelsrichtungen/Elemente"). Michael und Gabriel als die Vertreter der Gegensätze und deren Betreuer, die die Polaritäten der sichtbaren Schöpfung betreuen. Diese enge, ergänzende Zusammenarbeit wird als Hintergrundwissen die sonst unverständlich bleibenden Texte in der Bibel erklären. Verstehst du das ein einziges Mal so, daß dir die Schuppen von den Augen fallen, dann bist du auf die Spur gesetzt und kannst weiter schürfen, indem du veränderte Sichtweisen zuläßt.

So wie der Christus das Antlitz Gottes ist, ist der Michael das Antlitz des Christus! Johannes d. T. hat gesagt, es komme einer nach ihm, der mit Feuer tauft, er hat auch gesagt, er müsse nun abnehmen, damit der andere zunehmen könne. In jeder allegorischen Darstellung, auch jeder Literatur, in allen Zeremonien erfolgt zuerst die Wasserprobe, dann die Feuerprobe (siehe „Zauberflöte" von Mozart). Vergl. Abnehmen mit Mond = weibliche Seite.

Die Unschärfe, bzw. Abweichung zwischen Sonnenwende und der 24 entspricht der gleichen Abweichung, die die Rotationsachse der Erde als Abweichung von der genauen Achse durch Nord- und Südpol zeigt. Damit wird, wie immer, Reibung = Dynamik erzeugt, nämlich als Auswirkung mit Aufspaltung in die Raum-Zeit. Wären diese Achsen absolut kongruent, gäbe es die Raum-Zeit-Dimension nicht. Erst die Differenz macht das möglich. Warum haben wir keine Uhren mit einem Zifferblatt von 24 Stunden, sondern nur 12? Die Halbrunde Tag und die Halbrunde Nacht erscheinen wie zwei völlig verschiedene Einteilungen, nach außen hin exakt gleich, aber dem Innern nach gegensätzlich in der Qualität: Tag und Nacht. Die beiden aber bilden in Wirklichkeit eine Einheit, die 24 (Stunden), die gleichermaßen als 12 (Monate) erscheinen. Die Halbzeit Winter und die Halbzeit Sommer kreuzen sich in sich überschneidenden Vierteln mit der Achse des 24.6. und 24.12. Der Gegensatz drückt sich sowohl im Sonnenstand wie im Wasser- und Feueraspekt aus, doppelt, mit umgekehrten Vorzeichen: in der kältesten Sonnenferne, im Tiefststand des Lichts (Winter) erscheint das größtmögliche Licht des Geistes. Im Sonnenhöchststand = 12 Uhr mittags, wo man eigentlich die Entsprechung des Feuers, der Weihnacht erwarten müßte, erscheint das Gegenteil: eine Art „kalter Dusche", eine Wasserreinigung (Wassertaufe). Die Außensonne und die Innensonne stehen sich konträr gegenüber. In diese untrennbaren Verknüpfungen eingebettet erscheint die Einheit des Ganzen als unverlierbares Versprechen. Das macht staunen.

Die 12 Monate, die sich auf den Sonnenkreis beziehen (Wachbewußt-sein) die 13 Mondphasen, die sich damit reiben (Nacht = Gefühlswelt) werden in Beziehung gesetzt und auf der Erde als Paar verwirklicht. Ebbe und Flut, von denen jedes Kind weiß, daß sie von Mondkräften hervorge-rufen werden, finden sinnigerweise im 6-Stundentakt statt, auch unscharf.

Es wird eine Erdachsverschiebung stattfinden. (Inzwischen haben be-reits zwei Schübe stattgefunden) Die wird gar nicht so groß sein, aber ihre Auswirkungen! Wird dir nun klar, wie eine neue Zeitqualität hereinkommt und zugleich die Erdumdrehung mitsamt der Umdrehung um die Sonne sich verändern muß? Bei Vollmond, der symbolischen Naturdarstellung der vollen Akzeptanz von Nacht = Dunkelheit = Gefühlen steht die Erde zwischen Sonne und Mond. Von der Erde als Mitte aus wird das gespie-gelte Mondlicht voll empfangen, aber nur auf der Nachtseite, denn von der Tagseite aus kann man jeweils den Vollmond nicht wahrnehmen. Auch hierin äußert sich die doppelte Verknüpfung, die keines ohne das andere sein läßt. Der Schauplatz Erde hat die Aufgabe, diese beiden Gegensätze zu verschmelzen.

Geht dir langsam eine Ahnung auf, *wie* bedeutungsvoll die alltägli-chen, scheinbar so banalen Gegebenheiten wirklich sind? Ich hoffe, du wirst von nun an nie wieder derart unbedacht die Welt sehen; ich hoffe, deine Neugier im Sinne von Wißbegier wecken zu können und dich uner-sättlich werden zu sehen.

Elektrizität

Menschen träumen häufig Elektrizitäts-Träume, ohne zu wissen, was es damit auf sich hat. Elektrizität hat Großtraumcharakter.

Weder Kernphysiker noch Elektriker, noch andere Fachleute wissen, was Elektrizität ist. Sie können sie genau beschreiben, auf vielerlei Weise gewinnen, unendlich viel damit machen, aber niemand von ihnen weiß, was sie eigentlich *ist!* Und der Verbraucher denkt nicht darüber nach; er verfügt schlichtweg, indem er Knöpfchen drückt und total aus den Alltags-fugen gerät, wenn es eine Panne im Netz gibt.

Elektrizität ist überall, gleich, ob sie wahrgenommen wird oder nicht; sie fließt nicht nur aus der Steckdose, wenn man einen Schalter betätigt. Natürlich ist sie Energie. Wenn du einen Lichtschalter drückst, weißt du im Hintergrund, daß dann Elektrizität sich in Lichtform ausdrückt. Wenn es gewittert, weißt du, daß die Blitze eine enorme Spannung/Entladung von Elektrizität darstellen.

Elektrizität *ist* **die natürliche Betriebsenergie**
der materiellen Schöpfung.
Sie ist der umgesetzte Energie–
Ausdruck der göttlichen Liebesenergie!
Sie ist manifestierte Liebesenergie
innerhalb des Naturreiches.
Das verborgene Wesen dahinter ist die göttliche Liebe,
das **Betriebskapital des Universums schlechthin.**
Es ist überreichlich vorhanden, hört nie auf
und kann vielseitig verwendet werden.

Da der Mensch aber vergessen hat, was diese Energie ist, sich obendrein noch viel darauf zugute hält auf seine Fähigkeit, sie beliebig zu gebrauchen, ist einiges in die falsche Richtung gelaufen. Die Art und Weise der Gewinnung droht die Erde zu zerstören, siehe Atommeiler, in schwächerer Form über Erdöl, Kohle, Erdgas usw. Aus dem gleichen Grund, dem Nichtwissen, der unreifen Kindlichkeit fahrlässigen Spielens, geht der Mensch äußerst sorglos und verschwenderisch damit um, als könne er es ewig so weiter treiben. Wohl sind die Geschenke der Erde zum Benutzen da, aber doch in einem gänzlich anderen Maß gedacht.

Nun ist die Zeit gekommen, das Wesen dieser Energie neu zu verstehen und neu zu nutzen. Mit dem gehörigen Respekt und gewissenhafter Anwendung für wirklich Notwendiges, wird sich zwangsläufig die Gewinnung vollständig ändern (müssen). Ca. zweitausend Blitze gehen pro Minute in der Erdsphäre nieder. Zukünftige Generationen werden lernen, diese Energie einzufangen; hierbei wird weder die Erde beraubt noch geschädigt. Weiterhin wird der Mensch lernen, genau zu schauen, was er damit anstellt, denn nicht zuletzt hängt die Harmonie zwischen Gewinnung und Menge vom Benutzungszweck ab.

Hinter allen Elektrizitäts-Träumen steht dieses verborgene Urwissen und die Aufforderung, zu ändern.

Über dieses Buch verteilt benutze ich häufig Träume derselben Träumenden. Folgender Kugelblitz-Traum kommt von derselben Träumerin, der ich bereits seit längerer Zeit als „Anwältin der Erde" einheizen muß wegen ihrer verwöhnten materiellen Ansprüche. Sie tut sich schwer mit dem Reduzieren. Ihre hohen schlummernden Fähigkeiten qualifiziert sie immer wieder herunter zu kokettierenden Spielchen, statt sie auf unmittelbare Lebensqualität zu straffen.

Sie liegt draußen auf einer Pritsche im Gewitter. Ein Kugelblitz rollt auf sie zu; in äußerster Angst schreit sie: „Netz abstellen!" Daraufhin rollt der Kugelblitz wohltuend durch sie hindurch.

Ein bemerkenswerter Traum! Kugelblitze gelten als besonders gefährlich und sehr selten. Wenn sie ihr bisheriges Verhalten in puncto Energie, sowohl im Alltag außen, wie im Seelen-Energie-Haushalt ändert, nämlich das allgemeine Netz abschaltet, dann entgeht sie nicht nur der Gefahr, verbrannt zu werden, sondern das neue Verständnis dieser Lebensenergie in Bezug auf die Erde (Kugel), das irdische Leben, wird sie wohltuend, echt belebend durchströmen, zumal sie eine besonders seltene Form von Lebensenergie erhalten könnte. Der vorgeschlagene Lernprozeß, das Angebot, wird nicht gerade auf weichem Pfuhl erlebt werden können, unterm Dach, sondern eher ungeschützt auf einem unbequemen Lager, eher notdürftig. Es ist also nichts mit dem ihr vermeintlich zustehenden „gemachten Nest". Muß ich noch besonders betonen, daß die Träumende bisher noch gar nicht daran denkt, sparsamer mit jeder Energie umzugehen? Ich fürchte, sie tut es auch weiterhin nicht. Aber das steht in ihrer freien Entscheidung, ob sie freiwillig rechtzeitig ändern wird und damit eine andere Zukunftsqualität ermöglicht, oder ob sie im Konsequenzbereich des Erleiden-Müssens bleiben will. Denn – Rechtfertigung ablegen für sein Tun muß jeder irgendwann.

Freiwillig rechtzeitig anders handeln birgt eine andere Qualität als überrollt werden von den Folge-Ereignissen. Das geht jeden an.

Es laufen bereits eine Anzahl zukünftige Ingenieure und Wissenschaftler auf der Erde herum, die jetzt noch Kinder sind, in denen diese künftigen Technologien in bereinigter Gesinnung keimen. Das ist sehr tröstlich, nicht? Selbstverständlich haben die betreffenden Kinder noch einiges an persönlichen Entwicklungsprozessen durchzustehen. Das kann nicht anders sein. Einer von ihnen (ich spreche – wohlgemerkt – immer von den potentiellen, schlummernden Möglichkeiten, Wahrscheinlichkeiten! Niemand ist im vorhinein determiniert bis ins Detail, jeder entscheidet immer wieder neu selber über seine eigene Zukunft) ist heute ein 11-jähriger Junge, den ich kenne. Noch erlebt er Alpträume von *Sabotage an Elektrizitätsleitungen und sieht böse Gespenster.* Seine karmische Vergangenheit ist entsprechend einschlägig, daher. Ein anderer Junge im gleichen Alter spricht offen phantasievoll von derartigen E-Plänen, die „normale" Erwachsene leider als Phantasie-Gespinste abtun würden. Ohne es zu wissen, übt er sich spielerisch vorweg, um in seinem Bewußtseinsbereich die Wege dafür zu ebnen.

Eine reichlich chaotische Studentin, die aber ernstlichen Willens ist, sich innen zu entwickeln, träumt:

Sie befindet sich mit einer Freundin unmittelbar in plötzlicher Gefahr inmitten einer Ufolandung. Die Besatzung gehört zur Nasa, alle sind in Militärkluft. Der Entdeckung können die beiden Mädchen nur entkommen, wenn sie dreimal den elektrischen Strom abschalten.

Sie mag weder die Nasa, noch überhaupt Militär. Für sie bedeutet beides Gewalt, Macht, Krieg, Gefahr; auf der anderen Seite Ohnmacht, Ausgeliefertsein. Ihre persönliche Gefährdung entsteht durch den unbewußten Kanal nicht überprüfter Lebensenergie, die im allgemeinen Fahrwasser läuft. Das muß abgestellt werden. Immer wieder geschehen wesentliche Dinge in dreifacher Ausfertigung. Auch Petrus hat gleich dreimal hintereinander geleugnet. Einmal bedeutet das die Bekräftigung im Negativen und Positiven, zugleich die Dreiheit der Zeit: Vergangenheit, Gegenwart, Zukunft. Das Dreifache taucht in allen Bereichen insistierend auf, auch in Märchen. Gleichfalls sind die drei Ebenen Körper, Seele, Geist gemeint. Sie, die Träumerin, soll also in allen drei Ebenen die bisherige Anbindung an Energieverständnis abschalten. Der neue Zugang wird sich dann finden. Über den läßt dieser Traum noch nichts verlauten. Vorerst hat sie eine handfeste Warnung vor innerer Gefahr zu beherzigen.

Ein Achtjähriger *„soll einen Blitzableiter benutzen"*.

Durch Nachfragen wurde klar, daß er allzuviel im Kopf wälzte, wobei er den Boden verlor. Die nicht geerdeten Energien verursachten Dauer-Erkältung. Seine wirklichen Gefühle über Familienkonflikte, nämlich Not, versuchte er abzuschmettern. Er hatte also den Kopf von Herz und Bauch getrennt. Eine übliche Verhaltensweise von uns Menschen, Vermeidungsstrategie in Bezug auf Schmerz. Daß ein achtjähriges Kind über Traum eine derartige Botschaft erhält, gibt sehr zu denken.

Jetzt bekommst du, lieber Leser, eine Denksportaufgabe. Nach den bisherigen Erörterungen würdest du folgenden Traum sehr einfach verstehen können. Eine alte Dame träumt:

Sie saugt im Park per Staubsauger Laub und Moos und wundert sich sehr, daß das geht, denn es ist nirgends ein Stromanschluß vorhanden. Andere, die vorbeikommen, wundern sich ebenfalls.

Mit diesem Traum wird eine Falle gestellt für alle, die meinen, Traumverständnis könne man nach Schablone lernen. Man brauche lediglich die Einzelschlüssel als Rezept, und fertig ist der Kuchen. Weit gefehlt; das sage ich noch einmal. So einfach wird uns Entwicklung nicht gemacht.

Hier mußt du bereits um mehrere Ecken denken. Dazu gebe ich dir die notwendigen Informationen über die Träumerin.

Sie ist nämlich eine überaus aktive Umweltschützerin, die niemals ein solches Gerät benutzen würde. Moos und Laub gehören nicht in den Müll, ein Park gehört nicht staubgesaugt. Dennoch ist sie ein äußerst egozentrisches Wesen, noch weit entfernt, warmherzige Gefühle zu leben. Es läuft ihr alles über den Verstand allein. Aber sie sehnt sich nach der anderen Seite des Geben-Könnens, die ihr bisher nicht zugänglich war. Mit Verurteilen und Härte und Selbstherrlichkeit ist sie noch leicht bei der Hand. Ihre spirituelle Sucht zeigt sich noch geprägt von den Qualen der Zerrissenheit. In ihrem Kopf ist sie weiter als in ihrem Herz-Handeln und macht sich noch leicht etwas vor, weil sie mit dem bisherigen Ergebnis noch gar nicht zufrieden sein mag – zu Recht. Wohlgemerkt: Erkennen ohne Urteilen ist das Ziel. Sie redet viel von der göttlichen Liebe, sehnt sich danach, hat aber den tatsächlichen Draht noch nicht erwischt. Und damit sind wir bei dem Traum.

Bevor du weiterliest, kannst du nun vielleicht bereits ein wenig den Schleier lüften?

Der Traum lehrt sie, daß sie – ohne es wahrhaben zu wollen noch die alte Energieform benutzt und damit Unsinn treibt. Es geht also ein Riß durch ihre persönliche Ego-Vorstellung und das, was tatsächlich im Ego abläuft. Sie tut – ohne den Traum unbemerkt – genau das, was sie eigentlich nicht will. Niemand kann die Energiequelle wahrnehmen, die sie benutzt, sie selber auch nicht, dennoch ist es die übliche, die sie bereits überwunden glaubt. Außerdem wird sie fündig werden, wenn sie nachschürft, ob sie wirklich so konsequent die Erd-Angelegenheiten hütet, wie sie meint, oder vielmehr hintenherum ihre Selbstherrlichkeit pflegt über diesen Aufhänger, sich besser zu fühlen als die Umweltschänder. Sie muß sich also fragen, wie echt ihre Motive und Gefühle sind. Und ob sie sich wirklich so eingeklinkt hat in die göttliche Betriebsenergie, wie sie meint.

Du siehst, lieber Leser, es gehört zum Traumverstehen mehr dazu als die einzelnen Schlüssel. Sei bitte nicht entmutigt – es gehört viel Übung, Geduld und Ausdauer dazu, dies zu lernen. Außerdem ist es spannend und erst im richtigen Aufbruch begriffen. Man kann nicht bei etwas sofort Meister sein. Hab Geduld bei diesem Lernen und laß dir die Abenteuerlust dabei nicht verderben, wenn du es nicht gleich kannst. Die jetzige Menschheit hat sich immer mehr angewöhnt, alles fertig serviert zu bekommen. Diese Illusion ist nicht zuletzt durch permanentes Fernsehen, Werbung, Einstellung **zur** Medizin (und **der** Medizin) usw. entstanden. Ein wahrlich gefährlicher Trend. Freu dich an den Entdeckungsschritten, am Weg, und wolle nicht gleich am Ziel sein. Wir sind alle Lernende, nicht Fertige. Deine Ruhe im alten Sinn wirst du zu Lebzeiten nicht bekommen. Leben ist Bewegung. Ruhe ist lediglich als Vorspann des Kraftsammelns für den nächsten Sprung zu verstehen. Die Ruhe, die Menschen meistens meinen, ist die Scheinruhe, das In-Ruhe-gelassen-werden; der Tod, von dem Christus spricht. Die falsche Ruhe ist Trägheit. Es ist ungeheuer wichtig, diesen Unterschied tief in sich hinein zu lassen.

Du fängst erst an, Zugang zu deinen Träumen zu finden. Im Volksmund heißt es: es ist noch kein Meister vom Himmel gefallen.

Es heißt auch: gut Ding will Weile haben.

Bücher

Geschriebenes in allen denkbaren Ausgestaltungen wird geträumt; sei es in Heften, Kladden oder Büchern, sei es als Gegenstück, nämlich leeren weißen Blättern.

Jemand *will in einer Univorlesung mitschreiben, findet aber nur vollgeschriebene Kladden.* Die Universität stellt eine höhere Schulung dar, die, wenn sie wahrgenommen werden will, altes Wissen hinter sich lassen muß und sich auf das Neue zu Lernende einlassen muß. Dazu braucht es leere Blätter. Was bereits vollgeschrieben ist, kann nicht neu beschriftet werden.

Ein gescheiter, rational betonter Lehrer träumt:

Er spielt mit seinem Sohn (sieben Jahre alt) *im Arbeitszimmer seiner Frau Fußball, wobei der Sohn ein Eigentor schießt. Das Arbeitszimmer steht voller Bücher, die er nicht liest.*

Selbstredend ist seine Frau emotional stark betont; die häufige Außen-Ergänzung. Sein eigenes neues rationales Nachwuchspotential schießt ein Eigentor, weil er sich partout nicht auf das alte Wissen, die Macht und das Erworbene, Erfahrene seines Karmas im Gefühlsbereich einlassen will. Er bedient sich nicht dieses alten Wissens, dieser weiblichen Weisheit in sich, obwohl er damit arbeiten sollte (Arbeitszimmer!). Der Traum gemahnt an den Mangel der eigenen weiblichen Seite, samt dem Wiederholungsfehler. Fußball spielen heißt mit der Erde spielen im alten unmündigen Sinn. Er muß dringend an seine Herzseite gehen, diese entwickeln, ernsthaft erarbeiten.

Frau S. hat große Probleme, sich den erdhaften Seiten ihres Lebens zu stellen. Sie neigt ausdauernd dazu, sich in geistige Bereiche zu „retten" unter Umgehung der handfesten Herausforderung im erdhaften „Dreckbereich". Ihr ganzes Leben weist auf dieses alte Lernprojekt hin. Sie fürchtet sich derart vor echter Erdung, daß sie ihre Füße nicht benutzt, sich damit einigermaßen krank gemacht hat, obwohl es medizinisch gesehen nicht den geringsten Anlaß dafür gibt. Ihre taktischen Ausweichmanöver würden sicher Bände füllen. Entsprechend knüppelt sie ihre wahren Gefühle herunter und schafft sich Ersatz von Edelmut, der durchaus nicht überzeugt. Sie kann auf diese Weise natürlich nicht den Zugang finden zu ihrer inneren weiblichen Lehrmeisterin, die ihr das Erden durchaus beibringen könnte. Die erscheint im Traum als ich – (die Autorin):

Sie sucht Kontakt mit mir, sieht mich auch, kann aber den Weg zu mir nicht finden.

Sie will in ein übervolles, busähnliches Gefährt einsteigen, an dem ein wüstes Gedränge herrscht. Dennoch quetscht sie sich mit hinein, kommt aber nicht ans Ziel, wohin sie wollte.

Sie steht in einer langen Schlange vor einem Buchladen; als sie schließlich an der Reihe ist, kriegt sie das gewünschte Buch nicht. Nun muß sie woanders hin, wo sehr viel weniger Leute kaufen.

Beide Träume zeugen von ihrer Hartnäckigkeit, sich mit Bemühung in der falschen Richtung ein Alibi zu verschaffen, mit dem sie über Lernenwollen sich selbst betrügt und genügen läßt. Sie beharrt auf ihren eigensinnigen Vorstellungen, obwohl sie sich im Wachbewußtsein als Lernwillige erlebt; ihr Denken zensiert also die Wahrheit und korrumpiert diese damit. Sie gibt sich stets „allerbesten Willens", kommt sich aber nicht auf die eigenen Schliche, da sie konsequenterweise dann alles ändern müßte. Was sie aber bisher von sich geglaubt hat, will sie nicht hergeben. In der zensierten Bereitschaft will sie lernen (Bücher) um weiterzukommen (Bus). Da sie aber noch den Beifall der Allgemeinheit wünscht, hält sie sich unbemerkt an deren Richtlinien. Die Träume lassen offen, ob sie sich der Alternative bedienen wird. Sie wird es klar entscheiden und danach dann handeln müssen. Es reicht nicht, das lediglich im Kopf zu wollen und im Kopf zu verifizieren.

So irreführend kann Bücherweisheit sein.

Zur Bewußtwerdung seiner selbst ist es unumgänglich, täglich zu überprüfen, ob das Wissen im Einklang mit dem Fühlen, dem Reden und dem Handeln steht. Das ist harte Arbeit und schwer zu vollziehen. Niemand entgeht am Ende dieser wesentlichen Aufgabe und Chance in seinem Menschsein. Es ist unschwer zu konstatieren, daß bei den meisten Menschen durch diese einzelnen Strahlen tiefe Risse gehen. Umgekehrt: bei den meisten besteht scheinbar mühelos eine starke Diskrepanz zwischen Denken und Handeln, Fühlen und Selbstvorstellung, Reden und

Aufrichtigkeit. Das ist üblich und fällt den meisten nicht einmal auf, schon gar nicht bei sich selber. Und dort genau ist der einzige Ansatz, der wirklich zu Veränderung führt.

Eine sehr belesene, überzeugte und versierte Anthroposophin, die über wertvolle starke Gefühle in sich durchaus unterrichtet ist, sich aber allzu sehr von der Umgehung des rein Geistigen verführen läßt, träumt:

Sie wird von der vierten Klasse auf die dritte zurückgestuft.

Zu viert befinden sie sich in einer Stadt, in der Hochwasser herrscht. Einer der vier, ein schöner Knabe, droht zu ertrinken.

In einer wunderschönen Landschaft erlebt sie sich mitten darin auf einem Pyramidenberg mit einem Tempel. Nun muß sie wie auf Steigbügeln mühsam in einer Art erdfarbenen Basttaschen heruntersteigen.

In einer Riesenbibliothek sind alle Bücher erdfarben, bis auf eines, das ist rot und hat zwei Titel.

Da sind nasse Blütenköpfe. Nur die Köpfe, nichts sonst.

Ihre Tochter verteilt Matheaufgaben.

Alle Träume sind ähnliche Versionen desselben Themas: die Gefahr der Flucht ins rein Geistige, das die direkte Schule der Erde mit allen Belangen am liebsten umginge. Wenn sie sich nicht voll auf die Tatsache ihrer Gefühle einlassen wird, wird es Hochwasser geben, in dem die schöne aufblühende Hoffnung des neuen Geistes (der Jüngling) ertrinken muß. Der Sprung, die Versetzung in die 4. Dimension, die die versöhnte Mitte Geistmaterie darstellt, kann erst erfolgen, wenn die Dreier-Dimension voll angenommen und durchgemacht ist. Den Lernstoff kann man nicht überfliegen, auch nicht mit dem umfangreichsten geistigen Wissen. Es muß erlebt und durchgemacht werden. Das ist Gesetz! (Mathematik, Zahl.) Ihre Tochter stellt die Aufgabe: ihre eigene, verjüngte Gefühlswelt! Blumen müssen als Ganzes erlebt werden, mit Wurzeln, Stengeln und Blättern. Allein die Blütenköpfe sind eine Art Sakrileg. Das Nasse darauf ist Emotionalität, wie immer. Es könnten sogar Tränen sein. Die müssen erlitten werden, man muß sich dem Schmerz stellen. Es geht nicht an, in geistiger Abhebung zu meinen, man könne der Gefühlsebene, die eben auch Schmerz und Leid bedeuten kann, entgehen.

Aus der luftigen Höhe des Tempels auf der Pyramide des Geistes (SEIN Zeichen) kann sie zwar hinunter schauen, aber sie darf noch nicht oben bleiben. Auf die Tiefe der Niederungen muß sie sich noch erneut einlassen. Immerhin gibt es dabei einen Trost: die Landschaft ist wunderschön. Unsere alte Vorstellung vom Dreck und Leid des Lebens ist zu einseitig. Die Schönheit des Ganzen muß erst zusammen mit der Freude und Dankbarkeit dafür entdeckt werden. Und das nicht nur als vorübergehendes Gefühl, sondern als tiefes Erleben. Daran gekoppelt wird die Dankbarkeit für die Geschenke des Lebens (Blumen) erscheinen. Das aber müssen wir uns erst erringen im Bemühen. Von dem Abstieg in die Tiefe spricht Jesus im Zusammenhang mit seinem Aufstieg, der erst dann erfolgen kann, wenn er sich auf die Tiefe eingelassen hat. Der Mensch in der Nachfolge vollzieht das gleiche.

Das rote Buch mit den zwei Titeln vertritt die zwei Ebenen des weiblichen Erlebens: die Bauchebene und die Herzebene. Beiden ist das Blut zugeordnet, einmal als einfach grundlegendes Schmerzerleben, das Glutfeuer des Lebens, der Leidenschaften und daraus entstehenden Leides. Das grundlegende Opfer der leiblichen Welt, die nicht fragt und noch nicht bewußt ist. Die unbewußte Region des rein physischen Lebens. Wir alle haben seit alters her tiefe Wunden aus dieser Region und von daher eine raffinierte Strategie entwickelt, möglichst Schmerz zu vermeiden. Da das nicht möglich ist, versuchen wir, uns schadlos zu halten mit allerlei Genüssen, die das übertönen sollen. So nun ist dies Dilemma nicht zu lösen. Die Lösung liegt in der Erhebung auf Herzebene. Das ist der Einzugsbereich der Madonna in uns. Das Herzblut ist bewußt, wird freiwillig gegeben und erlangt eine völlig andere Qualität des Rot und des Blutes. Wenn man durch beides bewußt hindurchgeht, kann erst die große ursprüngliche tiefe Lebensfreude unverlierbar sich einstellen. Das ist *die* Einheit des roten Buches, die erlangt werden kann. Dazu muß man beide Titel kennen.

Eine junge Frau, die noch völlig unbedarft erscheint in eigener unbewußter Entwicklung, kommt mit folgendem Traum:

Sie hält ein Buch in Händen, in toller Aufmachung; der ganze Einband ist dicht besät mit rotem Glitzerkram und glitzernden Verzierungen. Es gibt eine Schließe an dem Buch. Als sie es öffnet, sind nur leere Blätter darin. Nur auf der ersten Seite prangt ein Kreuz mit viel Zierrat.

Sie wird hingewiesen auf die bisherige Leere ihres Daseins, die sich mit äußerem Tand begnügt, aber noch keinerlei Seelenfülle in dies Buch geschrieben hat. Weder handelt es sich um ein Weisheitsbuch, das sie einfach einverleiben soll, noch um ein bereits begonnenes Tagebuch, in das sie wenigstens anfängliche Reflexionen eintragen kann. Am Ende stehen die für die Erfülltheit eines Lebens. Das Flimmerkreuz ist die Lüge der Oberflächlichkeit, die in allen vier Himmelsrichtungen, im Bereich der vier Elemente ein Tändeln mit dem Kreuz des Lebens und der Erlösung betreibt. So kann sie nicht in das wirkliche Buch des Lebens eingetragen werden und bestehen. Immerhin besteht die Chance, die weißen Blätter nun mit Achtsamkeit und bewußtem Leben zu füllen. Dann würde – wird sich der Flimmerkram von selbst auflösen, echt, gut und schön werden. Es liegt bei ihr, diese Chance zu nutzen.

Das Doppel

Von allem, was ist, gibt es ein Doppel.
Das Urdoppel in der allerhöchsten Instanz ist Gott, der reine Allgeist, und aus IHM die Gesamtheit der Schöpfung. Der Christus schafft aus dem Doppel modellhaft wieder die Einheit. In jedem Doppel muß die ursprüngliche Einheit erfaßt werden. In der nächsten Kategorie können wir das Doppel Michael und Luzifer erkennen, die so etwas wie Zwillingsbrüder sind; beide mit dem größtmöglichen Licht ausgestattet, vertreten sie konträre Richtungen. Die ursprüngliche Feuerkraft der Erde stammt aus der Sonne. Michael ist der Engel der Sonne, aus deren Grundsubstanz einstmals die Erde entsprungen ist, wie bekannt sein dürfte. Hinter der Sonne existiert eine Art Schatten, ein Doppel, das Gegenstück: Luzifers Substanz, die genau genommen eine Schattensubstanz geworden ist, also ihre Wirklichkeit aus Illusion zieht. Richtiger gesagt: durch den Hochmut totaler Eigenmächtigkeit ist diese Wesenheit wie schattenhaft geworden. Der Ursprung war göttlich brillant, von der gleichen Qualität wie Michaels Licht.

Die Urglut der einstmals feurigen Erde (es gibt noch Reste) wird als Drachen dargestellt, ein Feuerdrachen von wabernder, immenser Glut. Das ist eigentlich Michaels Feuer. Durch die Entfernung der Erde von der Sonne erkaltet diese Glut zunehmend: ein genaues Ebenbild der Bewußtseinsvorgänge. Unter dem Einfluß des Schattens hat diese lebenspendende Feuerglut einen anderen Charakter angenommen, ist bedrohlich geworden. Aus dem guten Feuerdrachen wurde ein schlimmer der Selbstsucht und des Hochmuts: Luzifers Territorium. Aus dem wunderbaren Feuer des Lebens, des Herzens ist ein alles verschlingendes Höllenfeuer geworden.

Kein Wunder, daß ausgerechnet Michael, der Feuerengel, mit dem Drachen kämpft. Im unendlich langen Verlauf dieser Entwicklung, die immer tiefer in das Mißverständnis über das Erdenfeuer geführt hat, mußte gleichsam der Mensch, der das „Instrument" dieses Geschehens ist, immer mehr Angst schüren vor ebenderselben Feuersglut der Erde. Die Natur aber spiegelt getreulich alles wider.

Ohne die lebenspendende Feuerglut der Sonne und den vulkanischen Erdkern wäre das wunderbare Leben auf der Erde überhaupt nicht möglich, wie wir wissen. Aber: in Wüstenregionen brennt Sonnenglut unerbittlich, geradezu tödlich und erscheint lebensfeindlich; desgleichen Vulkanausbrüche. Alles auf dem gleichen Planeten, und all das muß sein, sonst kann es keinen Umbruch, keine Verwandlung geben.

So hat auch das Tier, der Drachen, zwei Gesichter.

Dermaleinst wird diese abgespaltene Energie wieder zurückgeführt in die ursprüngliche Quelle, sozusagen rehabilitiert werden, freilich in langen Zeiträumen. Dies geschieht unter engster Zusammenarbeit aller mit allem. Die Menschen dieser Erde und anderer Gestirne, die Engelwesen und sämtliche Bewußtheiten arbeiten zusammen unter Zuhilfenahme der Spiegel, die die gesamte Schöpfung umfaßt. Der Durchlauf beinhaltet Spaltung aus der Einheit, Verwirrung und wieder Zusammenführung in Einheit. Nur besitzt die so erworbene zweite Einheit eine völlig andere, differenzierte Qualität: die der Erkenntnis. Wozu auch sonst das Ganze. Das bedeutet eine gewaltige Zunahme, Wachstum, die dem Urschöpfer Gott am Ende zufällt.

Dieses Prinzip hält die Schöpfung in Gang. Das Doppel ist demnach nicht von vornherein überflüssig – es wird benötigt zur Ausdehnung. Genau genommen ist die ganze Schöpfung „schizophren". Die Psychologie nennt die Grundanlage schizoid. Schizophren bezeichnet das einseitige Mißverständnis, das den Rahmen dieser Fähigkeit, das Doppel zu erkennen und zu leben, sprengt, die Unfähigkeit, sich dieser Spaltung gründlich anzunehmen. Der Mensch in dieser Zeit ist aufgefordert, aus der augenblicklichen Schizophrenie, denn in der ist er befangen, einen gewaltigen Sprung in Richtung Versöhnung, Harmonie und Ganzheit zu vollziehen.

Auch in Traumbildern schält sich zunehmend das Doppel heraus: die Fähigkeit des Menschen zur Unterscheidung, eine eigene, freie Wahl zu treffen.

Die Tiere der Erde sind viel mehr als nur irgendwelche „zufälligen" Mitgeschöpfe, die „zufällig" durch Selektion in der Biosphäre entstanden sind. Im Auftrag des Gesamtgeschehens hat die Erde sie entwickelt, um durch jede Tierart einen bestimmten Kraftstrahl auszudrücken, der wie ein Spiegel verstanden werden soll. Die Vielfalt entstand aus Notwendigkeit sowohl wie aus Freude am Schöpferischen. Alte Völker haben sehr genau darum gewußt und dieses Wissen tief in ihr Leben einbezogen.

Wir sind gewöhnt, Tiere in gute und böse einzuordnen. Unter „bösen" Tieren verstehen wir Ungeziefer, Plagegeister, Parasiten, Schädlinge, Raubtiere zumeist. Kurz, alles, was uns zu schaffen macht. Natürlich sind sie vorhanden und plagen uns. „Gute" Tiere verstehen wir als Nützlinge, alles, was uns nützt, uns angenehm ist. Die Urbeziehung zu Tieren ist derart weit abgedriftet, daß wir sogar die Nützlinge schlecht behandeln, seien es Schlachttiere, Haustiere oder Helfertiere beim Landbau. Kurz, wir vernichten alles, selbst das, was wir angeblich lieben. Das Übermaß an Hunden, Katzen, und Käfig-Schmusetieren ist genauso ein Mißverständnis, eine Fehlentwicklung, wie das massenweise Umbringen von Wildtieren durch Chemie oder Technik. Die sogenannten Schmusetiere sollen als Ersatz herhalten für die uralte unbewußte Sehnsucht nach Nähe, Liebe und Verbindlichkeit. Inzwischen ist wirklich alles aus den Fugen geraten, besonders jeder Umgang mit Tieren. Darin liegt auch einer der Gründe, warum Ungeziefer eher zunimmt; die mühsamen Vernichtungsmaßnahmen gehen nach hinten los. Das Grundverständnis muß sich radikal ändern! Schon ist eine Menge verloren, unwiederbringlich. Wird im Geist die Umwandlung verstanden und vollzogen, kann sich alles erneuern in unvorhergesehener Weise. Wir gehen mitsamt der Erde in einen anderen Aggregatzustand über und befinden uns zur Zeit in einer Art Tunnel, einem Engpaß, einer totalen Bewährungsprobe. Mit Augenwischerei kommen wir keinen Schritt voran, nur mit einem radikalen Einsichts- und Veränderungswillen!

Die Beziehung der Menschenseele zu dem Urbild einzelner Tierarten ist archetypisch und verbindlich. Die häufigsten und wesentlichsten Symbolträger will ich näher erläutern, dann kannst du selber – hellwach geworden – anfangen, die Botschaft der Tiere zu erfahren.

Jedes Tierdoppel, vorerst als Schattenbild, als Negativ auftretend, kann dann umgewandelt werden in die ursprünglich angelegte innewohnende Kraft. Wenn der Mensch diesen umfangreichen Prozeß vollzieht, werden allmählich Raubtiere und Ungeziefer verschwinden, einfach, weil sie als Spiegel nicht mehr benötigt werden. Spiegel sind Lehrmeister. Tiere sind Lehrmeister. Die unangenehmen, unsympathischen ebenso wie die, die uns entzücken. Das Entzücken darf sich nicht auf Konsum beschränken: entzückende Tiere im Zoo anstaunen, im Laden ein entzückendes Käfigtier erwerben und dann nicht umgehen können damit. Dies Entzücken ist ganz sicher nicht gemeint. Wenn zu dem Entzücken nicht tiefster Respekt, Fürsorge und Verstehen des Wesens hinzugefügt wird, gibt es eine Katastrophe. Die rollt bereits! *Wale* stranden nicht, weil sie sich verirrt haben, sondern Wale stranden aus Demonstration, um dem Menschen zu zeigen, daß er sie zwingt, diese Erde zu verlassen. Die scheidenden Wale nehmen ihre spezifische Kraft mit hinweg von der Erde, sie ziehen sie ab. Wale vertreten die Kraft des Bewahrens; des Bewahrens der uralten Geheimnisse der Schöpfung. Die Botschaft wird nicht verstanden, und das ist eine Katastrophe. *Delphine* vermitteln das Prinzip der Lebenskraft; sie sind fröhliche, höchst entwickelte, absolut liebevolle Ausdrücke der ursprünglichen

Lebenskraft. Niemals vergelten sie Böses mit Bösem! Der Mensch kapiert ihre Wesensprojektion nicht und mordet.

Auch Begriffe beinhalten ein Doppel. Von allen Begriffen wird es nach und nach die bereinigte Fassung geben. Der Schatten, das dunkle Doppel, bleibt im Prinzip, wird aber anders verstanden und gehandhabt.

Statt Parties: echte Gemeinschaft
statt Spenden: Geben
statt Spaß: Freude
statt machen: echte Tat
statt Freizeitgestaltung: Besinnung usw.

Tiere

Ich will das Doppel an einem alten Beispiel verdeutlichen:

Die **Eule** ist ein uraltes Symbol der Weisheit. Ursprünglich gab – und gibt es noch – nur *eine* Weisheit: die göttliche (die andere ist Schein, ist Doppel). Alle Wesenheiten hatten teil daran in gleicher Qualität und gebrauchten sie im Einklang mit der Quelle. Dann schlich sich die Entfernung, die Abspaltung, der sogenannte Engelsturz ein; zunehmend wurde diese Weisheit mißbraucht für eigene, eng gefaßte Zwecke: Gier, Macht usw. Es entstand ein Negativ der Weisheit, ein Schattendoppel. Deshalb wird die Eule auch als Attribut von Schwarzmagiern und Schwarzmagierinnen benutzt. Es gibt zwei Sorten von Eulen, wie bei etlichen anderen Tieren auch. In Träumen tauchen z. B. immer wieder sehr gefährliche **Spinnen** auf, schwarze, große Biester, die entsprechend erschreckende Wirkung zeitigen (auch in Kinderträumen, ja, gerade da!). Die schwarze Spinne ist so ein Doppel.

Ein 6-jähriger Junge liefert bei mir alles in allem eine echte Parzival-Geschichte ab. Außenerlebnisse, Bilder, die ich sehe, und eingestreute Träume weisen zusammen ein klares Bild seines alten Seelenweges aus: unverwüstliche Tapferkeit mit Unschuld und Unwissenheit gepaart, werden am Ende Herr über bedrohliche, aussichtslos erscheinende Situationen. Er läßt sich nie unterkriegen, steht immer wieder auf, wenn das Leben ihn umwirft; ein uraltes Verhalten, das nun in bewußte, dienstfähige Bahnen gelangen kann.

Spinnen der großen, schwarzen, giftigen Art sitzen lauernd in Apfelbäumen. Schafe und Ziegenböcke werden zu Wildschweinen.

*Eine riesige schwarze Spinne erzwingt sich Einlaß in sein Haus. Er hat keine Angst, ist aber vorsichtig; nimmt mit seiner (Menschen-) Freundin Funkkontakt auf (*er befragt also sein Gefühl). *Nach einigen Manövern, die er nicht näher beschreiben kann, geht die Spinne in Gehorsam und läßt sich an die Leine legen. „Sie gehorcht mir", sagt er wörtlich.*

Auch mit einem bedrohlichen Skorpion wird er fertig.

Zwei Cowboys tragen einen Angeschossenen herein. Er will die Kugel entfernen, obwohl er keine Ahnung hat, wie man das macht. Irgendwie hat er dennoch Erfolg damit.

Die Spinnen wie der Skorpion sind natürlich Ausdrücke von Gefahren, alten wie neuen Datums; Erinnerungen der Seele an alte Kämpfe, hauptsächlich bezogen auf die animalische Ebene, mit der enthaltenen Möglichkeit für dieses Leben, im Traumvorfeld diese Kämpfe abermals zu bestehen, nun aber mit erhöhter Bewußtheit. Er wird vorbereitet, geübt; und verarbeitet zugleich alte Seelenerinnerungen, die noch unerledigt schlummerten.

Durch Überwindung solch dunkler Kräfte, für die jedes dieser Tiere einen eigenen Bereich abdeckt, jeweils nach seiner Tiereigenschaft, hat der Mensch die Möglichkeit, diese fehlgelenkten Kräfte in ihre ursprüngliche Funktion wieder einzusetzen. Aus gefährlichen Giftspinnen können dienende Wesen werden, z. B. *„Kreuzspinnen"*, die zielstrebig am großen göttlichen Plan weben. Aus dem Feind wird Verbündeter, aus destruktiver Kraft konstruktive; das Schattendoppel erfährt eine Lichtaufhellung: korrigierte Schadensformen. Aus Fehlern wird gelernt. Die Urangst vieler Menschen vor Spinnen z. B. datiert aus vielschichtigen vernetzten Ursachen, die weit über die uns bekannten Spinnen unserer Region hinausgehen. Die Urbilder solcher Tiere wie Spinnen, Krokodile, Saurier, Drachen, Reptilien ..., sogar von den ach so harmlosen Feuersalamandern und Kröten gehen auf Wesen aus der Urzeit zurück, auf die ich hier nicht näher eingehen möchte – es würde den Rahmen sprengen. Auch Ungeziefer nebst Heuschreckenplagen (in der Bibel erwähnt) reichen viel tiefer zurück, als du denkst. Sie hängen – soviel sei bemerkt – mit eingeschleppten Wesen zusammen, aus der Urzeit des Menschen auf der Erde. Aus den vagen Bruchstücken von Erinnerung sind die späteren Aberglaubensbilder gewachsen. Skorpione, Giftspinnen, Drachen und dergleichen Tiere haben zusätzlich einen konkreten biologischen Urangstbezug, das ist klar. Diese Wesensbilder haben sich alle in die körperliche Welt hinein manifestiert; der Mensch trägt seinen Anteil daran, wegen seiner Anfälligkeit für Schattenseiten.

Die Schafe, Böcke und Wildschweine kommen in steigender Bedeutung in der Bibel vor. *Schafe* als Geduldswesen mit Opferbasis, aber ohne eigene Einsichtsfähigkeit, gelten als dumm; nicht zuletzt durch den ihnen zugesprochenen Herdentrieb und mangelnde Führungskraft (Verantwortung); sie können deshalb auch zum Sündenbock gemacht werden. Unwissenheit schützt nicht vor Strafe.

Eine andere Version des Ziegenbocks, der widerspenstig gern seine Kräfte mißt aus lauter Übermut und dabei leicht abrutscht ist der „Bockbeinige", als Allegorie des Widersachers, aber auch des Pan, der Esau-Mensch, mit Tierfell bedeckt. Die Urnatur wird identifiziert mit der satanischen Eigenschaft. Das ist nur möglich, wenn sich ein Mensch rein im tierischen unbewußten Bereich bestimmen läßt, seine Urnatur nicht zügelt. Ebenda, wo er seine Tiernatur nicht beherrschen lernt, ist er besetzbar. Besetzung möchte ich also im weitest greifenden Sinn verstanden wissen. Es bedeutet: der Mensch kann alles, was er tut und denkt, zum Guten oder zum Bösen hin wenden; er hat die Wahl. Wo er sie nicht trifft, kann er besetzt werden von Kräften, die er aus Schlampigkeit anzieht, eben, weil er unbewußt bleiben will.

Wildschweine sind besetzbar wie manche andere Tierart auch. (Siehe Bibelgeschichten LK 8, 26 – 39, Mt 8, 28 – 34 Mk 5, 1 – 20, Heilungsgeschichte NT), in denen böse Geister in Schweine verbannt werden und mit diesen zugrunde gehen.

Ich habe selbst vor Jahren ein äußerst spektakuläres Erlebnis gehabt mit besetzten Wildschweinen, das mich eigentlich hätte das Leben kosten müssen.

Archetypische Bilder, zweifellos. Woher kann so ein kleiner Junge solche Träume haben: noch nie hat er in freier Wildbahn Wildschweine erlebt oder solch eine Spinne gesehen (auch nicht im Fernsehen – ich habe natürlich nachgehakt). Vergleiche die großartige Erzählung „Die schwarze Spinne" von Jeremias Gotthelf.

Ritterlichkeit ohne Reflexion ist Parzival!

Die Apfelbäume sind die Bäume der Erkenntnis. Es gibt auch hier zwei von der Sorte: die Fehldarstellung, das alte Mißverständnis, und die bereinigte Form. Der Apfelbaum aus der Genesis trägt den Apfel der Erkenntnis, der zu früh gepflückt worden ist, noch grün, also nicht reif war, entgegen aller Warnung oder umgekehrt: die unreife, lüsterne Menschenseele durfte noch nicht Erkenntnis haben, da sie noch nicht reif dafür war. Die gottgegebene Freiheit aber hat den Menschen verführt, dem Gebot, der Empfehlung zuwider zu handeln. In der Epoche der Wendezeit, des Weltgerichts der Wahrheitsfindung und damit der echten Erkenntnis ist nun die

Zeit reif, den echten Apfel aus Gnade geschenkt zu bekommen. Der aber wird nicht mehr gegessen, sondern Ursprung eines neuen Apfelbaumes: des ewigen Baumes des Lebens. Just in dem alten Apfelbaum sitzen die bedrohlichen Spinnen, Wesen uralter weiblicher Übermacht; das sind Relikte aus Machtepochen weiblicher Kräfte, Matriarchatsepochen.

Die alte Gemeinschaft zwischen Mensch und Tier muß erneuert werden; furchtbare Altlasten und Schulden sind dabei einzulösen. Kinder stehen dem alten Wissen um die Bedeutung der Tiere offener gegenüber als Erwachsene. Das zeigt sich in Träumen auffallend.

Ein 11-jähriges Mädchen mit einer Allergie gegen Pferdehaare träumt:
Sie befreit einen Delphin, der danach in zwei lichtblaue Vögel verwandelt wird; die Vögel haben einen freundlichen Flugsaurier im Gefolge.

Zwei in Tigerfelle verkleidete Freunde retten sie aus einem glitschigen Überschwemmungsgebiet.

Das Kind trifft in einem spektakulären Lernabschnitt auf ihre Lebenskraft *(Delphin)*, die nun umgewandelt werden kann in die geistige Kraft des freien Fliegens, und dann noch doppelt im versöhnten Aspekt der männlichen und weiblichen Seite des Bewußtseins (die beiden Vögel). Das erlöste „Tier“, der alte Drache in umgewandelter, redigierter Form, zeigt sich mit von der Partie. Die zwei verkleideten Freunde sind natürlich Helfer. Das *Tiger*fell ist die angezogene Kraft und der Mut ihrer beiden Persönlichkeitshälften (Tiger sind Einzelgänger), die sie aus drohender, rutschiger Überschwemmungsgefahr ziehen. Die Schlammtiefe unerkannter, unbereinigter Gefühle, die sie immer wieder zu überschwemmen drohen, müssen mit gewaltiger Kraft angegangen werden (erinnere dich an die Benzin-Reklame vom Tiger im Tank).

*Löwen*kraft und Löwenmut sind längst sprichwörtlich und in jeder Menge Märchen und Fabeln heimisch. Im Traum ist ihre Bedeutung adäquat, nur haben wir es auch hier wieder mit einem Doppel zu tun: Löwenmut kann für falsche Ziele eingesetzt werden.

Eine von ihrem Karma schwer belastete Frau, eine alte, mächtige Schwarzmagierin (ist sie gewesen), träumt:
Eine Löwin mit ihrem schwarzen Jungen will ins Haus eindringen und ein Känguruh fressen. Das schwarze Löwenjunge sitzt erhöht auf einem Ausblick; es soll sich entscheiden für Gefangenschaft oder Freiheit. Seine Mutter, die Löwin, war ins Freigehege entwichen.

Was für ein Traum! Die Träumerin steht an *der* großen Wende ihres Seelenweges: will sie ihre Kräfte weiterhin für dunkle Zwecke, nämlich eigene Machtinteressen, mißbrauchen oder will sie die bändigen (Freigehege) und in eine kontrollierte Freiheit entlassen. Die Löwin besitzt eine ursprünglich hohe Kraft, hat aber ein schwarzes Junges zur Welt gebracht, nichts Gutes mit diesem Kraftgeschenk angestellt. Ein **Känguruh** ist ein vom Wesen her sanftes, genügsames Geschöpf, bereits in Aufrichtung begriffen, ein Übergang zu höheren Lebensformen; ein Tier also, das den Übergang zu einer höheren Form von Dasein vollzieht. Es lebt „auf der anderen Seite der Erde", ein Zukunftsmodell der Astralwelt; es kann große Sprünge machen (sein Fortkommen geht schnell voran), und das in einer kargen Umgebung. Außerdem trägt es sein „Frühchen", sein „zu früh geborenes Kind" bei sich, geschützt im Beutel. Diese wundervolle Tierallegorie könnte von dem Raubtier gefressen werden im Seelenhaus der Träumerin. Alarmstufe eins! Denn mit dem Einbruch in das Seelenhaus betritt die Löwin verbotenes Gelände, sie hat dort mit *der* Absicht nichts zu suchen. Das schwarze Löwenjunge hat sich erhöht, und zwar unrechtmäßig: der Hochmut alten Wissens, der sich über andere erhebt, soll diesen Platz umverstehen in einen Ausblickplatz, von dem aus die Situation überschaut werden kann, damit die Seele sich entscheiden kann, was sie nun für eine Richtung einschlagen will. Das Freigehege ist ein guter Ansatz. Alles aber in dem Traum muß nun im Wachen verifiziert werden. Gefangenschaft bedeutet die alte Macht: Macht über andere ausüben und dabei selber im Dunkeln der Gefangenschaft verbleiben, oder die Freiheit durch die Wahrheit annehmen, die dann sich erst der echten Löwenkraft bedienen kann. Die Feuerkraft des Michael ist auch Löwenkraft; sie kann erst aus überwundenem Stolz errungen werden. Unter den Evangelisten wird Markus mit einem Löwen identifiziert; markige Kampfkraft, die gebändigte, umgewandelte Marsenergie. Vorerst sind die Marskräfte noch nicht geordnet, noch sind sie wild, wütend. Der Zustand des Planeten legt Zeugnis davon ab. Der Mensch hält Macht über Menschen für eigene Freiheit und muß nun einsehen, daß innere Freiheit gemeint ist, die nur durch Wahrheit erlangt werden kann. Äußere Macht steht dem genau entgegen. Macht legt nicht nur andere in Ketten (gleich ob unsichtbare oder sichtbare), sondern in erster Linie sich selbst.

Eine Musikstudentin *sieht einen Löwen an ihrem Klavier sitzen. Zuerst hat sie Angst. Aber als sie ihm in die Augen schaut, legt er seinen Kopf in ihre Hand.*
  Die Macht der Musik ist Schöpfermacht. Der Schöpferanteil des Gestaltens in Tönen ist Lob und Dank. Diese Art von Macht soll die Träumerin an sich nehmen, mit dieser Macht Musik ausüben, am Universum mit bauen. Diese Macht wird ihr dienen, wenn sie sie an die Tasten läßt. Noch hat sie Angst, sich dieser Macht zu stellen, wegen der Verantwortung, die

damit einhergeht. Es ist Macht im Sinne von Ermächtigung aus der höheren Lichtwelt. Ein umwerfender Traum.

Der Hund

Der Hund steht für die Loyalität, für die grundlegende Treue des Menschen sich selbst gegenüber, der Erde, den Mitgeschöpfen sowohl wie der göttlichen Instanz und den individuellen Lebensaufgaben gegenüber. Das Spektrum ist umfassend. Selbst im Außenfeld spiegelt der Haushund genau diese Eigenschaften wider. Um so mehr im Traum, der ja das Unzensierte durchläßt. Das Wesen eines Hundes spiegelt präzise die Treue seines Herrn oder seines Frauchens wider; das ist seine Kraft und seine Aufgabe. Er hütet diesen Spiegel, darum ist er hier auf der Erde. Seine Fähigkeit, auch unter widrigsten Bedingungen treu zu bleiben, ist weder Dummheit noch Schwäche, sondern bewundernswerte Stärke.

Eine Träumerin hat in ein und derselben Nacht drei Traumsequenzen um einen Hund, der sich innerhalb der Traumdynamik total verwandelt:

Zuerst erscheint er als großer, bissiger, schwarzer Hund, geradezu eine Bestie, vor der sie sich fürchtet.

Dieser Hund ist nun schwarzweiß gefleckt, und sie beginnt, Kontakt mit ihm aufzunehmen.

Der Hund wird weiß, sanft und folgsam.

Das ist stark. Ihrer Seele wird in gerafften Bilderschritten erläutert, daß und wie ihre innere Treue verwandlungsfähig war und ist. Dem Prozeß soll sie sich bewußt unterziehen, erkennen, was sie an Vergangenheit mit sich schleppt. Der Höllenhund in ihr kann sein Unwesen treiben, wo sie es ihm ermöglicht. Diese Phase soll der Vergangenheit angehören. Bisher war sie auf ihrer Seelenwanderung dem Dunklen treu und hat selber dabei das Fürchten gelernt. Es liegt an ihr, aus dieser Bestie einen treuen Gefährten zu machen. Sie kann es, sagt der Traum.

Ein begabter Töpfer träumt intensiv von

einem weißbraun gefleckten Hund, an den er nur langsam, zuerst angstbetont, eine Annäherung schafft; bis schließlich zur Übernahme der Fürsorge für diesen Hund.

Er lebt in echter und konsequenter Beziehung zur Natur und der Erde. Braun weist immer auf eine Form von Erdung hin. Zeitweise arbeitet er in einer konventionellen Gärtnerei, die seinem Bruder gehört; da nun liegt der Haken. Weil er – berechtigterweise – Chemie im Gartenbau strikt ablehnt, gibt es heftige Kontroversen mit dem Bruder. Er soll bei der Arbeit

Dinge tun, die ihm sein Gewissen verbietet. So weit, so gut, das ist in Ordnung. Nicht in Ordnung ist die Art und Weise dieser Abwehr, darauf weist der Traum: seine Treue gegen die Erde kann er klüger unter Beweis stellen, wenn er Wut und Haß in sich überwindet, um vielleicht ein Exempel zu statuieren, mitten „im Feindesland". Nur dann gibt es eine Chance, seinen Bruder langfristig zu überzeugen. Das Dilemma ist offenkundig. Ein Patentrezept gibt es leider nicht. Nur Klugheit kann hier helfen und Besonnenheit. Mit Wut und Zank wird er nicht für die Erde streiten können (obwohl auch das gelegentlich sein muß). Das ist mit dem Weiß gemeint. Er soll souverän werden in seiner inneren Haltung. Er erzählt, daß er bislang Angst vor Hunden hatte aufgrund einiger schlechter Erfahrungen aus der Kindheit. Natürlich kein Zufall.

Frau M. soll endlich eine Beziehung zu Tieren gewinnen, die ihr bislang abging. Dazu erhält sie einen Traum:

In einer häßlichen Stadt sieht sie in einem schäbigen, dürftigen Park einen Mann Tauben füttern. Plötzlich ist dort anstelle der Tauben eine Robbe, die verloren scheint ohne Wasser. Ein Springbrunnen in der Nähe soll der Robbe überleben helfen. Bei dem Springbrunnen wird die Skulptur der kleinen Seejungfrau sichtbar. Soldatenähnliche Männer verletzen die Robbe. Immerhin holt sie – die Träumerin – *nun Hilfe.*

Unnatürliches Umfeld mit einem schäbigen Naturersatz (abgewürgte Gefühle) ist die Szenerie ihres fehlenden Naturbezuges. In dieser Trostlosigkeit kann eine bedrohte Tierart, die offene Naturgewässer braucht, nicht ohne Hilfe überleben. Diese **Robbe** ist bereits der nächste vollzogene Schritt nach den Tauben. Entartete Tierliebe „füttert die **Tauben** im Park" und züchtet damit eine völlig verdrehte Art seiner eigenen Wurzeln im Erd- und Tierbereich, seiner animalischen Ebene, dazu. Derjenige, der das tut, ist ein ihr nicht bekannter Willensaspekt ihrer selbst (der Mann). Die entarteten Massentauben bedeuten auch falschen Frieden. Der Springbrunnen ist ein recht halbherziger Versuch, ihrer „Pflicht" nachzukommen, sich um dieses Tier zu kümmern (Bedürfnisse der Tiere tragen wir adäquat in uns). Die kleine Seejungfrau als erwachendes, mutiges Wesen soll sich die Lebenskrone über Leidensbereitschaft und Lebendigkeit erst verdienen (über echte Liebe), indem sie sie wirklich zum Leben erweckt – noch ist sie ein totes, hingestelltes Mahnmal ohne Leben (siehe Märchen). Der soldatenähnliche Gehorsam gegenüber Menschenkonventionen vermag noch immer das Beginnende in ihr zu verletzen. Immerhin rührt sich etwas: sie holt Hilfe. Sie weiß, daß sie es allein nicht schaffen kann, in diese neuen Bereiche aufzubrechen, allzulange hat sie sich begnügt mit den schäbigen Surrogaten. Rückkoppelnd soll sie die Robbe als eines der Modelltiere verstehen, die durch die Meeresverschmutzung und unersättlichen Egoismus der Menschen bedroht sind. Das Meer als Ursprung des allgemeinen Lebens muß rein sein. Der Mensch ist ein Nestbeschmutzer!

Das Pferd

In der verwöhnten reichen Industriegesellschaft ist seit Jahren gleichsam eine Pferdewelle ausgebrochen. Jeder, der auf sich hält, reitet. Autos, Motorräder, Wohnmobile, das alles reicht noch nicht, auch nicht in doppelt und dreifacher Ausfertigung – es muß möglichst auch noch ein Pferd her. Ein nostalgischer Wahn? Auffallend dabei ist, daß überwiegend die Mädchen der Familien vom Reitfieber erfaßt sind. Die weiblichen Kräfte sind derart lange unterdrückt worden, daß der Ausbruch genau dieser Kräfte, die ihren angestammten Platz wieder erobern müssen, sich u. a. in der erneuerten Zuwendung zu helfenden Elementen Bahn brechen. Das Pferd ist ein Kräftevertreter edelster Art, direkt von der Erde als Geschenk an den Menschen gegeben, um dessen Kraft im biologischen und seelischen Bereich zu erweitern. Deshalb hat der Mensch über sehr lange Zeiten diese geschenkte Kraft benutzt – und mißbraucht. Man denke an die zahllosen Kriege und Hatzen, bei denen Legionen von Pferden zuschanden geworden sind, meist noch auf schreckliche Weise. Der treue Dienst dieser Tiere ist schlecht gelohnt worden; auch an ihnen gibt es eine Menge gutzumachen. *Wie* unverzichtbar Pferdekraft in das menschliche Leben einbezogen war, sieht man noch an der alten Bezeichnung PS = Pferdestärke, in der man noch bis vor kurzem die Motorkraft gemessen hat. Die „Neuentdeckung" mag bei vielen eine echte Notwendigkeit sein, einen echten Zugang liefern. Überwiegend aber wird wieder etwas nach außen gemacht, was innen vollzogen werden müßte. Und dafür bräuchte niemand ein physisches Pferd. Die Suche ist zu einer Modebewegung herabgesunken, wie allzuvieles sonst auch. Ein Zufall ist dieses Wiederaufleben jedenfalls nicht.

Frau R. träumt:

Sie ist ein Pferd und spielt selbstvergessen in freier Landschaft hingerissen mit einem anderen Pferd. Dann haben sie zusammen einen Coitus. Mitten in dem Traum bricht eine sie erschreckende Einblende ein: ihr Mann mißbraucht den kleinen Sohn, der entsetzt seine Mutter stumm mit den Augen um Hilfe anfleht. Sie kann nicht helfen, sie ist paralysiert.

Die beiden Pferde sind die vereinigten hochrangigen Kräfte ihrer beiden Seiten. Diese Kräfte zu vereinigen, ist ihr eigentlich spielend möglich, wie der Traum sagt. Aber sie tut sich schwer: bevor das geschehen kann, muß sie sich eines gravierenden Hindernisses bewußt werden: ihre noch nicht bereinigte Willensseite mißbraucht die bereits vorhandene Erneuerung derselben Seite. Sie hat also in der Einsichtsebene einen Rückfall in alte Verhaltensmuster erlitten oder steht in Gefahr, das zu tun. Ihr Traum-Ich ist entsetzt, als sie diesen Absturz wahrnimmt und momentan unfähig einzugreifen, so groß ist der Schock. Dem Traum nach hätte sie solche Rückfälle nicht mehr nötig.

Es ist, das sei ausdrücklich betont – kein Sodomiewunsch dahinter verborgen!

Ein Träumer *sorgt nicht für die Pferde, wie ihm seine Mutter aufgetragen hatte. Die hauen ab, verletzen sich, desgleichen einige neu dazugekommene falbe Pferde. Ein rotes Fohlen wird von seiner Mutter getrennt.*

Die Mutter steht wie meist, für die Erde. Er erkennt nicht das großartige anvertraute Geschenk der Kraft. Durch seine Fahrlässigkeit bricht ein Desaster in seinem Energiebereich aus. Eine erneute Chance, die persönliche Energie (die jedem Menschen einmalig durch die Erde geschenkt wird), zu hüten und gewissenhaft zu betreuen (das rote Fohlen), wird getrennt von der Mutter, nämlich dem Ursprung Erde. Damit droht höchste Gefahr, dieser Kraft verlustig zu gehen (dafür würde er Rechenschaft ablegen müssen!). Rote Pferde vertreten nach alter indianischer Überlieferung den Süden, (bzw. gelegentlich auch den Westen, Untergang des Bestehenden): die Kraft des Sonnenhöchststandes, des Sommers, wenn die geistige Sonne im Zenit steht und alles in lebensvoller Freude und spielerischem Mut angegangen werden kann. Das falbe, fahle, gelbe Pferd vertritt nach indianischer Auffassung den Osten, die Richtung, aus der auch der neue Morgen kommt, die Erleuchtung (das rein weiße Pferd. Das falbe Pferd ist die Fehlfarbe des weißen, also sein Doppel). In der Apokalypse (6,8) erscheint ein Reiter auf einem fahlen Pferd, dem schreckliche Macht gegeben ist zu zerstören. Die falben Pferde gesellen sich wie von ungefähr dazu. Aus der negativen Kraft soll er eine positive – die der Erneuerung – machen. Er beschwört Unheil herauf, indem er die anvertraute Kraft nicht erkennt, hütet und rückkoppelnd nicht auch für die Erde verwendet, in Wechselwirkung mit ihren Gaben. Dann aber werden die Kräfte wild und zerstörerisch. Genutzte Kraft ist gebändigte Kraft und baut auf. Dazu fehlt der Dank aus mangelnder Erkenntnis. Was wir nicht sinnvoll und weise anwenden, richtet sich am Ende gegen uns.

Im Außenfeld des Träumers zeigte sich prompt eine unmäßige Schlafsucht zur gleichen Zeit. Er konnte 12 Stunden am Stück schlafen. Bevor er sich selbst zerstört mit diesen enormen Kräften, zieht er es vor, sich selber durch Wegtreten lahmzulegen, toter Käfer zu spielen.

Allergie gegen Pferdehaare ist ein körperliches Signal für alte Angst vor der eigenen vollen Ego-Kraft, die nicht ausgeschöpft wurde in früheren Leben, sondern aus Erfahrungsangst unterdrückt wurde. Halbe Lebenskraft voraus garantiert aber nicht die ganze Reise.

Eine Träumerin träumt einen dubiosen Wust über ihre Mutter im Zusammenhang mit *„bedrohlichen Schildkröten"*.

Ihre Mutter soll sterben kommt gleich hinterher.

Das ist in Ordnung. Um das zu verstehen, muß man wirklich den Schlüssel **Schildkröte** kennen: die Schildkröte *ist* ein Symbol von Mutter Erde. In alten Indianerdarstellungen erscheint die Erde als Riesenschildkröte. Die beiden zusammengehörigen Traumteile sagen nichts weiter aus, als daß die Träumerin eine tiefe Abneigung gegen Mutter Erde hegt, folglich auch ihren eigenen Erdkräften nicht traut. Ihre alte „gepflegte" Furcht vor den Ausdrücken der Natur, dem naturhaften Leben muß angeschaut werden. Die ganze Erde ist ihr suspekt. Diese Sicht auf ihre Mutter muß sterben. Du kannst davon ausgehen, daß ihre Menschenmutter ihr eine sehr ähnliche Haltung mehr oder weniger offenkundig vermittelt hat.

Bären

Bären sind häufige Traumtiere; sie stehen für die Strahlkraft der Selbstbeobachtung. Dazu gibt die Winterhöhle, der Winterschlaf reichlich Gelegenheit. Deshalb haben wir im Wortschatz erhalten: schlafen wie ein Bär. Aber die spirituelle Kraft dahinter nützt den Bärenschlaf als starke seelische und geistige Tätigkeit. Während der Außenruhe innen tätig sein, im Sinn der Selbstbeobachtung, ist die Kraft des Bären.

Ein mir nahestehender Mensch, der sehr an seiner unkontrollierten, polternden Rede/Kommunikation zu arbeiten hat (er fährt leicht aus der (Bären-) Haut und wirft dann verbal um sich, träumt:

Bei ihm zu Hause findet er plötzlich einen Kragenbär vor, weiß nicht, was er mit dem anfangen soll und bringt ihn (leider) *in den Zoo.*

Das war genau die falsche Maßnahme. Der Kragen umschließt das 5. Chakra, den Kommunikationsbereich rundherum! Diesen Bereich muß er lernen, durch Selbstbeobachtung unter Kontrolle zu kriegen. Das war gemeint. Selbstverständlich muß er sich selbst um den Kragenbären kümmern, das ist kein Kuriosum für den Zoo zum Anstaunen!

Ein 11-jähriger Junge:

Er muß unter einem Riesenhammer hindurch. Vor dem Elternschlaf-
zimmer wird ein Balkon gebaut, mit dem Blick nach Westen, direkt vor
sein Zimmer. Er stürzt in ein Erdloch, ruft um Hilfe, doch niemand kommt.
Maulwürfe helfen ihm. Dann kriegt er in einer Zoohandlung einen
Pandabär geschenkt.

Hilfe aus der Tierwelt. Und das bei Beginn der Pubertät. Darum geht
es nämlich; Sturz in die rauhe Wirklichkeit des Lebens. Sein erwachendes
Selbständigwerden, Kritik und Auseinandersetzung mit den Eltern, deren
Schlafzimmer sein beginnendes Interesse an Sexualität zeigt. Der Balkon
nach außen heißt: eine Art Zugang/Aussicht finden zu dem Geheimnis-
umwitterten. Blick nach Westen ist Sonnenuntergang: eine Ära, die Kindheit neigt sich dem Ende zu. Er muß durch die harte Prüfung dieser Selb-
ständigkeitsprozesse, dabei kann man leicht unter den Hammer geraten.
Das Erwachen gleicht einem tiefen Sturz aus der Höhe der Geborgenheit
tief in die Erde, ins Leben. Er muß allein zurechtkommen damit. *Maul-*
würfe helfen ihm: blinde Wühler, die in kurzer Zeit etwas schaffen unter-
tage, Komponenten seiner eigenen animalischen Ebenen, noch blind, aber
effektiv. Pandabären sind bei Kindern außerordentlich beliebt. Sie halten
sie für kuschelig. Was sie nicht wissen: es sind Bären, und als solche Re-
präsentanten der Selbstbeobachtung. Und noch etwas: sie sind schwarz-
weiß. Ein besonderes Spezifikum, das diese Tiere zu idealen Vertretern
des Ausgleichs macht. Gegensätze verknüpfen – schwarz-weiß – (siehe
Yin-Yang-Symbol, das Kinder im Außen nicht kennen). Der Bär vermag
es doppelt zu lehren, weil er die spielerische Selbstbeobachtung mit hin-
einbringt. Der Junge versteht nun auch seine Stellung zu den Eltern: Partei
ergreifen, ja, aber ausgleichen in Parteilosigkeit ist noch besser, zumal in
der Spiegelung seiner eigenen beiden Hälften.

Ein anderes, frühreifes, selbstbewußtes Kind, ein Mädchen von 12 Jahren:

Sie läßt sich in einem Kaufhaus zu Billig-Hamsterkäufen beschwatzen.
/ Eine ihr sympathische Hexe im Wald ärgert sich über einen neuen Nach-
barn mit drei braunen Hunden. / Alles steht unter Wasser; sie fährt dort
mit einem NautilusUBoot umher. / Ihr Hamster soll ein Eichhörnchen
werden.

Ich hatte ihr bereits eingeheizt: Konsum contra Erd-Verantwortung.
Darum geht es. Sie ist verführbar durch „gute" günstige Gelegenheiten,
möchte alles haben, was sie bei ihren Freundinnen sieht, Dinge anhäufen
ohne echtes Bedürfnis. Das ist der *Hamster*kauf. Gelegenheit macht Diebe; Verführbarkeit durch Gelegenheit ist ihre Achillesferse, wo sie nicht
wirklich frei entscheidet! Der Hamster soll ein *Eichhörnchen* werden.

Dieses Tierchen hamstert unter ganz anderen Vorzeichen: es sammelt für Notzeiten, mit anderem Erfolg als der Hamster. Es hat viele Verstecke, von denen es etliche vergißt, aus denen dann Neues sprießen kann. Es ist bekannt, daß Eichhörnchen ganze Wälder „anpflanzen", wenn man sie läßt. Sie sorgen also für eine andere Art von Zukunftsvorrat als der Hamster, der alles für sich selber beansprucht und nie genug kriegt. Das Eichhörnchen steht nach Indianerweisheit für den Pfandfinder: „allzeit bereit"; sein Sammeltrieb läßt auch anderen was zukommen und beugt echt vor, konstruktiv sozusagen: spirituell gesehen kann auch Kraft sammeln gemeint sein, statt Kraft zerstreuen mit dem gesellschaftsüblichen Konsum.

Die ihr sympathische Hexe ist allerdings nur ihr sympathisch; die will nämlich auch alles für sich, setzt ihre Hexenfähigkeiten: Geschicklichkeit und Raffinesse, aus Eigennutz ein. Das wird durch den Nachbarn belegt, der gleich in dreifacher Ausfertigung sich mit der Erde treuen Hunden einnistet, ihr zum Ärger wie ein permanent schlechtes Gewissen direkt vor der Haustür. Daß ihr der nicht paßt, ist klar. Dennoch hat sie ihn nun vor der Nase und wird ihn hoffentlich auch nicht wieder los. Die Unterwassertour muß sein, um ihr unbewußtes Gefühlsreich zu erkunden. Abenteuermut gehört dazu. Umgekehrt: sie taucht auch vor der Wahrheit unter.

Wie sehr geht aus den Kinderträumen hervor, wie tief das alte Seelenwissen schon in dieses Leben mitgebracht wurde.

Ein Traum gleich mit einer ganzen Menagerie in einer interessanten Kombination von dem gleichen Träumer, der „mit 24 Krebs kriegen" sollte:

Er angelt erfolgreich: ein guter Fisch, den er sausen läßt, weil er einen Riesenfisch will. Der Steg ist abschüssig (freilich). *Danach läßt er auch noch einen Hecht sausen* (noch schlimmer). / *In einem dichten Wurzelgestrüpp taucht ein Bär auf; vor dem hat er Angst* (klar). *Eine einsame junge Frau, die Kinder wollte, geht bei der Verfolgung durch den Bären hops* (wörtlich). *Nun ist plötzlich seine augenblickliche Gefährtin dabei, die zuerst mit dem Bären spielt, dann flüchtet sie sich auf einen Baum, schämt sich aber deswegen.*

Der junge Mann ist nicht gerade der bescheidenste; und er hat arge Schwierigkeiten, zu seiner Emotionalität zu finden. Männlicher Stolz und Luzifers Hochmut und Anmaßung stammen von demselben Wurzelholz, verhindern immer wieder so manches. Er begnügt sich nicht mit dem **Fisch**, der ihm momentan zugestanden wird in der Größe, die er verträgt (Fisch ist spirituelle Nahrung). Nein, er geht nicht nur aufs Ganze, wogegen nichts einzuwenden wäre, sondern ist anmaßend, kann nicht bescheiden Schritt für Schritt gehen – er will gleich alles haben (in vielen Märchen ist genau das die Handlung, die zum Absturz führt). Folglich entgeht ihm auch der *Hecht*, den er nicht einmal als das einstuft, was der ist: ein Räuber von hier spiritueller, geistiger Nahrung (Hecht im Karpfenteich), nur eine Nummer kleiner als ein *Hai*, der das gleiche darstellt. Den hätte er auf jeden Fall fangen und unschädlich machen müssen. Beachte bitte die Reihenfolge im Traum; nun steht nämlich Selbstbeobachtung auf dem Programm, was er da eigentlich treibt. Vor der fürchtet er sich prompt. Die in ihm isolierte einsame Emotionalität, die sich dringend vermehren möchte, geht bei dem halbherzigen Versuch wirklich hops. Der zweite Versuch zeigt wenigstens Ansätze: die Frau kennt er gut (sie geht bereits einen spirituellen Weg). Von ihr nimmt er ansatzweise Einfluß an, aber nicht konsequent. Mitten hinein gibt er den Versuch zur Besserung erst mal wieder auf. Seine Seele weiß Bescheid und schämt sich.

Ein Träumer hört deutlich den Satz:

„Es gibt wieder Ameisenbären in Deutschland."

Dieser Traum erscheint zuerst als eine recht harte Rätselnuß. *Ameisenbären* fressen *Ameisen*. En masse. Ameisen sind Hauptträger der Geduld, im Sinne von Ausdauer. Es sind außerordentlich soziale Wesen, bei denen das Gemeinwohl vor Eigennutz geht. Der Ameisenbär frißt Massen von Geduldsaspekten. Andererseits steht er für Selbstbeobachtung. Rückkopplungseffekt: die Kraft des Bären reduziert drastisch die Geduldsaspekte und braucht genau sie als Nahrung, um zu überleben. Da beißt sich etwas in den Schwanz und verzehrt seine eigenen Interessen. Raffinierter kann man sich nicht selber austricksen. „Wieder" kann nur bedeuten: Rückfall! Er glaubte, seine Trickmanöver überwunden zu haben. Nun haben sie ihn eingeholt. Deutschland ist das Mutterland, Geburtsland für ihn, da, wo er jetzt und hier zu Hause ist. Der Witz ist: in Deutschland gibt es keine Ameisenbären! Der Unsinn seiner Spielchen des Selbstbetrugs wird ihm unter die Nase gerieben. Es ist nun nicht mehr schwer herauszufinden, wo und wie er seine Geduldtalente für das Falsche verbraucht. Geduld als Tugend, aber der Einsatz am falschen Platz. Er kann nicht weiterkommen, solange er den Eigentrick mit dem Ameisenbär nicht verstanden hat. Es ist derselbe Träumer, der wegen der 5 in Englisch nicht auf die Fähre durfte.

Krokodil

Recht dramatisch gestalten sich meistens Krokodilträume, außer das Kroko ist auf Spielzeuggröße geschrumpft oder erhält Vegetarierzähne. Nahezu jeder Träumende erhält im Laufe seiner Traumkarriere Krokodilsträume. Eine Gemeinsamkeit im allgemeinen Traum-Repertoire. Das Krokodil ist einer der hauptsächlichsten Vertreter des „Tieres", dieses Monsters aus der Bibel. Es kann auch als Saurier, Drachen oder Mischwesen mit Schlangenanteilen auftreten, ein rechtes Fabelwesen mit bedrohlicher Realität. Das Ungeheuer vom Loch Ness ist ein solches Mischwesen. Die Außenausstattung dieses unsympathischen Tieres datiert ebenfalls aus der Urzeit der Erde, lange vor der Sintflut, und hat sich sein Outfit von dorther handfest erhalten. Ich bin sicher: alle Menschen der Erde, egal in welcher abgelegenen Gegend, träumen von diesem Untier! Es ist mehr als ein Relikt aus versunkener Zeit oder ein regionales Reißtier in manchen Gewässern; es ist ein astraler Wesensvertreter dunkler, aggressiver Mächte, an denen jeder Mensch beteiligt ist, innen und außen. Es hat also nichts mit dem letzten Zoobesuch oder der letzten Fernseh-Tiersendung zu tun, dessen sei gewiß. Das Krokodil wird auch von Menschen – auch von Kindern bereits – geträumt, die noch nie im Leben ein Krokodil gesehen haben. (Es soll sogar Leute geben, die keinen Fernseher haben, ich selber z. B.) Ich bin meiner Sache ganz sicher. Das Krokodil ist ein archetypisches Wesen der ersten Rangordnung. Eine hübsche unterseeische Variante kann als Hai erscheinen, er ist, archetypisch gesehen, ein Zwilling vom Kroko. Die beiden geben sich nichts nach.

Seine Mutter schläft in ihrem Schlafzimmer. Aus der Ecke schnappt ein großes Krokodil dauernd nach ihm; er wehrt es mühsam ab.

Die Mutter des Träumers ist schon tot. Sie war lieb, aber sie wollte sich nicht weiterentwickeln, sie schlief spirituell. Zudem war sie entschieden zu gewichtig; sie hatte sich Abwehrspeck aus Angst angefuttert. Der Sohn macht das ähnlich. Wohl ist er ansprechbar, aber er fällt periodisch in seine alten Muster zurück. Deshalb ist er in diesem schlafenden Trägheitsbereich anfällig für das Krokodil. Ein Wachrütteltraum: paß auf, daß du nicht wieder einschläfst; sonst wird's gefährlich!

Jesus` Worte über die Wachsamkeit können gar nicht oft genug eingebleut werden. Das tut am besten jeder selber – täglich.

In diesem ewigen uralten Kampf des Menschen gegen das „Tier" gibt es einen Hoffnungsstrahl: das Krokodil, das sein ewig scharfes gefräßiges Maul aufreißt, sich ewig zwischen Himmel und Erde stellt und dabei prächtig gedeiht, dieses Tier nun wird neuerdings mit Fisch gefüttert, erst einmal probeweise, und noch ein kleiner Fisch. Aber es schluckt ihn. Im selben Augenblick, wo das Dunkle sich auf die göttliche Geist-Nahrung einläßt, ist der Anfang gemacht. Ein Menschheitstraum wird damit Wirklichkeit werden können.

110

Ein weiterentwickelter Träumer, der seine Gesinnung von alten „Bastfetzen" säubern soll:

Dreimal verhindert ein Krokodil vor der Tür, daß er einen Ramschladen verlassen kann. Erst muß er einen Gegenstand finden.

Er weiß den Gegenstand nicht. Den muß er erst eruieren! Diese Mühe ist keine Gemeinheit sondern ein Test für Standhaftigkeit und Spürsinn. Was hat er noch in einem Ramschladen zu suchen? Er weiß längst, wo die Werte zu finden sind. In die alte Falle des Konsums getappt (bei ihm Konsum von geistigen Angeboten allüberall). Wenn er herausgefunden hat, was er dort eigentlich zu suchen hat, kann er den Laden für immer verlassen. Noch nagelt das Krokodil ihn dort fest. So leicht schlüpft ein schon Wissender nicht durch die Maschen. Das Dreimalige taucht immer dann auf, wenn besondere Dringlichkeit geboten ist, besonders bei fortgeschrittenen Seelen. Die Eindringlichkeit verschärft sich. In einem weiteren seiner Träume gibt es einen verdeckten Hinweis, sogar mit liebevollem Trostpflästerchen:

Er nimmt an einer Gesellschaft teil, bei der ein Buffet auf drei Tischen aufgebaut ist. U. a. sieht er drei Marmorkuchen.

Die mag er besonders gern. Er darf sogar Kuchen haben: Seelennahrung als Feingebäck. Aber untrennbar hell und dunkel vermischt. Man kann nicht nur hell haben. Ein feiner Hinweis auf den Ramschladen. Er muß sich etwas Unangenehmes aufladen lassen, was er nicht gern mitnehmen wollte. Das Dreifache: in der Vergangenheit war es so, es ist jetzt so, und es wird künftig so sein. Es gibt kein Delegieren mit etwas, was man bewußt hinter sich lassen kann, obwohl es eigentlich erledigt ist.

Eine krebskranke Frau träumt:

Sie hat einen Affen hinten im Kofferraum ihres Autos, den sie lange nicht gefüttert und versorgt hat. Sie gibt ihm Wasser zu trinken. Nun entdeckt sie, im Beisein von anderen Personen, daß auch noch ein kleines Krokodil daneben sitzt. Zu ihrer Verblüffung fürchtet sich niemand davor.

Der Traum ist so hoffnungsträchtig, daß eine gute Chance für Gesundung besteht. Sie führt in ihrem persönlichen Entwicklungsvehikel einen Affen mit sich, seit je. Nur hatte sie ihn vergessen und muß sich schleunigst darauf besinnen, ihre Tiernatur in sich anschauen und versorgen. Der *Affe* ist bereits ein Übergangswesen von der Tier- zur Menschennatur. Sie füttert ihn mit ihrem Gefühl, *dem* Lebenselixier: der Herzkraft als Zuwendung. Er dürstet und hungert nach Beachtung und Betreuung. Weil sie sich ihrer Negierung bewußt wird, holt sie die Betreuung nach. Infolgedessen ist das gefährliche – ursprünglich zweifellos viel größere Krokodil geschrumpft. Sie wird der Gegenwart dieser Bedrohung überhaupt erst gewahr. Nun braucht sich niemand mehr zu fürchten, vor allem sie selber nicht. Es geht daraus hervor, daß sie sich vormals in Hochmut und Überheblichkeit verstiegen hatte, sich besser dünkte als andere. Selbst wenn das „nur" eine Notantwort war auf erlebte Taten anderer – es darf nicht so bleiben. Krebs ist ein letzter Aufruf, „den Zug nicht zu verpassen" zur Versöhnung. Endlich kümmert sie sich ehrlicher um sich selber und läuft der Einsicht nicht mehr davon.So schrumpft das „Tier". Vergiß nicht, wir führen alle jede Menge unerledigter Dinge im Gepäck mit uns, die entsorgt und betreut werden wollen.

Ein 15-jähriges Mädchen mit einer hellsichtigen Veranlagung träumt:
Sie füttert, unter Wasser schwimmend, Haie mit Wasser. Die sollen Vegetarier werden! / Sie fürchtet sich vor einer guten Hexe, will einen roten Kristall vor ihr retten. Sie versucht, fliegend der guten Hexe zu entkommen, wobei der Kristall immer weniger wird, bis sie ihn schließlich wegwirft. / Pferde bedrohen sie.

Sie liebt Tiere.

Ein Seelengroßtraum, der nicht nur ihre voll ausgebrochene Pubertät umreißt. Sie soll ihre uralten Gierwünsche in sich beherrschen lernen und ihre echten magischen Kräfte mobilisieren. Alte Bauchgier verträgt sich nicht mit guten magischen Energien. Der Kampf dazwischen ist deutlich. *Haie* sind Ausdrücke wilder Bauchwünsche, im Reich des Unterbewußten (Meer), die sie liebend gern retten würde. Der rote Kristall enthält Doppelsinn: anvertrautes Gesetz der Urlebensfreude wird mißverstanden als Gier-Erfüllung. Mit der Mißachtung verliert sie diese Kostbarkeit; schlimmer noch: sie wirft diesen reduzierten Schatz weg, statt sich mit den gereinigten magischen Kräften der guten Hexe auszustatten. Leider geht das auch noch recht geschwind – geradezu im Flug (hier Hochmut). Die gute Hexe ist Hüterin der guten Erdenkräfte und deren gewissenhaftem Einsatz. Haie mit Wasser füttern, also ihren Gefühlen in diesem Fall. Füttert sie sie mit Gier, werden sie sie zerreißen. Die sollen aber zu Vegetariern werden, also muß sie sie mit lauteren Gefühlen füttern. Schmalkost für Haie. Fastenzeit. Das wird denen nicht gefallen, die haben lieber was anderes zwischen den Reißzähnen. Sie entscheidet, mit welcher Art Gefühlen sie füttert. Ihre starken Energien machen ihr zu schaffen, scheinen sie zu bedrohen, zu überwältigen. Wenn sie die bändigen lernt, kann sie sie reiten (Pferde). Das Ungebärdige muß gezähmt werden. Der Traum liegt 2 bis 3 Jahre zurück: der angekündigte Kampf läuft auf Hochtouren. Die Vorwegnahme im Traum ist Wirklichkeit geworden. Wenn sie den Traum nicht vergißt, kann er zu einem wertvollen Leitfaden werden. Haie contra Pferde.

Katze

Der Blick in undurchdringliche, unergründliche Katzenaugen sagt es schon: man kann sie nicht durchschauen. Ob es ein positives oder nur rätselhaftes Geheimnis bleibt oder gelüftet werden kann, wird nur der bewußte menschliche Umgang damit herausfinden. Die Sphinx von Giseh ist solch ein rätselhaftes Symbol: das weibliche Raubtier, die dunkle magische Seite der weiblichen Hälfte von allem. Das Raubtier, das jederzeit zuschlagen kann, das aber auch schnurren mag, ohne jede Garantie, nicht hinterhältig gleichzeitig die Krallen auszufahren und zuzuschlagen. Wir sprechen nicht von ungefähr von einer falschen Katze, wenn die Rede von einer Frau mit Katzenaugen geht. Katzen haben die gleichen senkrechten Pupillen wie Eulen und gleichfalls ihren Doppelsinn: als Attribute von Schwarzmagierinnen sitzen sie auf deren Schulter oder irgendwo in der Nähe. Im Aberglauben spielen schwarze Katzen eine große Rolle. Sie sind besetzbar und sehr nachtragenden Wesens. Sie vergessen niemals, wenn jemand ihnen etwas angetan hat, sei es auch nur vermeintlich oder gar absichtslos. Die sprichwörtliche Wut im Bauch hat sehr viel mit der Raubtierkraft des Katzenhaften zu tun. Das Wesen der Katzen ist der Spiegel für den Menschen, sich mit dieser Bauchgewalt auseinanderzusetzen. Dann kann ein sanftes Kätzchen daraus werden. Die Hauskatze scheint nur domestiziert. Man täusche sich da nicht.

(Zu der Rolle der Schlange komme ich gleich.) Hier haben wir einen Träumer, der

eine kleine Kreuzotter vor einer schwarzen Katze schützen will, weshalb er die beiden trennt.

Das heißt wirklich, den Teufel mit Beelzebub austreiben. Mitleid am falschen Platz. Die Frage, wer schlimmer ist von beiden, kann ich nicht beantworten. Tatsache ist, daß der Träumer tief in seinen inneren Wirren steht und noch kein Land sieht. Noch wählt er zwischen zwei gleich schlimmen Übeln. Daß dieser Traum bei ihm kein Unikat sein kann, leuchtet ein. Ein andermal träumt er:

nach etlichen Reiseverwirrungen (wie wahr) *und Angriffen aller Art: Er schießt senkrecht nach oben. Das Geschoß kommt zurück und verletzt ihn an der Schulter.*

Das sieht böse aus: er schießt in alter blinder Wut in den Himmel, auf IHN. Böses fällt immer auf den Absender zurück, das ist das Gesetz des Karmas. Sein Tun verletzt ihn selber im eigenen Handlungsbereich und legt ihn lahm, damit er das nicht wieder tun kann. Zu seinem eigenen

Schutz. Man kann schaudernd ahnen, was er mit IHM für einen alten Clinch hat!

Er sitzt verkehrt herum auf einer Wasserrutsche, krallt sich fest. Es hilft nichts, er rutscht, plumpst in einen gewaltigen schmutzigen Strom, in dem er nun schwimmt.

In leuchtend weißem Wasser sitzt er hinten in einem Kanu, vorn sitzen sein Vater und seine Brüder. Er kennt seinen Vater kaum.

Niemand bleibt ohne Hilfe und ohne Hoffnung! Offensichtlich wird er geführt. Seine alte Verletzung hatte er der falschen Adresse angelastet. Das wird nun behutsam in andere Bahnen gelenkt. Offensichtlich hat er lange genug im Schmutzstrom von mißverstandenen, fehlgeschlagenen Inkarnationen gegen den Untergang gekämpft. Wenn das nicht ermutigt ... Die kleine *Otter* zeigt auch, daß er durchaus des Mitleids fähig ist, bloß eben für die falsche Adresse. Die Unterscheidung wird nun erworben. Es war auch eine *Kreuzotter*! Also besteht auch eine tiefe Abneigung gegen Leiden, damit Leugnung. Denn die Kraft der Schlange könnte er in Häutungskraft umwandeln!

Seine Frau träumt:

*Wohnabbruch in HH (*Hamburg). *Sie sieht im Vorbeigehen, daß eine Katze und eine Taube Frieden schließen. Eine dicke Negermammie muß leidend in einer Bruchbude zurückbleiben, um dort zu sterben.*

Ein echtes Muttersyndrom: sie gabelt alles auf, von dem sie meint, es brauche ihre Hilfe. Sie überfordert sich mit diesem Zwang, weil sie meint, etwas gutmachen zu müssen in diesem Leben (was ihre eigene Menschenmutter vermissen ließ). Die Großstadt ist ihr zuwider. Der „heroische" Opferkampf hat sie schier umgebracht. Nun muß sie lernen zu geben, wenn es wirklich angesagt ist, nicht ohne genaues Hinschauen, ohne Auftrag von oben. Die dicke, allzu gutmütige Negermammie muß sterben, sie ist zu unkritisch, zu einseitig. Diese alte Verhaltensweise des Gebens muß abgerissen werden, es ist eine Bruchbude. Urangelegte Feindschaften wie zwischen Katze und *Taube* (Raubtier und Friedensbringer) gehen in Versöhnung. Mit der Fusion gewinnt sie Ganzheit und damit Energie. Das Leiden der Negermammie ist nicht wegzuleugnen: es wird ihr schwer fallen, das in sich zu ändern, konsequent „nur" dort zu helfen, wo sie *soll!* Wo ihr innerer Meister es empfiehlt, nicht blindlings. Aber das Leiden und der Tod sind vorübergehend und unvermeidbar. Sie soll aktiv teilhaben an der Neugestaltung, wo der Löwe neben dem Schaf liegt in Frieden. Die Korrektur bezüglich Mutter Erde ist inbegriffen: die Erde gibt nicht unbesehen, wahllos, sondern im höheren Dienstauftrag. Wo sie verweigern soll, verweigert sie auch.

Kühe

Kühe sind weiter vorn bereits in Erscheinung getreten. Sie sind direkte umgesetzte Liebesausdrücke der Erde, der Mutter, die ihre Kinder sanft und großherzig mit dem Grundnahrungsmittel Milch ernährt (sozusagen an „den Busen der Natur" nimmt). Schau dir daraufhin einmal genau Kuhaugen an, es steht alles darin an mütterlicher Geduld.

Eine Träumerin *hält eine winzige Kuh in einer Hand, (der linken natürlich) die sie päppeln soll.*

Ein Bild mit umgekehrten Verhältnissen; so scheint es auf den ersten Blick. Eines Tages wird die Kuh sie ernähren, nämlich dann, wenn sie sich daran erinnert, was Nährmutter Erde seit je ihr gegeben hat. Offensichtlich hatte sie das über viele Leben vergessen. Es macht ihr Freude, dies wieder zu entdecken. Noch ist es winzig, noch muß sie es betreuen, damit es auf die angestammte Größe wachsen kann. Die 2. ebenso gültige Version: sie selber muß wieder geben lernen!

Eine andere Träumerin

fürchtet sich vor Kühen „oder Ochsen oder so was" auf einer Wiese. Es können auch Stiere sein. Es ist kein Zaun da, aber da ist sie sich nicht sicher.

Sie kennt den Unterschied nicht, hat nicht genau hingeschaut. Sie ist eine von den vielen, die „ihr Brot beim Bäcker kaufen – was hat die Erde damit zu schaffen". Sie hat den Naturbezug verloren, kann nicht unterscheiden, wie welches Geschöpf dient, und daß sie selber über diesen Dienst oberflächlich verfügt, ohne Dank und Wissen. Sie ist gleichgültig gegenüber den hochherzigen Gaben der Erde, dem Opferdienst der Tiere. Wohl sieht sie die Tiere, aber lieber wären sie ihr hinter einem Zaun, in sicherer Abgegrenztheit, sie will nichts damit zu tun haben. Sie hat aber, und damit muß sie sich nun befassen. Die Kuh gibt Milch. Die **Ochsen** verrichten schwere Arbeit, getreu bis zum Umfallen – alles im Dienst des Menschen. Der **Stier** ist das männliche Fruchtbarkeitssymbol, das für den Nachwuchs sorgt, angriffslustig und kraftvoll. Sie hat von nichts eine Ahnung. Ihre Seele soll wach werden für die Herkunft der Gaben des Lebens. Es wird Zeit. So viel Oberflächlichkeit ist nicht erlaubt; Distanzierung nicht mehr möglich (der fehlende Zaun).

Vögel – Wildgänse und Schwäne

Sie gehören zusammen. Erstere sind nur andere Ausdrücke, quasi Vorläufer von Schwänen. Siehe das Märchen vom häßlichen jungen Entlein. Das gehört in dieselbe Rubrik. Fundamental gehören alle Gefiederten genau wie die Engelflügel in die Symbolik des freien Fluges von Geist und Seele, in den Luftbereich.

Der Schwan ist das Symbol der göttlichen Gnade. Diese Gnade ist über alle Schlacken erhaben, wenn sie auftritt: schneeweiß, eventuell mit einem silbrigen Anstrich. *Wenn* sie auftritt, muß sie rein gehalten werden – keine ganz leichte Aufgabe. Die Gans als Vorläufer im profanen Gebrauch als Haustier, oder als Vorankündigung in Form einer freien Wildgans. Eine Träumerin, die noch tief in dem falsch verstandenen Machtgehabe agiert, aber bereits angefangen hat, sich mit den inneren Höllenmächten anzulegen:

Sie füttert eine schwarze Gans, die sie beißt und empfindlich knifft.

Ein „undankbares" Tier? Von wegen ... Sie füttert die falsche Gans. Auf Befragen stellt sich heraus, daß sie Gänse nicht mag (ein schwerer Mangel); noch schlimmer: sie mag überhaupt keine Tiere. Daraus kann man schließen, daß sie sich seit vielen Leben nicht mehr mit ihrer inneren Tiernatur auseinandersetzt, jeden Kontakt und Achtung vor den Mitgeschöpfen verloren hat. Sie wirbt um das Falsche: da, wo sie zu Entgegenkommen bereit ist, wird ihr mit den eigenen Mitteln geantwortet: beißen und zwicken. Sie wirbt eindeutig um satanische Macht. Macht als Mißverständnis von Freiheit. Wen wird es wundern, daß ihr Ehemann Tiere sehr gern hat (das Prinzip der Anziehung durch das Gegensätzliche). Sie hat an ihn delegiert, woran sie selber nicht arbeiten wollte. Ertappt, vom Traum. Es wird einiges zu bewältigen sein, bis da ein weißer Schwan auf der Bildfläche erscheinen kann. Der Kontrast schwarz und weiß mußte mit der Wahl für Schwarz zwangsläufig in eine tiefe Mißachtung göttlicher Gnade führen. Das ist Menschendrama in Reinkultur.

Eine andere Träumerin, im Begriff, eine tiefe quälende Störung im Karma zwischen sich und ihrer 10-jährigen Tochter zu überwinden

sieht mit dieser Tochter zusammen zuerst Wildgänse, dann Schwäne fliegen.

Das ist mehr als hoffnungsträchtig. In etlichen anderen Träumen zuvor wurde sie zielstrebig geführt durch die innere Schule, die nun die Ankündigung von Gnade nach sich zieht. Man beachte die Reihenfolge im Traum, die Steigerung von der Wildgans zum Schwan. Wir kriegen nicht sofort alles geschenkt, das würde nur unseren alten Hochmut stärken.

Noch haben sich die Schwäne nicht bei ihr niedergelassen, aber die Verheißung ist da. Damit wird wiederum Sehnsucht genährt und Auftrieb gegeben.

Derselbe Träumer mit den verbrannten Kühen, die immer wieder aus der Erde kommen, träumt:

Er ißt ein Brötchen mit Huhn darauf in seinem Elternhaus. Das Huhn wird zu einem lebendigen Vogel und will hinaus fliegen. Er fängt es ein, soll es aber fliegen lassen. Der Vogel verspricht, am Abend wiederzukommen und fliegt in hellem Nebel davon.

Seine Vorstellung eigener Bedürfnisse wird renoviert. Er bezieht alles auf die rein existenziellen Belange und vergißt dabei, daß der Mensch „nicht vom Brot allein" lebt. Ein **Huhn** ist ein dienendes Geschöpf, es gibt Eier und schließlich sein Leben, damit der Mensch leben kann. Diese einseitige Sicht soll er erweitern auf geistige Bedürfnisse. Noch erscheint dieser Bereich im Nebel, aber er lichtet sich bereits. Das Wagnis der Freiheit wird schon mal probiert, unter dem Versprechen, am Abend wieder zu kommen, wenn die Nacht, eine Art Depression/Tod, alte Angst wieder erwartet wird. Der Abend aber ist in Wirklichkeit der Vorabend eines Durchbruchs zu einem neuen Morgen. Für die erwartete Nacht wird ihm die Gesellschaft des freien dienenden Geistes (Trost) angesagt, mit dessen Nähe er sich nicht fürchten muß. Das Elternhaus geht aus dem engen alten Verständnis über in ein erweitertes der höchsten Elternschaft. Der Traum lockt ihn in die Möglichkeit und persönliche Aktualität seines Seelendurchbruchs. Wenn er seine Nahrung als Energie anderer Art akkumuliert, wird dieser Durchbruch erfolgen. Die Grundenergie ist vorhanden wie man sieht: als Sandwich.

Derselbe Träumer, der nach oben geschossen hat

ißt graue Tauben.

Er kann nicht sagen, ob die zubereitet waren, eher nicht. Vielleicht kriegt er dabei die Federn in den Mund gestopft, um noch deutlicher zu werden. Essen geht durchs 5. Chakra ein, also beziehen sich die grauen **Tauben** vorrangig auf Kommunikation. Hier begegnet uns eine der vielen Varianten von Lauheit, der Lauheit des falschen Friedens, aus dem nie etwas Gutes herausschaut. Die graue Taube ist der Scheinfrieden: obenhin Ruhe haben wollen und dabei seine Leichen im Keller und die Gespenster unter dem Dach nicht anschauen. Echter Frieden würde sich als weiße Taube zeigen, und die würde natürlich nicht gegessen. Er begnügt sich auch nicht mit einer Einmaligkeit, sondern der Selbstbetrug kommunikativen Scheinfriedens kommt öfter vor (Tauben). Auch die Umfunktionierung des Wortes ist enthalten; bei ihm wird tauben Ohren gepredigt, er schluckt alles, ohne etwas wirklich anzunehmen. Wie gut, daß es die Träume gibt, denn weiterhin graue Tauben essen, wäre nicht ratsam. Jetzt muß gebohrt werden, wo und wie er das konkret im Alltagsleben tut, sich verbal nicht stellt, kommunikativen Auseinandersetzungen ausweicht, entweder abschottet oder mitrennt ... Ist das Muster verstanden, versteht man auch die Einzelheiten. Er ißt die Tauben, hält sich was zugute auf seine verbale Friedfertigkeit.

Auch für den *Adler* gilt das Doppel und die anstehende Korrektur. Der Adler wird wie der Löwe von alters her in der Heraldik als männliches Machtemblem verwendet. Für Menschensinn scheint das bisher klar zu sein. Träume gehen wesentlich differenzierter mit Adlern um: ein metallener Goldadler steht eben für die alte Vorstellung von Macht und Heldentum. Dabei wird nicht gefragt, wofür und womit. Der Unsinn darin ist von der Geschichte hinreichend belegt. Erst ein lebendiger Adler in hohem kunstvollen Flug löst den albernen Heldenadler ab, Lebendigkeit statt Erstarrung. Adler vertritt den Geist, die Nähe zum Göttlichen. Was hat soldatisches Heldentum mit Geist zu tun? Der Traumadler spiegelt diese Vorstellung von Tapferkeit.

Eine Spezialität in der Traummenagerie ist das *Zebra*. Wie der Pandabär schon aufgrund seiner Kontrastfarben. Das friedliche Nebeneinander der Gegensätze soll hier das Sagen haben. Dieselbe hintersinnige Bedeutung findest du im Traum bei Zebrastreifen, über deren Einheit du allgemeine Straßen überqueren kannst.

Eine wache Studentin

versorgt voller Freude ein kleines Zebrababy, etwa so groß wie ein junger Dackel. Sie liebt dieses Tierchen, findet es entzückend.

Der unverzichtbare Ausgleich der Polarität steht an. Noch ist er klein, aber in der Anlage bereits vollständig. Gleichgewicht erlangen gehört zum Wesentlichen, dem sich der Mensch jetzt und hier widmen soll. Dies Tierchen ist ein innerer Lehrmeister, wie alle Tiere. Die Träumerin ist reif dafür, und Spaß macht es ihr auch noch. Schwarz und weiß ergeben zusammen keinesfalls grau (siehe graue Tauben), sondern schwarzweiß gestreift. Wie bei den Gezeiten. Der Wechsel von hell und dunkel, von hoch und tief hat etwas mit Rhythmus zu tun: den Gezeiten der Seele. Das Muster des Wechsels erst macht es interessant. Wer vertrüge schon ewigen Sommer oder ewige Feiertage. Das Seelenbarometer steht abwechselnd auf Sturm und Schönwetter. Meistens kommt bei Sturm mehr Veränderung heraus als bei Schönwetter. Noch brauchen wir es so. Gelassenheit heißt nicht: keine starken Gefühle mehr zu haben, wie leicht unterstellt wird, sondern es heißt: die Gefühlstiefen und -höhen wertungsfrei anzunehmen, nacheinander, miteinander bestehen zu lassen. Der Erlebende und Initiator steht als Betrachter und Spielleiter in der Mitte, vermag aber beide Barometerausschläge gleichermaßen zu erleben. Die Qualität von angenehm und unangenehm wird anders bemessen mit zunehmendem Wachstum Richtung Gleichgewicht. Der endlich Weise wird sich nicht mehr an „unangenehm" stören.

Diese junge Frau ist mit diesem Traum früh dran. Respekt. Ein Beweis ihrer Lerntreue und Ausdauer. Um diesen Traum haben zu können, hat sie sich auch eine Menge harter Lektionen freiwillig „um die Ohren hauen lassen". Der Erfolg bleibt nicht aus.

Ungeziefer – Läuse, Flöhe, Zecken

Ungeziefer aller Art ist auf dieser sonst so schönen Erde wie ein furchtbarer Wermutstropfen mitgegeben worden, um nicht zu sagen, zeitweise scheint der ganze Becher bloß voller bitterer Wermuttrank zu sein ... damit die Bäume nicht in den Himmel wachsen. Ungeziefer, Heimsuchungsplagen aller Art haben außen und innen natürlich den gleichen Stellenwert: sie dämpfen. Und – was kaum jemand wissen wird: sie sind das Fußvolk dunkler Energien, die mit ihrem Blutsaugen oder Radikalfraß Informationen bzw. Emotionen stehlen und ihren Auftraggebern einbringen. Blut ist Informationsträger (u. a.) auch im seelischen Feld. Diese dem sogenannten Bösen dienenden Wesen müssen uns solange begleiten und plagen, wie wir ihrer bedürfen; hart aber wahr. Wie alles Dunkle, dienen sie am Ende dem großen Plan des Lichts der Wahrheitsfindung. Nicht angenehm, aber unausweichlich.

Kennst du den Ausdruck „der hat Flausen im Kopf"? Flausen sind eine Zusammenziehung von *Flöhen* und *Läusen*. Es bedeutet: „der hat Unsinn im Kopf, dumme Gedanken". Ganz gleich, in welcher Entwicklungsstufe sich jemand befindet: derartige „nette" Tierchen signalisieren immer die Flausen im Kopf, eine unangemessene Torheit.

Ein sehr lieber alter Freund – hoch in den Siebzigern, der Zeit seines Lebens geistig sehr rege war, aber eine furchtbare Altlast vom Karma her mit sich schleppt und entsprechend ein außergewöhnliches Leben hat(te), von extrem vielen „Schicksalsschlägen" heimgesucht worden ist, träumt:

Er hat ein Zelt voller Läuse, wirklich dicht besetzt. Als er das Zelt abbauen will, fallen die abertausend Läuse in seine Kleider ein und machen ihm derart zu schaffen, daß er fast wahnsinnig wird, aufwacht und sich nicht wieder beruhigen kann. Er meint, er müsse sich noch im Wachen der Läuse erwehren.

Richtig! Die haben ihn, auch im Wachsein – gerade da! Mir ist sofort alles klar, da ich ihn gut kenne. Zur Vorgeschichte: er ringt um seine Gottbeziehung, seine Spiritualität, um heil werden zu können. Er tut das leider noch doppelbödig. Er schafft es nicht, seine Knie zu beugen vor IHM: alter falscher Stolz, sich nicht unterkriegen zu lassen, stehen im Weg. Er kann nichts aus SEINER Hand annehmen, er trotzt, will alles selber bewältigen. Das Prinzip der Gnade und des Sich-Beugens in der rechten Weise kann er einfach nicht annehmen, deswegen wird er auch immer wieder so hart geprüft. Es geht sogar so weit, daß er meinte, sich von der Erde freiwillig verdrücken zu können, wenn er das Dasein nicht mehr aushalten könne. Demut ist ihm ein ernster Begriff, aber immer noch nicht auf rechte Art. Er lehnt sich immer noch in Empörung und Stolz auf, meint, sich Beugen sei Schwäche und Nachgiebigkeit. Das Hauptlernziel dieses seines Lebens ist nun, den alten Widerstand zu überwinden, sich schenken zu lassen. Da der Stolz aber bereits seit vielen Leben gepflegt wird und eine Unmenge Karmalast verursacht hat, ist das sehr schwer. Er bezeichnet sich selbst scherzhaft als harten Brocken, was er auch ist. Von IHM weiß ich, daß IHM die Hartnäckigen eher lieb sind; die, die schwer zu überzeugen sind, denn die gelangen irgendwann schließlich zu einer felsenfesten Treue und Unverbrüchlichkeit. Sie sind weniger wankelmütig als andere. Das Ringen um solche Menschen ist besonders langwierig, verlangt alles ab, aber es ist auch eine Freude, da solche Menschen es sich selbst nicht leicht machen. Mit alten Schwarzmagiern verhält sich das ähnlich: die reumütigen unter ihnen werden die besten Diener am Ende.

Zur Traumbotschaft: wenn du deine Zelte abbrichst – und das inkarnierte Leben ist ein kurzfristiges Nomadendasein! – wirst du erleben, daß deine abertausend unguten Gedanken, die du je gehegt hast, nicht einfach von allein verschwinden, sondern dann, ohne die materielle Fleischumhüllung (Leib), deine Seelenkleider unmittelbar befallen, dir noch näher auf den „Pelz" rücken und dich aus noch größerer Nähe, mit noch weniger Schutz noch schonungsloser plagen. **Es gibt kein Entrinnen! Der Körpertod erlöst** *nicht* **automatisch von all den unguten Gedanken und Taten, die als unzerstörbare Substanz unweigerlich zurückkehren, gleich ob im Leib oder nicht im Leib.** Also: nutze dringend die dir verbleibende Lebenszeit auf dieser Erde, um all das zu bereinigen, was bereinigt werden muß, bevor es zu spät ist. Die Schlußbilanz der inneren Lebensqualität, aus der das Handeln entsteht, entscheidet darüber, wohin wir nach dem Leibestod kommen. Es geht weiter! Nichts wird einfach abgeschnitten und erledigt sich von allein. Der Knackpunkt hierbei ist: niemand kann sich allein, aus sich selber von den Karmafolgen befreien, die er sich aufgehäuft hat. Das Prinzip des Christuswesens ist das Geschenk: Es wäscht uns rein! Wir können das „nur" ermöglichen, von unten her entgegenkommen in Einsicht, Bitte und Dank. Aber Reinwaschen können wir uns nicht selbst. Das ist es, was der Träumer endlich annehmen soll. Es wäre ganz einfach: loslassen an IHN, was er selber nicht vermag; das ist sein Soll. Hinausschleichen unter Beibehaltung des alten Eigensinns würde alles nur verschlimmern.

Was für eine Provokation! Genau genommen von beiden Seiten! Deutlicher kann gar nicht gezeigt werden, wie sehr die Lichtwelt auf Einsicht und Ändern besteht, dann aber zu jeder Hilfe bereit ist. Dieser Träumer ist geradezu ein Vorführfall in Thema Trotz, Eigensinn, Mut, Tapferkeit und Ausdauer, aber immer sich behaupten gegen die falsche Instanz. Dabei scheint die Korrektur so einfach.

Eine Frau träumt von

weißen Läusen auf dem Kopf.

Albinos. Diese Läuse sind wie eine Veredelung zu verstehen im raffiniertesten Doppelsinn und durchaus nicht ohne Humor. Fortschritt oder Betrug? Das muß herausgefunden werden. Ihre Flausen im Kopf erscheinen reingewaschen, geweißt, gesäubert. Edelläuse. Aber es sind noch Läuse – ohne Zweifel. Hat sie sich eingeredet, sie habe ihre dummen Gedanken bereits überwunden und stehe lauter und rein da? Es entgeht ihr dabei, daß sie immer noch dumme Gedanken hegt, aber geschickt tarnt. Hat sie wirklich ein Stück Gedanken-Revision bewältigt? Hier muß geschürft werden mit unbestechlicher Aufrichtigkeit, um sich auf die Schliche zu kommen. Beides kann stimmen, ohne sich auszuschließen. Vielleicht gelangt sie zu einer Zwischenbilanz: sie hatte unerkannte Grau- (Lau-) Läuse, hat sie als Schmarotzer und Plagegeister entlarvt, damit sind sie sauber. Es wird ihr nicht erspart, weiter auf der Hut zu bleiben, denn sie hat noch Läuse. Also nichts mit Endlösung, bestenfalls Feuerpause.

Zecken enthalten eine ähnliche Botschaft wie Flöhe und Läuse. Auch sie sind gefährliche, heimtückische Blutsauger, die zu aller Plage auch schwere Krankheiten übertragen können. Ihre Besonderheit: sie können sich auf ein Vielfaches ausdehnen, können riesig werden; penetrant und hartnäckig.

Schwein

Kaum angenehmer sind Schweineträume. Schweine als apathische, unbeweglich im Dreck liegende, stinkende Specklieferanten, wie Lebewesen im Koma. So erscheinen sie überwiegend heutzutage. Der Mensch hat sie dazu gemacht.

Ein 8-jähriger Junge:

Aus seinem Hund wird ein Schwein. / Er ist einer Geburtstagseinladung gefolgt. Neben dem Schulklo schlachtet er ein Ferkel. In einem klaren Wasserbecken schwimmt ein großer Fisch. Er schickt seinen Freund los, eine Angel zu holen, damit sie den Fisch fangen können.

Der Seelengroßtraum eines Kindes! Er wird präpariert für dieses Leben, alte Schweinereien aus früheren Leben zu bereinigen! Die Hundetreue der Seele hat sich über viele Leben in eine reine Sauerei verwandelt. Das alte Muster droht ihm erneut, wenn nicht rechtzeitig eine Richtungsänderung vorgenommen wird. Der Entsorgungsort (Schulklo) in der Schule des Lebens liegt genau neben dem Platz, wo er den Neuaufguß der alten Schweinerei im Keim erstickt. Das ist gut zu wissen. Nun kann er im klar durchschaubaren abgegrenzten Wasserbecken (Emotionen) mehr als bequem den spirituellen Fisch fangen, eine völlig anders geartete Nahrung als „Schweinerei" (alle Arten von niedrigen fleischlichen Gelüsten). Sein Freund (sein Engel) wird ihm dabei helfen. Wessen Geburtstag? Natürlich sein eigener. Er wird neu geboren in diesem neuen Geist, indem er den alten ablegt.

Was für ein markanter Traum! Bedenke bitte: ein Kind!

Schweine in Pferchen kommen vertrauensvoll zu ihm. Er gibt sich freundlich mit ihnen ab.

Des Träumers ehemalige Bemühung, jeden Dreck, jeden Schmutz aus seinem Leben fernzuhalten, hatte dazu geführt, die alten Schatten in sich nicht wahrzunehmen. Wir alle müssen die „Schweine"-Leichen in unserem eigenen Keller sehr gründlich entsorgen. Bodenklappe zuschlagen, einen schönen Teppich darüber, so tun, als wäre darunter nichts, wird in der Zeitenwende für niemanden mehr möglich sein. Der Traum zeigt, daß er nunmehr bereit ist, sich damit freundlich, geneigt, zu befassen. Das ist ausgezeichnet.

Jesus nimmt mehrmals bezug auf Schweine. Im Sprachgebrauch haben wir das Schwein ebenfalls verewigt. Es sind tief eingewurzelte Modelle, die sich dem rein biologischen und praktischen Wert entziehen. Das ist mit vielen Wesen so, siehe Tauben, die heutzutage als eine Invasion von geflügelten Ratten längst zu einer ernsten Plage geworden sind. Von Natur aus sind Tauben alles andere als friedliche Tiere. Bei Rivalenkämpfen bringen sie es fertig, sich gegenseitig umzubringen. Von Sanftmut keine Spur. Man fragt sich vergeblich, woher das Friedenssymbol Taube im Archetypischen stammt, das wir alle gleich träumen. Ich habe selbst schon schneeweiße, traumhaft schöne Tauben gesehen im Traum mit einem leuchtenden Sternenkranz um den Kopf. Dabei kann ich Tauben im Außenfeld nicht ausstehen.

Wir müssen die Traumsymbole so nehmen, wie sie archetypisch angelegt sind, sonst kommen wir nicht weiter. Ohne jede Wertung.

Schweine sind von Natur aus weder dumm noch dreckig. Andere Tiere suhlen sich ebenfalls gern im Schlamm, zwecks Hygiene und Hautpflege. Tiere sind das, was sie sind. Was wir Menschen in unseren Gehirnprojektionen daraus machen, ist ein anderes Ding.

Ratten

So wie das höhere Seelenbewußtsein pausenlos „wühlt" und versucht, uns in die richtigen Bahnen zu schieben, wühlt natürlich genauso unablässig die Gegenseite. Die kleidet sich gern in die Gestalt von Ratten.

Rattenträume haben es in sich. Wenn du von Ratten träumst, wird es Zeit, deinen nächtlichen Seelenkeller unter Inspektion zu nehmen. Denn wenn Ratten umherhuschen und alles zernagen, wobei sie wirklich vor gar nichts Halt machen, da sie nichts verschmähen, mußt du deinen geistigen Kammerjäger rufen. Ratten arbeiten äußerst raffiniert im Verborgenen, sind schwer zu fangen, von erschreckender kalter Intelligenz, mit einem unheimlichen Kommunikationssystem. Mach dich bei Rattenträumen auf was gefaßt und mach sofort mobil. Laß sie nie unverfolgt im Dunkeln ihr Unwesen treiben. Sie sind starke Vertreter der Unterwelt.

Ich erhielt die Warnung:

Zwei große Ratten verschwinden im Kleiderschrank. Panik.

Die Viecher müssen aufgespürt werden, möglichst bevor sie sich häuslich einrichten.

Die Warnung bezog sich auf einen bevorstehenden heimtückischen Angriff von Menschen, mit denen ich zu der Zeit Krieg führte (ich komme nochmals im Schlangenkapitel darauf zurück). Erhöhte Wachsamkeit war geboten, denn wo Ratten im Schrank verschwinden, gibt es einen geheimen Kanal für derartige Gäste. Ganz gleich, wie subtil der sein mag – er ist vorhanden und muß gestopft werden. Das mag im Schattenreich der nicht vorzeigbaren Gefühle wie Wut, Haß, Groll, Rachsucht, Schadenfreude oder Überheblichkeit vor sich gehen: es muß erkannt werden. Nur dann kann man die Ratten besiegen. Natürlich hegte ich derartige Gefühle und bin noch nicht frei davon. Jede Konfrontationsrunde verdünnt sie ein bißchen mehr. Schneller geht es eben nicht.

Ein Student, dem seine seelische Not schon außen kläglich ins Gesicht geschrieben steht, träumt:

Da sind viele Hunde, die alle getötet werden. Danach sind es Ratten, die die Schnauze in einen Auspuff stecken.

Was für ein Debakel! Ich sehe als innere Information, daß er in einem früheren Leben auch im physiologischen Feld blind war und ein Elendsdasein geführt hat. Innen ist er schon sehr lange blind. Ich sah in ihm Christus sterben. Jemand, der sich seit vielen Leben selber aufgegeben hat, wie der Selbstmord der Ratten zeigt. Sogar das Böse ist aufgegeben worden! Er wollte eine empfindungslose tote Seele sein, weil ihn der Schmerz von Lebendigkeit unerträglich dünkte. Die vielen Hunde stehen für viele Leben, in denen er die Treue seiner Seele zum Leben gebrochen hat – alle diese Hunde mußten getötet werden – sie starben nicht von allein, sondern gewaltsam. An ihre Stelle traten Ratten. Sogar die haben sich aufgegeben. Ratten als Masochisten; düsterer kann es nicht gesagt werden. Aber auch hier besteht Hoffnung wie stets: er hat wieder eine Chance erhalten. In dieser Inkarnation kann er endlich den großen Sprung wagen. Er kann den Traum dahingehend umfunktionieren, daß die Ratten sterben sollen und müssen, ruhig auch an den Abgasen, die durch Unnatur verursacht werden. Dann kann er es so sehen: das Böse vernichtet sich selbst, richtet sich selbst hin durch das, was es selbst verursacht hat. Wenn du bereits sehr pfiffig bist im Traumverständnis, kannst du vielleicht noch auf andere schlüssige Versionen als Korrektur kommen. Sie alle stimmen, vorausgesetzt, sie passen alles in allem präzise, messerscharf ineinander.

Ich möchte nochmals darauf hinweisen: der Hauptgehalt der Träume liegt in den Bildern selbst. Die Aufschlüsselung über Gedanken und Worte hat Begleitfunktion, ist unerläßlicher Diener, nicht Herr.

Schlangen

Erinnerst du dich? Du hattest schon als Kind Schlangenträume – die sind an der Tagesordnung. Sie gehören zu jeder Seelenbiographie. Noch einmal möchte ich betonen, daß Urteilslosigkeit auf lange Sicht angestrebt wird. Wir Menschen sind bisher im Weltbild tief verhaftet im Urteilen. Eine

Schlange wird allgemein als ein Wesen zum Fürchten angesehen, und ist es bisher auch, zumindest in dem größeren Teilbereich Giftschlangen oder Riesenschlangen. Tiere, vor denen man sich hüten muß, wie alte erlebte Erfahrungen aus dem Seelenarchiv belegen. Die Giftschlange ist ein uraltes Symbol einmal satanischer Kräfte, der Versuchung, Wissen zu erlangen, um damit Macht auszuüben (siehe „die alte Schlange" aus der Bibel). Zum anderen steht der gegenüber die ungiftige Äskulapnatter, das alte Heilsymbol der Ärzte seit Jahrtausenden: die Schlange, die sich um den aufrechten Stab windet. Der Stab hat u. a. die Bedeutung eines Zepters als männliches, willensmäßiges Utensil des Beherrschens der Naturgesetze, seiner selbst und des eigenen Willens, damit das Geloben, im göttlichen Dienst zu wirken mit allen seinen Kräften und dem Wissen. Der Mensch selbst ist mit seiner aufrechten Statur ein analoges Symbol des Zepters (Wirbelsäule als Antenne). Moses stand während einer Schlacht mit hoch erhobenen Armen, ein Zeichen der direkten Verbindung zwischen Himmel und Erde, die erlaubt, kosmische Kräfte zu empfangen und weiter zu leiten. Die sich windende Schlange findet sich in allen alten Kulturen, sei es die Kundalini-Schlange aus dem Osten, oder die gefiederte Schlange aus dem Westen. Bei den Ureinwohnern Nordamerikas trägt die Schlange die Kraft zur Häutung, eines Aspekts von Wachstum und Erneuerung. Die alte Hülle wird zu eng und platzt. Während dieser Häutungszeit befindet sich die Schlange oder der sich Häutende in einem äußerst verletzlichen, angreifbaren Zustand. Die indianische Schlange unterliegt keiner Verteufelung, obwohl man davon ausgehen kann, daß Indianer ebenfalls großen Respekt vor Giftschlangen hatten, aber ohne Bewertung.

Jesus sagt: seid klug wie die Schlangen. Er hat also den Doppelaspekt durchaus berücksichtigt, Unterschiede gemacht im Tierreich.

Alles alte Wissen zusammengefaßt steht als Hintergrund hinter Schlangenträumen. Wir erhalten die unerhörte Chance, aus etwas Negativem etwas Positives zu machen. Aus einer Giftschlange kann und soll eine Heilerschlange werden. Eine Schlange im Traum fordert immer auf irgendeine Weise zur Verwandlung auf. Zuvor offenbart sie sich allerdings meistens als Bedrohung der ärgsten Kategorie. Die Urangst vor Schlangen muß sehr ernst genommen werden. Wie lange der Umwandlungsprozeß auch immer dauern mag – er läuft bereits.

Eine Träumerin träumt *von einer rotweiß gestreiften Schlange*. Ich will nicht den ganzen Traum erzählen, sondern lediglich eine der vielen Varianten aufzeigen. Auf meine Frage, was ihr spontan zu rotweiß einfiele, sagte sie ohne Zögern: Caritas; Rotes Kreuz.

Rot vertritt u. a. die Farbe des Blutes, in der höheren Ordnung des Herzensblutes, gemeint ist Mitleid mit dem Elend von Geschöpfen. Das Weiß vertritt das bereits Bereinigte in ihr und zugleich die höhere Perspektive aller gesammelten Energien, dem Energie-Eintopf, der bereits die unteren Ordnungen überwunden hat. Die rotweiße Schlange symbolisiert die beginnende Fähigkeit, sich so zu häuten, daß die Kraft einer rotweißen Schlange zur Verfügung stehen kann, zum Helfen. Ihre noch giftige Angriffslust (hatte sie) soll unter Kontrolle genommen werden, damit Caritas möglich sei.

Hier meine angekündigte Rattenfortsetzung: etliche Schlangenträume und -visionen, geradezu in Serie über Monate hinweg, begleiteten eine schwere Zeit heftiger Auseinandersetzungen mit ein paar Menschen, die mir nachdrücklich übel wollten. Ich war mir keiner groben Verfehlung bewußt, ahnte aber zunehmend meinen Anteil an der Geschichte. Tiefe Ablehnung und Antipathie hat schon ausgereicht, um mich angreifbar zu machen. Meist handelte es sich um eine kleine schwarze Viper, ein sehr giftiges Reptil, das mir kräftig Angst machte. Ich begriff die Gefahr und den Auftrag, umzuwandeln. Bloß wie und warum?

Nach und nach stellte sich heraus, daß es sich um eine furchtbare Geschichte handelte, die über 1 500 Jahre zurückliegt. Dieselben Seelen hatten damals ein Attentat auf meine damalige Individualität verübt, indem sie eine Viper in „mein" Bett legten. Die Sache war erfolgreich, aber sie wurden erwischt und furchtbar bestraft. Die Folge war ein schrecklicher Fluch gegen „mich". Die Folgen schwappen noch heute herein, wie man sieht. Natürlich habe ich meine Aktien in dieser Geschichte, denn „ich" muß ja einen Anlaß gegeben haben für das Attentat. Diese schrecklichen Kräfte umzuwandeln ist nun mein Auftrag, der noch lange nicht abgeschlossen ist, einfach, weil ich noch nicht souverän genug bin, darüberzustehen. Noch habe ich Gefühlsreaktionen (siehe Ratten). Ich kann nur sagen, ich bin auf dem Weg, aber nicht am Ziel. Mit jedem einzelnen gewonnenen Schritt verdünnt sich der Haß, wird die Schlange entgiftet. Einige Wochen später (nach dem Rattentraum), in denen ich mich sehr bemüht hatte, die Ratten zu neutralisieren, erhielt ich bildlich die Art und Weise des Erfolgs, *wie* sie unschädlich gemacht worden waren. Die Erleichterung ist sicher vorstellbar.

Du siehst, es ist unerhört wichtig, die Traumbotschaften konkret auf die Situationen deines inneren und äußeren Lebens zu übertragen und wie einen Zopf miteinander zu verflechten. Zöpfe kann man nur aus drei Strängen flechten: Körper, Geist und Seele.

Ein anderer Schlangentraum liegt länger zurück. Er zeigt, wie unerbittlich die tägliche Kontrolle freiwillig durchgeführt werden soll.

Eine Schlange mit weisem Gesicht umschlingt nacheinander meine einzelnen Körperteile, fest und unentrinnbar; aber weder gefährlich noch unangenehm, nur erstaunlich! Ich bin erstaunt. Sie war nicht giftig und schien mich sehr zu mögen, denn ich mußte ihr versprechen, jeden Tag wiederzukommen, als sie ging. Sie wirkte würdevoll, respektheischend.

Die Schlange zwang mich nicht, ich sollte freiwillig kommen. Jeden Tag Häutung, gründlich, in Einzelteilen. Und das mit der Verbündetenkraft der Heilerschlange, in allen Daseinsabschnitten. Was für eine Chance. Die ursprüngliche Weisheit alltäglicher Erneuerung, das Endlose, die Schlange, die sich im Kreis der Schöpfung in den Schwanz beißt, die Schlange, die keine Versucherschlange mehr ist. Muß ich noch schamrot bekennen, daß ich es immer noch nicht täglich schaffe, mein Ego zu überwinden und neu zu werden: daß noch mancher Tag der Saumseligkeit und des Zögerns dahingeht ... (Paulus sagt: „Ich sterbe jeden Tag"). Das ist das Ziel im Menschen-Körper-Dasein.

(*Anmerkung: Inzwischen – im Jahre 2001 sehe ich „meine" Schlange in reinster klassischer Form, vollendet als Äskulapnatter sich um den Stab winden, und das in reinstem blauen Licht.)

Dieselbe Frau, die den Traum mit dem schwarzen Löwenjungen hatte:

Aus einer Art Verlies, Keller, Stall, unter etlichen nebeneinander liegenden rechteckigen Gehegen (ähnlich wie Kaninchenställe), quillt, als sie den Verschlag öffnet, eine riesige Python heraus, die entsetzlich stinkt. Sie ist so entsetzt, daß sie sich nach dem Erwachen wie erschlagen, überhaupt nicht wieder einkriegen kann.

Und das zu recht. Eine grausige Seelenvergangenheit, die nun gründlich gereinigt werden soll. Den Pythonstall ausmisten kommt einer der herkulischen Arbeiten gleich: dem Ausmisten des Augias-Stalls. Die rechteckigen Gehege stehen für die einzelnen Inkarnationen, die sie alle nach demselben schwarzmagischen Motto zugebracht hat: Macht. Schwarze Macht, in diesem Fall eine weibliche Macht. Diese Schlange deutet eher auf weibliche Seiten hin, das Krokodil eher auf die männliche Seite. Diese weibliche Riesenmacht stinkt gen Himmel. Nicht Gift, sondern Umschlingungskraft, die andere erdrosselt, erstickt und dann zerbricht. Was für ein Machtexzeß. Nun bietet sich ihr die wunderbare Möglichkeit, die furchtbare Seelenlast zu entsorgen. Wohl ist das mit enormen Seelen-Einsichts-Schmerzen verbunden und bedarf der Zeit, Ausdauer und Mühe, aber es kann schneller gehen, als sie denken mag; das wird die Zukunft zeigen. Es hängt davon ab, mit welcher Wahrheitsbereitschaft und welchem Standvermögen sie dabei bleibt.

Das Wunderbare daran ist und bleibt: aber auch alles kann verziehen und erlöst werden, wenn der Mensch nur aufrichtig und ernsthaft annehmen und mitmachen will.

Die Schlange und das Krokodil erscheinen sogar gelegentlich in Wechselwirkung gleichzeitig auf dem Plan und treten gegeneinander an: ein Kampf unter Giganten: Machtkampf zwischen Patriarchat und Matriarchat. Der Schauplatz ist der Mensch. Die beiden Machtgiganten können sehr wohl ein Trümmerfeld hinterlassen, ohne daß einer von beiden Sieger wird. Ihre Kräfte heben sich gegenseitig auf, verzehren sich selbst. Das Ziel aber ist nicht gegeneinander kämpfen, sondern miteinander Frieden schließen, die Kräfte zusammengeben, Hochzeiten. Dann kommt etwas wunderbares Neues dabei heraus statt totale Vernichtung.

Fische

Fische sind das archetypische Bild für geistige, spirituelle Nahrung. Das heimliche Verständigungszeichen der ersten Christen war der Fisch. Falle jetzt bitte nicht in Ohnmacht, wenn ich dir erzähle, daß es woanders Fischmenschen gibt. Und nicht nur die. Viele Mischformen haben die Vorfahrenswelt des heutigen Menschen durchzogen, das hängt mit der äußerst komplizierten und komplexen Genealogie zusammen, die weit über das hinausgeht, was die schlichte Wissenschaft im Darwinschen Kielwasser zum besten gibt. Das bezieht sich auf Krokodile und andere Wesen ebenso. Wir haben eine ganz andere Vergangenheit, als die rein physiologische Darstellung der Wissenschaftler dir weismachen möchte. Von den weiter andauernden geistigen Einflüssen anderer Wesen auf uns gar nicht zu reden.

Die uralten überkommenen Bilder aus alten Schriften oder Gesteinstafeln, Höhlengemälden, Keilschriften, Ausschmückungen in Pyramiden usw. berichten von einem Spektrum, das viel später unzulässig eingeengt wurde. Es handelt sich durchaus nicht nur um Symbolik, sondern um konkrete Darstellungen. Andersherum kannst du auch gern die ganze Bildhaftigkeit der Schöpfung als reine Symbolik ansehen, und wirst ihr sogar gerecht damit. Es ist eine Frage der Perspektive. Märchen und Mythen sind auch realere Überlieferungen, als du ahnst.

Fische aus dem Terrain der Wasserwelt, dem Urmeer, dem Reich des noch Unbewußten zu ziehen ist ein geistiger Evolutionsvorgang. Aus der Tiefe in die Höhe (siehe Märchen/Mythen, Beispiel „Die kleine Seejungfrau"). Nicht von ungefähr wimmelt die Bibel von Fischgeschichten. Jesu Geburt fiel in den Beginn des Fische-Zeitalters, so wie wir jetzt im Beginn des Wassermann-Zeitalters stehen. Beides hat tiefe Bedeutung. Was vor 2000 Jahren als Geschehnisse innerhalb eines verständlichen Rahmens geschah, war zugleich Verheißung für etwas, was erst jetzt in die nächste Runde eintreten kann, wofür damals noch nicht die Reife, die Fälligkeit gegeben war. Sowohl der Jesus wie der Paulus weisen unermüdlich auf eine Zeit hin, die längst nach den Geschehnissen handfester Art damals liegt. Warum wird das so wenig beachtet? Es gibt derart offene, spektakuläre Deutlichkeiten, die eigentlich jeden andauernd stutzen lassen müßten. Wie oft ist da die Rede von zukünftigen Dingen, Ereignissen, die sich unmöglich auf einige wenige Jahre beziehen können.

Fisch, Wein und Brot sind drei verschiedene Ausdrucksmittel geistig seelischer Nahrung. Der Jesus hat sich mit etlichen Fischern umgeben. Petrus war einer, zu dem er sagte, er solle nun ein Menschenfischer werden. Auch das Fischwunder will in einer ganz anderen Größenordnung verstanden werden. Wie läppisch, sich mit dem direkten, kleinen Verständnis zu begnügen.

Fischträume sind deshalb häufig. Auch bei Kindern.

Ein eigener Traum, den ich vor Jahren hatte; der mich sehr aufgerüttelt und lange Zeit beschäftigt hat, trotz der täglichen Traumfülle:

Ich stehe an einem Bach, der vielleicht zwei bis drei Meter breit ist und eine stark strömende Tiefe hat. Dieser Bach ist derart voll mit Fischen, daß diesen keinerlei Spielraum bleibt. Sie schwimmen alle von links nach rechts in der gleichen Richtung. Es sind sehr große Fische, die meisten etwa einen Meter lang. Sie schwimmen derart dicht gedrängt, daß kaum Platz für Wasser bleibt, so scheint es. Etliche schwimmen zwar im Pulk mit, sind aber bereits tot, am Verwesen und nicht mehr vollständig. Ich denke, es sei schade, daß diese Fische so verderben und das Wasser zwangsläufig durch ihre Verwesung trüben, verunreinigen müßten. Etwas rechts von mir beschreibt der Bach einen kleinen Knick, der auf meiner Seite dicht mit Buschwerk zugewachsen ist. Ich gehe daran entlang bis zur nächsten Zugangsstelle und sehe dort eine alte einfache Frau Fische herausziehen. Sie ist schwarz gekleidet mit einem Kopftuch, wie früher die alten einfachen Weiblein. So ein Weiblein ist sie auch. Ich frage sie streng, ob sie denn einen Angelschein habe. Sie verneint, erstaunt wie ein Kind; sie habe seit je dort Fische heraus geholt, die sie für ihr einfaches Leben brauche und nie habe jemand Einwände gehabt. Ich bin ungehalten, weil sie ohne offizielle Erlaubnis dort Fische fängt (Eine Angel sehe ich nicht).

Als ich unmittelbar danach wach wurde, war ich sehr verwirrt, fragte mich, warum die alte Frau dort nicht Fische entnehmen dürfe.

Ich hatte doch gerade bedauert, daß dieser Reichtum an Fischen nicht genutzt wurde. Eigentlich hätten dort viele Angler sein müssen, und das zu meiner Freude. Natürlich sollte kein verwesender ungenutzter Fisch das klare Bachwasser trüben. An diesem Traum biß ich mir lange Zeit die Zähne aus; er verwirrte mich immer mehr. Wo lag der Verweis für mich, wo machte ich etwas falsch? Ändern kann ich nur, was ich verstehe. Natürlich hatte ich mich erst einmal in dem Verdacht, autoritär und selbstherrlich mit dem berühmten moralischen Zeigefinger herumzufuchteln. Wie konnte ich dem alten Mütterchen den Fisch verwehren, wo doch so viel da war? Warum sollte sie eine Legitimierung benötigen? Maßte ich mir eine unzulässige Wächterfunktion an, aus lauter Wichtigtuerei? Hätte ich sie nicht ermuntern müssen? Ich begnügte mich lange mit dem bösen Selbstverdacht. Wie sehr das in die falsche Richtung ging, dämmerte mir erst viel später. Ich hatte nicht genau hingesehen, sonst wären mir zwei wichtige Grundregeln nicht entgangen: das Traum-Ich hat immer recht, weil es mehr weiß. Ein weibliches Wesen hat auf der rechten Seite nichts zu suchen. Da also lag der Fehler.

Ich weiß einiges über frühere Leben meiner Seele. Seit langem stehe ich in der Gnade dieser üppigen, geistigen Nahrungsfülle. Habe mich ihrer stets selbstverständlich bedient, ganz einfach und ohne nach Legitimierung, einer anderen Perspektive, sprich einem anderen Bewußtsein zu fragen. Das war bisher auch genehmigt. Jetzt aber, in dieser Zeit des Bewußtseinssprungs, kann die Unbedarftheit des alten Mütterchens (natürlich ein Gefühlsaspekt meiner eigenen Persönlichkeit) nicht mehr so verfügen. Alle spirituelle Kraft und Nahrung kommt zuerst aus der Herzseite und fließt der Verstandseite zu, um dort verifiziert und bewußt angenommen zu werden. Die Bachstelle mit dem Knick und den Büschen verwehrte mir den Zugang und Einblick auf einem Abschnitt von vielleicht 3 bis 4 Metern, in meinem Willens- und Einsichtsbereich also. Dort gab es eine Schwachstelle, eine Inkarnation sowohl wie ein Zeitabschnitt in diesem Leben, währenddessen ich den Zugang zum Bach nicht hatte. In der Phase wurde eine Veränderung vorbereitet, weil sie nötig war: ein anderes Bewußtsein zu erlangen bezüglich dieses Fischreichtums. Jenseits dieser Buschstelle, weiter rechts also, hat dieses Mütterchen nichts mehr zu suchen. Hier muß mit anderen Vorzeichen gefischt werden. Das ist die Legitimation, die erworben werden muß. Gnade blind empfangen reicht nicht zum vollen Ausschöpfen. Das muß in höhere Kategorien. Im selben Zeitrahmen, in dem ich mich damit herumplagte, erhielt ich auch auf andere Weise strenge Stupser – ich nähme die Gnade nicht genug an. Das aber konnte ich mir überhaupt nicht vorstellen, bei dem Feuerwerk, was ich täglich erlebe. Natürlich alles in den falschen Hals gekriegt. Es war ganz anders gemeint. Aber es dauert, bis man dahinter kommt.

Das Einfache soll anders einfach werden. Mein Entwicklungsstand von heute ist ein anderer als in früheren Leben, klar. Mein erster Selbstverdacht hätte gestimmt, wenn der strenge Wächter im Traum eine andere Person gewesen wäre, aber nicht ausgerechnet das Traum-Ich. So genau müssen wir Träume sezieren. Natürlich ist genug Fisch für alle da; und der will herausgeholt werden! (Vergleiche Frau Holle = Mutter Erde, mit den Broten und den Äpfeln, die versorgt werden wollen). Wegen des Mütterchens auf der falschen Seite und der nachzuholenden Legitimation (der Dank hat offenbar auch mal wieder gefehlt) fehlten die anderen Angler. So ist das.

Du siehst, die Traumschule hat es in sich und bedarf oft langer Ruhezeiten. Die Leviten werden allemal gelesen, egal, in welchem Bewußtseinsstadium du dich befindest. Hab Geduld und bleibe dran – es dauert manchmal lange, bis der berühmte Groschen fällt. Das ist menschlich. Du meinst, du habest verstanden, aber irgendwann gibt eine neue Perspektive überraschende Ausblicke auf alte Sichtweisen. Das ist eine der faszinierendsten Facetten des Traumkaleidoskops.

Wie schon oft, bin ich gleich voreilig in falsche Zerknirschung getappt, eine alte Falle der spontanen Selbstverdächtigung, die ganz sicher handfeste Gründe hat.

Mein Sohn, der meine Spiritualität vorerst total ablehnt, aber als Kind selber eine Anlage dahingehend zeigte, möchte nichts weiter, als völlig „normal" gelten: er träumte vor Jahren:

Ich sei mit ihm an die Nordseeküste zu einem Fischrestaurant gefahren und hätte ihn dort zum Essen eingeladen.

Im Außenfeld ist das niemals geschehen, wir hatten es auch nicht vor. Die verschmutzte Nordsee verursacht mir großen Seelenschmerz. Seine und meine „Landschaft" liegt in sanften Mittelgebirgen mit Buchenwäldern und Blumenwiesen und klaren Bächlein.

Jeder Außenbezug kann also von vornherein ausgeschaltet werden.

Er hat auch bezüglich Essen nicht besonders nach Fisch gefragt. Der Traum lädt ihn ein zu dem Fischgericht wie ein Festmahl. Er sitzt direkt an der Quelle und nutzt sie nicht. Wir wohnen nicht allzu weit von der Nordseeküste entfernt. Die Küste ist die Nähe der Fischquelle. Norden als

Nachtrichtung, der Übergang. Der Tod des Alten, damit aus Osten das Neue kommen kann. Seine spirituelle Mutter als Aspekt seiner bisher unentdeckten Seite von Mutter Erde, die er nicht wahrnehmen will. Der spirituelle Strahl des Lebens, der Erde interessiert ihn (noch) nicht. Nach außen. Nach innen sitzt die Information. Nichts geht verloren.

Ein Träumer *schwimmt in einem trüben Bassin. Unter sich sieht er schemenhaft dunkle Fische schwimmen, eher wie Schatten.*

Noch ist er sich der untergründigen Begleitung nicht bewußt gewesen. Durch den Traum und dessen Erläuterung kann er einen Schub nach vorn erleben, der sonst vielleicht noch lange hätte auf sich warten lassen.

Eine Träumerin, die noch reichlich mit weiblichen Ansprüchen kokettiert, ähnlich einer verwöhnten Prinzessin, träumt:

Sie wird von einem Freund in ein Fischrestaurant eingeladen. Er bestellt Fisch und ermuntert sie, doch einmal zu probieren. Das tut sie zögernd, mäkelt aber daran herum, weil die Gräten sie stören und wählt ihrerseits ein Fleischgericht.

Schade. Den Freund kennt sie im Außen nicht; im Traum aber sehr wohl. Als inzwischen geübter Sherlock Holmes ahnst du bereits, wer der Freund ist ... einer ihrer inneren Führer. Er lädt sie ein zu einem spirituellen Gericht, macht es ihr vor. Sie braucht nicht einmal dafür zu bezahlen. Leider lehnt sie die Chance wegen der Gräten ab und bleibt beim gewohnten Fleischgericht, sprich: sie zieht die alten Bauchgelüste vor, das Weltliche. Noch findet sie in der himmlischen „Suppe" ein Haar, bzw. mehrere. Können wir nur hoffen, daß sie ihre Art Appetit demnächst ändern wird. Ich kann dir versichern, wenn sie das tut, wird sie keine Gräten mehr finden. Aber die Gräten sind die Anfangsschwierigkeiten auf dem Weg, die uns vermeintlich noch im Halse stecken bleiben, weil wir sie unter Vorurteil genau in der Fischnahrung mißtrauisch erwarten. Jedenfalls ist sie aufgrund des Traumes nun imstande, ihr Psychogramm zu erstellen, denn sie gab vor, auf spiritueller Suche zu sein. Der Traum belegt, daß sie einen ausgemachten Schwindel inszeniert, um sonstwem gefällig zu sein und etwas vorzutäuschen, wozu sie noch nicht wirklich bereit ist.

Im Repäsentantenhaus der Tiere darf der **Frosch** nicht fehlen! Er präsentiert nämlich die starke Partei der Reinigung durch Wasser. In der Entsprechung des Seelenhauses würde man ihn im Badezimmer antreffen, sozusagen der Frosch in der Dusche.

Wenn du also im Traum einen Frosch in deinem Bad findest, wird es ernst mit der Seelenreinigung, dann erhältst du damit eine doppelte Ermahnung. Hier wird nicht auf mangelnder Körperhygiene herumgehackt, es heißt auch nicht, daß du nun dein Bad mit doppelt so viel Wasser und

Putzmitteln doppelt so oft schrubben mußt ... Es ist sogar denkbar, daß du in *der* Richtung zuviel des Guten besorgst, ohne zu merken, daß du einen Ersatzhandel betreibst: Innenreinigung aus dem Wege gehen, statt dessen außen mehr. Ganz unhaltbar wird die Situation, wenn zusätzlich noch dein Klo verstopft ist. Du kannst von Glück sagen, wenn im Traum gleich ein Klempner kommt, denn das ist dann ein himmlischer. Der Froschkönig im Märchen hat dieselbe Wurzel wie sein Bruder im Traum. Und der Frosch überhaupt *ist das* Signal, seine Gefühlsebene zu reinigen (Wasser). Rückkopplungseffekt: mit Wasser die Gefühle (Wasserreich) bereinigen. Wasser im Doppel: aus Sumpf ein klares Gewässer schaffen.

Ich sah einmal im Traum, der sich auf die Menschheitsgeschichte im großen und im kleinen bezog ... einen Riesen-Ochsenfrosch.

Mythen und Märchen

In Sagen und Märchen ist alle alte Weisheit von Vergangenheit und Zukunft gespeichert. Sie sind so aktuell, wie sie je waren. Ihre Sprache ist – und muß es sein – verschlüsselt, damit die Wahrheit darin wie eine Essenz zeitlos bewahrt werden kann, unabhängig von jeder Modeerscheinung. Wie weit sogenannte zivilisierte Kulturen in ihrer Blindheit tappen können, wird ersichtlich aus einer Strömung der letzten Jahrzehnte, während der in der westlichen Welt die alten Märchen verpönt waren. Das ging sogar so weit, daß Eltern, Lehrer, ja ganze Schulen, ganze Landstriche alte Märchen aus dem Programm gestrichen haben; sie seien brutal, grausam, verdürben die zarten Seelen der Kinder. Was für ein Blödsinn!

Wenn Kinderseelen etwas verstehen, dann ganz gewiß die gültigen Inhalte und Botschaften von Überlieferungen. Sie verstehen sie besser als die meisten Erwachsenen. Nun gibt es Nachhilfeunterricht: befasse dich gelegentlich wieder mit Märchen und Mythen, und verstehe den tiefen Sinn, die alte Weisheit darin, dann kannst du genauso gut deine Träume verstehen. Es ist dieselbe Sprache, es sind dieselben Schlüssel. So, wie die Bibel immer wieder stattfindet, so finden auch die Märchen immer wieder statt.

Du gerätst in deinem Leben immer wieder in Situationen, in denen du entscheiden mußt, ob du den *Frosch* küssen willst. Damit kannst du das große Los ziehen, ohne vorher davon zu wissen oder darauf zu schielen. Sich aufmachen, das kostbare Wasser des Lebens zu suchen, um den kranken Vater-Gott in dir und im Menschenbewußtsein zu retten unter dem Risiko totalen Einsatzes, ist nur eine der reichen Verbrämungen der Märchensprache. *Aschenputtels* bescheiden bereitwilliger Dienst, *Goldmaries* Beherztheit und Fröhlichkeit sagen alle dasselbe. Immer geht es im großen und im kleinen, im persönlichen und transpersönlichen um Erlösung durch dienen. Aber nicht dienen unter falschen Vorzeichen der Lüge und Berechnung (Was springt für mich dabei heraus?). Der *Prinz* im Traum oder Märchen ist natürlich gleichzusetzen mit der edelsten männlichen Seite, der sich am Ende mit der *Prinzessin* vereint, die ebenso den edelsten Strahl der weiblichen Seite repräsentiert.

Nicht immer in der Raumzeitebene sind die Bedingungen in gleicher Qualität gegeben. Sondern in bestimmten periodischen Abschnitten sind gigantische Schübe in der Entwicklung möglich, weil dann eine Menge innerer und äußerer Gegebenheiten zusammenkommen (siehe *Dornröschen*: alle hundert Jahre, was natürlich als Symbolzahl zu verstehen ist). Gerade jetzt, in dieser Zeit, gibt es eine ungewöhnliche Gesamtkonstellation, wie sie günstiger und komprimierter gar nicht vorstellbar ist. Verpaß deine „Stunde" also nicht!

Der Träumer mit dem blinden linken Auge kommt nochmals zu Wort (derjenige, der immer links entlang der Umleitung fahren mußte):

Er soll eine Prinzessin hüten, bleibt aber in Distanz zu ihr. Er kann sie sehen, aber es stehen etliche graue Schränke und Kästen zwischen ihm und ihr. Er könnte darüber steigen, um zu ihr zu gelangen, aber er tut es nicht. (Folgerichtig) *bekommt er – er ist auf einmal ein Prinz – Giftkapseln zu schlucken und stirbt. Danach stellt ein grauer Mann, der aussieht wie ein Richter oder der Tod, fest, daß er noch lebt.*

Inzwischen verstehst du wohl: bereits sehr lange Zeit hat er die anvertraute Prinzessin nicht gehütet, seine edelste weibliche Seite. Der rationale Wahn bringt ihn wegen dieser Pflichtvergessenheit um (Gegenstück zu Schneewittchen). Allzu viel Materielles hat sich zwischen sie und ihn gestellt, aufgehäuft in den grauen Kisten und Schränken, diffuses, undefinierbares Zeug (grau), das sich zweifellos als völlig wertlos und überflüssig herausstellen wird. Seinem inneren wahren Auftrag nicht nachzukommen wirkt wie ein tödliches Gift für die Seite, die eigentlich nach höchsten Ansprüchen handeln könnte. Genau in diesem Refugium hat der Tod Macht. Der Tod als Richter, der Eigenteil, der sich selber richtet. Das ist die Macht und die Notwendigkeit des Todes, der sich erst in späteren Zeiten erübrigen wird, wenn diese Notwendigkeit nicht mehr bestehen wird. Alle Märchen, die ganze Bibel, alles alte Wissen zeugt davon. Der Tod ist eine Attrappe (siehe Schneewittchen); die Seele lebt ewig und exerziert sich in verschiedenen Einkleidungen durch sämtliche Erfahrungen durch, bis sie endlich erlöst werden kann in eine andere Art von Leben, das des

Leibestodes nicht mehr bedarf. Die Tatsache dieses Traumes und der weitere Weg des Träumers zeigen wie empfänglich er ist. Er war äußerst bestürzt, als er verstand, und – er ändert!

Dieselben Eltern, die ihre Kinder vor der „Brutalität" alter Märchen schützen wollen, überlassen ihre Kinder ohne mit der Wimper zu zucken Fernsehprogrammen mit ihren schaurigen Einflüssen oder wahllos jeder Menge technischem Spielzeug. Daran scheinen sie sich nicht zu stoßen.

Die rationale Einseitigkeit, den unabsehbaren Machtschwindel und Siegeszug der männlichen Seite findest du in vielen Mythen wieder: z. B. in der Sage von *Prometheus*, der gegen den Willen der Götter das Feuer vom Himmel stahl und auf die Erde brachte, damit den Zorn der Götter heraufbeschwor und furchtbar dafür büßen mußte. Hätte er warten können, bis die Zeit reif war, hätte er das Feuer geschenkt bekommen. Analog ist der zu früh gepflückte grüne Apfel. Die dunkle Komponente der weiblichen Seite als Anstifterin (das Raubtier Gier und Macht) mit entgegengesetzten Einseitigkeiten ist menschheitsgeschichtlich vorweggegangen: vor der Sintflut, seitdem sich ein Patriarchat etablierte, herrschte in der atlantischen Epoche ein Matriarchat. Beides ist Ungleichgewicht, beides stimmt deshalb nicht. Es soll doch auf Ebenbürtigkeit hinauslaufen.

Prometheus' lange Folgequal ist ein Modell dieser ausgehenden Ära der Menschheit. Erinnerst du dich an die Titanen? Prometheus war einer von ihnen. Die Verwicklungen in den alten Geschichten – Überlieferungen entsprechen denen der Menschenseele messerscharf. In dem Gelände gründlicher zu grasen, ist in diesem Buch nicht möglich – ich fische einige der geläufigsten Themen heraus.

Spielarten des Modells Pferd sind die Sonderausgaben *Pegasus* und *Einhorn*. Der Pegasus, das geflügelte Pferd, steht sozusagen für die Quadratur des Pferdes: Potenzierung der ohnehin erhöhten Kräfte. Wo das Naturpferd noch auf die lineare Fortbewegung auf die Erdoberfläche beschränkt ist, erhebt sich Pegasus mit den zusätzlichen Flügeln in den Luftbereich. Der alte Traum vom Fliegen ist in der physischen Ebene inzwischen wahr geworden (Flugzeuge). Der wesentliche Luftraum aber, der des Geistigen, ist damit nicht erfaßt. Im Flugzeug fliegen bleibt ein noch recht ärmlicher Ersatz dafür. Es gibt prompt keine Sättigung für die alte Sehnsucht. Der Reiter, der Pegasus gebändigt meint, stürzt ab. Eine komplizierte Mischung von Sieg und Niederlage. Dito.

Das Einhorn steht mythologischer Überlieferung nach für die stärkste, ursprüngliche männliche Wildheit, die nur dadurch gebändigt werden kann, daß sie ihren Kopf in den Schoß einer reinen Jungfrau legt. Somit wird das Einhorn zu einem Symbol eines Zwitterwesens, aber als Einheit.

Das sagt das eine Horn mitten auf der Stirn, da wo das dritte Auge sitzt. Die Zweiheit wird zur Einheit verschmolzen. Der Begriff von Jungfräulichkeit wird viel zu eng gefaßt, denn gemeint ist die Unschuld der Seele, und zwar nicht die ursprünglich mitgegebene, die vor dem Seelenerwachen schon vorhanden war, sondern die wieder erworbene, die nach der langen Irrfahrt vom Himmel wieder reingewaschen wird, also eine bereinigte Seele nach der Einsicht, Reue, Rückkehr und Erlösung. Erst wenn die Wildheit und zerstörerische Aggression des Rationalen, des Ehrgeizwahns, des trotzig Himmelstürmenden gezähmt wird durch die innere Madonna des Herzens, kann das eine Horn in der Mitte sprießen. Der Teufel wird deshalb mit zwei Hörnern „geschmückt": er sät Zwietracht, treibt Keile zwischen rechts und links. Nicht von ungefähr hatte Johannes d. E. (der Evangelist) derart viele Visionen von Gehörnten aller Art. Das Einhorn ist weiß, nicht von dem Weiß der unbewußten mitgebrachten Unschuld, sondern das Weiß der siebten Ebene, das mit viel Mühe erworbene Wieder-Weiß. Das Horn ist spiralig gedreht in der Form der ewigen Weiterentwicklung. Bei einem unschuldigen Kind kann man nicht von Tugend sprechen. Tugend, Unschuld können nur durch Überwindung der Schwächen erlangt werden.

Wäre die kleine *Seejungfrau* im Meer geblieben, wäre sie *auch* unschuldig geblieben, im Sinn des noch nicht ausgeprägten Ego, des Individuellen; die Seele als solche, fehlte noch. Im Reich der Unterwasserwelt des Nöck, des *Neptun*, des Herrschers unbewußter Reiche ist zwar alles prächtig, aber ohne bewußte Seele und Entscheidungskraft. Was aber nützt die ganze kalte Pracht ohne Herzenswärme und freie Entscheidung? Der Fischschwanz ist genau der Gegenausdruck zum Einhorn-Horn. Die Wesen aus der Unterwasserwelt leben noch nicht in der Zweiheit einer erwachten zwiespältigen, sich quälenden Seele. Diese Wesen haben noch keine zwei Standbeine, sie sind noch eins mit ihrem unbewußten Ursprung. Dann dämmert eine Ahnung von Mangel herauf, das bisherige genügt nicht mehr. Die kleine Seejungfrau als weibliches Wesen, als Anima, beschließt, unter Gefahr dieses sie unbefriedigende Terrain zu verlassen. Als sie beginnt, bewußt zu lieben, wird sie sich der Lebendigkeit der beginnenden Individualität bewußt unter großen Schmerzen. Zweiheit, Trennung bedeutet Schmerz und Leid. Deshalb gewinnt sie erst mit diesem Eintauchen ihre persönliche Seele, ihr Ego, die dann im Verzicht, in der Überwindung persönlicher Wünsche das Ewige der Seele erkennt und wiederum eine Stufe höher steigt in den Luftbereich der versöhnten Seligkeit. Wen liebt sie? Einen Prinzen. Schon wieder.

„Die kleine Seejungfrau" ist also die Geschichte der menschlichen Anima, die nur auf diese Weise das seelenlose, kalte Reich des Wassermanns überwindet. *Wassermann*. Wassermann-Zeitalter. Das bedeutet nichts weiter als genau diesen Überwindungsprozeß. Neptun ist Wassermann. Alle reden vom Wassermann-Zeitalter. Aber was heißt das eigentlich genau? Das Wassermann-Zeitalter beinhaltet also die unerhörte Chance, einen Weg einzuschlagen wie die kleine Seejungfrau. Es bedeutet *nicht*, daß jetzt der Wassermann das Sagen bekommt, sondern daß seine Macht jetzt endlich gebrochen, und dann versöhnt werden kann. Die kleine Seejungfrau ist eine höchst aktuelle Modellgeschichte. Wenn du konterst, Andersen habe diese Geschichte doch erst im vorigen Jahrhundert geschrieben, so kann ich dir nur versichern, daß alle großen Geschichten, auch die neuen, immer auf alten Weisheiten basieren. Ob Andersen die nun per Traum, intuitiv oder sonstwie empfunden hat, ist gleich. Erinnere dich bitte: Intuition ist der Kanal aus der Anderwelt.

Die Essenz der Geschichte ist dieselbe wie immer und überall: die Liebe überwindet alles; sie ist am Ende stärker als alles und das einzige Mittel zum Ziel. Es läuft immer darauf hinaus.

Willst du dir immer noch weismachen, Märchen seien bloß Kindergeschichten?

Ich möchte dir eine ganze Serie derselben Träumerin vorstellen, die im Fischrestaurant die Gräten herausgepult hat, denn diese Traumserie erscheint geradezu wie eine Parade von Modellen.

Ein Lichtstrahl trifft gezielt ihr linkes Auge und verursacht dort eine Entzündung, die sie verbindet und verbirgt.

Sie wird richtiggehend einer Zwangsmaßnahme unterworfen, damit sie endlich anfängt, mit dem Herzen zu sehen. Statt sich, wenn vielleicht auch betreten, über den Eingriff zu freuen, verbirgt sie absichtlich, trotzig, widerspenstig die Auswirkungen vor sich selber. Ihre Reaktion schlägt dem höheren Selbst ins Gesicht.

Sie nennt eine Frau in einem Kellergewölbe „Klytemnästra".

Das paßt leider nur zu gut zu dem anderen. *Klytemnästra* ist eine Frauengestalt aus der griechischen Sagenwelt. Während der langen Abwesenheit ihres Mannes (Agamemnon) nimmt sie sich einen Geliebten. Zusammen ermorden sie den heimgekehrten Mann, heimtückisch und kaltblütig. Die Sache geht schief, kommt ans Licht; sie wird aus Vergeltung von ihrem eigenen Sohn getötet. Verrat und Machtgier zahlen sich eben nicht aus, die Tragödie geht weiter.

Natürlich ist die Frau im Keller ein Aspekt der Träumerin. Ihre Absichten hat sie im Untergeschoß verborgen, auch vor sich selber. Ihr zur

Schau gestelltes Sein ist eine Attrappe, bezichtigt sie der Lüge, des Verrats. In ihrer Seele rumort das Dunkle und lacht sich ins Fäustchen, weil im Oberbewußten eine Riesenschau abgezogen wird. Es ist auch klar, daß ihre verborgene Berechnung, ihre ganze raffinierte Kalkulation nicht aufgehen wird, denn ihre künftige rationale Nachfolge wird das rächen. Eine deutliche Warnung (Wie gut, daß es Träume gibt!). Es wäre alles gut, wenn sie die Person nun aus dem Keller ans Licht holen würde. Tut sie es?

Eine freundliche Frau im Trenchcoat gibt ihr eine Stopfnadel mit einem roten Wollfaden. Sie, die Träumerin, fliegt in einem löcherigen Mantel.

Da haben wir wieder das Überfliegen, den Hochmut der Selbstüberhebung ohne handfeste Berechtigung: der Mantel, das Außen-Kleidungsstück, für jeden sichtbar, das alles verbergen sollte, was darunter ist, zeigt sich durchlöchert. Es ist nichts mit Wärme, Geborgenheit und Verbergen. Noch kriegt sie wieder eine Chance: die Frau im Trenchcoat (wie eine Beamtin von der Fürsorge oder der Polizei) ist natürlich eine himmlische Beauftragte, die sie freundlich (!) auffordert, die Löcher zu stopfen. Dazu muß sie wollen (Wollfaden), Rot als die Farbe des Blutes, des Leidens, des Erdenlebens. Die notwendigen Utensilien bekommt sie also geliefert. Stopfen muß sie allerdings selber. Das Wesen des irdischen Lebens soll sie ganzheitlich mit Schmerz und allem, was dazugehört annehmen, auf dem Boden der physischen Wirklichkeit bleiben. Wenn sie fliegen will, dann keinesfalls mit einem löchrigen Mantel. Sie muß erst einmal kleine Brötchen backen. Gewissermaßen haben wir es hier mit dem Inhalt von Frau Holle oder Aschenputtel zu tun: sie ist noch die Pechmarie, will alles gewinnen ohne eigene Mühe, wie eine verwöhnte Prinzessin. Hier stehen sämtliche Stiefschwestern der Märchen Pate. Es sind die weiblichen Ausdrücke von Hochmut, Eitelkeit und Anmaßung, die absahnen wollen, wo sie nicht gemolken haben. So geht es natürlich nicht. Sie ist eine hübsche junge Frau, was natürlich die Versuchung der Seele zur Macht erst recht unterstützt. Die Geschichte ist noch nicht zuende gediehen.

Sie ist ein hübsches Mädchen; aber an der rechten Hand ist der 4. Finger überlang und kennzeichnet einen Werwolf. Außerdem hat das Mädchen Vampirzähne. Sie soll das in Ordnung bringen. / Ein krebskranker Freund soll nach Indien reisen. Sie checkt die Reiseroute. Zahllose Hindernisse stellen sich in den Weg.

Das dunkle weibliche Machtverhalten, was sie an den Tag legt, Schönheit als Waffe, Berechnung hinter Charme, ist auch eine Antwort (eine Rache) auf erlebte Verletzungen als Opfer aus früheren Leben. Ein *Lorelei* Modell; die ist ebenfalls zu einem männermordenden Weib geworden wegen Verletzungen. Die verschlungenen Wege der Seelenodyssee zu verstehen, ist ein Bestandteil der Erleuchtung. Wenn sie anfängt zu begreifen, was sie ist und warum sie so ist, daß ihr So-Sein nicht einfach aus der Luft gegriffen wurde, sondern uralte Wurzeln besitzt, kann sie anfangen sich zu verstehen und dann ändern. Man kann nur ändern, was man versteht! Und auch nur dann ist verzeihen möglich – auch sich selbst. Ihr tiefes Zerwürfnis mit der rationalen Seite zeigt sich in dem krebskranken Freund. Der ist sowohl ihre eigene rationale – im Alltag ihr unbekannte rechte Seite, deren Freundschaft sie noch nicht einmal kennt, wie auch ihr höherer Ratgeber. Nach Indien muß er, um in der Klarheit des Geistigen, damit des Durchdringens, die Zusammenhänge zu begreifen und damit den Willen zu mobilisieren. Dann erst kann das falsche weibliche Täuschungsmanöver beendet werden. *Vampir* und *Werwolf* sind die Negativformen von Fledermaus und Wolf, also Monster-Abarten. Die *Fledermaus* enthält die Kraft für Neugeburt, der Wolf ist das Clan-Tier der Menschheitslehrer. Die beiden Fälschungen sind das Schattendoppel. Alter Überlieferung nach hat das Böse, haben alle Arten von Monstern Mißbildungen an den Pfoten, bzw. Händen, oft besitzen sie nur vier oder gar sechs Finger.

Der vierte Finger rechts ist der Eheringfinger, den sie – ihre Seele – dem Teufel verschrieben hat. Der ist überlang, auffallend, also nicht zu übersehen, und kennzeichnet den Dienst für die falsche Seite. Werwölfe und Vampire reißen und saugen ihre Opfer aus. Das heißt: alles, was sie tut, tut sie aus Selbstsucht. Nicht Geben ist ihr Motto, sondern Nehmen, sich schadlos halten, unter Wahrung des Scheins von Freundlichkeit und Zuneigung. Sie hat im Oberbewußtsein keine Ahnung von dieser Doppelbödigkeit. Genau das beschreibt die Art und Weise der nächtlichen Verwandlung in Werwolf oder Vampir: am Tag erscheinen sie normal, aber während der Abwesenheit von Licht (dem Licht des Bewußtseins), während des Nicht-Wach-Seins und des Schlafs anderer und damit deren Verletzlichkeit, verwandeln sie sich zwanghaft in Blutsauger und Bestien. Sie nehmen anderen die Lebenssubstanz.

Es gibt eine Chance: der kranke Freund kann geheilt werden. Aber es wird schwer werden: viele Hindernisse gilt es zu überwinden. Nun taucht auch der erste Hoffnungsschimmer auf:

Sie soll für ein Hotelzimmer 400 DM bezahlen, was ihr sehr teuer vorkommt. Schließlich muß sie gar nichts bezahlen, weil sie sich bereit erklärt, sogar darauf besteht, ihr Bett selber zu machen.

Das ist toll. Niemand wird aufgegeben. *Wie* sehr die Lichtwelt liebevoll entgegenkommt, weil sie weiß, in welcher Umnachtung Menschen gelandet sind und selbst da leiden, wo sie gar nicht davon wissen, kann man an diesem Beispiel sehen. Es wird nichts weiter von ihr an Entgegenkommen erwartet, als ihren Seelenschlafplatz selber in Ordnung zu bringen. Sie darf zeitweise sogar schlafen, wie es die Natur des Wechsels noch erlaubt, aber ihr Bett will sie selber machen, das ist ihr Anteil (der erste Anflug von Goldmarie). Ihre Trägheit im Macht-Hochmut zu verbleiben, erscheint natürlich vor der Hand entschieden angenehmer. Sich dort heraus zu mühen scheint ihr als Preis für den Rahmen dieser Inkarnation zu teuer (400 als der vollendete Zeitraum eines Zyklus in einem Hotel, einer vorübergehenden Bleibe, kein Daueraufenthalt der Seele). Wie sehr ihre vorgefaßte Einstellung dieser Inkarnation gegenüber täuscht, erfährt sie, nachdem sie beschließt, ihren eigenen Anteil beizusteuern: der vermeintlich zu hohe Preis wird ihr ganz erlassen. Sie kann nunmehr sogar das hochherzige Geschenk des Lebens erfahren. Ihr Anteil an Willen, an Tun ist verglichen damit klein.

Aus dieser Traumdynamik müßtest du eigentlich eine Menge gelernt haben. Ermutigend ist es noch dazu: wie tief immer wir abgestürzt sind, es wird geduldig geholfen, den Heimweg zu finden. Niemand wird verdammt, es sei denn, er besteht weiterhin darauf, sich selbst zu verdammen. Jeder ist sein eigener Richter. Der Richter in uns als das unerbittliche, unbestechliche Gewissen ist ein Aspekt des Christus. Aber: dieser Aspekt ist ebenso untrennbar damit verbunden: das Gerichtete zu erlösen. Ohne Richter keine Begnadigung. Der Richter ist nicht außen, und schon gar nicht an einem fernen „Jüngsten Tag" zu erwarten. Der jüngste Tag ist immer das Heute.

Von der gleichen Träumerin, im Rahmen der Seelenwäsche nun näher herangefahren:

Amputierte Frösche werden von links nach rechts gehetzt. Ein Mann klagt über seine dicke Mitte und seine lädierten Beine. Er sagt, er sei früher firm gewesen.

Der Prinz kann erst zu der Prinzessin, wenn sie gelbe Körner in einer Goldschale sammelt.

Es wird ihr wieder eine Augenoperation angekündigt.

Offenbar kann sie die Wahrheit über sich noch immer nicht erkennen. Deshalb müssen ihr die Augen operiert werden (nochmals!). Davor wird aufgezeigt, was direkt anliegt. Der Mann mit der dicken Mitte ist ein Egozentriker: der Ego-Bereich ist zu dick. Er kommt nicht voran, standhalten ist auch nicht seine Sache. Ihr Willen und ihre Einsicht stehen auf schwachen, schlimmen Beinen. Vor Zeiten waren diese ihre Anlagen tipptopp. Der Deformierte ist eine Analogie zu dem krebskranken Freund. Sie muß ran. Die amputierten Frösche sind auch nicht witzig. Reinigung durch

Wasser muß sein. Nur hat sie wieder überfliegen wollen und gepfuscht (siehe löcheriger Mantel oder Pechmarie). Oberflächlich und pflichtschuldigst ohne echte Einsicht kann man sich nicht reinigen. Die Frösche werden ohne Beine von der emotionalen Seite in die Willensseite gehetzt. Das kann gar nicht klappen. Ihre Reinigungsversuche muten in etwa so an, wie wenn jemand in die Luft spuckt, drunter durch rennt und meint, er sei geduscht. Ihr werden wirklich gründlich die Leviten gelesen ...

Die Verheißung der Vereinigung beider Seiten (Prinz und Prinzessin) ist vorhanden. Aber erfolgen kann sie erst, wenn sie sich ihres Egoismus bewußt wird. Die gelben Körner. Hier bleibt offen, was sie dann damit machen wird. Essen soll sie die sicher nicht, sondern später wird sie erfahren, daß diese Körner kostbares Saatgut ist. Die goldene Schale ist das Ego-Chakra (das dritte), das Ich, das erst vollendet werden muß, bevor eine Goldlicht-Schale daraus werden kann mit himmlischer Saat, die nicht gegessen, sondern gesät wird. Doch sitzt bei ihr im 3. Chakra das Festgold: ihre Egozentrik und die Unvollständigkeit ihrer persönlichen Kraft, die sie noch für falsche Zwecke mißbraucht. Die Hochzeit, die Erlösung kann erst erfolgen, wenn sie alles gründlich verarbeitet und verwirklicht hat.

Wir haben, wie von allem, zwei Sorten *Gold*. Das vielbegehrte Goldmetall aus der Erde ist das Schattendoppel, der Ersatz und die Außendarstellung für das Lichtgold der Sonne (Wahrheit, Leben). Das Festgold ist eine Manifestation der Materie aus ursprünglich Lichtgold und will, wie alles, allmählich umverstanden werden. Rennt der Mensch hinter Festgold her (goldenes Kalb), kann er nicht gleichzeitig das Sonnengold gewinnen. Um aber an das Sonnengold zu gelangen, muß er das Festgold gründlich kennen – und einschätzen gelernt haben. Es ist so: die Ego-Sonne ist aus Festgold. Wenn sie vollendet ist, kann die Christus-Wesenheit sie „besetzen", dort einziehen, dann wird sie Lichtgold. Mit dem Hintergrund wirst du das Gold in den Märchen neu verstehen können.

Auf „*Schneewittchen*" möchte ich – gerafft – etwas näher eingehen, zumal der Glassarg bereits in einem anderen Traum erwähnt wurde. Die Illusion des Todes, der durchaus eingetreten ist, definitiv erlebt und dennoch aufgehoben wird, ist durchsichtig, durchschaubar! Schneewittchen als Personifizierung vollkommener Schönheit des Lebens, der Schöpfung, des Lebens *in* der Schöpfung mit drei Aspekten: die Unschuld und Reinheit (weiß wie Schnee) des Urerschaffenen, das schwarze Haar (die dunkle, animalische Triebebene), das Rot des Blutes: Leid, Schmerz und Opfer, macht insgesamt den Tod der Verwandlung durch, als es der Bösartigkeit der hoffärtigen Stiefmutter ausgesetzt wird: Stolz, Eitelkeit, Machtgier und der Ehrgeiz, keinen neben sich zu dulden. Die fragwürdige Schönheit dieser Personifizierung ist gerade in den letzten Traumbeispielen geradezu klassisch abgespult worden. Unbewußte Unschuld ist keine Tugend; sie muß erst durch die Mühle des Gegensatzes, der Fälschung (Stief-Mutter) gehen, um zu einer höheren Form von Unschuld, Reinheit zu gelangen. Prompt erscheint wieder der-vergiftete-Apfel, an dem sie schier erstickt. Das Gift der Hinterhältigkeit, der Lüge, der Versuchung, das sie unbesehen schluckt, weil sie nicht widerstehen kann, bringt sie um. Schneewittchen und ihre Stiefmutter sind die beiden Doppelseiten des Weiblichen, analog zu der Madonna und der Aschera (Gemahlin Baals; sie wird auch als Himmelskönigin bezeichnet. Es gibt also auch hier ein Doppel). Die 7 Zwerge vertreten die 7 Ebenen, den Aufstieg durch die 7 Chakren, entsprechend den 7 Schöpfungstagen, verkörperte männliche Geisthelfer, Geiststrahlen, die ihr helfen, diese Stationen zu bewältigen. Schneewittchen ist so groß angelegt, daß es 7 Instanzen der Entwicklungsphasen bedarf, um ihre Bedürfnisse zu stillen und sie zu vollenden helfen. Die Braut, die Schöpfung, die Göttin muß als Pendant zu IHM wirklich vollendet, vollkommen werden. (Die Geschichte mit der 7. Rippe aus der Genesis ist eine Parallele und darf nicht als Diskriminierung des Weiblichen verstanden werden, wie in Strömungen des Feminismus allzu leicht geschieht). Es ist die Ausgangssubstanz, die durch Äonen in die geplante Größe und Vollkommenheit hineinwächst. Noch einmal sei betont, daß das Männliche und das Weibliche gleichermaßen zu gleichen Teilen in Mann und Frau angelegt ist!

Der vergiftete Kamm sagt: die unschuldige Triebhaftigkeit muß erst durch das Bewußtsein von Sünde und Versuchung vergiftet werden, um es hinter sich lassen zu können. Die Menschheit hat nachdrücklich all das durchgemacht, was in den Märchen angekündigt war und ist. Schneewittchen ist am Ende der Geschichte nicht mehr dieselbe, die sie zu Beginn war!

Das dreifache Intermezzo von Verführbarkeit, nicht genau hinschauen, falschen Worten trauen, Wünsche, Gier, nicht hören wollen (die Mahnung der Zwerge, das falsche, törichte Vertrauen in die falsche Person, kein Differenzierungsvermögen) all dies und die schlimmen Folgen müssen erst durchgemacht werden bis zum bitteren Ende, dem Tod des ganzen Erschaffenen. Erst danach kann die endliche Bestimmung Wirklichkeit werden. Die männlichen 7 Aspekte des Wollens und Helfens sind als Erdgeister angelegt und müssen täglich in der Tiefe der Erde nach den verborgenen Schätzen des Lebens schürfen.

Der Spiegel, der immer die Wahrheit spricht, ist dir auch nicht neu. Die falsche Seele hört die Wahrheit nicht gern.

Nun müßte dir auch die immer wiederkehrende Rolle der *Stiefmutter* klar sein: das Weltliche statt des Irdischen. Macht statt Ermächtigung, Konsum statt Bedürfnissen ... Das Doppel der echten Mutter Erde. Es existiert im Denken, Handeln und Fühlen der Menschen. Die Aschera muß erlöst werden aus dem Bauch in die Ebene des Herzens, der Madonna. Alle Erfahrungen muß die Menschenseele erst machen, bevor sie weise wird.

Blumen

Jede Blume ist ein Liebesgedanke Gottes!

Damit erklärt sich auf schlichte Weise die Schönheit und Vielfalt von Blumen, ihr Duft, ihre Weiterentwicklung zu Früchten, ihr absoluter Zauber, ihr ganzes Dasein, das jedes Menschenherz auf irgendeine Weise anrührt; selbst wenn es bei einer dunklen Seele Zerstörungswut auslöst (darin liegt ja die tief grollende Ablehnung der göttlichen Liebe, ihr sie-nicht-sehen-wollen begründet!). Im Naturreich vollziehen sie einen immer wiederkehrenden Kreislauf! Als Grundausdruck sind sie stets präsent. Die Intensität der Freude daran ist am größten, wenn die Blumengestalt ihren Höhepunkt an Schönheit erreicht hat. Ihre Scheinvergänglichkeit symbolisiert den Wechsel der Geschicke, die werturteilslos gelebt werden wollen. Immer wieder blühen die Blumen, sofern sie der Mensch nicht ausrottet. Genau das aber geschieht: der zunehmende Verlust zahlloser Blumenkinder ist alarmierend. Ebenso wie Tiere verschwinden immer mehr vom Antlitz der Erde. Dafür werden immer mehr künstlich gezogene Blumen als Ersatz angeboten. Die aber sind leidende Geschöpfe, ebenso wie die widernatürlich lieblos gehaltenen Tiere. Daß dennoch diese Blumenkinder ihre Schönheit bewahren, spricht von der göttlichen Geduld.

Wenn du jemanden fragst, ob er Blumen oder Tiere liebt, so wird er das fast ausnahmslos bejahen, geradezu empört, als ob in der Frage eine heimtückische Unterstellung läge (wie kann man Tiere, Blumen, Natur nicht lieben! Da wäre man ja kein „guter Mensch"!). Dennoch ist da der Tatbestand, daß all diese Geschöpfe verschwinden. Hakst du näher nach, stellt sich meistens heraus, daß keinerlei Unterschied gemacht wird zwischen Wild- und „Batterie"-Blumen; und bei den Haustieren sind überwiegend bestimmte Haustiere gemeint. Frösche, Kröten, Schlangen oder

Regenwürmer gelten im Erleben direkt als „i gitt". Der Mangel an Differenzierung ist äußerst alarmierend. Wer erbarmungslos jedes Gänseblümchen aus seinem Rasen sticht, Chemie im Garten verteilt, Supermarktfleisch ißt und rücksichtslos Müllberge verursacht, wem seine Autowäsche wichtiger ist als saubere Gewässer und Ehrfurcht vor den kostbaren Gaben der Erde, der weiß ganz sicher nicht, was Naturliebe ist! Du kannst nicht gleichzeitig deinen Garten so steril wie einen Operationssaal halten und einen Wald wirklich lieben. Das paßt nicht zusammen. So wie du dich im Alltag verhältst, so behandelst und verstehst du die Erde und ihre Geschöpfe! Falls ich dich jetzt ertappt habe, hast du tatkräftig den Zustand der Erde mit verursacht und kannst dir das Jammern ersparen. Die Verfälschung der armen Blumen, die gezwungen werden, in Reih und Glied nach Winkel und Lineal auf totem Erdsubstrat zu „gedeihen", drückt spiegelgenau das Mißverständnis der göttlichen Liebe und ihrer Gaben aus, die über die Erde umgesetzt wird. Solltest du dich jetzt genötigt fühlen, dich empört zu verteidigen, so überprüfe zuvor dein Verständnis der Schöpfung und deinen Umgang mit allem im Alltag, wo du dich getroffen fühlst. Der galoppierende Schwund von natürlichen Blumen und die Zunahme von Wegwerfblumen demonstriert deutlich genug die innere Haltung. Wie stehst du dazwischen?

Sieh mir bitte mein „Pamphlet" nach – ich bin und bleibe ein Anwalt der Erde und stehe dazu. Schau lieber, daß du die Risse heilst, die dein Reden und dein Handeln vielleicht dokumentieren.

Selbstverständlich sind auch Zuchtblumen für die vielen Läden lebendige, empfindsame Geschöpfe, Liebesgedanken Gottes, wie die wilden Schwestern. Entscheide dich für deine Verantwortung.

Wenn du „Batterie"-Blumen kaufst, so behandle sie mit Liebe, Respekt und Fürsorge: sie haben sich geopfert! Erkenne die Parallele zu den armen Massentieren in den Riesenställen. Jede Beteiligung, sei sie noch so „passiv", ist Mitschuld.

Nicht unbedingt steht Bosheit, böse Absicht dahinter. Normales Verhalten aber ist Gedankenlosigkeit, Egoismus und Blindheit. Darum geht es ja gerade. In dieser Zeit ist Nichtwissen keine Entschuldigung mehr. Bei der Informationsbandbreite kann sich niemand mehr hinter Nichtwissen verstecken. Sieh ein und ändere! (Ich höre bereits die üblichen Argumente: ... keine Zeit ... dafür auch noch ... wer soll denn das alles ... nützt ja doch nichts, alle machen es so ... Tropfen auf den heißen Stein ...)

Alles Quark. Das rechte Tun kann niemand für dich machen. Es muß getan werden, selbst dann, wenn du meinst, es fruchte nichts.

Ich glaube dir, daß du dich aufrichtig an einer Blume freuen, ihre ganze Schönheit aufnehmen kannst. Aber du trägst auch die Verantwortung für ihr Dasein, die über das Bezahlen mit Geld im Laden hinausgeht. Wenn du wirklich erkennst, was Blumen sind, dann wird diese Verantwortung wach.

Lehnstuhl-Naturliebe und Lehnstuhl-Spiritualität sind unnütz.

Herr T. träumt:

Er findet beim Heimkommen Dreiecksstücke aus grauem Papier mit Tulpenblüten darin; eine rot, eine gelb, die dritte Farbe erinnert er nicht (ich bin sicher: orange) *und eine Zettelnotiz dabei „Ich liebe Dich", mit ungelenker kindlicher Handschrift. Er hat den Eindruck, die Nachricht sei von einer seiner Enkelinnen.*

Tulpen hat er besonders gern. Die Dreiecke: Sein Zeichen und das der Erde kennst du bereits. Das graue Papier bezeichnet die Lauzone von Herrn T., das noch-nicht-verstanden-haben. In dem Ganzen versteckt liegt die Aufforderung, die unteren drei Territorien der physischen Welt anzunehmen, zu lernen und zu lieben, nicht zu verachten, indem er immer wieder versucht, sich in die rein gedanklichen Bereiche zu flüchten. Rot für die mineralische, orange für die pflanzliche, gelb für die tierische Ebene. Beide Dreieckssymbole erscheinen durch diese Ebenen hindurch, er hat nicht verstanden, daß das Leben auf der Erde ein Liebesgeschenk, eine Gnade ist. Die Enkelin als kindhafte Vertreterin einer neu heraufziehenden Gefühlsbejahung ist seine Botschaft an sich selber, diesen Bereich neu werden, aufwachsen zu lassen, sein Erdendasein zu lieben mit der ganzen inneren weiblichen Kraft, die unteren Ebenen anzunehmen und zu lieben. Zugleich läßt die Erde einen Aufruf an ihn ergehen, ihre Feuerfarben und Leuchtkraft, ihre Geschenke und Energien als ein Liebesgeschenk an ihn zu erkennen und sich daran zu freuen. Die Liebeserklärung bezieht sich am Ende auf ihn selber, sich als Gefühls- und Erdenwesen zu lieben. Das graue Papier informiert deutlich darüber, daß er selektiert: die Art zu lieben sowohl wie die Adressaten. Liebe besteht für ihn aus Schmerz und Pflicht, eine Last, die man tragen muß. Die einfache Freude des Gebens und Empfangens war ihm fremd. In der aufspringenden Einsicht darüber kann die kindliche spontane Liebe und Freude endlich Pflicht und Last ablösen. Dazu gehört auch Selbstliebe im Sinne von Anerkennung, Mitgefühl ohne Verachtung. Auf meine Fragen hin wurde klar, daß er nicht nur an Selbstverachtung litt, die er mit Pflichterfüllung versucht zu heilen, sondern auch die Erde nicht verstand und keine Beziehung zu ihren nicht-menschlichen Geschöpfen unterhielt. In die gleiche Kerbe schlägt der nächste Traum:

An einem Automaten zieht er 5 ½ Päckchen weiße Karten, mit denen er überhaupt nichts anzufangen weiß.

Der 6. Schöpfungstag ist derjenige, an dem der Mensch erschaffen wurde. Jeder der Schöpfungstage (gewaltiger Zeitabschnitt) hat eine bestimmte Stufe des Seins entwickelt. Der Mensch war als Grundidee, als Grundwesen von Anfang an vorhanden, gewann aber erst in dem 6. Schöpfungsabschnitt materielle Gestalt. Vorher existierte er als feinstoffliches Wesen in Einheit mit dem Höheren Selbst, aber im Ego noch nicht entwickelt. Die drei unteren Stufen auf der Erde, die mineralische, die pflanzliche, die tierische sind in der biologischen Anlage des Menschen enthalten. Das ist deutlich in der Entwicklung eines Embryos zu erkennen. Diese drei Stufen existieren in der Qualität reiner, aber unbewußter Lebensfreude, die vom Menschen über das Bewußtsein erhoben werden will in höhere Bereiche. Umgekehrt können die Qualitäten des Bewußtseins im Menschen nicht unter Ausschluß der unteren Stufen gelebt werden. Um sie lieben zu können, muß man sie kennen.

Sein Traum weist ihn darauf hin, daß er diese Ganzheit nicht genutzt, nicht nachvollzogen hat. Er hat versucht, diese unteren Stufen auszuklammern. Jede Seele erhält sozusagen automatisch solche unbeschriebenen weißen Kärtchen, um sie eifrig und erwachend zu beschriften durch sein Bewußtsein, mit dem er die Schöpfung quasi nacherschafft. Herrn T.'s Denken und Verständnis hat überhaupt erst kurz vor der Menschen-Dämmerung eingesetzt. Nichts anderes darunter, bzw. davor hat für ihn gezählt. Mit diesem Mangel, diesem Ausklammern aber kann er niemals ganz werden. Die Mißachtung der nicht-menschlichen Geschöpfe muß korrigiert werden. Bezogen auf den Chakrabereich muß die 5 ½ im Kopf angesiedelt werden, zwischen der 5 (zu der Unterkiefer und Zungenumfeld noch gehört) und der 6 (Stirn, 3. Auge, dem aber auch noch der Oberkiefer zugehört). Sich festbeißen an diesen alten Denkmustern wird nun auch nicht mehr gehen, es muß weiterführen in die 6 aufwärts, wo die Klarheit des Geistes so stark wird, daß nicht mehr geurteilt, getrennt werden muß. Nun soll er die weißen Kärtchen beschriften.

Ein junges Mädchen von 18 Jahren träumt in Fortsetzungen immer wieder von Elfen:

Zuerst erschienen die Elfen in dicken schwarzen Kleidern. In jedem weiteren Traum wurden diese Kleider immer heller. Zuletzt bestand die Elfenkleidung aus zarten feinen Hemden.

146

Das ist wirklich stark: ein Seelengroßtraum in Fortsetzung mit Entwicklung: als Erfolg ihrer Einsicht und Bemühungen!

Ihre Seele muß über viele Inkarnationen hin die Liebesgedanken des Göttlichen mißachtet und schlecht behandelt haben, daß die Blumengeister in tiefer Trauer erscheinen. Die Verheißung am Ende deutet auf Schuldabtragung und Verzeihung, auf Versöhnung und Frieden mit ebendiesen Blumengeistern und dem, was hinter ihnen steht. Zuzüglich wird gezeigt, wie ihre verletzlichen Seelengeschenke und Lebensgeschenke sich in trübe dicke Verkleidung hüllen mußten aus Angst vor Frieren.

Dieses Mädchen macht eine Ausbildung als Floristin!

Ahnst du langsam, wie sich Geschicke und Träume zueinander verhalten? Die Geduld des Gärtners ist nicht nur sprichwörtlich zu verstehen, sondern auch bildhaft; die Literatur hat sich dieser Metapher oft genug bedient. Träumst du von einem Gärtner, dann weißt du, was gemeint ist.

Eine junge, ausdauernd lernende Frau, die offen alles verarbeitet, gleich, wie hart die Traumbotschaften sie rannehmen, hat in ihren Träumen
harte Auseinandersetzungen mit streunenden Hunden und Katzen ...
... versucht, eine Schlange zu zähmen ... gerät in ein altes, unheimliches Haus mit vielerlei Geschmeiß darin, findet Schutz mit einem Freund im Auto ...
Eine Elfe führt sie zu einem grünen Hügel mit einer weißen Blume darauf.

Die Hunde als ihre Darstellung von Treue gegen die Lebensaufgabe und die Katzen als eigenwillige undurchschaubare halbgezähmte Raubtiere zeigen als getreuer Spiegel ihren eigenen Seelenumgang mit diesen Wesensstrahlen von alters her. Diese „Tiere" sind verwildert. Die Schlange als altes Symbol der Versuchung, das in die Heiler-Schlange verwandelt werden will (siehe Kap. Tiere), das alte Seelenhaus mit Ungeziefern der Seele, den Schmarotzern des Seelensammelsuriums, vor dem sie sich nur retten kann mit dem persönlichen Vehikel des Vorankommens, wobei ihr einer ihrer inneren Helfer zur Seite steht,... all dies muß unter die Lupe genommen und bereinigt werden. Das ist auch geschehen. Nun erst kann der feine Blumengeist ihr den Weg zu dem reinen Liebesgedanken des Schöpfers zeigen, der erhöht im saftigen Grün der Liebe der Erde blüht. Die Geistwesen der Natur können ebenso im Traum wie im Wachen wahrgenommen werden. Sie sind bestrebt, mit dem Menschen zusammenzuarbeiten, wenn der Mensch sich dafür öffnet. Ein unbereinigter Grobklotz aber kann sie nicht wahrnehmen. Man muß schon seine eigenen Schwingungen erhöhen, um Zugang zu den inneren Dingen zu finden. Das bedeutet Arbeit und Ehrlichkeit. Die weiße Blume ist das Modell aller Erden-Blumen, denn Weiß enthält die anderen Farben.

Ein etwas anderer „Blumentraum" einer schwer krebskranken Frau:
Nach einer Chemotherapie ist linksseitig ihr Kopf kahl. / Sie kauft Blumenkohl und erhält Möhren dazu. / Ein Hund macht sein Geschäft auf den Teppich im Wohnzimmer, ihr Mann macht es weg. / Nach mehreren Arztbesuchen kommt sie mit einem Mann ins Gespräch, der eine Frau im Rollstuhl beschimpft. Er verwickelt sie unbemerkt immer tiefer in angenehme Gespräche, so daß sie nicht merkt, wohin sie fährt. Sie sitzen beide in der Bahn.

Sie überläßt unzulässig konventionellen Meinungen das Sagen. Ihr mahnendes Gewissen will sie dazu bringen, doch ihre eigene weibliche Kraft anzunehmen und zu heilen (Frau im Rollstuhl), die behindert ist. Nur zu bereitwillig läßt sie sich von der vermeintlichen Überlegenheit männlicher Kräfte das Heft aus der Hand nehmen, und merkt somit gar nicht mehr, wohin sie gelangt. Sie leitet nicht selber durch eigenen Willen, eigene Einsichten und die Führung ihres Herzens ihr Leben. Es erscheint ihr angenehmer, wie eine Soldatin einfach sich einlullen und führen zu lassen. Diese Art von Leichtigkeit aber ist die falsche. Der Krebs ist ja gerade der Ausdruck letzten Aufrufs zu schauen, womit sie in so tiefer Unversöhnlichkeit lebt. Sie dient falsch (ihre Treue beschmutzt genau den Vorzeige- und Wohnbereich [Hund]). Selbst das macht sie nicht selber sauber, delegiert an die Außenergänzung, die ihr Mann vorstellt. Als ich sie unerbittlich frage, was sie mit dem Geschenk weiteren Lebens macht, wenn sie es denn erhalten sollte, sagt sie, sie wolle noch Jahre einfach angenehm leben! Das ist der Blumenkohl! Blumenkohl ist verfeinerter Kohl. Kohl gilt ihr wie vielen als Grobgemüse, billig, eher ein Essen für Arme (denke an frühere Zeiten oder an Rußland, wo sich diese Vorstellung zu bestätigen scheint. Kohl wuchs überall; jede Familie konnte sich eher Kohl leisten, als etwas anderes. Kohl besitzt etwas „Anrüchiges" von ordinär, gewöhnlich. Blumenkohl steht in etwa zu Kohl wie Weißbrot zu Grobbrot. Seit vielen Jahrhunderten). Sie will sich mit dem Notwendigen, Einfachen nicht begnügen – es ist ihr nicht gut genug. Deshalb erhält sie unverlangt Möhren dazu. Möhren sind Wurzeln; die Wurzeln, die tief in die Erde reichen, nicht sichtbar sind, aber nahrhaft und unerläßlich. Ihre Ablehnung gegen die notwendige Wurzelung in der „Unterwelt" mit ihren nahrhaften, eher unscheinbaren Geschenken darf nicht bleiben. So kann sie den Sinn ihrer Krankheit nicht verstehen. Auf Befragen stellte sich auch heraus, daß sie sich unbesehen für einen „guten" Menschen hält, weil sie "selbstlos" immer für ihren Mann und ihren längst erwachsenen Sohn sorgt, im Sinne von Sklaverei. Aber das ist ihr entgangen. – (Ich tue alles für euch in täglicher Fürsorge – nun müßt ihr mich halten, führen, dankbar sein, und mich mit durchschleusen, wo ich nicht will/kann). Diese Rollenzuweisung nun ist lange Zeit in unserer Menschengemeinschaft so gelaufen, jeder blieb in der Ausübung dessen, was ihm in den Kram paßte und delegierte das, was er in sich nicht entwickeln wollte, an andere. Das aber wird nun nicht mehr funktionieren! Nun soll jeder Mensch danach streben, in sich selber seine Ganzheit und damit Verantwortlichkeit zu entwickeln. Das andere war unerkannte Erpressung, eben als Verpflichtung (andere zu verpflichten). Der Blumenkohl drückt den Versuch eines faulen Kompromisses aus, sich doch noch durch die Hintertür zu den verwehrten Blumen hin zu mogeln. Es sind keine echten Blumen, weil sie alles Geschenkte auf die rein stoffliche, profane Ebene bezieht. Ernähren kann sie sich seelisch und geistig nur von dem, wenn sie die dazugehörigen Wurzeln (echte Daseinsfreude und echte Liebe zum Leben selbst) erkennt und annimmt. Die Arztbesuche stehen in diesem Fall ebenfalls für den Versuch, ihre Gesundung an jemand anderen wegzudelegieren. (Der Arzt wird mich schon heilen, der wird schon wissen, was zu tun ist. *Ich* weiß nichts, *ich* bin nur eine arme Unwissende, die man beschützen und betreuen muß ...) Wegen dieser Einstellung, sich nicht selbst um die Hintergründe ihrer Erkrankung zu bemühen, ist sie abgedriftet, hat sich einwickeln lassen. Wenn sie in dieser Haltung verharren wird, sieht es nicht gut aus mit Gesunden. Die Chemotherapie steht für einen Gewalteingriff von außen, der so viel besagt wie: hier muß im emotionalen Bewußtseinsbereich alles weggeätzt werden, was in deiner Vorstellung von angenehmem Leben umhergeistert. Die Haare drücken die animalische Ebene aus: sie bezieht ihre ganze Vorstellung von Lebensqualität auf rein weltliche, nicht einmal irdische Ebenen; das muß weg, notfalls sogar durch Sterben. Der Tod ist nach der Krebsstufe die nächste Instanz, wenn alle Hinweise zuvor versagen und nicht greifen. Beachte in allen Facetten die „geniale" Mischung von Kohl – Verfeinerung – Blume als Mißverständnis, Fehlziel, Blindheit.

Die blaue Blume

Sie ist sozusagen *das* Blumenmodell als Essenz schlechthin. Es ist ein wundervolles, vielschichtiges archetypisches Leitbild seit je, welches im 19. Jahrhundert in der Romantik „neu ausgegraben" wurde und allergrößte Bedeutung gewann. Der romantische Dichter Novalis läßt sich intensiv über dieses Thema aus. Die gesamte Künstlerwelt hatte zu schaffen mit dieser Idee, die eigentlich gar keine neue war. Die Blumen, als direkte Liebesgedanken Gottes, über die Dienerin Erde künstlerisch hervorgebracht, finden ihre Krönung in der blauen Blume. Sie *ist* das geistig spirituelle Grundmodell, das ewige Bild der Sehnsucht nach der Vollkommenheit der Teilhabe an dieser Liebe. Sie taucht in vielen Märchen auf, erscheint nur alle 100 Jahre und blüht nur einen Tag, bzw. eine Stunde (eine Zeiteinheit) an einem sehr verborgenen Ort. Ihre Wirkung aber hält drei Tage lang an, erst zunehmend, am dritten Tage abschwellend (Dreiheit der Zeit als Verschmelzung in der Kostbarkeit des Augenblicks als Nutzung: der rechte Moment, das rechte Maß). Der Finder, der sie mutig pflückt und an sich nimmt, kann Wunder durch sie vollbringen. Er kann beispielsweise unter Wasser atmen, verschlossene Tore öffnen oder Monster besiegen, wenn er die Blume in einer Kapsel auf der Brust trägt. Eine Frage des Herzensmutes also, der Furchtlosigkeit und des Vertrauens in die unbesiegbare Kraft der Liebe. Nur Sonntagskinder können sie finden. Das sind die Auserwählten, die Begnadeten, die dem Aufruf Folge leisten. Der Sonntag ist der Tag der Vollendung des Menschen. Solche Menschen hat es immer gegeben. Es sind die, die stets die olympische Flamme des Spirituellen erhalten und weitertragen durch die Verdunklung der Menschheit.

Im Lärm und Weltgetümmel kann man diese Blume nicht finden, auch im Überfluß und der Trägheit des Materiellen nicht. Es sind immer materiell arme Kinder im Märchen, die so etwas finden. Entsprechendes gibt es mit weißen Schlangen und Goldkrönchen oder mit dem lebensrettenden Wasser. Die Bescheidenen, Suchenden, die bereit sind für Stille und Abgeschiedenheit haben allein den Zugang. Es kann sie nur finden, wer sich danach sehnt. Sehnsucht nach dieser ewigen Vollkommenheit ist der stärkste Motor. Wer sie dann aber findet und stehen läßt, hat seine Chance vertan. Unschlüssigkeit und Lauheit erweisen sich als gleich große Katastrophe wie Trägheit und Stolz. Die Essenz der Wirkung der blauen Blume ist der Einsatz für selbstlose Zwecke, sonst verfällt sie oder stürzt den Mißbraucher in abgrundtiefes Elend. Die blaue Blume steht hinter allen Blumen als Urmodell, ist der Farbe nach rein spirituell, dem blauen Himmel, dem Heiligen Geist adäquat. Es ist dieselbe Wirkungskraft, die hinter allem steht. Die Aufteilung in die Dreiheit ist die Kostbarkeit des Lebens in der Raumzeit (100), die achtsam zu nutzen geboten ist.

Der allgemeine lange Irrweg der Menschheit drückt sich bei manchen Suchenden wie ein verschlüsselter persönlicher Roman in Träumen aus, worin immer wieder das alte Wissen um diese Sehnsucht, diese Möglichkeit, dieses Geschenk vorkommt, um nicht verloren zu gehen. Deshalb möchte ich einen Traumquerschnitt einer bemerkenswerten alten Dame wiedergeben, die, über ihr ganzes Leben verteilt, derartige Träume erhielt. Wegen Nichtverstehens und damit Nichtnützens hat sie eine Odyssee an Schmerzen und Leiden durchgemacht, immer aber wieder auch Wach-und Traumerscheinungen erlebt, die die Flamme am Erlöschen hindern.

Ein älteres, sehr gelehriges Negerkind lernt bei einem sehr fähigen alten Schamanen. Bevor sie ausgelernt hat, stirbt der Schamane.

Sie lebt mit einer alten Kräuterfrau, die ihr beibringt, wie sie eine Wünschelrute aus Eichenholz zu halten und zu bewahren hat.

(Das Negerkind: natürlich, direkt, offen, unbedarft, buchstäblich „eingeboren". Eichenholz ist bekanntlich besonders dauerhaft und widerstandsfähig). Dies sind Rückerinnerungen der Seele an erlebte konkrete Inkarnationen, in denen bereits Schulung in Eingeweihtenwissen stattgefunden hat. Sie hatte es vergessen, hatte noch nicht ausgelernt, war noch nicht selbständig geworden. Das soll nun erfolgen. Sie soll sich erinnern in dieser Kehraus-Epoche, in dieser Wendezeit, und das Begonnene zuende bringen. Jetzt ist die Zeit, die blaue Blume zu pflücken, wie man gleich sehen wird. Vorher aber mußte sie noch ermüdende Wege beschreiten, weil sie allzu viel Hilfe von außen gesucht hatte (pausenlos Arztbesuche bei vielen Ärzten).

Sie erreicht sehr müde ein Priesterhaus, wohin sie wollte, um Hilfe zu finden. Es ist niemand zu Hause. Sie wandert weiter. Unterwegs will ein Mann sie küssen, das aber verweigert sie. (Der Versucher in diesem Fall, eine Judasfigur, ihren Weg nach rein rationalen Richtlinien konventioneller Übereinkünfte zu gehen. Das geschah während vieler Leben, und als zusammengefaßter Querschnitt noch einmal in diesem Leben als Kurzfassung.) *Schließlich landet sie an einer dichten Dornenhecke* (Dornröschen). *Sie muß dort hindurch, es gibt keinen Weg außen herum. Von der anderen Seite haut nun ein junger, freundlicher Mann einen Durchgang* (ihr Engelhelfer). *Ein anderer freundlicher junger Mann bringt ihr einen großen Strauß bunter Blumen. Eine der Blumen zieht er heraus und schenkt sie ihr. Es ist eine Art Glockenblume, wunderschön und zweifarbig silbern und lichtblau.*

Eine Glocke ist ein Instrument, das zu einem besonderen inneren Fest ruft. Und dann noch in Blumengestalt! Hier wird liebevoll ihre Treue honoriert, ermuntert, weiterhin dem Herzensweg zu folgen. Silbern ist das Mondlicht, das Revier der Gefühlswelt, die das Sonnenlicht in der Nacht tröstlich reflektiert. Sie bleibt den weiblichen Kräften von Hinnehmen und nicht Irrewerden treu, deshalb kann ihr geholfen werden. Sie erliegt nicht dem Wahn, alles ausschließlich aus sich selbst können zu müssen. Ihre

Seele weiß, daß sie alles vermag, wenn sie in der Schöpfung IHM dient, Seinen Willen tut. Die Dornenhecke ist das Gestrüpp der alten Verwirrung und der Undurchdringlichkeit menschlicher Gefühle und Blindheit. Jeder muß dort hindurch.

Dreimal hintereinander träumt sie, wie sie unbehindert frei laufen kann.

Seit langem ist sie körperlich teilweise halb gelähmt, kann nur beschränkt gehen und sich schwer erheben. Sie wird getröstet mit dem Hinweis, daß ihr Geist und ihre Seele dabei sind, frei zu werden, unabhängig von körperlichen Gebrechen.

Sie erlebt sich im Traum als gestorben, sieht sich über ihrem verlassenen Körper schweben, ihre trauernden Kinder drumherum. Sie sagt klar und deutlich: „Trauert nicht, ich bin gar nicht tot!"

Sie macht mit anderen zusammen eine Art Bruchlandung in der Wüste. Auch nach Tagen kommt keine Hilfe. In der ausbrechenden Hungersnot fangen die Leidensgenossen an, sich gegenseitig aufzuessen. Sie ist entsetzt über den Kannibalismus und weigert sich, dabei mitzumachen. Sie erklärt kategorisch, daß sie lieber verhungern will.

Wieder erhält sie eine blaue Blume mit Silberstrahlen, zusammen mit der Aufforderung, sie gut zu hüten, sie sei sehr kostbar!

Ich fürchte, diese beiden Träume bereiten sie *auch* auf die Zukunft vor. (3 Jahre später bestätigt sich übrigens diese „Vorahnung" meinerseits.)

Die meisten Träume umspannen einen enormen Zeitraum; sie reichen oft weit in die Vergangenheit und weit in die Zukunft hinein. Prüfungen dauern an, Aushalten ist die Devise. Offenbar will diese Träumerin das Wort beherzigen lernen: „Wer sein Leben retten will um jeden Preis, der wird es verlieren. Wer bereit ist, es zu verlieren, der wird es behalten."

Das körperliche Leben um *jeden* Preis erhalten auf Kosten anderer, und dafür seine Seele zu verkaufen (siehe Teufelsmärchen), ist eine enorme Versuchung für die meisten Menschen. Aber der Preis ist falsch. Dem sittlichen Gebot in sich (jedem ist das eingeboren!) auch dann zu folgen, wenn äußerste Lebensgefahr besteht, ist nicht leicht. Dennoch haben das immer wieder erstaunlich viele geschafft, z. B. im dritten Reich, als zahllose Menschen trotz furchtbarer Bedrohung und Angst standhaft geblieben sind. Das stellt einen gewaltigen Schritt dar in der Treue des Menschen an sein inneres Leben.

Die Träumerin ist offensichtlich in früheren Leben mindestens ein Mal in eine solche Situation gestellt worden und hat bestanden. Deshalb erhält sie die blaue Blume. Noch ist die Prüfzeit, die Vollendung nicht zu Ende. Die Ermunterung auszuharren, wird ihr sicher guttun.

Häuser und Wohnungen aller Arten

Sämtliche Häuser sind Konstruktionen der stets wechselnden Seelenverfassung in aktuellen Momentaufnahmen. Einige Varianten sind bereits zur Sprache gekommen: Schulen z. B.. Innerhalb des Themas Schule tragen die Fachhochschule, Berufsschule oder Universität spezielle Anliegen des Träumenden im fortgeschrittenen Stadium vor. Gemeint ist immer die geistige höhere Instanz der inneren anspruchsvollen Ausbildung.

Das *Sanatorium* ist *die* Heilstätte der Seelen, sowohl des Träumenden wie der Allgemeinheit; ein *Krankenhaus* entsprechend der Behandlungsort der akuten Seelenleiden. Der Arzt stammt aus der Lichtwelt samt Pflegepersonal. Aber auch da gibt es das Doppel, das Plagiat, den Schattendoppelgänger, die Scharlatane der Dunkelwelt und die Klinik als falschen Ort, von dem man besser schleunigst verschwindet. Man kann den Schwindel durchaus erkennen über das Herz: du spürst eine Antipathie, weißt panikartig, alptraumhaft – hier bin ich falsch, das Outfit des Arztes ist irgendwie nicht richtig, irgendwie fühlst du die Verschlagenheit, die Lüge.

Sie befindet sich zwar paralysiert, aber dennoch bei vollem Bewußtsein in einem OP-Raum. 2 bis 3 Ärzte der unangenehmsten Art (Machotypen) wollen sie ohne Narkose, aus reinem Sadismus operieren. Sie weiß, daß sie umgebracht werden soll. Vor dem OP-Raum, den sie als getarnt, verborgen weiß, gibt es die Außenwelt mit jeder Menge geschäftiger Menschen, die ahnungslos draußen vorbeihetzen, wie in einem unterirdischen Bahnhofsgewirr, nur durch eine Tür von ihr getrennt. Sie will um Hilfe schreien, aber das wird verhindert mit äußerst zynischen Bemerkungen ...“ Es würde Sie doch keiner hören.“

Wie sie dort hineingeraten konnte? Dadurch, daß sie sich in derselben Außenebene bewegte wie die anderen, unterirdisch, gehetzt, ohne Tageslicht, gleichgültig. Der Knackpunkt ist: dieselbe Ebene! Da kann sie derart gequält werden! Das Gesetz des Karma: es kommt alles zurück, jede Gedanken- und Handlungssubstanz. Wer im gleichen Wahn umherrennt, der kann keine Hilfe von den gleich Tauben und Blinden erwarten („Wer Ohren hat zu hören, der höre ...“). Nur auf der Basis der Begnadigung gibt es Entkommen. Da sie zu jeder Einsicht bereit war, erfährt sie bald einen gnadenvollen Durchbruch. Vor dem Karma selbst kann man in Einsicht nur kapitulieren.

**Nur die Führung des Herzens lehrt
dich die Unterscheidung des Doppels.**

Frau R.:

Sie entdeckt zu ihrer Überraschung ein Doppel ihrer Wohnung, das rechtwinklig nach rechts an den bisherigen Raum anschließt, wie spiegelbildlich. Ihre links liegende Wohnung ist chaotisch, die rechte ist ordentlich.

Die einseitige Enge ihres bisherigen ausschließlich emotionalen Wohnraums soll sich um die rationale Willensseite verdoppeln, um Ordnung in das Chaos ihrer Gefühle zu bringen. Sie hatte ihren Mangel noch nicht einmal erkannt, schien sich wohl zu fühlen in dem Durcheinander; eine weitere Aspirantin der krassen Bezeichnung „sich wie die Sau im Dreck wohlfühlen". Es ist dieselbe Träumerin, der der Ausflug in die Rotlichtszene vermasselt wurde.

An ihren Wänden hängen lauter billige Comicposter, und schwüles rotes Dämmerlicht kommt von ihrer Lampe.

Das mochte sie, das ist ihre Lebenssignatur. Nun wird eingeheizt. Ihr Hauptaugenmerk muß nun auf die Verstandesseite gelenkt werden, sonst versinkt sie endgültig im Sumpf.

Elende **Bruchbuden** tauchen in Träumen auf; finstere, abbruchreife morsche Behausungen, die unbedingt schleunigst verlassen werden müssen. Auch die sind relativ zu verstehen, können sich bei hochentwickelten Seelen genauso zeigen, wie in einem noch dumpf vegetierenden Menschen. Dort zieht es durch alle Ritzen, regnet herein. Das Wohnzimmer liegt vielleicht direkt hinter der morschen Eingangstür, so daß jeder „mit der Tür ins Haus fallen" kann. Schnell verlassen, es droht Zusammenbruch. Es ist die falsche oder überlebte Wohnstatt.

Ein wunderschönes Fachwerkhaus im Wald ist ihres, hell und groß; aber im Keller, hermetisch abgeriegelt, gibt es drei eiserne Pritschen für Gefangene, die dort gefoltert werden.

Was für ein Memorandum! Im Außen so makellos, aber seit langem, immer noch und mit drohender Gefahr auch in Zukunft (das Dreifache) will die Träumerin die zu Tode gequälten Leichen im Keller nicht anschauen (ihre unerlösten Teile sowie alte Taten). Der Schein des schönen Hauses im Naturbereich trügt. Wenn sie die hermetische Abriegelung der unteren Seelenräume nicht öffnet und entsorgt, wird es eine Katastrophe geben. Die Verabredungen mit dem Teufel dort waren unentdeckt.

Das **Kaufhaus** ist dir inzwischen ein Begriff; in den meisten Fällen ist der Sinninhalt wie ein Basar weltlicher Versuchung, mit Billigangeboten inflationäre Wünsche zu befriedigen, gar erst zu wecken; eine Schraube ohne Ende.

Sie geht in ein Kaufhaus, wo eine Bombendrohung gemeldet wird, die sie nicht ernst nimmt. Die Bombe geht hoch, sie kommt nur mit knapper Not davon.

Die Bombe ist ein Volltreffer, der Traum auch. Der Schreck war so groß, daß der Traum wie ein Prisma in eine andere Richtung lenkt, und das war auch sein Sinn.

Die Verwässerung der Seele, die sich mit Außenramsch begnügen mag als Ersatz für die wahren Lebenswerte, wird hier genauso offenbar wie in etlichen Kinoträumen, die sie bekam. Die Vorausschatten der Bombendrohung hätte sie natürlich beherzigen müssen. Tut sie künftig, denn wie sich danach zeigt, läßt sie sich auf Veränderung ein und nicht abschrecken von den Folgen der inneren Unwetter.

Der Sohn dieser Frau:

Sein Zuhause ist ein Riesenkaufhaus.

Das erscheint für ein Kind ganz schön ausgebufft! Der Traum zeigt wertungsfrei einen Fakt. Er selber soll entscheiden, was er daraus machen will. Ob er das bisherige geistige Erbe seiner Eltern übernehmen will oder die Erde im positiven Sinn als einen Ort betrachten, an dem der Mensch alles erhält, was er wirklich für seine Existenz benötigt. Ein praktisches Beieinander von allem Notwendigen, ohne Überflüssiges und ohne Gierwünsche zu wecken. Du wirst staunen: beide haben verstanden, Mutter und Sohn.

Mir sehr nahestehende Menschen, ein Ehepaar, befanden sich in einer Klemme. Er konnte vor Sorge bereits nicht mehr schlafen; sie war ruhiger, mit sehr viel mehr Vertrauen; aber es blieb eine beängstigende Situation. Nach Menschenermessen war die nicht so zu lösen ohne einen hohen Verlust. Aufgrund ihres Vertrauens und um ihm eine Lektion in Vertrauen zu erteilen, geschah das Unwahrscheinliche. Mehrmals während der letzten Jahre hatte es solche spektakulären Inszenierungen gegeben, um ihm aus seinem tiefen Mißtrauen, seiner schier unheilbaren Skepsis zu helfen, dennoch ist er immer wieder rückfällig geworden. Aber er bemüht sich und abermals wird ihm Hilfe demonstriert. Bevor die Würfel fallen sollten, erhielt sie in der Nacht einen Traum:

Ihr gemeinsames Haus wird von grundauf total renoviert. Alle Wände müssen neu verputzt und tapeziert werden, vom Keller aufwärts. Vor der Haustür befindet sich eine Art Überdachung, unter der eine Brücke gebaut

wird. Es sind eine Menge Bauarbeiter da. Die Brücke reicht nicht bis ans Haus. Ihr Mann sagt (!): „Wir müssen die bis ins Haus reinziehen"!
Plötzlich erhält sie einen dicken Kuß von dem Vorarbeiter, sehr überraschend. Sie ist verlegen.

Beim Erwachen ahnt sie, daß das Gabriel war (der Vorarbeiter), der ihr schon öfter erschienen ist. Sie konnte es kaum glauben, bis ich es ihr bestätigte. Das ist Gabriels Handschrift, immer mit Witz und Humor, immer allerbester Laune, hinreißend ...

Die Bauarbeiter sind natürlich Helfer der Lichtwelt; die Brückenbauhilfe findet unter hohem Schutz statt, aber der Eigenanteil ist auch unmißverständlich klargestellt: das Seelenhaus der beiden muß von Grund auf neu überholt werden. Sie haben sozusagen Vorschußlorbeeren erhalten für die gefürchtete Situation am folgenden Tag: als es aufs Ganze ging, schickte sie ein Stoßgebet los: „Gabriel, mach Du das, ich habe keine Ahnung, was ich sagen soll". Und das Wunder geschah, wie bereits gehabt. – Nun ringe ich mit den beiden um Einlösung ihres Rückstandes! Bisher „renovieren" sie nicht komplett, wie sie sollten.

Lieber Leser, behaupte ja nicht, du habest nicht selber bereits Situationen erlebt, in denen dir auf wunderbare, völlig überraschende Weise geholfen worden ist! Realisiere das wenigstens nachträglich und bedanke dich dafür!

Der Träumer mit den verpatzten Matheprüfungen hat noch einmal das Traumwort:

Er macht mit seiner Frau Urlaub im Haus seines Bruders im Nachbarland. Es regnet durch das undichte Dach ins Bett seiner Frau. Darunter entdeckt er einen schlammigen Keller. Er zieht es vor, im Freien zu duschen ...

Das tatsächlich existierende, aber materiell natürlich intakte Haus des Bruders, des Nächsten, ist in schlechter Verfassung, der Urlaub gestaltet sich noch weniger als kümmerlich. Sein Konzept von angenehmem Leben wie ein Urlaub leitet sich aus der gängigen Sicht des Nächsten her (alle machen es so ...). Fehlt noch, daß er die Schadensbehebung seinem Bruder zumutet. Auf den Zustand des Kellers kannst du dir schon selber einen Reim machen. Er macht, was alle machen. Falsch! Nicht mitlaufen, sondern eigene, neue Entscheidungen treffen! Zum Bereinigen muß er ins Freie; raus aus den blind übernommenen Denkmustern des Nächsten. Da geht es nicht gerade luxuriös und bequem zu. Aber sauber kann er da werden. Der mißglückte Urlaub läßt seine Gefühlsebene nicht schlafen. Die Trägheit, die er sich „gönnt", muß gewaschen werden. Unsere alten Gewohnheiten sind unsere ärgsten Feinde – ich kann ein Lied davon singen ...

Ein eingefleischter Pessimist, der Gott und der Welt grollt:
Er will in seinem früheren Wohnort (B.) Saft aus dem Keller holen. Ein Helfer führt ihn die Treppe hinunter in eine Halle, wo Kampfsport tobt. Draußen vor dem Haus strahlt die Sonne über Palmen.

Er sieht das Gute in seinem Leben nicht; deshalb, weil er meint, darben zu müssen, hat er folgerichtig finanzielle Schwierigkeiten. Er glaubt, die feudalen Dinge sind immer nur für andere da: den Saft wollte er zum Verkauf für Kunden heraufholen (er hatte einen Naturkostladen). Er gönnt sich selbst nichts: die Palmen und die Sonne; (er ignoriert für sich selber das schöne Wetter) hält unbewußt (im Keller) an der Selbstzweckthese fest, das Leben nur als Kampf ohne Freude zu verstehen. Er macht aus dem tatsächlichen Lebenskampf einen hartnäckigen Rechthaber-Sport, und hebt seine Kräfte damit gegen sich selbst auf. Falsch verstandener Dienst mit erzwungener Askese. Natürlich liegt im So-Sein die Wirkung einer alten Ursache: er war in einer früheren Inkarnation ein türkischer oder armenischer (?) Händler, der eifrig gerafft hat wie ein Hamster. Wenn er diese Zusammenhänge loszulassen lernt, wird er annehmen können und sich selbst was gönnen im echten Sinn.

Frau K. erhält ein entschiedenes Ablaufdatum für verfallende Altäre aus ihrer gesamten Vergangenheit. Zwei bis drei Jahre lang erhielt sie wiederholt denselben Traum und kann von Glück bzw. Endlosgeduld sagen, daß für sie die Uhren so lange angehalten wurden:
Ihr Haus bricht zusammen; ihre Kinder, die darinnen sind, gehen mit unter. Eine Stimme von oben: „Es ist zu spät!"

Es klingt wie ein Melodram; es könnte auch eines werden, wenn sie nicht schleunigst die Weichen anders stellt (Vergiß nicht: wir alle sind auf diese Engelsgeduld angewiesen, weil wir alle jeden Grund haben, Abbitte zu leisten).

Sieh den Traum als Doppel: die Kinder *müssen* untergehen, sofern sie die Erneuerung der alten Denkmuster verkörpern (das schmeckt bereits hier auf dem Papier wie der Zweitaufguß von Kaffee: schal und fade!) Sie dürfen *nicht* umkommen beim Zusammenbruch des alten Hauses, wenn sie umverstanden werden als neue Hoffnung auf das Neue, Nachwachsende. Das strenge „zu spät" geht gar nicht alptraumiger ... Der Schock scheint gesessen zu haben; aber erst die Zukunft wird zeigen, ob von Dauer oder nicht.

Das Urteil war erfolgt, gesprochen und scheint irreversibel. Dennoch besteht das eigentlich Unfaßbare darüber hinaus für jede Begnadigung!

Der Weg der Liebe und Einsicht als dem Christusaspekt, der alle karmischen, kosmischen Gesetze überwinden kann.

Eine noch chaotische Studentin, die mit ihrer persönlichen Kraft nicht bei sich bleibt, stets wie ein aufgescheuchtes Huhn umherflattert, sich auch verbal nur in recht verworrener Weise ausdrücken kann, kriegt es so unter die Nase gerieben:

Sie hat zwei Mal einen fremden Mann ermordet und will bei Nacht die Leiche begraben. Aber sie muß ihn wieder ausbuddeln und bekennen.

Nicht nur bekennen, sondern auch erkennen, wen sie eigentlich umgebracht hat! Weiterhin ihre eigene rationale Ebene, die sie noch nicht einmal kennt; negieren und totschlagen und – unbemerkt von anderen (nicht von ihrem besseren Ich) begraben, ist nicht mehr erlaubt. In Vergangenheit und Gegenwart hat sie bereits gemordet, in Zukunft muß damit Schluß sein, sonst wird's gefährlich.

Eine recht „harte Nuß", eine jüngere Frau, wartet mit einer verheerenden Traumfolge auf:

Eine starke Energie von oben drückt sie mit ihren (vier) Kindern in einem Fahrstuhl nach unten in die Kellerräume, nachdem sie ein böses Tier in den Heizwirtschaftsraum getrieben hat (wer wen, bleibt unklar, ist auch nicht von Belang, da Wechselwirkung besteht).

Vor ihrem großflächigen Elternhaus befindet sich ein kleines Haus, in dem sie ihrem Vater bei dessen Konkurs mit der Buchführung hilft, um zu retten, was noch zu retten ist. Sie verschafft sich mühelos Zugang durch das Reetdach, findet drin aber gute Ordnung vor. Hingegen sieht sie im Hintergrundstück jede Menge Sperrmüll, der weggeräumt werden muß. Zuerst muß der Müll nach vorn gebracht werden; das schafft sie nicht, obwohl ihr etliche freundliche Helfer dabei helfen.

Einen Traum ihrer Kindheit hat sie behalten:

Hänsel und Gretel sind weggelaufen. Sie hat der Hexe geholfen. Nun will die Hexe sie fressen.

(Unsere alten Untaten holen uns immer ein!)

Sie sieht ihre kleine Tochter (die ihr vom Wesen her fremd ist) *als leere, hohle Puppe; nur unten drin ist ein totes Etwas.*

Ich habe so meine Zweifel, ob sie es schaffen wird in diesem Leben. Allzu unverhohlen wird da auf falschen Altären geopfert. Selbst die wohlwollenden Helfer schaffen es nicht, den Berg von Sperrmüll in ihr Gesichtsfeld zu rücken – und das ist erst die Vorarbeit! Falsche Dienstbeflissenheit als Maske für Macht, Hochmut und Anspruch sind allzu mächtig. Kein Mitleid mit den Hilflosen sondern die eigenen Interessen stehen im Vordergrund. Sie zieht eine Hilfsbereitschaftsschau ab, wo gar keine

Hilfe benötigt wird, besiegelt noch eifrig den Konkurs des Vaters, IHM in ihr, durch Buchführung, obwohl dieser Konkurs sowohl aktenkundig wie ordentlich abgeschlossen erscheint. Sie verschafft sich dafür sogar unrechtmäßig Zugang durch ein schwer zu erhaltendes historisches Dach. Sie hat sich nach außen „begnügt" mit dem kleineren Vorzeighaus. Alles Schau. Auch der Zwangsweg, rasch und direkt in die Kellerräume sausen (Verordnung von oben), nützt nichts, obwohl ihr dafür eingeheizt wird: das böse Tier profitiert auch noch von der Heizenergie, die doch im Haus allen zugute kommen sollte; damit gewinnt das Tier noch weiter an Energie! Es geht wirklich alles nach hinten los. Wie du siehst: auch hier ist das große Lebensthema bereits mitgebracht worden in diese Inkarnation (der Kindertraum). Ihr wurde schon lange die alte Hexenmacht entzogen, so daß die hilflosen Kinder entlaufen konnten. Aber immer noch hilft sie der Falschen: sie will von ihrer weiblichen Hexenmacht (dunkel, weil einseitig, ohne Liebe, nur Berechnung von eigenen Vorteilen) nicht lassen. Wie geläufig ihr sämtliche Vorwände und Ausflüchte sein müssen, zeigt sich in demselben, immer wiederkehrenden Traum:

Flugzeugabstürze, bei denen sie immer cooler wird.

Sie zementiert sich eigensinnig immer tiefer in die falsche Reaktion, wird immer abgebrühter, gewöhnt sich an die inständigen Warnungen, statt in sich zu gehen, und beschwört damit ein Drama herauf. Das moderne Adjektiv ‚cool' spricht Bände! Verlogenes Darüberstehen, Machomacht – die *muß* in Konkurs! Ist das schwer zu entschlüsseln?

Die kleine tote Puppe zeigt ihren Seelentod an. Sie lebt in einer verhängnisvollen Chimäre von Vorspiegelungen der Gefühlsebene, in der nichts mehr echt ist. Es graust einem geradezu bei solchen Träumen. Laß dich nicht täuschen vom äußeren Schein: diese junge Frau wirkt nach außen modern, flott, lebhaft. Aber in ihr sitzt ein furchtbarer Wurm. Zum Erbarmen. Ihr Nichtbegreifen war ja ebenfalls in den Träumen enthalten. Dennoch: die starke Energie von oben läßt niemanden außer acht. Irgendwann wird es vorangehen, selbst wenn das über losbrechende Stürme in ihrem Leben geschehen muß. Die Traumserie ist ein Ausschnitt, nicht das Ende. Es gibt kein Ende. Für niemanden.

Jeder Raum im Seelenhaus hat seine eigene Bedeutung:

Das **Wohnzimmer** ist der Vorzeigeraum, der, in dem vorwiegend bei Tagesbewußtsein gelebt wird, wo alle sich zusammenfinden, Gäste empfangen werden.

Die **Küche** ist der Ort, an dem die Seelenspeisen für sich, die Familie und andere zubereitet werden (Ich mache häufig „*in Riesenküchen Rie-*

senabwäschen für viele Leute"). Der Zustand der Küche sagt also etwas aus über die Bereitschaft, zu sorgen. Eine schmutzige, chaotische Küche ist ebenso alarmierend wie ein dunkles, verdrecktes *Bad*, das das Zentrum der Seelenreinigung bezeichnet.

Häufig taucht in Träumen die alte Küche der Kindheit auf, die je nach Zustand die Gewohnheit des geistigen Erbes aus der Erziehung vor die Augen führen will.

Neben der alten, schmalen, dunklen Küche ihrer Kindheit entdeckt sie zu ihrem Erstaunen eine wundervolle große Küche, hell und modern.

Die Träumerin kann heraus aus der alten Finsternis unwilligen Gebens oder gar Vorenthaltens der Seelennahrung, so, wie es in ihrer Kindheit gewesen ist. Sie erhält ein Prachtstück von Küche, in dem sie noch vielen Menschen voller Freude ihre Seelenspeise wird zubereiten können. Eine Ermunterung, sich zu trauen, daß sie es ganz anders vermag als ihre Mutter, die düster zugeteilt hat, wobei die Kinderseelen zu verkümmern drohten.

Das *Schlafzimmer* ist nicht nur der Intimbereich der eigenen männlichen und weiblichen Seite, sondern auch der Ort, an dem einer entweder den Schlaf des Gerechten schlafen darf oder auf unzulässiges Pennen hingewiesen wird. Seine Aufgabe verschlafen stellt sich stichhaltig im Zustand des Schlafzimmers dar. Das Schlafzimmer sagt also etwas aus über Schlaf oder Erwachen der Seele. Die genaue Zeichnung der Räume gibt genaue Auskunft.

Der *Flur* eines Hauses steht für den Eingangsbereich, in dem die Art des Empfangs und der anvisierte Umgang mit anderen wiedergegeben wird.

... Ein viel zu großer, aber prachtvoller, wenn auch kalter Flur ...

weist auf Großprotz hin: beeindrucken wollen bereits im Vorfeld. Prunkvoll, aber nicht herzenswarm; nicht überschaubar, dem eigenen Vermögen nicht angemessen – wie zu große Schuhe.

Den *Keller* kennst du bereits.

(Nach allen möglichen Ereignissen im Haus ...) *geht er endlich in den Keller, räumt dort auf, entrümpelt und streicht dann alles freundlich hell.*

Gut so, wunderbar. Ohne einen derart betreuten Keller kann es im Haus nichts werden, erst recht nicht unterm Dach, denn dort befindet sich das Bewußtsein. Bewohnt jemand allerdings nur das Dachgeschoß, hat vielleicht fremde Mieter im Erdgeschoß wohnen, dann ist er abgehoben! Dann ist Erdung dringend angesagt. Ist unterm Dach etwas nicht in Ordnung, wird es Zeit, sich sein Oberstübchen näher zu betrachten. Wenn aufgestockt oder ausgebaut werden soll, ist das ein wunderschöner Aufruf.

Aber er hat es in sich. Wachsende Verantwortung geht unweigerlich damit einher. Ein Poltergeist im Dachboden ist ein Beauftragter geistiger Welten, sei es ein dunkler, sei es ein heller: immer will er auf etwas Dringliches aufmerksam machen. Stell dich, auch wenn du dich fürchtest; es wird ein fruchtbarer Auftakt sein.

Mit diesen grundlegenden Mustern kannst du etwas anfangen, auch wenn noch weitere ungenannte Baulichkeiten vorgestellt werden. Suche in dem Lernmodell der Entsprechung nach der nächstliegenden Bedeutung, und du wirst Zugang erhalten, eine heiße Spur gibt es immer.

Ein junges Mädchen wird im Bad von einem Kampfhubschrauber, der draußen im Dunkeln vor dem kleinen Fenster manövriert, mit einer Giftspritze ermordet. Ein junger Mann trägt sie durch die schwarzen Gestalten (wie Terroristen, es sind dieselben aus dem Hubschrauber) durch das ganze Haus, aus der Haustür heraus ins Licht ... Ein junger Mann, sehr freundlich, verabschiedet sich im Kindergarten mit Bedauern.

Die Träumerin steht etwa in der Mitte des Lebens, ist lange Zeit ein überwiegend emotionaler Mensch gewesen. Die Einseitigkeit hat sie angreifbar gemacht für dunkle aggressive Kräfte. Da aber ihre Herzseite stark entwickelt, sie liebevoll bereit ist, sich einzusetzen, hilft ihr der Schutzengel ins Licht. Dafür muß das junge Mädchen sterben, das nicht mehr ihrem Alter entspricht. Sie war zwar im Bad, hat es aber offenbar nicht benutzt; es bleibt offen, ob sie nicht mehr dazu gekommen ist, überrascht wurde von den Gangstern. Vermutlich bezieht es sich zusätzlich noch auf einen früheren Tod, der ihr Bilanzziehen nicht mehr erlaubte. Sicher ist, daß das Drama dieses Todes keines ist, sondern durch den Lichtengel aufgefangen wird. Der junge Mann im Kindergarten ist der gleiche.

Er signalisiert, daß sie nun geistig den Kinderschuhen entwächst, und er andere Aufgaben übernimmt. Sie wird selbständig, erwachsen.

Dieser Traum ist auch transpersönlich aufzufassen. Was ihr gilt, ist auf zahllose andere Menschen gemünzt.

Die tröstliche Essenz:

Deine alte Vorstellung von Herz wird geprüft, muß sogar bereit sein zu sterben unter den brutalen Angriffen dunkler rationaler Mächte. Selbst dann fürchte dich nicht: die Seele bleibt leben, ja, mehr noch, wird ins wirkliche Leben hinüber getragen. Der Sieg des Dunklen ist ein Scheinsieg, am Ende behält das Licht den Sieg.

Ein weiteres Traumzitat der verwöhnten Frau (die das Kind der Angestellten ertränkte); sie hat es natürlich schwer, ihre materiellen Selbstverständlichkeiten zu überwinden:

In ihrem (sehr feudalen) Haus quillt überall Kot heraus. Sie muß weinen. Eine Managerfrau, die sie kennt und nicht mag, zieht in dieses ihr Wohnhaus ein. Sie flüchtet in ihren Urlaubsort (wo sie ein weiteres Haus besitzt und häufig hinfährt). Dabei führt sie zuviel Gepäck mit sich, muß das zurücklassen und nimmt nur zwei Engelbilder mit. In ihrem Urlaubshaus wird sie von Urlaubern verdrängt, läßt sich auszahlen und macht sich selbständig.

(Alle ihre Träume lassen plausibel ein Crescendo erkennen.)

Auf einem Sumpfgelände muß sie ihre Füße waschen, die voller Schlamm sind. Außerdem muß sie sämtliche Kleidungsfetzen entfernen.

Das ist ganz schön deutlich und streng. Ihre Seele weiß, was sie hinter sich lassen soll. Der noch faule Kompromiß, zu retten, was sie meint, retten zu müssen, ist es auch nicht. Ihre enormen Ansprüche versucht sie zu verlagern mit *etwas* mehr Bescheidenheit. Der Luxus wird ihr nicht nur verleidet, sondern stinkt ihr buchstäblich. Sie erfährt wörtlich, daß das „Weltliche" „Dreck und Kot" ist, nichts weiter. Sie sollte das Übersteigerte, das Unmäßige den unsympathischen Erfolgsfrauen (Ego!) überlassen, die es noch beanspruchen, noch nicht anders vermögen. Dieser Aspekt von ihr bleibt dort in dem Dreck. Aber auch das Ausweichmanöver, der Bestechungsversuch, ist es noch nicht (... wenn ich auf das verzichte, dann steht mir aber doch verdientermaßen der Urlaub in dem „Ersatzhaus" als Entschädigung zu?) Bestechung. Kuhhandel. Der vermeintliche Verzicht ist Selbstbetrug. Auch hier muß sie denen weichen, die in dieser alten Illusion eines angenehmen Lebens verharren wollen.

Sie sammelt Engelbilder. Überhaupt hat sie eine Neigung, durch eifrige Außenaktionen innere Notwendigkeiten zu ersetzen. Nun muß sie lernen, sich auf Wesentliches zu beschränken, die zwei Engelbilder sind Darstellungen von Michael und Gabriel, mit denen sie im Außen durchaus konferiert. Aber alles Tun ist inflationär bei ihr. Sie liebt diese beiden Engel besonders, deshalb kümmern sie sich auch. Die Schule ist halt unbestechlich ... Nun muß sie Farbe bekennen, denn wo sie diese beiden im Gepäck hat, braucht sie nichts anderes mehr. Das Wohnkapital, ihr Ortszwang soll flüssig gemacht werden, als Wegzehrung, damit sie sich auf echte, freie Wanderschaft begeben kann. Eine klarere Version von dem Märchen „Hans im Glück" kann man sich nicht vorstellen.

Der Haken bei allem ist: sie muß das Ganze noch verifizieren, den Wegweisern im Außen folgen.

Füße waschen vom Dreck des Sumpfes, des weltlichen Kots der materiellen Abhängigkeiten, ist der Froschkönig, ist Wasserreinigen, ist Gabriels Revier. Die Kleiderfetzen sind die Wahrheit über die umfängliche Prestige-Garderobe.

Erkennst du die Parallele mit dem Fußwaschen aus der Bibel?

Und die Geschichte von dem Reichen und dem Nadelöhr? Wer im Materiellen viel zu verlieren hat, tut sich schwerer, das ist einleuchtend. So gesehen kann man mit dem übersteigerten materiellen Anspruch und dessen Gewährung nur Mitleid haben. Es wäre besser, erst gar nicht da hinein zu rutschen, dann würdest du mit der Notwendigkeit von bitterer Armut/Not gar nicht erst konfrontiert werden müssen.

Die Erde gibt großzügig. Der Umgang damit, der Anspruch und das Unmaß sind falsch. Nicht Askese, sondern wirkliche Bedürfnisse prägen das Maß. Folge freiwillig, und du ersparst dir vieles. Ich kann das gar nicht oft genug sagen. Denn nicht zuletzt liegt in dieser freiwilligen Begrenzung der Dienst und Respekt für die Erde. Natürlich ist dies alles andere als eine populäre Lehre, die anfangs mehr als lästig erscheint. Aber es ist leicht verglichen mit dem, was andernfalls zum Lernen herangezogen wird.

In der gleichen Richtung führt der Traum eines materiell Armen, der sich mit dieser Armut falsch herumschlägt, nämlich mit Neid. Das ist keine Lösung.

Er steht vor einem großen reichen Bauernhaus, an einer Straße gelegen. Durchs Fenster sieht er einen alten sterbenden Mann. Er klettert durch das Fenster und betreut nun als Arzt des Kranken gelähmte linke Seite. Der Alte ist sehr unruhig, er hängt zusammengefallen auf seinem Stuhl. Nun tritt die Bäuerin herein; der Träumer sieht sich unten herum unbekleidet und schämt sich.

Eine Beerdigung im Ausland, an der er mit einem freundlichen jungen Mann teilnimmt ... Etliche Bahnstationen liegen dazwischen.

In einem luxuriösen Motorboot sitzt er mit seinen Eltern; es rast durch seichte Gewässer. Er hat die Landkarte, sieht die Gefahr voraus und steigt aus, bevor das Boot strandet.

Er will einen Baumast veredeln; dabei fällt der ab, weil er morsch, tot und verwurmt ist. Daneben liegt eine tote Igelhaut

Weitere Träume zeigen vehemente Wut auf IHN aus der vermeintlichen Vernachlässigung seines Erdendaseins. Er fühlt sich von IHM schlecht behandelt, vom Leben zu kurz gekommen und traut sich damit nicht an die einzig richtige Adresse: IHN. Er ventiliert seine Wut in andere Bereiche, weil er als bigott erzogener Katholik in einer erzkatholischen Gegend zum Kuschen und zum Buckeln erzogen worden ist. Das aber hat mit echter Demut und Bescheidenheit gar nichts gemein. Zugleich schreit er lauthals nach IHM, das ist aus dem Roman seines Lebens und seiner

Träume nicht zu überhören. Die Wutsperre sitzt so tief, daß er sie trotz Traumaufschlüsselung und anderer Hilfe noch nicht geknackt hat.

An einer belebten Straße möchte er gar nicht wohnen, die ist zu öffentlich, zu laut, zu schmutzig. Das Bauernhaus ist Neidobjekt; er meint, keinen legitimen Zugang zu haben (eine passende reale Parallele in der Verwandtschaft ist eingeschlossen). Sobald er nicht beim trügerischen Außenschein verweilt, sich Zugang verschafft, stellt er fest, daß nicht alles Gold ist was glänzt. Drinnen quält sich ein sterbender Alter: seine alte schlaggefährdete linke Seite. Nun muß er sich auf die eigentliche Eigenrolle besinnen, den inneren Arzt, denn der heilt durch Wahrheit. Die Bauersfrau als diejenige, die dem reichen Haus vorsteht, zugleich als Verwalterin der Nährmutter Erde, ertappt ihn bei dieser inneren Bloßstellung im geheimen Wunschbereich. Er muß gewissermaßen die Hosen vor ihr herunterlassen. Seine Beschämung ist Selbsterkenntnis, er steht entblößt da und kann sich nicht mehr verbergen. Deshalb muß im nächsten Traum eine Beerdigung stattfinden von einem, den er angeblich nicht kennt: ein unbekannter, unerkannter Einsichts- und Willensteil von ihm. Das Ausland ist natürlich das Anderland der wirklichen Wahrheit, nur über viele Stationen zu erreichen, aber immerhin unter der ständigen Begleitung und Betreuung des inneren Meisters. Den hat er auch noch nicht erkannt, folglich kennt er noch keinen Dank für dessen treue Nähe. Er sucht noch außen und reist in der Weltgeschichte herum. Dreimal war er in Indien, ohne dort Hilfe gefunden zu haben. Bauernhaus bedeutet auch Bodenständigkeit, Fürsorge für vorhandenen anvertrauten Reichtum, den er so hartnäckig leugnet. Flucht außen, herumirren, statt die Reichtümer vor Ort betreuen, ist Blindheit. Das Ende der Geschichte Jona ist seine aktuelle Neuinszenierung. Da er seine Innenhelfer nicht erkennt, erkennt er sie außen auch nicht, rennt an allen vorbei; da nützt kein Reisen. Er besteht auf Wut und Vorwurf, auf dem „armen Ich", und das mit verblüffender Beharrlichkeit. Das sagt sein Veredelungstraum, der keiner ist. Man kann Morsches, Totes nicht veredeln, das ist Unfug; auch die tote Igelhaut, seine Abwehrstacheln sind schon tot. Er lebt ein Phantom! Immer wieder wird er mit der Nase in das so Offenkundige gedrückt, immer wieder büchst er aus. Er verläßt – leider nur im Traum – gerade noch auf den letzten Drücker das strandende Luxusboot seiner überkommenen Erziehung: es gilt nur jemand in der Achtung der Menschen, der Geld und Macht erlangt hat! Er weiß Bescheid! Es war knapp. Folgt er dem nun? Mitnichten:

Er muß hoch oben vom Rand eines Abgrundes hinunterrutschen, um in eine tief unten liegende Stadt zu gelangen. Dort sieht er noch von oben

zwei DZüge auf Kollisionskurs aufeinander zurasen. Das Unglück geschieht frontal! Es gibt eine Menge Tote. Er schreit.
Die Katastrophe scheint unausweichlich; das Inferno seiner inneren Auseinandersetzungen macht schaudern. Ein furchtbarer Traum, der in einer Irrenanstalt spielt, spukt noch dazwischen. Er hätte z.B. hier (bei mir) Hilfe erfahren können. Aber auch die nimmt er nicht an! Es ist *nicht* determiniert! Er hätte können! Darin gerade liegt ja der unüberschätzbare Wert der Träume, daß wir sie im Vorfeld erhalten, um das Drohende zu verhindern. Er ergreift keine helfende Hand. Niemand möge dem „bösen Leben" die Schuld zuschustern. Er ganz allein besteht auf der grotesken Rutschbahn. Der Feind sitzt in ihm, nicht außen. Untergehen kann nur jemand, der es partout will. Vielleicht wird für ihn noch die Uhr angehalten, so daß er sich herausholen (lassen) kann aus dem Treibsand. Wer weiß.

Fahrzeuge/Vehikel

Fahrzeuge in allen nur denkbaren Ausfertigungen für den spirituellen Transitverkehr, vom kleinsten Kanu bis zum Jumbo-Jet sind an der Tages- bzw. Nachtordnung. Auch die neuesten Modelle haben rasch Eingang gefunden in die elementare Seelensprache des Vorankommens mit den entsprechenden Vehikeln. Reisen auf Schusters Rappen findest du in der Rubrik Kleidung. Jedes Fahrzeug hat grundlegende und höchst persönliche Bedeutung, da jeder eine andere Einstellung dazu nährt. Für den einen ist ein dicker Mercedes ein Lebenstraum und eine Selbstverständlichkeit, für den andern vielleicht eine Peinlichkeit. Der eine rast gern mit einem Sportwagen durch die Lande, der andere würde sich nicht einmal zum Spaß da hineinsetzen. Der eine fliegt leidenschaftlich gern, der andere macht einen großen Bogen um jedes Flugzeug.

Der eine fährt gern und viel Fahrrad, erledigt alles mögliche per Rad, aus Überzeugung, aus Umweltgründen, aus Sportlichkeit, aus Gesundheitsgründen, ganz gleich. Mancher sogar aus Demonstrationsgründen: (Schau her – ich bin stolz darauf, alles mit dem Rad zu erledigen! Warum tut ihr das nicht?)

Ein anderer würde gern Radfahren, hat es auch immer getan, aber Unfälle gebaut, angefangen, sich zu fürchten und verzichtet nun darauf (Ich würde gern, traue mich aber nicht mehr).

Wieder ein anderer fährt überhaupt nicht Rad, rein aus Faulheit. Um sich selber zu rechtfertigen, schneidert er sich Argumente zurecht (Ich habe einen Heimtrainer im Keller. Mit dem Auto geht es schneller; damit spare ich Zeit. Radfahren ist gefährlich. Warum soll ich mich plagen, wenn ich's leichter haben kann?) Allenfalls hat er ein schlechtes Gewissen unterdrückt (Ich würde ja gern, aber dazu habe ich keine Zeit).

Dann gibt es die, die aus gesundheitlichen Gründen gar nicht radfahren können. Es ist auch ein Unterschied, ob du im Flachland oder im Gebirge wohnst, ob du alt oder jung bist. Jede persönliche Situation liefert zwangsläufig einen anderen Hintergrund. Es muß alles einbezogen werden.

Grundsätzlich gelten ein paar Faustregeln:

Die *Eisenbahn* ist ein allgemeines Vehikel, das von der Allgemeinheit benutzt wird, dem Trend im großen Stil. Der *Bus* reduziert bereits die Masse derer, die ihn benutzen. Auch Busse liegen im allgemeinen Trend, auch mit vorgezeichneter Route, aber flexibler.

Das *Auto* steht für einen ganz individuellen Aspekt des Vorankommens, ist aber gebunden an die persönliche Zufuhr von Betriebsenergie, die entweder selbst aufgebracht werden muß oder geschenkt wird (die Spritbeschaffung kann auch illegitim sein, wenn das Traum-Auto nicht zulässig ist).

Das *Fahrrad* wiederum betont den Aspekt der eigenen Anstrengung. Dafür gibt es weniger Abhängigkeit von den ach so gefährlichen und Mutter Erde belastenden Teerstraßen und Hetzbahnen rücksichtslosen Tempos und Überfüllung.

Das *Flugzeug* sagt etwas aus über sich erheben, überfliegen, im negativen und im positiven Sinn.

Frau K. träumt:

Sie fährt sehr gehetzt in der Bahn, kaum bekleidet. Plötzlich fühlt sie einen starken Sog aus dem Fenster. Alle fürchten sich, sie nicht. Sie widersteht dem Sog, zieht zweimal die Notbremse, worauf der Zug in einem Krankenhaus hält. Es bildet sich eine Menschentraube in heller Panik beim Aussteigen.

Sie ist von allgemeinen konventionellen Vorstellungen noch beherrscht und gehorcht – wider besseres Wissen! Das verursacht ihr psychischen Stress. Ihre Fahrt in der allgemeinen Bahn bringt sie in Schwulitäten, wie man sieht. Sie hat kaum eigene Seelenkleider an, die sie schützen, auch vor den Blicken der Mitreisenden; sie ist nicht gerüstet für den allgemeinen Trend. Wäre sie dem Sog aus dem Fenster gefolgt, hätte ihr Leben eine andere Richtung genommen. Nach dem Traum könnte sie das korrigieren! Jetzt muß sehr genau ermittelt werden. Wie war ihr Gefühl bei dem Sog? Ging der nach oben oder nach unten? Was hat sie für ihre Mitreisenden empfunden: Mitgefühl oder Ablehnung? Mit welchen Gefühlen oder Gedanken zog sie die Notbremse? Warum zweimal; hat es beim erstenmal keine Reaktion gegeben? Oder wollte sie sofort auf Nummer sicher gehen? Wie war vorher die Aussicht aus dem Fenster: Industrie oder schöne Landschaft? War es Nacht oder Tag? Kann sie sich erinnern, wohin sie wollte? Zweifellos war es weder ein neuer, noch ein sauberer Zug. Wie war ihr Gefühl, als der Zug in der Klinik hielt: Erleichterung oder Schreck? Überraschung? Der Sog, auszusteigen, war ihr nicht beängstigend, aber den anderen. Dennoch folgt sie nicht, beschließt, bei der ängstlichen Herde zu bleiben, zieht für alle die Notbremse, da sie weiß, daß weiterfahren ins Auge gehen würde. Panik verursacht Gefahr, und Gefahr verursacht Panik.

Die Mitreisenden sind sowohl andere Menschen, denen sie bereit ist zu helfen, bevor sie ins Verderben fahren, sowohl wie ihre eigenen Mitläufer, Abspaltungen, die sie alle kennenlernen muß. Sie alle bedürfen der Heilung in dem (spirituellen) Krankenhaus. Der Sog aus dem Fenster könnte sogar als Versuchung gedeutet werden, dem bedrohlichen Reiseweg zu entkommen durch Überfliegen. Viele Esoteriker tun das. Es kann sich durchaus um ein Doppel handeln, das sie in freier Entscheidung abwägen soll. Der innere Befragungsdialog ist unerläßlich.

Dieselbe Träumerin:

bietet ihrem Mann zuviel Bier in einer irdenen Schüssel an, weil sie meint, er wolle so viel.

In der nächsten Nacht träumt der kleine Sohn:

Er sitzt mit seinen Eltern in der Bahn und fragt einen anderen Mann, ob der Bier will.

Falsches Entgegenkommen von seiten der Mutter. Sie ärgert sich seit langem, weil ihr Mann ihrer Meinung nach zuviel Bier trinkt. Nun trinkt sie eifrig mit in der idiotischen Annahme, dann tränke er weniger. Diese Interaktion wird von dem Kind natürlich konstatiert; es hält das vordergründig mit einem Rest von Fragezeichen für normales Gehabe Erwachsener. Sein Angebot an den Fremden ist Nachahmung, und es ist zugleich Test. Er will wissen, ob alle Erwachsenen so selbstverständlich Bier trinken. Er spiegelt das Verhalten der Eltern. Sein Freimut im Erzählen kann und muß die Eltern beschämen. Was für eine Teamarbeit! Die irdene Schüssel dokumentiert die unbewußte Vorstellung der Träumerin, ihre Pflicht als Frau sei diese Art von Dienst. Identität mit der Erde als weiblichem Topmodell; die elementare Pflicht der Frau: die übliche Rolle.

Eine Träumerin:

taucht aus der UBahn auf, wo sie auf der Straße einen Bekannten als
Vagabund trifft. Sie ist total bestürzt, weil sie den nur als überkorrekt ge-
kleideten Bankmenschen kennt.

Die **UBahn** verkehrt noch eine Etage tiefer: im Unterbewußten. Sie
fährt mit dem allgemeinen Trend, weiß es aber nicht. Erst als sie an die
Oberfläche taucht, nimmt sie ihre allgemeinen Vorurteile wahr: sie hielt
penibel gekleidete Leute für Saubermänner (Kleider machen Leute – oder
eben auch nicht!). Sie soll lernen, hinter die Fassade zu gucken und nicht
nach dem äußeren Schein urteilen.

Eine andere:

hat den letzten Zug, das letzte Flugzeug und den letzten Bus nach
Brüssel verpaßt. Aber sie muß nach Brüssel. Auf den letzten Drücker er-
wischt sie einen offenen Jeep, der nach Brüssel fährt. Es geht über Stock
und Stein; eine abenteuerliche, ungewisse, anstrengende Reise.

Brüssel bedeutet für sie in erster Linie den Sitz der EU, die sie für
notwendig und kompetent hält, ohne diese Auffassung näher zu beleuch-
ten.

Sie hat geschlurt. Allzulange haben Trägheit und Ausflüchte ihr inneres Vorankommen verhindert. Das Ziel-Soll ist fast verpaßt. Es bleibt keine Wahl mehr, sie muß nehmen, was sie kriegt. Die Folgen sind Schwierigkeiten, ungleich mehr Unannehmlichkeiten als sie gehabt hätte, wenn
sie dem Aufruf rechtzeitig Folge geleistet hätte. Die EU steht für Zusammenarbeit mit anderen, auch mit der Lichtwelt. Prinzipiell wußte sie, daß
sie will und kann. Die Lichtwelt nimmt nicht kommentarlos hin, wenn die
persönlichen Möglichkeiten nicht erfüllt werden. Dann wird angemahnt.

Frau M.

will zum Hauptbahnhof, fährt mit dem Stadtbus aber eine Station zu
weit, weil sie allzuviel Gepäck um sich ausbreitet. Nun muß sie zurück und
gerät dabei in große Schwierigkeiten.

Es rächt sich immer, den richtigen Moment zu verpassen, und sich auf
der Lebensreise auf der Stelle allzu häuslich einzurichten. Weg ist Bewegung. Der **Hauptbahnhof** mit dem zu erreichenden Fernreisezug ist *hier*
Chance, Erweiterung, eine ganz andere Effektivität als davor. In diesem
Fall ein großherziges Angebot von „drüben"; sie braucht sich nur in den
bereitgestellten Zug zu setzen. Ihr Anteil wäre gewesen, dafür zu sorgen,
daß sie rechtzeitig eintrifft. Ihr verzögerndes Gepäck war näher erläutert,
darauf will ich an dieser Stelle nicht eingehen.

Der spirituelle Transitverkehr zeigt viele Gesichter; Flugzeugabstürze
sind sogar da inbegriffen, wo ein Träumer grundsätzlich nicht fliegt. Das
ist z. B. einer der stichhaltigen „Beweise", daß Träume geistig verstanden

168

werden müssen! Ein Flugzeugabsturz ist also keine hellsichtige Vorwarnung (obwohl es das auch gibt), den geplanten Flug nicht zu buchen, sondern hat etwas zu schaffen mit dem Wunsch des Abhebens, unzulässigen Überfliegens oder gar Größenwahns. In einzelnen Fällen handelt es sich um große Menschheitsträume, die ankündigen, wohin der Größenwahn steuert: in den Absturz.

Eine Träumerin:

steigt hoch oben im Luftraum von einer Art Plattform aus von einem Flugzeug in ein anderes um. Danach befindet sie sich auf einem Schiff und sieht genau das Flugzeug ins Meer stürzen, das sie gerade verlassen hat.

Hilfe auf dem falschen Flug des verhängnisvollen allgemeinen Hochmutwahns mit Umsteiger in den Flug des Geistes, der sie zurückbringt auf die echte Lebensreise auf dem Schiff des Lebens (einer Inkarnation), das den Lebensozean überquert. Es war so brandeilig mit dem Umsteigen, daß keine Zeit blieb für Zwischenlandung, weil das falsche Flugzeug bereits im Abstürzen begriffen war! Nix mit Fliegen, sondern wieder hübsch auf die Erde expediert werden, heißt das Motto. Das ist ein Anlaß für Dank und Einsicht.

Das Flugzeug kann aber genauso gut ein Soll, bzw. eine Chance bieten: den freien Flug von Geist und Seele begreifen.

Die Mutter lockt nach Australien. Sie – die Träumerin – *soll dorthin fliegen, trödelt aber solange herum, bis nicht mehr gewährleistet ist, daß sie den Flug noch erwischt.*

Gleich noch einmal fast ein Traumzwilling einer anderen Träumerin, die ebenfalls streng darauf hingewiesen wird, den Flug

nach Australien nicht zu verpassen: dort soll eine Hochzeit sein, an der sie teilnehmen darf.

Australien natürlich als „die andere Seite": Wende. Sich rechtzeitig auf den Weg machen, das Flugzeug als geistiges Vehikel, für den spirituellen Höhenflug. Die Hochzeit zwischen Himmel und Erde, zwischen Feuer und Wasser steht an. Wer daran teilhaben will, muß sich sputen.

Eher noch vielschichtiger sind Autoträume.

Einmal wird einem Träumer bedeutet

das Auto stehen zu lassen und ein Fahrrad zu nehmen oder auch zu Fuß zu gehen.

Das Auto ist von Umfang, Tempo und Verwöhnung her zurzeit nicht sein richtiges Vehikel. Er benötigt mehr Zeit, mehr eigene Anstrengung und ein tempo moderato. Eventuell muß er sogar auf Schusters Rappen schreiten, hübsch Schritt für Schritt.

Ein junger Mann, der eine lieblose Kindheit gehabt hatte, träumt *von einem luxuriösen Innenhof mit vielen feudalen Autos, die alle ihm gehören. Er fühlt sich dort sehr wohl. Dann kommen zwei Diebe, die eines der Autos stehlen. Er ist erst ärgerlich, denkt an Verfolgung, nimmt dann aber Abstand davon mit dem Eindruck, dies Auto fehle ihm gar nicht; er könne genauso gut darauf verzichten.*

Er ist bei einem großen Autokonzern angestellt, um Autos auf spezifische Reaktionen zu testen. Schnelle Autos gehören zu seinem beruflichen Alltag. Privat pflegt er ebenfalls einen Hang dazu, wie auch zu leichtsinnigem Rasen. Er neigte zum va-banque-spielen und leistete sich einige haarsträubende Unfälle (zweifellos hatte sein Schutzengel alle Hände voll zu tun). Als er eine Familie gründete, sprach sein Traum-Ich ein Machtwort: Autos als Spiel- und Ersatzleidenschaft werden nicht mehr zugelassen als Risikomittel, das Schicksal derart in die Arena zu fordern. Er sammelt Unsinn in verborgener Scheinsicherheit, freut sich am geheimen Triumph in einem Terrain, wo er sich stark fühlen kann: Autos gehorchen „aufs Wort", anders als Menschen, deren Gefühle und Reaktionen unberechenbar sind. Unsicherheit in Gefühlen aber wollte er nun gar nicht mehr: das war allzu schmerzliche Erinnerung an seine Kindheit. Die zwei Diebe sind zweifellos Gesandte aus der Anderwelt, die ihn durch den Diebstahl erst aufmerksam machen wollten, was er denn da treibe. Wer braucht mehr als ein Auto? Dieser Sammelbesitz mußte mit dem Diebstahl ins Blickfeld rücken. Wenn er versteht, verliert sich das Gefühl von Verlust. Nach etlichen weiteren Lektionen hat er das ganz gut geschafft, wenn er auch immer wieder verdünnt, verlagert woanders hin. Darin sind wir alle Meister ...

Eine hart geprüfte Träumerin, die sich aus der kindischsten Unvernunft emporarbeiten muß:

Ein Irrer im roten Sportwagen rast durch eine Siedlung im gewagten Slalom von einer Seite auf die andere und landet schließlich frontal durch Wand und Schaufenster in einem Bäckerladen. Dort geht alles zu Bruch. / Sie geht mit einer blond gefärbten Frau auf einer hohen, langen Fußgängerbrücke ins Rotlichtviertel, kommt dort aber nicht an, weil alles total verbaut ist (zum Glück). *Sie muß umkehren, die künstliche Blondine ist sauer. / Auf einem Bahnhof werden zwei Männer vom Zug überfahren. Beide haben weiße Nyltesthemden an und krause, lange Haare. Der eine trägt schwarze Hosen, bei dem anderen ist sie nicht sicher, ob der schwarze oder lila Hosen trägt; der kommt eventuell mit dem Leben davon. / Sie fährt mit einem Fahrrad in einem Fahrstuhl rauf und runter, mehrmals. /*

Eine Freundin verordnet ihr eine Putzfrau wegen des herrschenden Chaos; die stirbt aber (leider). / *Dieselbe Freundin wäscht eine Waschmaschine voll Wäsche.* Ein dunkler Pullover bleibt übrig, der gehört ihrer (der Träumerin) *alten verflossenen Liebe.* / *Dessen Mutter läßt sie zweimal im Regen stehen, als sie die im offenen Kabrio spazierenfährt.*

Sie mag diese Frau, (... die fast-Schwiegermutter) stellt aber das Mögen auf eine harte Probe, weil die Demonstration nicht echt ist. In Wirklichkeit will sie lediglich vermitteln, was *sie* für eine tolle Schwiegertochter gewesen wäre. Sie hängt dem Schnee von vorgestern nach aus Eitelkeit, Vorwurf und vagen Vorstellungen, was hätte sein können. Es geht nicht wirklich um Liebe, sondern um ein Vorzeigmodell: eine Frau ist nur dann vollständig, wenn sie einen Mann hat. Diese alte Geschichte muß sie selber reinigen (der dunkle Pullover), der ist nicht sauber und wärmt bloß mit dunkler Genugtuung den Gefühls- und Handlungsbereich.

Der rote Sportwagen und das Rotlichtmilieu bedeuten im Prinzip dasselbe, nur im einen Fall ist es der mangelnde Verstand, im anderen die emotionalen Wünsche. Sie liebt schummeriges rotes Dämmerlicht – innen und außen. Sie fliegt auf Bauchkitzel, Gier (auch im Essen-Bereich) und ist bereit, in unsauberen Heimlichkeiten dafür ihre Seele zu prostituieren. Sie spielt mit dem Seelen-Feuer, weil sie sich in einem entsprechenden Defizit wähnt. Ihre Vorstellung von Lebensqualität und Erfüllung ist im Schummerbereich dubioser Bauchwünsche angesiedelt. Gott sei Dank wird aus dem Ausflug ins Rotlichtmilieu nichts, der Weg dorthin wird ihr nun streng verbaut – zu ihrem besten. Statt einsichtig ist sie sauer. Die falschblonde Begleiterin ist ihre gefühlsmäßige Rechtfertigung, die sich künstlich aufhellt gegenüber der inneren Gewissensinstanz bezüglich ihres Liebäugelns mit dem Schummerbereich, den sie eben nicht hergeben will.

Den Bahnhof kennst du; die Züge fahren fahrplanmäßig: nach höherem Gesetz und überfahren prompt ihre zwei zwielichtigen Willens- bzw. Einsichtsaspekte. Beide tragen künstliche weiße Hemden aus pflegeleichtem Kunststoff: Schein-Saubermänner. Nur der eine hat eventuell eine Chance, davonzukommen (Willen oder Einsicht), der mit der eventuell lila Hose: wenn sein Erdungs(Bauch-)bereich mit der unterschwelligen Gier durch die spirituelle (Erkenntnis) Farbe lila ersetzt wird, nur dann kann er glimpflich davonkommen. Ihre freie Entscheidung! Die Freundin ist eine resolute, willensstarke Frau; daß die von ihr engagierte Putzfrau stirbt, ist ein arger Schlag: es war eine Chance, endlich Ordnung in das Seelenchaos zu bringen, allzutief ist sie in ihre geheimen Wünsche verwickelt! Sie hat tonnenweise solche Träume ... Das Fahrrad müßte sie natürlich zu dem verwenden, wofür ein Fahrrad da ist. Was macht sie? Fährt die Bewußtseinsebenen rauf und runter, ohne Sinn und Verstand. Natürlich sollte sie mit dem Rad strampeln und dabei vorankommen; das wär's gewesen. Der Irre im Sportwagen ist natürlich ihr eigener rationaler Verrückter. In einem Bäckerladen wird Brot verkauft; das Brot des Lebens. Ein spirituell heiliger Ort für Dienende. Statt dort zu arbeiten, macht er alles kaputt. Ganz schön alarmierend. Sie hat überhaupt noch keinen Sinn und Verstand für die wahre Lebensnahrung. Weiterhin werden ihr kräftig die Leviten gelesen. Die Selbstbetrugsexzesse waren damit noch nicht vom Tisch.

Der rote Sportwagen ist zu einem Präzedenzmobil geworden, das – möglichst noch offen – auch andere zur schwülen Intimsphäre einlädt, ein Signal: ich bin für jede Genußsucht zu haben! Eine eindeutige Offerte.

Ein anderer:
Er fährt in einem roten offenen Sportwagen durch die Gegend, gerät zunehmend in die Bredouille ... bis ihm der Sprit ausgeht und er sich völlig verfahren hat.

Gleich eine doppelte Sackgasse; ihm geht der Sprit aus; gut so. Du kannst dir auf diesen Traum nun selber einen Reim machen.

Frau Z.
strampelt sich unsäglich mit ihrem Fahrrad ab. Sie steht unter Zeitdruck, an ein bestimmtes Ziel zu kommen, läuft aber Gefahr, es nicht zu schaffen. Mitten in ihre Verzweiflung hinein sieht sie plötzlich vor sich ein lichtblaues Auto stehen, vollgetankt.

Was dem einen „sin Uhl", ist dem andern sin Nachtigall". Ein wunderschöner Traum! Sie ist eine Frau, die meint, alles aus eigenen Kräften schaffen zu müssen, sie dürfe keinerlei Hilfe in Anspruch nehmen und übernimmt sich dabei, ohne recht voranzukommen. Sie hatte im Sinn gespeichert, Hilfe nicht verdient zu haben, eine Sklavin, ohne es zu wissen. Das ihr Mögliche ist viel mehr, als sie zu denken wagt, auch bezüglich Tempo, es soll nun ermöglicht werden. Damit sie nicht noch länger wegen Übergewissenhaftigkeit unsinnig auf der Stelle tritt – schließlich wird sie als freiwillige, fähige Dienerin benötigt, nicht als Sklavin – kriegt sie ein tolles Geschenk von „drüben": ein Supervehikel, auch noch vollgetankt: ein geistiges Auto. Die Lichtwelt macht nur solche prätentiösen Geschenke, wenn sich das jemand verdient hat. Ihre Bescheidenheit, Willigkeit sich abzustrampeln wird honoriert. Der Hinweis auf den großzügigen SPONSOR ist toll. Es läßt Rückschlüsse zu auf ihre Seelenbiographie, nicht wahr?

Eine andere:
muß ihr Auto stehen lassen und zu Fuß weitergehen.

Der eine wird gebremst, soll mehr Eigenanteil einbringen, der andere darf losdüsen auf höheres Geheiß. Der eine muß ein Flugzeug erwischen, um in die andere Seite der Wirklichkeit zu gelangen, der andere stirbt bei einem Flugzeugabsturz. Die Unterschiede liegen immer in der Qualität des einzelnen. Es gibt eben keine Schablonen in der Traumdeutung, „nur" Anlehnung. Das Alltags-Ich geht leicht fehl, aber die Träume haben immer recht.

Frau W. träumt:

Sie fährt auf einer Autobahn mit dem einzigen PKW weit und breit. Sonst sind jede Menge LKW's unterwegs, die so dicht fahren, daß sie Angst bekommt, zerquetscht zu werden. Sie fährt an den Rand, steigt aus und geht auf dem Randstreifen zurück. Dabei fällt sie die Böschung hinunter, tut sich aber nichts. Die Fahrbahn ist voller Löcher; den LKWs scheint das nichts auszumachen, nur ihr.

Die Schlaglöcher im gleichen Umfeld sind kein Unikat, sondern werden von vielen geträumt. Sie will aussteigen aus dem Konsumgüterwahnsinn, der da schwer beladen vorwärts hastet und droht, alles zu zerquetschen. Sie will in diesem Strom nicht mehr mitschwimmen. Wohl muß sie dabei ein Stück zurück, wobei sie vorübergehend ein bißchen abstürzt; es stehen also ein paar unbedeutende Umstellungsschwierigkeiten bevor, sei es mit der Familie oder im weiteren Umfeld. Die Schlaglöcher sind Warnungen für alle, aber nur sie nimmt die wahr und läßt sich zum Glück davon beeindrucken. Die anderen überfahren in ihrem materiellen Wahn alle Stops und Gefahrenhinweise. Natürlich fuhr niemand in der Gegenrichtung. Diese allgemeinen Transitstrecken sind wie Einbahnstraßen.

Ein Versuch zum Gegenverkehr eines andern:

Er fährt mit einem dunkelblauen Auto (so eines hat er gar nicht im Außen) *auf einer zweispurigen Autobahn, die voller tiefer Schlaglöcher ist* (hier hast du die Duplizität der Fälle). *Vor und hinter ihm ist alles voller schwerer LKWs. Er versucht immer wieder zu überholen, aber die LKWs fahren stur und lassen ihn nicht. Die Schlaglöcher scheinen den LKWs nichts auszumachen* (hört, hört) *aber ihm. Dann sieht er sich plötzlich schweißgebadet auf der Gegenfahrbahn und entgeht mit knapper Not einem schweren Unfall, den er selbst verursacht hätte. Eine Autostraße führt quer als Brücke über die Autobahn. Kurz entschlossen versucht er, die Böschung hinauf zu fahren, um auf diese Straße zu gelangen. Er überschlägt sich mit dem Auto und bleibt im Graben liegen. Es geschieht ihm nichts, aber das Auto ist hin.*

Sein Auto hat noch nicht die richtige Farbe. Wäre es lichtblau gewesen, gäbe es für den Traum ein anderes Drehbuch. Das Dunkelblau seines persönlichen Vehikels ist sozusagen erst eine Annäherung an die spirituelle Farbe, noch umnachtet, noch nicht hell. Er sucht wohl den geistigen Weg aus der allgemeinen Fahrtrichtung heraus, will aus dem Wahnsinn ausbrechen, aber ganz klar ist ihm noch nicht, wie er das bewerkstelligen soll. Deshalb ist es im Prinzip auch keine Katastrophe, daß das Auto auf der Strecke bleibt. Im Grunde hat es seinen Zweck erfüllt. Wohl begibt er sich wegen seiner Unbesonnenheit und Unklarheit in Gefahr. Enthusiasmus ist gut, Übereifer ohne klare Einsicht noch nicht so gut. Aber da sein Ansatz zum Aussteigen gewürdigt wird, wird geholfen. Er kommt glimpflich davon, trotz seines chaotischen Verhaltens. Er wird in der nächst höheren Ebene die allgemeine Richtung überqueren können. Mit derart plötzlichem Gegensteuern ist er allerdings nicht gut beraten: das geht über seine Kraft. Ohne vorher genau auszubaldowern, was er will und worum es geht, begibt er sich auf Kollisionskurs. Um dem Wahn zu entgehen, darf er nicht auf derselben Ebene bleiben, schon gar nicht noch schneller sein wollen. Wie blindlings aus kindlichem Eifer er handelt, ohne zu überlegen, zeigen seine Überholversuche. Damit tut er ja genau das Gegenteil vom dem, was er beabsichtigt. Zum Glück lassen ihn die LKWs nicht vorbei, sonst würden die Schlaglöcher schnell das ihre tun. Handeln ja, aber nicht blindlings und unbesonnen, das ist das Resümee. Bei einer solchen Geschwindigkeit kann man nicht einfach ausschwenken. Besser Ausschau halten nach der nächsten Gelegenheit zum Ausscheren. Die wird kommen.

Du siehst die Parallelen und die Verschiedenheiten. Zwei Bauherren bauen mit denselben Materialien auch nicht identische Häuser! Darin zeigt sich ja gerade das Geschenk des freien Willens und der Vielfalt. Beklage dich deshalb nicht, daß Träume schwer zu verstehen seien.

Körpersprache und Kleidung

Es ist einleuchtend, daß die Körpersprache zum allerelementarsten gehört. Jeder Körperteil besitzt einen speziellen Kontaktpartner im Universum, als dem größeren Entsprechungsraum wie in einer Partnergemeinde. Jedes Organ übt nicht nur seine bekannte Funktion aus, sondern ist darüber hinaus ein Empfangsgerät für bestimmte Energien und drückt umgekehrt über seinen Zustand bestimmte Nachrichten aus wie durch verschlüsselte Morsezeichen. Es sind also auch alle Arten von Schmerzen solche Morsezeichen. Daraus folgt, daß bei sehr hoch entwickelten Seelen im göttlichen Dienst in der Schöpfung bestimmte Beschwerden bestimmte Signale darstellen, die der Betreffende dechiffrieren kann und bereitwillig annimmt, da er mit dem „stellvertretenden" Erleiden Veränderung für alles und jedes bewirkt. Vorerst gilt es, dieses Morsealphabet zu begreifen und zu lernen. Jedes Körperteil hat eine vom anderen verschiedene Schwingung. Die Mannigfaltigkeit der Erscheinungen und ihrer Bedeutung ist unendlich. Auch hier gilt wiederum: wenn du ein Vorbild als Essenz begreifst, kannst du dich im gleichen Kielwasser zunehmend selbständig bewegen und auf Entdeckungsreise begeben.

Grundsätzlich gilt: die obere Körperhälfte, die rechte Seite und die Vorderseite sind Entsprechungen der männlichen, der Tagseite. Die untere Körperhälfte, die linke Seite und die Rückseite, der weiblichen, entsprechen der Nacht- der Schattenseite. Wir sind Raumkörper, keine platten Briefmarken. Die Darstellung kann adäquat als Kugel erfolgen: der Erde oder überhaupt einem Gestirn. Die obere Kugelhälfte entspricht prinzipiell dem Tag-Bewußtsein, mentaler Bereich, die untere Kugelhälfte der Nacht, der physischen Ebene; und zur Krönung des Ganzen schwingt ein frei schwebender Ring über dem Äquator, vom Saturnmodell „entliehen"; der Ring vertritt die höchste, die spirituelle Ebene und entspricht dem Heiligenschein, wie ihn jeder kennt. Da das menschliche Dasein in der körperlichen Welt als Kleinmodell dem der Erde bzw. den Gestirnen vergleichbar ist, findet die Entsprechung in allen Gruppierungen statt. Unsere Neigung, in Gruppen zusammenzufassen, Gruppen aller Größenordnungen, wobei immer eine Ansammlung von kleineren Gruppen die nächst größere ausmacht, ist keine Erfindung menschlicher Ordnungswut, sondern ganz legitim aus der kosmischen Ordnung übernommen.

Zunehmendes Bewußtsein beinhaltet natürlich auch zunehmende Differenzierung. Die Mitte vom Gesamten ist das Herzchakra; da liegt der absolute Kern, aus dem alles kommt, zu dem alles hinführt, im großen und im kleinen. Noch befindet sich das physische *Herz* links von der Mitte gelagert und symbolisiert damit den Kontrast zwischen der männlichen und weiblichen Komponente: das Herz, alle Gefühls- und Gemütsangelegenheiten, sind bisher noch dem weiblichen Ressort zugeteilt. Mit fortschreitender Entwicklung wird das menschliche Herz allmählich – auch physiologisch! – weiter bis in die Mitte wandern.

Innerhalb der beiden Körperseiten gibt es eine weitere Unterteilung in die bewußte und unbewußte Hälfte; sowohl rechts als auch links. Der Macho in uns erscheint folglich in zwei Ebenen ebenso wie die Machtfrau. Der Negativaspekt kommt immer da zustande, wo die Position einseitig bleibt. Erst das Gleichgewicht macht aus den beiden Seiten das edelste Königspaar.

In der nächst kleineren Ordnung taucht dasselbe Muster in den **Händen** auf; die ersten zwei Finger der rechten Hand, Daumen und Zeigefinger vertreten die bewußten Handlungsformen (stärker als die zwei letzten Finger), das Zufassende, Ergreifende, unnachsichtig Handelnde (faß mal ohne Daumen richtig zu, dann wirst du es merken). Der Zeigefinger ist der bereitwillig moralisierende, der gern auf andere zeigt, um von sich abzulenken (Keiner werfe den ersten Stein!). Der Ringfinger ist derjenige (du kennst ihn ja bereits aus dem Vampirtraum), der sich unbemerkt mit dunklen Eigenmächtigkeiten der rationalen Seite verheiratet. Der kleine Finger ist der, von dem gesagt wird: „Gib dem Teufel den kleinen Finger, dann nimmt er die ganze Hand". Der Mittelfinger gleicht aus. Die rechte Hand allein weist auf die Gefahr einseitigen rationalen Handelns hin.

Natürlich gibt es links eine spiegelgenaue Entsprechung, nur alles auf die weibliche Komponente bezogen. Die linke Hand weist gern auf sich selbst, besonders der linke Zeigefinger. (Sieh mich an! Ich bin beispielhaft; mach es so wie ich, dann ist es immer richtig!) Der linke Ringfinger ist der potentielle Verlobungs- bzw. Verspruchsfinger für die Herrschaft des Herzens, der wahren inneren Führung, bzw. deren Störung. Verletzt du dir im Außen oder Innen diesen Finger, mußt du forschen, ob und wo du dieses Versprechen des Herzens gefährdest. Über den kleinen linken Finger instruierte mich einstmals einer meiner inneren Meister humorvoll: „Gibst du uns den kleinen Finger, ergreifen wir nicht nur die ganze Hand, sondern gleich den ganzen Menschen!" Davon war ich natürlich hingerissen. So schön dieser Fingerzeig (!) auch war – so verbindlich ist er auch.

Wir sagen im Sprachgebrauch: „Da weiß die eine Hand nicht, was die andere tut!" Und wenden das prompt auf andere an. Nun heizen uns die Träume ein, bei uns selber zu schauen. Erst wenn jede Hand genau weiß, was die andere tut und beide einträchtig zusammen wirtschaften, wird ein sinnvolles Team daraus. Dann kann Er wirklich durch dich handeln, sprich wirken; und das ist das Ziel, dafür sind uns die Hände gegeben, als einzigartige Werkzeuge, das Rechte zu tun. Jeder entscheidet für sich selber, ob er in seiner Hand ein Hitler-Regime walten läßt oder IHN. Einseitigkeit ist dabei ausschlaggebend, bzw. die Ebenbürtigkeit beider Seiten.

Ein sehr guter Freund träumte vor Jahren:

Nachts in seinem Haus wird er wach, weiß, daß etliche Gestalten ums Haus schleichen. Er kann sie nicht erkennen (weiß also nicht, ob sie gefährlich sind). Plötzlich hat er einen scharf geladenen Revolver in der Hand und schießt damit in die Luft. Daraufhin ist Totenstille. Seine Frau und seine beiden Töchter beugen sich über einen Säugling, der am rechten Händchen die beiden äußeren Finger verletzt hat. Die jüngere Tochter sagt: „Komisch, gestern war das schon besser." Er stutzt, hat große Angst, daß er die Verletzung durch den Revolver herbeigeführt hat und beschwichtigt sich auf ihre Bemerkung hin.

Als er wach wird, erkennt er sofort, daß da in seinem Verhalten etwas nicht in Ordnung ist; aber er weiß nicht was. Wenige Stunden zuvor hatte er über seine innere Führung eine unmittelbare Warnung erhalten, die besagte, daß er jetzt aufpassen müsse, er sei „in Gefahr, abzunehmen" (im Geist).

Es geht um einen Rückfall in unkontrolliertes Temperament: ohne Überprüfung gleich scharf losballern, alle zu Tode erschrecken und damit „dem Teufel den kleinen Finger" hinhalten; denn der Säugling ist natürlich sein kostbarster neuer Aspekt: das zu hütende, anvertraute neue Kind.

Selbst dann, wenn die umherschleichenden Gestalten draußen sich als gefährlich herausstellen würden, was sie ja nicht einmal getan haben – er hatte nicht nachgeschaut und sich vergewissert – wäre drauflosballern kaum die richtige Reaktion. Mit dem Schuß selbst hat es die Verletzung nicht direkt gegeben, sondern indirekt. Das bedeutet: seinem Entwicklungsstadium gemäß ist er sehr wohl imstande, die verborgene Wirkung undisziplinierten Verhaltens zu erkennen. Wer viel hat, von dem wird viel verlangt.

Im D-Zug-Tempo wird Frau S. durch harte Reinigungsprozesse getrieben:

*Sie steht auf einer grünen Gartenbank und hat beide **Arme**, halb ausgebreitet, dick eingegipst. Sie ist völlig verzweifelt. Eine Freundin und Nachbarin hebt sie hinunter und alles ist gut.*

Der Nachhall des Traumes am Tag darauf ist schwer zu ertragen, sie kann nichts anderes denken, sie hat ihn als Alptraum erlebt. Sie besitzt zu Hause eine solche Gartenbank, auf der sie gern faulenzt. Nun wäre gegen beschauliche Mußestunden auf der Gartenbank überhaupt nichts einzuwenden, wenn sie eine gänzlich andere Einstellung zur Gartenarbeit hätte. Jede kontemplative Ruhestunde muß nicht nur verdient werden und dann im Einklang mit der Natur wirken dürfen, sondern die Gesinnung dahinter muß stimmen. Sie hört den Garten nicht rufen; delegiert solche Arbeit weg, wenn sie keine Lust hat. Sie lehnt jeglichen „Zwang" ab. Nur wenn sie gerade Lust und Laune hat, ist sie bereit, ein bißchen was im Garten zu machen. Dienst ist das so natürlich nicht. Sie überhört auch sonst geflissentlich Rufe, spielt die verwöhnte, launische Prinzessin seit vielen Leben. Damit hat sie sich handlungsunfähig gemacht, sich „die Flügel" des Geistes, der echten Freiheit gebrochen. Ein uraltes Mißverständnis von Freiheit und Dienst. Pechmarie läßt grüßen. Die innere Situation wird derart

177

quälend, daß erst die hochentwickelte Freundin mit ihrem bereits echten Dienen sie von diesem unsinnigen „Sprungbrett" herunterheben muß. In kurzer Zeit wird, wie in einem Querschnitt sehr gerafft, ihre seelische alte Sackgasse vorgestellt mit einem ganzen Katalog einschlägiger Träume.

Der gesamte Bereich menschlichen Handelns läuft durch die Arme, die Hände sind die begnadetsten Geschenke des Schöpfers als die ausübenden Instrumente. In erster Instanz wird initiiert aus dem Herzchakra. Eigentlich haben die Hände keine Eigenständigkeit außerhalb des Herzchakras. Wo doch, erscheinen sie wie abgehackt, losgetrennt vom Menschen: eine Katastrophe. Die Rolle der genialen Hände muß also auf die wirkliche Kommandozentrale des Übergeordneten, Absoluten hören, wenn nicht das Handeln fehlgehen soll. Fühlen, Denken und Reden sind zwar erheblich mehr als Komparsen, aber wirklich zeigen tut sich der wahre Mensch erst im finalen Handeln durch seine Hände. Es kann dazwischen große Risse geben, Träume von Krallen, Pfoten, Klauen usw. weisen darauf hin. Nimm diese sehr ernst. Die Wucht eines diesbezüglichen Traumes bleibt in Relation zum Entwicklungsstadium des Träumenden gleich stark. **Bisher hat der Mensch gedacht, er könne nur so viel geben, wie er empfängt, nun wird alles umgekehrt (Wende): der Mensch kann immer nur so viel empfangen, wie er gibt. Das ist eine geistige Revolution.**

Haare

Alle Haarträume haben in erster Linie Aussagekraft über die animalische, die Triebebene im allerweitesten Sinn. Unsere gewohnten Vorstellungen von körperlichen Bedürfnissen müssen korrigiert werden, sie haben uns tief in die Misere geführt. Hier helfen Haarträume zur Orientierung in beide Richtungen: sowohl zur Beanstandung wie zur Ermutigung.

Eine 33-Jährige mit sehr kurzem Haarschnitt träumt:

Jemand will ihr die Haare abschneiden (im Traum hat sie lange Haare). Sie wehrt sich ostentativ, ist stinksauer, weil der Jemand darauf besteht. Trotz heftigen Protestes und etlichem Hin und Her, trägt der andere den Sieg davon und schneidet ihr die Haare sehr kurz, unter heftigem Gezeter ihrerseits.

Der Traum bezieht sich u. a. auf ihre Eßgier; sie hat stark Übergewicht und hält sich mit Essen, einschließlich Süßigkeiten, schadlos für vermeintliche Defizite, z. B. im Terrain Sexualität, wobei sie am Maßstab von Freundinnen und Bekannten mißt. Sie hört gar nicht erst auf ihre wirklich echten, tiefliegenden Bedürfnisse, sondern fällt auf Klischeevorstellungen anderer herein. Ohne das zu realisieren, hat sie unmerklich eine Grundhaltung von Empörung über „Zukurzkommen" eingenommen. Die Lebensgeschenke, die sie tatsächlich erhält, kann sie weder mit Freude noch Dankbarkeit annehmen, sondern behandelt die wie eine ihr zustehende Abfindung, die Balsam auf ihre beleidigte Haltung gießen soll.

Das alles kam durch Erfragen ans Licht. So befand sie sich auch in einer kämpferischen Rechtfertigungskampagne bezüglich ihrer hemmungslosen Esserei. Das ihr vermeintlich zustehende Ersatzrecht, auf das sie pocht, ließ sie de facto nichts genießen.

Wohl gemerkt: es geht nicht um das Übergewicht selbst, auch nicht um das Zuviel des Essens (das wäre sogar gegönnt), sondern ausschließlich um die Fehleinstellung, die sie unfrei macht. In dem Traum nun erscheint einer der inneren Lichthelfer und unterzieht sie – zu ihrem Besten – einem kompromißlosen Haarschnitt. Ihre ganze fehlverstandene animalische Ebene muß kupiert werden. Der Traum bereitet sie auf die Notwendigkeit vor und liefert ihr zugleich die Möglichkeit, sich dem Prozeß freiwillig zu stellen. Tut sie nicht freiwillig mit, muß sie später auf andere, wesentlich schmerzhaftere Weise beschnitten werden. Soviel ist gewiß (siehe „Struwwelpeter").

Eine schöne junge Frau mit herrlichen echten, langen Blondhaaren bedeutet: die Gefühlsebene hat sämtliche animalischen Ausdrucksformen zum Aufblühen gebracht. Das heißt übersetzt: die Sinnenhaftigkeit ist voll entwickelt innerhalb des universellen Gesetzes mit dem richtigen Maß und Qualität. Siehe das Märchen „Rapunzel", die eingesperrte Prinzessin mit dem superlangen blonden Zopf, die von der eifersüchtigen alten Hexe bewacht wird, muß erst vom Prinzen befreit werden (dem bereinigten, edelsten Willen).

Unter Sinnenhaftigkeit soll die totale, voll ausgeschöpfte Wahrnehmungsfähigkeit verstanden werden, die dem Menschen ursprünglich mitgegeben worden ist, in edelster Vollendung. Ursprünglich war Erotik in diesem Sinn gemeint. Der heutige Mensch hat eine Abspaltung in einer einzigen Richtung daraus gemacht. Es bedeutet eigentlich: mit allen Feinheiten von Körper, Geist und Seele die gesamte Bandbreite von Wahrnehmung zu schulen und zu nutzen. Den Duft einer Blume mit dem ganzen Wesen erfassen, in einer Blumenwiese liegen, den blauen Himmel, die Wolken und den Wind mit dem ganzen Wesen aufnehmen, mit Hingabe ein weiches Hundefell kraulen, das alles ist Erotik!

Ein sensibles Körpergefühl, sehr genaue Empfindsamkeit in sämtlichen Wahrnehmungsbereichen wie Hören, Sehen, Riechen, Fühlen und Schmecken sind angeborene Eigenschaften, die längst weitgehend verloren gegangen sind, bzw. auf ein furchtbares Mindestmaß gesunken sind durch Grobheiten vieler Art. Das spiegelt sich in der Sucht nach Süßigkeiten genauso wider wie im Lärm, mit dem sich Menschen, scheinbar unempfänglich geworden, umgeben. Eine natürliche Empfindsamkeit und damit volle Nutzung sind nicht nur selten geworden, sondern werden belacht und verspottet. Die Grobheit der Sinne gilt als normal, die Norm. Die Wahrnehmung wird bereits zwangsweise bei Babies geradezu gewaltsam abgestumpft, die können sich nicht wehren. Das verhängnisvolle Minimum, das verbleibt, soll wie ein Schutzschild genau gegen das Übermaß der Eindrücke helfen, erfordert aber genau immer mehr von dem Übersteigerten, um überhaupt noch zu Empfindung zu gelangen: ein Teufelskreis! Tiere besitzen diese hochsensible Wahrnehmung in allen Bereichen noch, deshalb die Bezeichnung ‚animalische Ebene‘.

Das Gleiche gilt für den Seelenbereich. Zwischen beiden besteht so unmittelbare Verbindung, daß die innere Wahrnehmung über die äußere geübt wird. Über die feine sinnliche Wahrnehmung erhält der Mensch sehr genaue Wegweiser für seine wirklichen Bedürfnisse; im Gegensatz zu den eingebildeten, künstlich aufgeschaukelten. Umgekehrt bedarf es der Herabsetzung der feinen Wahrnehmung als Alibi-Funktion, um die Fehlbedürfnisse befriedigen zu können: das Feine muß abgetötet werden, um dem Groben frönen zu können; denn Hinhören und Hinschauen hat Konsequenzen – man muß ändern! Die Signale, die über die feinen Kanäle der Sinneswahrnehmung empfangen werden, sind absolut lebensnotwendig. Man sieht am Zustand der Erde, was bei der Vergröberung herausschaut. Im Begriff „animalische Ebene" liegt die Parallele begriffen. Tiere folgen diesen Sinnen unbestechlich und sie werden gut geführt, ihrer Art gemäß. Der Mensch steht darüber mit seiner Freiheit und seinem Bewußtsein. Aber was macht er daraus? Er hat ein sinnvolles, komplexes Paket von Fähigkeiten herabgewürdigt in immer minderwertigere Qualitäten.

Eine Haartraum-Seitenlinie betrifft Männer-*Bärte*; dieselbe Bedeutung, dieselben Schlüssel, aber spezifisch bezogen auf das 5. Chakra, den Kommunikationsbereich. Der Barttraum sagt etwas aus über die verborgene Art, sich über den animalischen Bereich zu äußern, bzw. sich verbal oder im Schweigen zu verstecken.

Mit der gründlichen Renaissance der Sinnenhaftigkeit (Befreiung von Rapunzel) erst kann ein völlig neuer Gebrauch der Sinne herangezogen werden: inneres Sehen und Hören, Geruchsinn umgebildet zu spiritueller Witterung, Schmecken als geistiger Gourmet, der das Echte (Himmelsbrot z. B.) zu unterscheiden weiß vom Falschen, und dann in der verbalen Mitteilung die höhere Wahrheit unverfälscht weitergeben kann. In dem

Sinn ist das Wort gemeint: Nicht was in den Mund hineingeht verunreinigt, sondern was herausgeht. Die inneren Sinnesorgane filtern sehr fein.

Ein eigener Haartraum:

Ein ausländischer Friseurmeister, ein sehr junger Mann, besteht darauf, mir die Haare zu schneiden. Ich wundere mich, was daran noch zu schneiden ist: „Ich habe meine Haare doch gerade kurz geschnitten!", lasse mich aber darauf ein. Er schneidet mir sehr flink und geschickt die Haare, währenddem ich noch einzelne Strähnen in die Hand nehme, um die Länge zu prüfen, ungläubig, fassungslos, weil die länger sind, als ich dachte.

Kurz zuvor hatte ich mir die Haare kurzgeschnitten (das tue ich immer selber) und war zufrieden mit dem Ergebnis. Innen war ich offensichtlich nicht so erfolgreich. Der Traum war leicht zu verstehen. Seit Jahren wird mir zunehmend aus der inneren Welt bedeutet, ein völlig neues Verständnis zu finden in bezug auf körperliche Bedürfnisse, sei es Essen, Schlafen, Pausen, Urlaub, lieb gewordene Gewohnheiten (wie spannende, gut geschriebene Krimis, für die ich eine Schwäche habe) und dergleichen. Im Laufe der Zeit habe ich einiges drastisch reduziert. Die Neigung stehenzubleiben (... den Rest darf ich noch behalten? Bitte. bitte ...), mehr von den geliebten Gewohnheiten nicht herzugeben, wird moniert. Es sollte von meiner Seite aus kein Genug, kein Ende und keine Bedingung mehr geben. Hier leiste ich mir immer wieder Gerangel um Gelände, wobei ich immer wieder beschämt irgendwann das nächste Stück Feld räume in verspäteter Einsicht.

Wohlgemerkt: es geht nicht um Askese, die ist nicht erwünscht. Es geht um Reduzierung auf das wirklich Notwendige, einmal wegen der Erde, dann wegen der inneren Unfreiheit, und nicht zuletzt als Training, denn in Kürze wird souveräne Bescheidenheit und Genügsamkeit dringend benötigt werden. Es ist nur zu meinem Besten, es rechtzeitig zu lernen, zumal ich längstens genauer von der Notwendigkeit informiert bin, da im physischen Bereich gewaltige Veränderungen bevorstehen. Mit dem täglichen Vollzug an innerer Disziplin tue ich mich wie jeder immer wieder schwer und komme nur langsam voran. Meine bisherigen Erfolge hatte ich offenbar überbewertet: die Haare waren doppelt so lang, wie ich dachte. Natürlich war der junge Friseurmeister ein Lichthelfer, zugleich ein Seitenhieb auf die eigentliche Fähigkeit des Willens – so jung noch, aber schon Meister – die mir nicht mehr erlaubt, dumm zu tun.

Zähne

Auch Zahnträume haben es in sich, sind häufig und anspruchsvoll. Sie sind immer seelenpubertär gemeint; d. h.: wenn du einen Zahntraum hast, steht dir ein Entwicklungsschub bevor in die nächste Runde Seelenreife, Selbstverantwortung, immer geschliffen passend zum individuellen Stand. Das Lebensalter spielt dabei nicht die geringste Rolle, denn entwickeln sollen wir uns schließlich immer. Ein überlebtes Stück von Unreife, Kindlichkeit muß abgelegt werden. Fallen dir die Milchzähne aus, obwohl du seit Jahrzehnten keine mehr hast, besteht dringender Verdacht, die unpassende, weil nicht reifegemäße Kindlichkeit und Unselbständigkeit gepflegt zu haben, weil es viel leichter ist, ein Kind zu bleiben; dann müssen die echten, starken Dauerzähne zum Vorschein kommen. Wird dir ein fauler Zahn gezogen, dann kannst du das seelisch wörtlich nehmen. Näheres zeigt dir unmißverständlich, wo und warum dir „ein Zahn gezogen werden muß". Schau genau, wo: in der oberen Gebißhälfte ist das Stirnchakra (klar sehen, hören, denken) zuständig. Die untere, bewegliche Hälfte gehört zum Einzugsbereich Halschakra, der Zunge, als dem Kommunikationsbereich. Seelisch beißen, schlucken, sich durchbeißen oder festbeißen an etwas ist auch enthalten.

Der Schluß eines eigenen Traumes:

... ich schaute in ein außergewöhnlich lachendes, strahlendes Kleinkindgesicht (ca. 1 Jahr alt). Ein gesundes, vitales Gesicht. Das Auffallendste aber war: dieses Kind hatte ein vollständiges Vorzeigegebiß, kräftig, weiß, ebenmäßig, bereits mit sämtlichen Weisheitszähnen. Ich staunte nicht schlecht darüber.

Unmittelbar darauf wurde ich wach mit der noch lebhaften Verblüffung über dieses Gebiß und begriff: Der neue Mensch! Als Kleinkind ist er bereits fertig, er ist schon da; noch ein Menschlein, noch sehr jung, aber sein Hauptmerkmal: mit voller Selbstverantwortlichkeit! Mein Anteil daran ist natürlich stetiges Überprüfen, was hier als Seelenmodell imaginativ schon vollendet vorgestellt wird; wo werde ich dem gerecht, wo nicht. Ganz schön anspruchsvoll.

Eine sehr bewußte, lernwillige Frau:

Nach fünfstündiger Behandlung fallen ihr wieder (!) alle provisorischen Zähne aus, zuerst die oberen, dann die unteren. Sie ist ein Notfall und muß Pfingstsamstag zum Zahnarzt. Im Wartezimmer sitzt ein distinguierter Herr, der sie vorläßt. Allerdings wird er gar nicht gefragt, weil es bei ihr so pressiert. Sie kann nicht warten. Obwohl er zuerst da war, macht er ein Nickerchen, fügt sich freundlich. Als sie nach der Behand-

lung wieder heraus kommt, gibt er ihr zu verstehen, er hätte gemosert,
wenn er das nicht eingesehen hätte. Er sagt: „Das ist mein Beitrag zur
Kostensenkung!"
(Das ist kein Entlastungstraum für den Gesundheitsminister, klar).

Pfingsten ist das Symbol für den Empfang des Heiligen Geistes! Hier
liegt der Schlüssel und damit erklärt sich die Dringlichkeit, denn sie befindet sich am Vorabend dieses persönlichen Großereignisses! Sie soll diesen
Geist empfangen, es ist soweit. Deshalb müssen in einer langwierigen Behandlung (innere Erziehung zur Seelenreife) die Ersatzzähne ausfallen: Sie
hatte sich zuviel faule Kompromisse gestattet. Damit sie ihr Pfingsten
nicht verpaßt, bekommt sie Druck, denn ohne den würde sie weiterwursteln. Der distinguierte Herr ist ein Symbol der Respektsperson der männlichen Übermacht-Gesellschaft, auf die sie immer Rücksicht genommen
hatte – bislang; ihren eigenen hohen Dienst zurückgestellt. Sie hatte diesbezüglich jede Menge Traumhinweise erhalten (es ist dieselbe mit dem
Bier und dem Sog aus dem Fenster), hatte immer dem falschen Dienst,
dem konventionellen den Vorrang gelassen, statt ihrer inneren Führung zu
folgen. Die Schein-Vornehmheit des männlichen Herrschaftsbereichs muß
nun ein Nickerchen machen, zurückgestellt werden, damit die überfällige
Zahnbehandlung erfolgen kann. Die fünf Stunden beziehen sich auch auf
das 5. Chakra, einschließlich der unteren Zähne, also ihrem kommunikativen Bereich: sie behauptet sich verbal nicht, weder außen noch innen.
Deshalb erscheint auch die Reihenfolge so befremdlich: erst fünf Stunden
Behandlung, dann fallen die Zähne aus! Zuerst oben: also im Erkenntnis-
bereich des 6. Chakras. Erst wenn sie begriffen hat, kann der provisorische
Zahnersatz verschwinden. Falsche Zurücknahme ist nicht mehr möglich,
wenn sie im Hohen Dienst stehen will. Der Schlußsatz: statt betreut zu
werden wie die allzu vielen, soll sie endlich selber betreuen, das ist ihre
Aufgabe: Entlastung durch Selbstverantwortlichkeit und Seitenwechsel.
Das war nicht ihre erste 5-Stunden-Behandlung, sie hätte längst verwirklichen können. Sie ist rückfällig geworden, deshalb ist es so brandeilig:

Sie schleicht von hinten in ein Haus, will nicht gesehen werden. Je-
mand schickt sie wieder hinaus auf demselben Weg, sagt streng: „Du
mußt vorn herein. Am 5. ist auf!"

Sie soll der verbalen Konfrontation nicht mehr ausweichen, meinen,
sie könne sich hinten hereinschleichen aus falsch verstandener Diplomatie
(Feigheit). Sie soll mutig artikulieren, was sie innen als Wahrheit erfährt,
Farbe bekennen. Wir haben bereits lange daran gearbeitet, sie wußte das
alles bereits, hat aber immer noch nicht genug Mumm aufgebracht. Sinnigerweise hatte sie unmittelbar danach, an einem 5., einen Termin bei mir.

Just immer dann, wenn sie kommunikativ auswich, überfiel sie entweder ein Tinitusanfall oder eine Halsentzündung oder eine Nebenhöhlenentzündung. Schwachpunkte seit je. Ich habe sie lange nicht gesehen danach und bin gespannt, ob ihr inzwischen Pfingsten widerfahren ist ...

Zum Thema *Hautfarbe* träumte eine andere:

... ist eine Negerin mit Negermann und zwei Negerkindern. Ein Nachbar, der zum Ku Klux Klan gehört, bringt ihr zu ihrer größten Überraschung drei Negerkinder und bittet sie, die zu betreuen.

Die Mitglieder des Ku Klux Klan sind Rassisten, speziell gegen Schwarze gerichtet. Sie ist keine Rassistin. Neger – so erklärt sie – sind ihr fremdartig, unverständlich in ihrer Kultur. Sie hegt eine gewisse, distanzierte Neugier. Ihre Vorurteile gehen in eine andere Richtung – hier wird beides genial miteinander verknüpft: sie hegt ein uraltes Mißtrauen gegen alles Männliche! Eine Doppelaufforderung, enge Denkrahmen zu verlassen. Sie soll ihren Horizont erweitern bezüglich Vorurteilen und Zuständigkeit (nicht nur auf den engen Kreis der eigenen Familie beziehen). Sie unterstellt dem Nächsten (Nachbarn) Agression und Gewalttätigkeit gegen ihre nächsten Familien-Interessen, das ihr zunächst Anvertraute. Wenn sie sämtliche Fremdvorbehalte in allen inneren Aspekten zu ihren eigenen, bewußten Erkenntnissen macht (sie als schwarze Familie), kann sie Zugang zu erweitertem Verständnis erhalten und damit die alten Vorurteile, jeder Nächste wolle ihr und den ihren ans Leder, überwinden. Das was ihr als gewalttätig erscheint, soll verstanden werden als hilfsbedürftig. Ihr altes Mißtrauen will erlöst werden zu mütterlicher Betreuung.

Ein *Kloakentraum* darf natürlich nicht fehlen, denn die sind allgemein häufig im Traumrepertoire. Ganz gewiß hast du selber in Träumen bereits verzweifelt ein gewisses Örtchen gesucht, entweder keines gefunden, oder eines in schonungsloser Öffentlichkeit, wo du dich nicht traust, oder ein völlig verstopftes, überlaufendes, das dich ekelt.

Kloakenträume aller Art sind Entsorgungsträume für erledigte Seelennahrung. Wenn du nicht „kannst", Verstopfung hast, kannst du etwas altes Überholtes, bereits Verdautes nicht loslassen, schleppst dich mit längst erledigtem Ballast herum. Das ist nicht nur quälend, sondern vergiftet die Seele ebenso wie den Körper. Verbrauchtes darf nicht zurückgehalten werden. Wo noch altes drinnen verbleibt, kann nichts neues herein: da stocken die Seelen-Lebensprozesse.

Eine elementare Sprache. Erinnere dich: der Körper drückt stichhaltig in allen Bereichen getreulich die inneren Vorgänge der Seelen- und Geistwelt aus!

Frau M. *setzt zwei Kothaufen in die Badewanne, einen hellen und einen dunklen, beide weich.*

Sie hat die Weichen falsch gestellt. Wohl ist sie bereit, altes loszulassen, nur, sie setzt es an die falsche Stelle: die Badewanne ist gewiß nicht der richtige Platz dafür. Schlimmer noch: so ist die Entsorgung eine Schweinerei, denn in der Badewanne findet ja die direkte Ich-Reinigung statt durch Wasser; also die Reinigung der Egoebene durch die Wahrheit der tiefliegenden Motive, des nackten bloßen Seelendaseins mit genau dem Element Wasser. Ihre Reinigungsbereitschaft wird als Trugschluß entlarvt, denn rückkoppelnd passiert das Gegenteil, sie begibt sich in Gefahr, sich aufs neue, anders zu beschmutzen mit ihrem eigenen Dreck. Und das tut sie unbewußt äußerst raffiniert: hell und dunkel als zeitliche Abfolge: sie „entsorgt" das schon als verdaut Vermeinte genauso falsch wie das noch nicht Verstandene, beides geht ihr leicht ab. Sie ist im Begriff, die Entsorgung genau auf dem gleichen falschen Weg zu vollziehen wie vordem: mangelnder Fortschritt. Es kommt eine Farce des Entsorgens dabei heraus, wirft sie zurück, denn nun liegt ja – indirekt gesagt – an, den Schauplatz des Entsorgens erst wieder gründlich zu reinigen und dann unterscheiden zu lernen.

Der konkrete Bezug im Alltag kann wieder nur durch genaues Nachhaken eruiert werden. Was und wie ist sie am Ändern? Wo will sie hin; wie glaubt sie, das erreichen zu können? Wo und wie würde sie bei sich und anderen Verbesserungsvorschläge machen? Die Imagination einer besseren Zukunft könnte ihrer Vorstellung nach wie erreicht werden? Dabei stellt sich heraus, daß sie höchst plausibel vor sich selbst argumentiert, um mit allen Tricks ihre eigenen alten Vorstellungen durchzusetzen, um andere dazu zu bringen, ihren Wünschen zu gehorchen: sie manipuliert weiter! Sie schiebt den schwarzen Peter noch genauso gern anderen zu wie vordem und fühlt sich dabei noch als Opfer, als „armes Ich". Und das, obwohl sie überzeugt ist, mit harten Bandagen und allen Mitteln der Psychologie sich selbst zu erkennen.

Ändere dich selbst, und du änderst die Welt.

Die Fahrtrichtung geht ihr leicht ab, allzu leicht (weich). Der Abgang kommt ihrer Neigung entgegen, sich selbst als Unschuld zu sehen. Erleichtert aufatmend gab sie sich zufrieden, den alten Dreck los zu sein. Sie hat sich etwas zurechtgebogen, damit es ihr in ihre Selbstprojektion paßt. Augenwischerei. Sie wird sozusagen durch die Hintertür aufmerksam gemacht.

Blut

Blut ist in jeder Hinsicht *der* Lebenssaft des Lebendigen im wässrigen Bereich, wie der Atem im luftigen. Es ist das prägnante Symbol für die Substanz des Lebensflusses, der alles Notwendige transportiert, vergleichbar dem Wassernetz der Erde, das ebenfalls „Blut" ist (Blut und Wasser sind eins ...). Im Blut ist wirklich alles enthalten, auch Information! Das Blut vermag zu speichern und erreicht die äußersten Lebensräume. Information kann durch Blutsauger aller Art geraubt werden (Parasiten; vom Floh bis zum Vampir). Auch das Blut hat Doppelfunktion: einmal als physischer Lebenssaft, wo es dem Bauchbereich zugeordnet ist, zum anderen in höherer Bedeutung als Blut des Herzens. Hier ist es dem Herzchakra zugeteilt, der inneren Madonna. Sein Herzblut geben heißt Opferbereitschaft über echte Liebe im höheren Sinn; Mitleiden, Mitgefühl, göttliche Liebe. Alles Lebendige wird von diesem Zentrum aus gelenkt und versorgt. Der göttliche Pulsschlag des Lebens ist eben ein aus dem Herzen kommender, in alle entfernten Bereiche gelangender (unter Abstieg) und schließlich wieder dahin zurückkehrender. Sieh das Sinnbildliche dahinter, wieder im genauen Spiegel in der körperlichen Welt: der Tod ist erst eingetreten, wenn das Herz stirbt, nicht etwa, wenn das Gehirn ausfällt.

Das Kommen und Gehen des Blutes entspricht dem Ein- und Ausatmen. Nicht von ungefähr sind Herz und Lungen in demselben Energiezentrum angesiedelt, nimmt das Blut die feinstofflichen Kräfte aus dem Einatmen genau in dem gleichen Bereich auf und transformiert auf dem Rückweg noch einmal. Der rhythmische Wechsel entspricht den Lebensgezeiten wie Ebbe und Flut. Das Erschöpfte, Entleerte kehrt zurück und wird erneuert durch die ewige Lebenskraft. Das gesamte Körpersystem kann als Grundkonzept des ganzen Universums verstanden werden. Das universelle Herz macht niemals Pause. Metaphorisch steht das Göttliche für das Herz und das Blut selbst für den Christus, der den Doppelaspekt in sich vereint. Die Dynamik des Pulsierens, die Tätigkeit entspricht dem Heiligen Geist.

Du findest in allem und jedem den Ursinn gespiegelt.

Einer träumt:

Er ist todkrank, hat Leukämie. In seiner Verzweiflung legt er trostsuchend seinen Kopf in den Schoß von Schwester B. und nimmt schweren Abschied von seinen Kindern.

Schwester B. ist eine Auszubildende, also noch in den Anfängen der heilenden, pflegenden, barmherzigen weiblichen Seite (seine eigene natürlich), ist noch nicht erfahren, selbständig, souverän. Leukämie bedeutet

Blutschwund im Sinne von Mangel an roten Blutkörperchen, weil die wachsende Übermacht, der einseitig wuchernde männliche, aggressive Teil des Blutes, die weißen Blutkörperchen die roten auffressen. Das rote Blut ist weibliches Opferblut, ist Liebenkönnen. Herzensblut, Madonna und Informationsträger. Den Trend der übermäßigen rationalen Übermacht im Blut darf er keinesfalls beibehalten, denn Krebs ist nun einmal der allerletzte Aufruf zu Versöhnung. Seinen leiblichen Kindern will er sich stets verzweifelt beweisen, damit sie ihn schätzen und lieben. Seine Seele weiß schmerzlich um die eigene Unzulänglichkeit in Herzenswärme. Er kann es nicht und sehnt sich tief, es zu können. Er braucht sich „nur" zu öffnen, um endlich Zugang zu der höchsten Liebe zu kriegen, damit er selber Anteil hat, dann kann er weiterleiten. Wenn er begreift, daß diese Liebe jedem zugänglich ist, er sie ohne Einschränkung erfahren kann und sich einfach traut, sie geschenkt zu nehmen, ohne sie sich durch „Nichtverdienen" vorzuenthalten, dann wird der Blutkrebs geheilt. Seine Unfähigkeit zu lieben, ist „nichts weiter", als das Geschenk der Liebe des Höchsten nicht anzunehmen. Am Ende ist es ganz einfach; jeder könnte es. Die uralte einseitige männliche Art, per Gewalt und Macht zu handeln, statt mit Herz beide Seiten in Einklang zu bringen, hat sein Lebensblut aufgezehrt. Ein kläglicher SOS-Traum, der im Außen natürlich seine Niederschläge zeigte. Der Traum ist keine hellsichtige Ankündigung für diese tödliche Krankheit, wie er prompt befürchtet hatte, sondern ein Schocktreffer, zu kapieren, was Sache ist. Er muß sich nicht zirkusmäßig überschlagen, um von seinen Kindern geliebt zu werden. Der ausbleibende Erfolg brach sich denn auch gelegentlich als Enttäuschung Bahn mit plötzlichen, unmotiviert erscheinenden Ausbrüchen des Unterdrückten: Unduldsamkeit und Härte, an der er selber litt.

Liebe ist ein Zustand. Man kann sie nicht mit Taten verdienen, sondern mit Öffnen. Aber das Einfache fällt uns immer am schwersten. Es scheint leichter, sich akrobatisch zu überschlagen, mit den tollsten Kapriolen Bestechungsversuche zu starten, als schlicht und einfach zu sein. Wir sind alle so ...

Die Analogien zur *Kleidung* kannst du leicht selber herstellen, zumal einige Beispiele schon vorgestellt wurden (der dunkle Pullover, der löchrige Mantel, die Unterwäsche), wenn du grundsätzlich weißt: Kleidung ist Seelenkleidung! Oberbekleidung als wärmend, schützend, aber auch zudeckend als das für alle Sichtbare. Unterwäsche steht für die nächst nähere Schicht, in der sich bereits intimer offenbart, wessen Geistes Kind du bist.

Die jeweiligen Farben geben zusätzlich Aufschluß; ein buntes *Sommerkleid* würde beispielsweise auf ein Weltbild der Offenheit für buntes Sommerleben deuten oder einen Außenersatz für die echten Blumen des Lebens vorstellen, was immer. Das Fehlen jeglicher Kleidung, die Nacktheit drückt immer die völlige Bloßheit, die Unverhülltheit der Seele aus, je nach Traum beschämend oder als Aufforderung, sich nun jeder Verbergung zu entledigen und unverhüllt zu erscheinen. Letzteres ist dann der Fall, wenn jemand soweit ist, die klaren reinen Engelkleider zu erhalten.

Hüte und *Mützen* sagen etwas aus über die Bedeckung des 7. Chakras, vermeintlichen oder notwendigen Schutz vor allzu stark niederprasselndem Unwetter oder Sonnenfeuer. Als Variante gibt es oft den *Tropenhelm*: Schutz vor extremer Sonne, bzw. unsinniges Abschotten vor kosmischen Energien, je nach Traum.

Schuhe sind Hüllen für die Füße als Standhalte- und Fortkommens-Instrumente. Die Art des Schuhwerks läßt auf Sinn oder Unsinn des Mittels schließen.

Frau S.

will sich Schuhe kaufen und nimmt ihre Freundin zur Beratung mit. Zwei Paar stehen in der engen Wahl: ein Paar halbelegante Stadtschuhe mit Blockabsätzen oder ein Paar Mokassins, bequem und leicht. Die Freundin rät zu ersteren; sie liebäugelt mehr mit den Mokassins.

Sie soll selbst entscheiden, nicht auf die Freundin hören, die noch einen Hang zur Anpassung an Konventionelles hat (Eleganz vor Zweckmäßigkeit). Zum Vorankommen sind für ihre Zwecke aber die Mokassins sehr viel besser geeignet, denn es wird einigermaßen über Stock und Stein gehen auf ihrer Lebenswanderung. Hinderliches, ungeeignetes Schuhwerk hält auf und verursacht stolpern. Das Traum-Ich weiß, was richtig ist. Man sollte ihm folgen. Bei schwierigen Wegstrecken – und wer muß die nicht bewältigen, dürften die Blockabsätze zu echten Behinderungen führen.

Auf der Flucht vor ... Verfolgern, die sie gar nicht sieht, verliert sie den rechten Schuh ...

Der Traum war wesentlich länger, ein wahres Kunstwerk genialer Traum-Imagination. Die Träumerin flieht vor einem Phantom, wie sich alles in allem ergibt. Sie hat einsichtsmäßig nicht standgehalten (rechts) und gerät nun ins Schleudern. Mit einem Schuh kann man nicht gut wegrennen. Nun erhält sie die Chance, erst mal zu schauen, wovor sie eigentlich davonläuft. Sie unterstellt die Verfolgung nämlich nur.

Manchmal muß nach der Farbe Schuhwerk ausgewählt werden. Sollen es die roten oder die blauen Schuhe sein, die braunen oder die schwarzen? Je nach der Traumlandschaft besteht die Wahl zwischen der physischen und der geistigen Vorherrschaft (Korrektur), vielleicht mehr Lebenslust, den Lebensweg fröhlicher zu gehen (rot). Die Wahl braun bezieht sich auf einen sehr ähnlichen Aspekt, mehr Erdung. Schwarz als eher neutrale Nichtfarbe, sich auf die Dunkelheit der Schattenwelt einzulassen ... Erst das Ganze macht wieder das Psychogramm deutlich.

Zu große Schuhe deuten auf dasselbe, wie der Volksmund sagt: auf zu großem Fuß leben. Ob der Träumer als Großkotz entlarvt wird oder als einer, der verzweifelt versucht mitzuhalten in Schuhen, die ihm nicht passen, kannst du nun selber entschlüsseln.

Ebenfalls können *Handschuhe* auf notwendigen Handlungsschutz hinweisen, sein Handeln besser zu kaschieren vor dem unzulässigen Blick des Publikums, oder jemand will sich die Finger nicht schmutzig machen: eine Pechmarie also. Reine Kosmetik.

Sexualität

Wie sehr die Menschheit mit dem Thema Sexualität auf Abwegen tritt, zeigt sich nicht nur in den täglichen Nachrichten, die weit weniger als die Spitze des Eisberges ausmachen, sondern auch im allgemeinen Umgang mit diesem Thema. Es wird, wo immer möglich, in Abstellräume gesperrt. Wo nicht, wird es über Witze abstrahiert, als Prestige-Thema mißbraucht oder angeblich entladen über Pornos im weitesten Sinn. Die Not ist übergroß, einfach, weil das Verstehen entglitten ist, bereits seit sehr, sehr langer Zeit. Allererste Voraussetzung für Korrektur ist Wissen. Der heutige Umgang mit Sexualität sollte angeblich eine Lösung des Dilemmas alter Prüderie und Verdammung bringen, weit gefehlt. In Wirklichkeit ist der Umgang nur umgeschlagen in die andere Seite der Medaille. Wirkliche Freiheit ist nicht eingetreten: der Basiliskenblick schaut uns nach wie vor an. Es muß wesentlich tiefer geschürft werden. Alles Unerlöste führt zwangsläufig in neue Verwirrung, nur mit anderem Anstrich.

Mit der Hochzeit zwischen Himmel und Erde, der Verschmelzung von Feuer und Wasser wird auch die alte Knute Sexualität einen vollkommen anderen, wirklich freien Ausdruck erhalten. Auch hier liegt die Lösung nicht im neuen Lappen auf ein altes Kleid.

Sexualität ist ursprünglich gemeint als Teilhabe an der Schöpferkraft des Göttlichen; ein großes Geschenk an Wesen, über das Prinzip von Seligkeit in der Verschmelzung einen Kontakt, eine Vorstellung zu behalten vom Urprinzip der Verschmelzung und Seligkeit des Geschöpfes mit dem Schöpfer. Das ist der Ursinn, der in der Erinnerung der Seelenwesen tief mit in die entfernteste Dunkelheit genommen werden konnte, damit das Grunderlebnis nicht völlig gelöscht werden könne. Selbst im dunkelsten Menschen, der die Verbindung zu seinem Anteil an der Schöpferkraft des Göttlichen längst vergessen hat, bleibt diese Möglichkeit als ferne Erinnerung und damit als vage Sehnsucht erhalten. Rutscht dieser Ausdruck dauerhaft ab in die bloße Lustbefriedigung, ohne in die tieferen Regionen der Herzliebe zu stoßen, schlägt sie um in Qual, hält nicht vor, sucht immer häufiger verzweifelten Anschluß an den ursprünglichen Sinn, endet häufig in Exzessen oder gar Perversion. Die haben auch prompt nicht abgenommen mit der „modernen" Freizügigkeit. Alle Lebenserscheinlichkeiten kannst du wie die Elektrizität auf den höchsten Sinn übertragen, der innen verborgen liegt. Sollst du sogar, denn nur von daher kann eine echte Befreiung erfolgen.

Ich rede sicher nicht der katholischen Kirche das Wort. Grundsätzlich stimmt zwar der Zweck der Sexualität, der Rahmen wird dort aber entschieden zu eng gefaßt und führt zwangsläufig zu Verteufelung. Die aber hat noch keine Seele befreit. Alles was der Mensch nicht versteht, macht er unweigerlich nieder. Mit Verboten, Bestrafung, Zwang und Bevormundung ist die Menschheit nicht zu erlösen, sondern nur mit Führung und Aufklärung im Sinne höheren Wissens. Damit meine ich nicht Aufklärung z. B. der Menschen in der dritten Welt (oder Kinder in der Schule), obwohl das natürlich ein Bestandteil ist. Solange in vielen Völkern die Anzahl der Kinder als Prestigemittel von Männern benutzt wird, sich selbst zu identifizieren, kann sich die Weltlage nicht bessern. Die Schöpferkraft wird hier lediglich in den falschen Hals gekriegt, und das schon sehr lange. Alternative ist nicht Askese, sondern Erkenntnis, was es eigentlich auf sich hat mit der Sexualität.

Solange nur Bauchbefriedigung gesucht, verteidigt und legitimiert wird, kann es nicht besser werden; wir bringen alle ein dickes Paket alter unbewältigter Erlebnisse aus früheren Leben bereits mit, besonders zu diesem Thema (Hunger, Schmerz, Tod, Angst sind etwa gleichgewichtige Themen). Die Menschheit ächzt unter alten Sklavenlasten. Weder hemmungsloses Austoben noch Askese sind die Lösung.

Nicht zuletzt deshalb wirst du schnell erkennen können, daß alle sexuellen Träume letztlich Metaphern sind, die wörtlich gedolmetscht werden können und müssen. Wie immer gilt: die uns durch die Außenwelt vertrauten „Tatsachen", sprich Erlebnisbilder umzumünzen in die metaphorische Bedeutung. Es stellt sich dabei heraus, daß nicht ein einziger sexueller Traum im bloß äußeren Sinn gemeint sein kann. Einschlägige Beispiele gibt es wie Sand am Meer.

Ein junger Mann träumt:

Er schläft mit einem Mann, der noch grob tut.(wörtlich)
Er schläft mit einem Mädchen, das ihn aus der Wohnung schickt, um etwas zu holen (er weiß nicht was). Als er wiederkommt, hat sie einen anderen. Nun will er bei ihr an der Brust trinken, aber es kommt nichts.

Das Mädchen kennt er im Außenfeld, bezeichnet sie als extrovertiert und untreu. Natürlich meint er sich selbst. Seine eigenen weiblichen Aspekte, mit denen er sich ansatzweise kurzschließt; z. B. durch seine Bereitschaft, hier Rat und Aufschluß zu erhalten; die sind noch recht flüchtig, oberflächlich, wenig ergiebig, untreu, nicht zuverlässig. Milch und weibliche Brust sind wie die Kühe im Traum, aber auf Menschenebene übertragen, die Nährquellen des Mütterlichen, Gebenden, Spendenden, Nährenden. Das fehlt noch völlig bei ihm. Aber Durst hat seine Seele; sie will geben lernen durch empfangen. Seine eigene männliche Seite erweist sich bei bewußter Begegnung (intim werden) als roh, grob, unfruchtbar. Homosexualität (er hat ganz sicher keine Neigung zur Homosexualität, weil er den Traum hatte!) oder lesbische Ausdrücke sind das Resultat unerledigter, unfruchtbarer Beziehungen mit sich selber in der entsprechenden Hälfte; sie haben ihre Wurzeln immer in früheren Leben und werden als Altlast in die nächste Inkarnation mitgebracht, so lange, bis endlich geklärt wird. Es sind Fehlrichtungen (bitte nicht bewerten!!) mit tiefen Ursachen. Dazu stehen ist richtig; aber es dabei belassen ohne aufschlüsseln ist stehenbleiben. Alle Erscheinlichkeiten müssen früher oder später hinterfragt werden (besser dann früher). Das ist Lesen in der Schöpfung und Leben verstehen. (Noch einmal ganz deutlich: Erlösung kann auch in einer tiefen Liebesbeziehung homosexueller Art erfolgen!)

Ein anderer:

Er schläft mit einer ehemaligen Geliebten.

Als ich ihm auf den Kopf zusage, daß das im Traum nicht gerade eine Erfüllung gewesen sei, gibt er es zu. Er wärmt Vergangenheit auf. Der längst verlassene, überlebte Kurzschluß mit einem bereits vergangenen Aspekt seiner weiblichen Seite ist Schnee von gestern. Er soll zu seinem aktuellen Entwicklungsstand stehen und nicht rückfällig werden, nur weil die alten Kamellen bequemer erscheinen oder eine Gelegenheit zum Liebäugeln mit alten Gefühlen verlocken. Sein Wankelmut ist also nicht Untreue gegen seine gegenwärtige Frau, sondern ein Rückfall in alte Gefühlsmuster.

Herr Z.:

Seine Frau prostituiert sich vor seinen Augen mit einem anderen. Er ist eifersüchtig und schüttelt sie kräftig im Nacken.

Er ist eine Frau mit falscher Brust; darunter entdeckt er kleine Knospen, die er mit Salbe behandelt.

Selbstbegegnung selbstverständlich. Seine Frau denkt gar nicht an Untreue, und er hat keine Neigung zum Transvestiten! Aber er hat(te) ein Problem mit Unersättlichkeit. Das war natürlich eine Not, die er durchschauen sollte. Er inflationiert seine eigene Emotionalität. Die war falsch; darunter verbirgt sich ansatzweise seine eigene Fähigkeit, mit echten Gefühlen zu nähren, die Salbe als Behandlungsmittel ist die Medizin, der Trost, der Balsam, vom Erdenleben ein zubereitetes Mittel, zu heilen und zu fördern. Häufiger Verkehr ist kein Surrogat für Liebe, allenfalls eine Tapete oder ein Notschrei. Eifersucht auf seine eigenen unerkannten Gefühle; hinter Eifersucht liegt ein verborgenes Motiv, keinesfalls vertrauensvolle Liebe. Im Nacken schütteln wie einen jungen Hund, sich etwas auf den Nacken laden, im unbemerkten Schattenbereich der Rückseite des Halschakras; das bezieht sich auf die Kommunikation (auch den inneren Dialog), sowohl verdeckt reden wie verdeckt schweigen. Doppelbödige Gefühlswelt führt zu doppelbödigem Handeln und Reden. Als er alles verstanden hatte, zusammen mit weiteren Hinweisen aus verschiedenen Ebenen, wurde ein umwerfender Fortschritt erzielt.

Ein anderer Träumer, der (ebenfalls) an sexueller Unersättlichkeit leidet (hat es im Gegensatz zum vorigen Fall bisher nicht geschafft, da herauszukommen) *will* sein Problem als solches nicht erkennen; er *will* es behalten, besteht darauf, weil er meint, damit sein altes Kindheitsdefizit an Liebe auffüllen zu können. Natürlich kann es so keine Sättigung geben – es ist eine Schraube ohne Ende. Einsicht würde ihm mehr abverlangen als Folge deshalb; weil der kindische Trotz momentan leichter erscheint, zäumt er das Pferd von hinten auf: er sucht sich geschickt immer wieder Quellen zur Bestätigung des Bestehenden. Er will nicht dran an den Ausgleich von Geben und Nehmen. Nehmen scheint leichter. Aber man kann nicht erhalten, wenn man nicht gibt. Was erscheint im Gefolge? Frust, Untreue, Unersättlichkeit, die Bereitschaft, sich zu nehmen, worauf er Anspruch erhebt. Noch tiefer liegt die Ursache für sein altes Platzhirschgehabe: männliche Gewalt-Macht als Unterjochungsmittel, weibliche Kräfte zu unterwerfen. Mit diesem Scheintriumph leistet er sich Ersatz für echte Einheit. Einige von seinen Träumen:

Ein Mann zielt mit der Pistole auf seine Stirn. Er weiß, daß er dem mit Mut die Pistole aus der Hand treten kann, tut es aber nicht.

Leider! Er könnte, er will nicht! Er spielt – übrigens immer noch – mit dem Feuer. In einem geradezu klassischen Präsentiertraum

wird eine Gruppe von Menschen von Terroristen gefangen genommen;
vor ihren Augen vergewaltigen die eine der Frauen. Alle werden aufgefor-
dert, sich mit warmen Sachen einzudecken: er hat keine, will sich von den
anderen welche borgen, aber niemand leiht ihm welche; sie brauchen ihre
Sachen alle selber. / Eine große Kathedrale liegt für ihn sichtbar auf der
Seite im klaren Meerwasser.

Er fragt die Falschen; es sind ja Aspekte seiner selbst, wie die Terroristen auch. Natürlich nimmt er sich selbst gefangen, übt Terror, gerät un-
vorbereitet in tiefe Kälte, vergewaltigt seine Emotionen. Er bettelt vergeblich um Wärme, die er auf diese Weise niemals erhalten wird. Seine wunderbar angelegte Spiritualität, sein altes Erbe ist umgefallen, untergegan-
gen, aber nicht so tief, daß er es nicht mehr sehen und wieder aufrichten
könnte! In kindischem Trotz quält er sich und andere mit höchst fehlge-
lenkter Hartnäckigkeit. Und an dieser Stelle kann ich nicht umhin, noch
mal einen kleinen Seitenhieb auszuteilen: er sucht seit langen Jahren Hilfe
in psychologischer Betreuung; wobei das Resultat ganz offenkundig in der
Pflege des „armen Ichs" erscheint: er badet sich geradezu im alten, längst
überholten Dreck der gefesselten Kindheit. Damit unterstelle ich ganz sicher nicht, daß Psychologie immer und unausweichlich derartige Resultate
zeitigt – es gehören immer zwei Seiten dazu. Es kann nur dem geholfen
werden, der sein Teil beiträgt, sich selber hilft. Auch die kompetentesten
Helfer mühen sich vergeblich, wenn der Betroffene sich weigert. Aber das
ewige Herumrühren in dem Untergrund für das „arme Ich" ohne konstruktiv herauszuführen, ist mir schon allzu oft begegnet, um zufällig sein zu
können. Zum Glück gibt es in der Psychologie ebenso wie bei Medizinern,
Theologen oder anderen Berufsgruppen, die Menschen anleiten, mutige,
starke Menschen, die pioniermäßig eigene Wege wagen, indem sie Altes
mit Neuem konstruktiv zu verbinden vermögen. Ihnen gehört mein tiefer
Respekt. Leider ist nicht zu übersehen, daß genau diese Wegbereiter gegen
eine enorm mächtige Lobby von konventionellen Kollegen in deren vollem „Berufsornat" antreten müssen und eine enorme Menge Energien ver-
brauchen, um sich behaupten zu können. Aber letztlich gehört auch das
zum großen Plan der Schöpfung, denn wie könnte der Mut zur inneren
Genialität geübt werden, wenn nicht an Widerständen. Kontraste erst machen das Wesentliche möglich. Eine Pyramide ist schließlich kein Zylin-
der. An der Spitze schaut es anders aus als an der Basis, womit ich gewiß
nicht von Elitebewußtsein spreche; ohne Basis keine Spitze. Es steht Be-
schreibung, nicht Bewertung dahinter.

Er ist mit seinem kleinen Sohn im Schwimmbad, wo er dessen abgetrennten Penis in der Hand hält.

Eine unmißverständliche Aufforderung, im Rahmen seiner bereits erfolgten Erneuerung der rationalen, männlichen Seite seine innere Haltung bezüglich Männlichkeit mal in die Hand zu nehmen und zu begreifen, daß die bereits abgetrennt ist. Aber er tut es nicht, auch nach diesem Traum nicht.

Sehr männliche (!) Tiere mit auffallend großen Penissen liegen auf der Erde, dann auf dem Meer; er sitzt plötzlich in einer Nußschale von Miniboot, die prompt voll Wasser läuft, kriegt den Mund voll und prustet das mit einem gewaltigen Schwall heraus.

Sein männliches Platzhirschverhalten liegt auf der tierischen Ebene am Boden; er ist noch nicht imstande, sich als Mensch in freier Entscheidung aufzurichten. Das Ganze wird in den Reinigungsbereich von Wasser, in das Urmeer der Herkunft verlagert, wo er Gefahr läuft unterzugehen. Das Wasser steht ihm nicht nur bis zum Hals, sondern läuft bereits hinein. Nun ermannt er sich und spuckt es aus. Und nun kommt der Haken: er hat gar nicht bereinigt, die Gelegenheit nicht wahrgenommen; sein Sichaufraffen spuckt nicht den alten Mist aus, sondern die Reinigungskraft des Wassers. Er explodiert verbal nach außen. Wer immer das abkriegt – es war nicht im Sinne der angebotenen Reinigung. Hat er's nun kapiert? Nein:

Er erfährt sich als Prostituierte und stellt dann fest, er ist eigentlich ein Mann.

Wahrhaftig ein Gewohnheitskarrussell; mit seinen geschickten Winkelzügen betrügt er sich nur selber und damit das Höhere in ihm. Seine ehemals verletzten Gefühle prostituieren sich permanent, stellen sich zur Schau, kokettieren und verraten ihren wahren Wert. Seine Vergangenheit ist schon erlöst! Und nun muß er sich auch noch sagen lassen, daß dieses raffinierte Konzept eigentlich eine Einsicht- und Willensangelegenheit ist! Natürlich hört er das nicht gern, es paßt nicht in seinen Exzeß von Selbstbemitleidung. Nicht nur junge flügge Vögel, die bereits aus dem Nest geworfen wurden, sondern auch Altvögel bringen es in der Natur fertig, sich wie ein Nestling aufzuführen und das andere Alttier um Nahrung anzubetteln (versorg mich doch – ich bin noch klein, bin noch unfähig ...). Auf den Trick fallen viele herein, auch Psychologen. Jetzt kommt's:

Er will Geschlechtsverkehr mit seiner 8jährigen Tochter. Die aber kontert: er müsse warten, bis sie 12 ist.

Er hat gar keine Tochter! Die 8 ist der Auftritt einer neuen Gefühlsseite innerhalb der Vollendung der alten Zeit und dem Neuen Schöpfungstag. Er will ernten, wo er nicht gesät hat! Am Neuen teilhaben, verschmelzen mit der noch nicht in ihm verwirklichten neuen Weiblichkeit, die aber in der Zukunft, im Astralfeld, vollendet ist, geht nicht. Er muß sich erst seinem eigenen Anteil an Verwirklichung innerhalb unserer jetzigen Traumzeitebene stellen (Erinnere dich: die 12 ist die Umrundung, Vollendung in der Zeitebene jetzt und hier). Er will überspringen, das wird verwehrt.

Er steht vor einer engen, sehr niedrigen Pforte, weicht immer wieder aus, bis er schließlich durch eine morsche Hundepforte kriecht.

Der „Platzhirsch", sprich männlicher Stolz und Gewalt-Hochmut, will sich nicht beugen. Aber er muß. Geht er nicht freiwillig durch die berühmte enge Pforte, aufrecht wie ein Mensch (er allerdings muß sich dabei bereits ducken!), wird er gezwungen werden, wie ein (geprügelter) Hund durch uralte morsche Devotion kriechen zu müssen. Der Traum warnt unerbittlich vor den kläglichen Folgen, die eintreten müssen, wenn er auf der niedrigen Tierebene beharrt. Ein Hund ist selbst dann noch treu, wenn er mißhandelt wird. Muß er das heraufbeschwören?

Man täusche sich nicht über die unterschwellige Übertragung von Mensch zu Mensch; was immer im Wachbewußtsein weggefiltert, kaschiert wird – die inneren Strömungen wirken. Sein Sohn träumt:

Er sieht den Vater mit zwei Penissen. Einer davon wird in den Leib hineingedrückt und verpflastert.

Das unbewußte Erbe durch Erziehung und Übertragung auch von verborgener Überzeugung, wirkt. Nur *eine* Version von Schöpferkraft kann stimmen. Der zweite Penis muß weg, wieder einverleibt werden und heilen dort, woher er kam, wohin er gehört: in den rein animalischen Bereich! Ein Doppel. Der Junge träumt den Spiegel des väterlichen Erbes für sich und auch für den Vater. Aus dem Karma bestehen Gemeinsamkeiten. Der Junge kann an das Thema eher heran als der Vater; es besteht die Möglichkeit, das Debakel im vorpubertären Alter bereits ein Stück zu lösen. Es ist derselbe Junge, der neben dem Schulklo ein Ferkel geschlachtet hat. Interaktion kennt wirklich keine Grenzen.

Ich erhielt daraufhin im Traum einen (Betreuer-)Hinweis, daß es sehr schwer werden würde, ihm überhaupt zu helfen (dem unbelehrbar erscheinenden Vater).

Ein junger Mann kam mit einem Traum, den er derart abscheulich und pervers fand, daß es ihn Mühe kostete, ihn mir zu erzählen. Wie immer erwies sich der Traum im übertragenen Sinn und bezog sich auf seine berufliche Situation.

Er läßt sich von seinem (Alkoholiker-)*Chef mißbrauchen und ekelt sich dabei unsäglich.*

Der Chef hatte in ihm den „richtigen Dummen" gefunden, der ihm erlaubte, seine verlogene Lebenshaltung ungehindert weiter zu führen. Trotz innerer Warnung hatte der Träumer sich darauf eingelassen, weil er unterstellte, wenn er es nicht tut, macht das Geschäft Pleite und er wird arbeitslos. Existenzielle Angst drückt sich im zweiten Chakra aus. Hier hatte er Beschwerden hinten im Kreuzbereich, da wo man nicht gern hinschaut – in der Schattenseite. Ich sah dort ein deutliches Bild, in dem die echte Erde fehlte, aber ersetzt war durch mehrere kleine, entzündliche Pseudo-Erden. So zeigte sich seine Bereitschaft für Ersatz, damit er nur ja nicht die finanzielle Existenzgrundlage verlieren möge. Damit war er erpreßbar, korrumpierbar geworden, hatte seine Seele „verkauft", obwohl er längst weiß, daß er in völliges Vertrauen (nach „oben") gehen kann. Überdies ist ihm schon lange nicht wohl an diesem Arbeitsplatz. Ich weiß, daß er einen anderen finden wird, wenn er diesbezüglich seine Lektion gelernt hat.

Es geht nicht um Schuldzuweisung, sondern um Verstehen! Beschämung und Zerknirschung im Gefolge sind unerläßlich, müssen aber weiterziehen dürfen. Darin baden, kleben bleiben ist nicht erwünscht.

Die Lichtwelt ist außerordentlich großzügig, moralisiert nicht einmal. Aber sie besteht unerbittlich auf Aufrichtigkeit, Wahrhaftigkeit!

Frau Ü. hat eine schwerbehinderte Tochter. Das bedeutet im Außenfeld u. a. eine Konfrontation mit unerledigten Zweigen aus ihrem alten Gefühlsbereich. Machtmißbrauch in der weiblichen Ebene mußte erkannt werden.

Sie sitzt am Steuer ihres Autos, ihr Mann rechts neben ihr. Sie fahren auf der Autobahn. Auf der linken Spur kommt ein LKW entgegen. Ihr Mann warnt: „Fahr nicht links, nicht überholen!" Sie tut es dennoch; die beiden Fahrzeuge prallen aufeinander, der LKW geht in Flammen auf. Beide schauen zu, während sie neben der Autobahn auf einem abgeernteten Maisfeld stehen.

Ein Doppel. Die Warnung der Vernunft erfolgt zu Recht; das Unglück wäre dann nicht geschehen. Andererseits muß sie mit ihrer überstarken weiblichen Machtlast kollidieren; dazu muß sie geradezu Verwegenheit aufbringen, damit sie endlich mit dem weiblichen Machtwahn aufräumen kann. Mit kühlen Vernunftargumenten hätte sie das nicht geschafft. Die weibliche Übermacht (sie hat lesbische Neigungen) muß demonstrativ verbrennen (Feuerläuterung als Schmerz der Wahrheit). Ihr passiert dabei nichts, was nicht sollte. Mais ist Kraftnahrung, die in diesem Fall längst abgeerntet, eingebracht, wahrscheinlich auch schon verfüttert ist: an Tiere! Für Fleischfutter. Mit anderen Worten: die Energie für das Fleischliche ist

Schnee von gestern, nicht mehr vorhanden, vorbei. Damit wird sie ein großes Stück Land gewinnen im Gerangel um die animalische Ebene in sich. Auf der linken Seite, also rein im emotionalen Bereich bekämpfen sich zwei Regungen: die des Bauches und die des Herzens. So heben sich die Kräfte selber auf, das soll aufhören:

Sie erhält Ankündigung von Zwillingen.

Zweifellos eineiige. Es handelt sich um eine alte Seelenabspaltung desselben „Unikats": zuviel weibliche Macht mußte gespalten werden. Nach vielen Irrwegen muß dies nun in die Klarheit der Erkenntnis genommen werden, soll Einheit angepeilt werden.

Sie erzählt mir einen alten Traum, den sie früher gehabt hat:

Sie steht mit zwei Frauen oben auf einer Leiter. Die beiden fordern sie auf, hinunter zu gehen. Sie traut sich nicht. Aber es heißt klar, daß sie muß.

Die beiden gleichstarken Machtfrauen in ihr erfordern eine klare Auseinandersetzung mit diesem Thema hier im Erdenleben, in der handfesten Schule. Auf die Tiefe des Geschehens muß sie sich von der hohen Leiter der Überheblichkeit herablassen. Die lesbische Neigung ist ein Mißverständnis solcher Zweigleisigkeit. Mit dem muß sie sich hier herumhauen, um es endgültig zu lösen.

Eine andere Frau träumt:

Nach einem sehr erotischen Tanz läßt sie sich mit dem wunderschönen Tanzpartner ein, ein blonder, blauäugiger, äußerst sympathischer und attraktiver Mann. Es ist wunderbar mit ihm.

Tanz ist die nur bewußten Menschen mögliche Erhöhung der Freude an Bewegung (wie sie Tieren eigen ist) zur höheren Form des Tanzes: Schamanentänze, Tanz der Derwische, „Der mit dem Wolf tanzt" usw. Ritualtänze alter Kulturen (schwarzmagische Tänze ausgenommen – die rufen die falschen Kräfte).

Sie war sehr bestürzt, ihr geisterten die übernommenen psychologischen Erklärungen (hier Klischees) im Kopf herum; sie meinte, sie würde auf unbemerkte insgeheime Untreuegelüste aufmerksam gemacht. Weit gefehlt! Natürlich kannte sie den Mann im Traum sehr gut, aber nicht im Wachen. Kennst du ihn wieder? Es ist der innere Märchenprinz, der Stellvertreter des Christus, des inneren Engelführers, der eigenen vollkommenen Seite, ihr höheres Selbst. Diese Art von Vereinigung soll sein – es kann niemandem etwas Schöneres widerfahren und ist ein Grund zur größten Freude. War es im Traum auch! Aber der üble Zensor der Machtgesellschaft sabotiert. Auch vom Wächter gibt es ein Doppel: der Zensor der Machtgesellschaft, der möglichst beherrschen will: von dem kommen auch die Ängste, die Menschen davon abhalten zu wachsen! Der andere ist der Lichtengelwächter, das Höhere Selbst, der Schutzengel, der den Menschen zum wahren Sein befreien will. Der himmlische „Coitus" ist also ein Ereignis, das jeder Mensch in sich selbst als Erfahrung erleben (!) kann.

Frau T.

sieht, wie ihr Mann oralen Sex mit einer ehemaligen Freundin hat, mit einer Prostituierten. / Sie studiert in Indien, wo sie das Telefon der Großeltern benutzt, aber nicht weiß, wen sie am anderen Ende der Leitung hat.

Sie hatte erkleckliche Zeit im Außen nach innerer Hilfe gesucht und war einmal bei einer Wahrsagerin gelandet (Indien im Traum), die den Tod ihres Mannes für einen genauen Zeitpunkt vorausgesagt hat. Das ist Mißbrauch spiritueller Energie und sowohl gefährlich wie unzulässig. An dem vorausgesagten Tag wird der Mann sicher nicht sterben! Solche „Prophezeiungen" treten nur ein, wenn sich jemand derart darauf fixiert, daß er sie selber eintreten läßt! Die Wahrsagerin ist genauso auf dem falschen Dampfer wie diejenigen, die sie konsultieren. Die Aussage kann umfunktioniert werden dahingehend: die unfreie, ein wenig drohnenähnliche Gestalt des Ehemannes könnte sich bequemen zu sterben im Zeitraum eines kabbalistischen Verständnisses des angekündigten Datums.

Die Großeltern hatten eine Poststation. Sie liebte beide, besonders die Großmutter (beide sind tot). Die Großmutter war eine gutherzige, „selbstlose" Frau, wie sie berichtete. Bei näherem Bohren stellt sich heraus, daß im Verborgenen noch Macht hinter Liebe stand. Ein anderer Traum ließ diese Liebe der Großmutter in einem etwas anderen Licht erscheinen (... *da mußte sie mit einem Herzinfarkt in ein Marienhospital!)* Aber sie konnte geben. Das versucht die Träumerin nachzuahmen und fällt prompt auf den falschen Dienst herein: geben mit unentdeckten geheimen Bedingungen im Hintergrund. Die Prostituierte, mit der sich ihre rationale Seite einläßt (die Wesenszüge ihres Mannes, die sie an ihn delegiert hat) ist ihre eigene Gefühlswelt. Das Orale dabei bezieht sich auf die Kommunikation: die Unaufrichtigkeit, die unbewußt den anderen erpreßt und sich dabei verkauft. Die ehemalige Freundin war, ganz stichhaltig, das konventionelle Muster der Tradition, wie eine Ehefrau zu sein hat. Ein anderer Traum bestätigt das:

Im Neubau (ihr Haus) *ist alles unterteilt in lauter Schlafabtrennungen für russische Siedler. Sie findet keine Ecke für sich, will da raus, kann aber das Haus so nicht verkaufen.*

Wegen der Folgsamkeit, ein nützliches Mitglied dieser Gesellschaft sein zu wollen, hat sie alle notwendigen Grenzen eingerissen und sich dabei fast totgedient. Sie hat sich quasi zu einem Bahnhofsrestaurant degradiert. Wirklich geben kann man aber nur, wenn man bei sich, in seiner Mitte bleibt. Ein Kapital verbraucht sich schnell, wenn man keine Grenzen zieht und nicht genau schaut, wo man geben soll ... Sie kann nicht nein sagen. Das ist der orale Sex. Muß ich noch von ihrer permanenten Erschöpfung sprechen?

Des Menschen Schmerz und Trauer ist befristeter Ersatz für noch nicht gelebte göttliche Liebe! Das heißt: der besondere Fluch und Segen des Menschen ist seine ungeheuerliche Leidensfähigkeit. Die Annahme ist zugleich seine unerhörte Chance: durch Überwindung zur göttlichen Liebe zu finden. Leid ist ein Test und ein Übergangsstadium, nicht Selbstzweck. Solange wir im Leibe Menschen sind, besteht eine gewisse Kongruenz von Liebe = Schmerz, dann wird aus Schmerz Liebe.

Schmerz und Leid sind die noch nicht vollendet gelebte göttliche Liebe, ein Übergangssurrogat, das zur Vollendung strebt.

Erst wenn jeder Vorwurf, jeder Stachel aus dem Schmerz verschwindet, kann Schmerz umschlagen in reine Liebe.

Auch diese immer feiner werdenden Spuren von Vorwurf zu entdekken, gilt es, bis Prinz und Prinzessin sich vereinen können.

Die vier Elemente – Hochzeit

Die vier Elemente Erde, Wasser, Feuer, Luft sind die vier direkten *und* die symbolischen Grundbausteine der materiellen Schöpfung und drücken zugleich die einzelnen Ebenen, den Aufstieg und die Zuordnung untereinander aus. Bezogen auf das Kreuz als Gerüst der Erdkugel befindet sich die Erde unten, das Wasser links, das Feuer rechts, die Luft oben. Diese vier entsprechen den vier Himmelsrichtungen, den vier Hauptwinden, den vier Jahreszeiten, den vier Tageszeiten usw. Dieses Kreuz entspricht dem Knochengerüst der Erde, ein Skelettsymbol; die Kugel darum dem Fleisch, dem Erdenkreis (in der Bibel ist die Rede von den vier Enden der Erde). Der Aufstieg durch diese vier Bereiche geschieht in derselben Reihenfolge. Die Erprobung der Lebewesen ist im reinen Erdenbereich noch sehr dumpfer, unbewußter Natur (hier ist der biologische Entwicklungsprozeß der Erde angesiedelt).

Das Wasser als die abgetrennte Hälfte vom Erdreich selber hat sehr vielschichtige Bedeutung: das Urmeer allen Lebens, das Lebenspendende schlechthin und das Meer des Unbewußten ist der eine Aspekt von Mutter Erde, aus dem der Oberlauf, der Ableger des Süßwasserkreislaufs als Adernetz, als Blut der Erde hervorgeht, um wieder dort hinein zu münden.

Danach tritt das Feuer auf den Plan, als Läuterungsfeuer des Lebens und des Herzens, die zu umwandelnde Energie der ursprünglichen Vulkanglut des Erdinnern, der Abstammung von der Sonne.

Danach folgt der Aufstieg in den Luftbereich, in das Reich des freien Fluges, des Geistigen, wo die Vögel als irdische Vertreter der Engelsflügel und der Winde herrschen.

Auf dem Kreuz stellen Luft und Erde ein Paar dar als Gegensätze, und Feuer und Wasser ebenfalls. Beide scheinen sich nicht zu vertragen. Erst wenn sie ins Gleichgewicht, in Einheit gebracht werden aus dem auseinander Strebenden, vollendet sich jeweils ein Schöpfungskreis innerhalb einer Ära. Das trifft für alle Größenordnungen zu.

Der Mensch im Symbol des Kreuzes sieht zu seinen Füßen die Erde, zur Linken das Wasser (emotionaler Bereich), zur Rechten das Feuer (rationaler Bereich), und zu Häupten die Luft als dem Geistigen, jedenfalls solange er mit seinem Bewußtsein in der Erde, im stofflichen Daseinsfeld, agiert. Solange schaut er auch mit dem Gesicht nach Süden, zum Zenit, dem Sonnenhochstand entgegen. Leicht wird er dabei geblendet und vermag nichts zu erkennen in dieser Blendung. (Das ist einer der Gründe, warum im Alten Testament die Propheten beim Empfang von Lichtoffenbarungen immer ihr Antlitz verhüllen sollten oder sich mit dem Gesicht in den Staub warfen oder sogar kurzfristig blind wurden. Es gibt analoge Stellen im Neuen Testament).

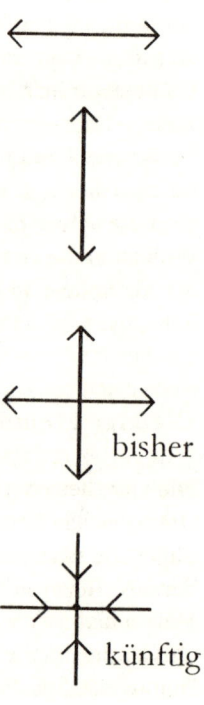

bisher

künftig

Hat der Mensch den Seitenwechsel vollzogen, steht er von nun an mit dem Gesicht nach Norden, hat links den Westen, rechts den Osten. Das ist bisher bei nur wenigen Menschen der Fall. Danach fallen die beiden Seiten zusammen und werden vollends eins. Nimm es einfach als Information an. Derjenige, der den Seitenwechsel vollzogen hat, hat das Christuslicht nun im Rücken, kann in die Nacht, in die Hölle, in die Schatten schauen und wird dabei von diesem Licht gestützt, es erhellt und erleuchtet ihm die Sicht, ohne ihn zu blenden. Nun schaut er *auf* die Erde.

Der Mensch steht von Anfang an zwischen Himmel und Erde. Seine Aufgabe ist es, die Verbindung bewußt zu machen, damit nachzuschaffen; etwas zu verifizieren, was der Urschöpfer von Anfang an als Idee angelegt hatte. Damit wird Wachstum des Gesamten erreicht, also auch des Schöpfers. In diesem Prozeß ist nun eine Zeit gekommen, in der die alten Kontrahenten – die scheinbaren – Feuer und Wasser, Mann und Frau, Geist und Materie – das Getrennte vereint werden soll zu einer echten Verbindung.

Was geschah bisher, wenn Feuer und Wasser aufeinander prallten? Einer blieb auf der Strecke. Entweder gab es ein Matriarchat oder ein Patriarchat. Es war immer Ungleichgewicht, immer hatte *einer* Vorrang. Das Ungleichgewicht hat immer wieder zum Abkippen der einen oder anderen Seite geführt und immer tiefer in Feindseligkeit. Nun steht Fusion an. Das Feuer wird – in gebändigte, transformierte Form gebracht – mit dem Wasser *zusammen* zu einem neuen Aggregatzustand umgewandelt: in Dampf. Deswegen heißt es in der Bibel: „... werden wir ... entrückt werden auf den Wolken in die Luft"... (2.Thess. 4.17). Aufstieg ins höhere Bewußtsein ist der verbindende Geist, die Fusion zwischen oben und unten, rechts und links und wird auch als Hochzeit bezeichnet. Hochzeit auch deshalb, weil aus der Verbindung genau in der Mitte – dem Herzchakra – das völlig Neue entsteht.

Die vier Grundrichtungen sind in einer bestimmten Gruppierung dem Wirkungsbereich von vier Erzengeln zugeteilt: Uriel für Süden/Erde, Gabriel für Osten (später Westen)/Wasser, Michael für Westen (später Osten)/Feuer, Raphael für Norden/Luft. Deshalb ist Raphael der Ausgestalter der neuen Erde im Astralfeld (der Zukunft), deshalb gilt er als der Sanfteste unter den Vieren (in seinem Wirkungskreis benötigen wir keine Stürme mehr wie vordem).

Gabriel ist der Herold, der Wegbereiter, der jede „Dreckarbeit" mit Humor erledigt. Er geht seit je vor großen Entwicklungsschüben als Verkünder und Wegbereiter vorweg. Er war der Geist des Johannes d. T., der mit *Wasser* getauft hat. Er ist immer derjenige, der in den Träumen die Ankündigungen macht. Er ist der mit dem unglaublichen Witz und Humor. In seinem Geist treten die Wasserfrösche der Reinigung auf. Michael ist der lodernde, der direkte Vertreter, das Angesicht des Christuswesens. Er war der innewohnende Geist von Johannes d. J., Sein Herz.

Es treten immer wieder dieselben Geistwesenheiten auf zu allen Zeiten in verschiedenen Ausgestaltungen (Michael war auch Moses, Gabriel war Elias). Soviel nur als Beispiel, wie sehr innerlich die verborgenen Geistkräfte zu allen Zeiten am Wirken sind, ganz gleich, wie Völkerkulturen sie benennen.

In den Träumen haben alle vier Elemente außerordentlich verschiedene Gesichter, wie in der Natur auch.

Die Gesichter der Erde können grün und üppig erscheinen, da wo sie die üppigste Fruchtbarkeit ausdrückt. Braune fette Erde steht für die Bereitschaft, die Saat zu empfangen, damit Frucht werden kann. Sand und Wüste stehen für die äußerliche Kargheit: die immer wiederkehrenden 40 Tage in der Bibel, während derer die Propheten oder Jesus in die Wüste gehen, sind ein Ausdruck der 4 (das Zentrum, der Schnittpunkt des Kreuzes), in die Zeitebene (Null) gebracht, wo der Mensch allein mit sich, ohne jede äußere Ablenkung und Bequemlichkeit, unter härtesten Bedingungen auf sich selbst gestellt wird: eine Prüfungssituation, in der das sengende Sonnenfeuer des Geistes unerbittlich scheint und beleuchtet und alles Überflüssige wegbrennt. Ähnliches bedeutet die Polarnacht, die Gegenden, wo Eis, Kälte und Schnee herrschen, die Unerbittlichkeit der Nacht des Todes und damit der Erneuerung. Jemanden „in die Wüste schicken" meint genau das. Es kann eben auch eine Eiswüste sein. Karge, schroffe, steile Felsgebirge sprechen im Ausdruck für sich. In solchen Gegenden, angereichert mit schroffer Unzugänglichkeit, äußerst beschwerlichen, gefährlichen Höhenwegen kommt in der Seele alles ans Licht, kann nichts mehr verborgen bleiben.

Landschaften sind also Landschaften der Seele. Die Erde, die Natur drückt immer spiegelgenau das aus, was Menschen kulissenmäßig für ihr persönliches Theaterstück benötigen.

Eine durch und durch Machtfrau, die männliches verachtet und damit in weiblicher Einseitigkeit den Erddienst verfälscht, träumt:
Sie sieht sich in braunen Lumpen (erdfarben) in der Wüste neben einem dreieckigen herrlichen Schwimmbad. / Sie sieht eine Frau mit einem reduzierten Riesenbusen. / Sie wird als Negermädchen von einem Elefanten zu einem Elefantenfriedhof getragen ... / Sie sieht die Madonna und den Christus mit Gipsaugen. / Sie sieht eine griechische Skulptur der Justitia mit blinden Augen, die vorwurfsvoll nach rechts schaut. / Ihr Mann und ihr Sohn verunglücken tödlich. / Ihr Gebiß fällt heraus und zerbricht. / Sie bekommt neue Augenlinsen eingesetzt. Sie steigt einen bröckelnden Berg hinauf, muß wieder hinunter, um Edelsteine aufzulesen: da liegt ein

Smaragd in Bergkristall eingeschlossen, den sie noch nicht haben darf ...
sie ist mit einem mongoloiden Mädchen unterwegs ... Sie sieht ein Riesen-
herz, das aus dem Silberwasser in einen Silberteich fließt und erhält die
Aufforderung, „immer darin zu baden, wenn es nötig ist". / Sie hat einen
Amethyst ausgebuddelt und dabei ein versteinertes Schwalbennest mit vier
ebenfalls versteinerten Jungen und der Mama gefunden ... / Sie sieht sich
mit einer Schlange auf dem Kopf, schwarzen Spinnen auf den Schultern,
Skorpionen auf den Knien; sie schaut nach oben und sieht eine Eule im
Sonnenschein Kapriolen fliegen, dann stürzt die ab und stürzt durch ein
Dach; nun hält sie die tote Eule in den Händen ...

Was für ein Memorandum! Diese Traumsequenzen decken den Grund-
inhalt ihrer Seelenreise über Jahrhunderttausende ab. Weibliche Übermacht und Männerhaß als Antwort wie auch als Ursache leitet sich aus
dem Karma her. Ursache und Wirkung in endlosem Wechsel – bis jetzt
(ich sah Ausschnitte). Sie ist u.a. als Frau mit Messerstichen in den Un-
terleib ermordet, als Kräuterfrau verbrannt worden und hat seitdem über
Rache und Unverzeihlichkeit gebrütet, kaschiert das aber hinter weiblicher
Weisheit, die sie aus sich zu haben vermeint (die Eule). Ihre Vertretung
von Mutter Erde ist so nicht in Ordnung, sie setzt die animalische Kraft als
Waffe gegen das Männliche ein und vergißt nichts, was ihrer Seele je angetan wurde (der Elefantenfriedhof). Elefanten besitzen ein selten gutes
Gedächtnis und stehen überdies für die größtmögliche animalische Kraft
auf der Erde. Sie vergessen niemals ein angetanes Leid. Sie ist nachtra-
gend, ihre Seele hat nicht wirklich verziehen. Sie versucht abzuheben, sich
ins Spirituelle zu retten ohne bereinigt zu haben (der bröckelnde Berg).
Ein Pflaster auf eine schmutzige Wunde kleben, heilt nicht. Die göttlichen
Höhen des Geistes sind kein Fluchtort; unter unerledigtem Groll und
Machtlasten kann man nicht dorthin gelangen – es geht immer tief durch
die Erde (die Steine, die als Schätze erst entdeckt und gehoben werden
müssen, sind die einzelnen Kostbarkeiten der Inkarnationsgeschenke). Erst
muß sie die wahre Herzensliebe entdecken und entwickeln, in die Klarheit
des Erkennens gehüllt: der Smaragd im Bergkristall. Was sie für Gerech-
tigkeit hält, ist Groll. Justitia hat nicht die Augen verbunden um unpartei-
isch zu urteilen, sondern ist blind, eben weil sie grollend nach rechts auf
die rationale Seite schaut. Deshalb kommen auch beide, Mann und Sohn,
bei einem „Unfall" ums Leben, werden bewußt geopfert (Seelenunfall),
beide ihre eigenen Aspekte. Die Madonna und der Christus in ihr sind
nicht sehend, es scheint nur so. Gipsaugen sind Gipsaugen; es sind Attribute von Gestalten, die sie verherrlichend auf einen Sockel gesetzt hat,
und das sehr kunstvoll (Statuen); aber lebend sind sie halt nicht. Das Sil-

berwasser, die Gefühlsebene der Nacht, der Schattenseite, des Mondes ist
der See der Tränen, die sie ehrlich anschauen und darin baden soll als an-
erkanntes, angenommenes Leid, in dem sie sich/ER sie schließlich reinwaschen kann. Verdrängen geht nicht. Die echten Tränen auch der Selbsterkenntnis, die wahren inneren Gefühle und Einsichten müssen erst die
Qualität der Reue erlangen zum Reinwaschen, zum Läutern. Das Riesen-
herz als Anlage ist ihr Kapital, das sie nutzen soll. Das Dreieck kennst du.
Sie steht als Bettlerin neben dem herrlichen Erfrischungs- und Reini-
gungsangebot und begreift es nicht. Sie vermeint sich nur in der Wüste,
kann die Fülle der Erde und ihre eigene nicht annehmen, natürlich so auch
nicht weitergeben (Riesenbusen, Fülle als Möglichkeit, aufgebläht als
überhebliche weibliche Gönnerin von eigenen Gnaden). Weil sie nicht
versteht, befindet sie sich in Lumpen als Bettlerin in der Wüste.

ER will uns nicht als Bettler! Bitten ist nicht betteln. Die Gebete der
meisten Menschen kommen aber als betteln daher. Der lila Amethyst ist
der Gesetzesausdruck des höchsten, des 7. Chakras, der göttlichen Offenbarung und entspräche eigentlich der Eule. Sie buddelt danach. Was findet
sie? Versteinerungen alter lebendiger Symbole kunstvollen Seelenfluges.
Der Vierer-Aspekt in den vier Küken und der erwachsenen weiblichen
Seele (Schwalbenmutter) ist vor langer Zeit in ihr versteint. Im alten
Ägypten wurde die Schwalbe als Seelenträgerin verehrt. Ihre schwarzwei-
ße Einheit und ihre Kunstfliegerei haben darin ihren Platz. Nicht von ungefähr wird auch hierzulande die Schwalbe in alter Überlieferung verehrt.
Wehe dem Bauern, der Schwalben von seinem Hof treibt, ihnen keinen
Platz zum Nisten gönnt. Der Volksmund sagte früher: mit den Schwalben
zieht das Glück ins Haus. (Der heute eingerissene Umgang mit Schwalben
spricht Bände).

Sie hat ihr Karma, ihre Seele, versteinert, eingefroren. Der letzte
Traum vereinigt dann ein ganzes Arsenal aus der Büchse der Pandora, das
sie fast unter sich begräbt (Spinnen, Skorpione, Schlangen). Sie muß durch
Ehrlichkeit und Schürfen Herrin über diese Tiere werden, sie umwandeln
in dienende Wesen. Noch sitzt sie tief in ihr Seelenmelodram eingespon-
nen.

Ein Traum einer recht verwirrten, konfusen Frau zu Beginn ihres See-
lenerwachens:

*In einer trostlosen Sandwüste steht ein verdorrter Rosenstrauch. So-
bald sie ihm Wasser gibt, schlägt er aus und trägt eine Fülle von rosa
Blüten.*

Rosa ist die direkte Liebeskraft des Schöpfers. Wasser für die Gefühlsebene des Menschen. Damit ist klar, daß sie ihr Herz aufwecken und bele-

204

ben soll, damit mitten in der jetzigen unfruchtbaren Seelenlandschaft dieser Rosenstock erblühen kann (rosa Rosen sind ihre Lieblingsblumen). Sie hatte die Botschaft verstanden und angenommen. Just danach hatte sie mehrere Wochen lang einen unmäßigen Durst und trank kistenweise Selterswasser. Damit sind wir gleichzeitig beim Wasseraspekt, der ein unglaubliches Spektrum aufweist.

Das Urmeer steht für den göttlichen Ursprung. In vielen alten Kulturen wird es als weiblicher Natur betrachtet, aus dem alles Leben hervorgeht. Das Fruchtwasser entspricht dem ebenso wie die Entwicklungsgeschichte der biologischen Geschöpfe. Es ist der Urtopf des Lebens und zeigt zwei verschiedene Ebenen, die unbewußte des Bauches und die erhöhte, bewußte des Herzensbereiches. Beide zusammen bezeichnen die Nachtseite, die Mondseite, die wechselhaft ab- und zunimmt. Deshalb wird die Madonna oft in einer liegenden Mondsichel dargestellt, als modellhafte Überwinderin wechselhafter Gefühle, als stetiges, zuverlässiges Erbarmen schlechthin.

In Träumen kann das Wasser als verschlingendes Ungeheuer bedrohlich, undurchschaubar, überflutend, gefühlskalt erscheinen. Von da her erreichen uns entsprechend Strömungen harter Herausforderung, die gefährlichen Tiefen unbereinigter Gefühle auszuloten, um sie in den klaren Bereich der inneren Madonna zu erheben. Es ist das kalte Machtreich des Wassermanns, des Neptun/Poseidon, dem in alten Zeiten zahllose Opfer dargebracht wurden, um ihn sich geneigt zu machen. Gabriel hilft und übernimmt in dem Bereich mit seinen wunderbaren Wasserkräften die Position des Antipoden, er löst die Neptunkräfte ab im Erkennen und Handeln.

Das nun hereingebrochene Zeitalter des Wassermann bedeutet eben die Überwindung dieser eiskalten, selbstsüchtigen Bauch-Interessen, die durch die echte Herzenskraft bewußten Gebens abgelöst, emporgehoben werden sollen.

Eine Träumerin:

... Mit einem sonderlichen Gefährt rast sie über Meeresrandgelände, wo sich jede Menge Leute mit den Köpfen unter Wasser tummeln ... Sie badet in klarem Wasser, in dem Quallen schwimmen. Gerade will sie anfangen sich zu ekeln und zu fürchten, als ihr ein paar kleine Jungen versichern, die seien harmlos. Just da erscheint ein dicker, sehr unsympathischer Wächter und erklärt, die Quallen seien tödlich, das sei im Radio durchgekommen.

Ja nicht einschüchtern lassen durch Meinungsmache, die über Radio-Nachrichten weitergegeben werden! Ihr wird Tempo sowohl bescheinigt wie ermöglicht, sich über all die unbewußten Anhänger (Opfer) der öffentlichen Meinung (Scheinverstand), denen sie bisher auch folgte, hinwegzusetzen, zu überqueren. Ihr persönlicher Reinigungsprozess läuft, die Quallen sind Ausdrücke von noch lauen, qualligen, unklaren Einschlüssen in diesem Prozeß. Sie soll sich nicht beirren lassen, die Quallen mutig wahrnehmen, aber sich nicht fürchten. Die Jungen als intakte rationale Nachwuchsaspekte haben recht. Sie wird vorgewarnt, nicht wieder in die alte Gefahr der Verunsicherung abzurutschen, dem früheren Einflußbereich falscher Wächter zu erliegen. Der dicke Wächter ist nicht ihr Freund, er erscheint als Allegorie der allgemeinen Ängste, sich absichern zu müssen, deshalb ist er so dick. Das Fett drückt Abwehr, Schutzschicht aus, sich absichern wollen im Zug allgemeinen Sicherheitsdenkens. Mit dieser Panikmache werden weltweit die Menschen in seelischer Sklaverei gehalten. Nur so kann falsche Macht ausgeübt werden. Wer innerlich wirklich frei ist, hat keine Angst mehr!

Ein Träumer, der seine emotionale Seite noch stark abkoppelt:

Frauen mit leeren Körben werden in der Wüste von drei Wilden mit Messern angegriffen.

Angreifbar sind wir „nur" da, wo wir nicht vollständig, weil nicht ehrlich mit uns sind! In die Körbe gehören frische Lebensmittel – wie er mir bestätigt – um geben zu können aus der Fülle der echten Gefühle. Die aber sind noch leer, in unfruchtbarer Wüste. Damit gefährdet er seine gesamte Seelenexistenz.

Sie kommt in einem Auto an, steigt um in einen vollen (!) Reisebus. Dieser Bus landet tief in der Wüste, einer unentrinnbaren Öde ohne Wasser und Rückkehrmöglichkeit.

Das ist deutlich genug: ohne Herz, verdorrt im allgemeinen Trend der Berechnung. Sie ist im Außenfeld in Scheidung begriffen und läßt sich von anderer Leute Gesichtspunkten beeinflussen, so viel „herauszuschlagen, wie nur möglich", unter dem Deckmantel, sie müsse ja an ihre Zukunft denken und für ihre Kinder vorsorgen. Damit verläßt sie ihre Eigenständigkeit (das Auto) und steigt in den allgemeinen Bus um, dessen Kurs unwiederbringlich in die Wüste führt. Der nächste Traum verstärkt dasselbe noch einmal:

Eine Freundin überredet sie zu einem Urlaubsflug auf eine südliche Insel. Sie macht mit, obwohl sie gar nicht will. Für diese Reise hortet sie 20-Mark-Scheine. Ihr Mann ist immer dabei, aber schweigend.

206

Einleuchtend, daß die Freundin konventionell denkt: hol aus der Scheidung so viel heraus, wie nur geht, es steht dir zu (böse Einflüsterungen), denn wie sich herausstellt, ist ihr Mann immer außerordentlich großzügig gewesen. Unbewußte Rachsucht und Eifersucht stehen auch noch Pate (er hat dich ja sitzen lassen ...). Ihre eigene Willensseite ist wie ein Mahnmal stets anwesend, sagt aber nichts dazu. Eine Flugreise auf Südinseln gehört sicher nicht zu den echten Bedürfnissen, ist reine Schikane des Anspruchdenkens. Die Zwanziger sind jeder einzelne Ausdrücke für zahllose Begebenheiten derselben Verhaltensweise, die die Getrenntheit (2) in der Zeitebene (Null) bezeichnen. Wünsche ohne Mitspracherecht der Einsicht. Diese Scheine hat sie seit langem gesammelt, um endlich mit der Rechtfertigung vermeintlicher Ansprüche aufzutrumpfen. Als ihr meine Deutlichkeit zuviel wurde, fing sie an, mit mir zu streiten und blieb dann weg.

Ein verdrecktes Schwimmbad soll geschlossen werden.
Ein anderer Träumer. Klar, wo die Gefühlswelt verschmutzt, undurchsichtig, ungepflegt und alles andere als erfrischend, regelrecht verwahrlost erscheint, muß geschlossen und renoviert werden. Das Schwimmbad, im Gegensatz zum Meer, ist von Menschen gemacht, eingefaßt, überschaubar, soll erfrischend und vergnüglich für jeden Benutzer sein. Eine andere träumt:
Sie taucht gern in einem blauen, gechlorten Schwimmbad und geht fast „hops" dabei. Eine unscheinbare Frau sagt ihr, wo sie urinieren kann. Als sie dort ankommt, verweigert ihr eine Managerfrau den Zutritt; die muß aber schließlich weichen.
Ihr wird einiges unter die Nase gerieben. Sie läßt sich von äußerem Schein und Versuchung täuschen. Das blau gechlorte Bad ist ihr lieber als ein Naturmeer mit „Flöhen" drin, wie sie ominös sagt. Sie liebt Nippes und auch sonst einigen Firlefanz. Chlor macht nicht sauber. Chlor ist Gift und täuscht über den wahren Dreck hinweg. Ihre Oberflächlichkeit muß in allen Dingen aufgedeckt werden. Da hilft nur entsorgen. Das Unscheinbare ist das Wahre, nicht das nach außen Glänzende. Ihr Gefühlstauchen ist unecht; sie verachtet alles Männliche, damit aber auch ihre eigene Einsichts- und Willensseite. Ihr überzogener weiblicher Hochmut will das Männliche ausstechen, übertrumpfen (Managerfrau) und verhindert damit vorerst die Entsorgung. Immerhin besteht eine Aussicht auf Besserung.

Über einem dunklen See tobt ein Gewitter. Er hat einen Riesenfisch an der Angel. Trotz seiner Angst geht er in den See hinein, bis zum Hals im Was-

ser. Plötzlich ist er wieder zu Hause mit einem Doktor, der ihm den deformierten Fisch zeigt und sagt: „Der See verursacht Aids". / Links an seiner Seite sieht er eine helle Frau, mit der er kuschelt. Sie zieht sich zurück, als eine Managerfrau von rechts auftaucht und den Platz beansprucht. Er kann sich nicht entscheiden zwischen den beiden und wird krank und elend.

Zwei Träume über dasselbe Thema. Das dunkle Gewässer mutig begehen, um den Riesenfisch herauszuholen ist gut und notwendig. Der innere Arzt weist ihn auf die Deformation seines spirituellen Fangs hin. Unklare Gefühle, wie z. B. Hörigkeit (der dunkle See) verursachen schwere Unwetter im Seelenleben und führen außerdem zu tödlichen ansteckenden Krankheiten (Aids), gegen die es kein Mittel gibt. (Aids kann auch umverstanden werden: englisch/engelanisch: mangelndes Geben = aid = Hilfe.) Ehrgeiz ist eines seiner Themen und zwar im Gefühlsbereich, bei ihm eine weibliche Komponente: die Managerfrau, die das männliche austricksen will. Statt rechts eine männliche, echte Komponente zuzulassen, vertauscht er innen alles, gerät immer tiefer in Konflikt, weil die klare Einsicht des männlichen Bereichs fehlt. Die ersetzt er unzulässig durch eine männliche Frau und vertreibt damit die Madonna auf der rechtmäßigen Seite, links. Er erlebt also Angriff und Rückzug seiner beiden weiblichen Komponenten, der Madonna und der Raubtierfrau, die auch noch die falsche Seite besetzt. Nun ist er gänzlich abgestürzt, denn nun bleibt ihm gar nichts mehr. So kann er die Seite der Vernunft nicht besetzen lassen. Er muß sich schnell entscheiden, sonst wird es ihn zerreißen. Ihm ist die Klarheit seiner Gefühlswelt total aus dem Ruder gelaufen; damit gefährdet er ernstlich seine seelische Gesundheit und sein Leben. Im Prinzip gibt es in dem tiefen See immense spirituelle Nahrung genug (der Riesenfisch), aber durch die Verwirrung, die Unklarheit in dem Träumer, kann diese Kraft nicht zur Wirkung gelangen, ist deformiert. Genau in dieser Kraft aber wird seine Hilfe, sein innerer Wegweiser bestehen, der Arzt. Immerhin geht er mutig hinein in seine Schatten. Als er zu jener Sitzung erschien, ging es ihm extrem schlecht, wie du dir denken kannst! Angst vor der Dunkelheit innen hat zuerst einmal jede Seele. Wer sie aber aus Feigheit behält und versucht zu umgehen, wird am Ende von ihr verschlungen!

Ebenso vielschichtig erscheint der Fluß in Träumen, der Fluß des Lebens, der entweder klar silbern durch wunderschöne Landschaft fließt, oder sich trüb, schlammig oder reißend durch die Gegend windet. Oft gibt es eine Fähre ans andere Ufer. Hier erscheint der Fluß als Trennendes zwischen alten Daseinswelten und dem neuen Künftigen, wohin man übersetzen muß (der Styx ist ein alter Ausdruck davon).

Frau C. wiederholt ihre Fähre-Übersetzträume in etlichen Varianten:

Sie soll in vorderster Reihe auf einer Fähre sitzen wie im Konzertsaal (guter Platz); aber da es kein Geländer gibt, hat sie Angst zu ertrinken, kneift und geht nach hinten, obwohl ihr versichert wird, es gebe vorn Rettungsringe.

Leider hat sie die Hürde des persönlichen Mutes noch nicht geschafft. Der „Logenplatz" bedeutet nicht nur Auszeichnung, sondern eben auch Verantwortung und Vertrauen. Die vermeintliche Sicherheit hinten ist ein Trugschluß. Sie nimmt das Optimum ihrer Möglichkeiten nicht an. Lauheit und Feigheit sind nicht geeignet, Herausforderungen standzuhalten. Sie gerät weiterhin von einer Unentschiedenheit in die nächste, bleibt im Alltag ständig von Zweifeln zerrissen. Jede Menge Ereignisse und Träume bestätigen immer wieder, wie sie von einer Bredouille in die nächste schlittert, weil sie nicht standhält, das ihr Mögliche nicht ausschöpft. Ich bin gespannt, wie lange sie sich noch hinschleppen kann, bevor eine Art Katastrophe eintreten muß, um ihr endlich eine mutige Entscheidung abzuringen.

In einem ihrer Fährenträume *setzt sie bei „Motzen" über die Weser.*

Wie köstlich ihr Widerstand sogar verbal wörtlich auftaucht, ist lustig. Sie möchte allzu gern ihre alte Vorstellung von Lebensqualität hinüberretten auf die andere Seite.

Eine Frau, die sich im Außenfeld ziemlich in materiellem Umgang mit sogenannten esoterischen Mitteln verliert, aber meint, das sei richtig, übersieht dabei, daß sie kleben bleibt, weil sie nicht erkennt, wie sehr es ihr um Erfolg und Geldverdienen geht. Sie hausiert in etlichen Terrains mit esoterischen Utensilien, was offenkundig hierzulande zu einer richtigen Mode geworden ist. Nichtsdestoweniger handelt es sich um esoterisches Marktgeschrei, Inflation usprüglich echter Anliegen, Ausverkauf und Wettbewerb in Gefilden, die sich solchen Machenschaften eigentlich entziehen. Es erinnert sehr an die Krämer im Tempel.

Sie verläßt Menschenmassen nach oben, vergißt jedoch, einige Steine mitzunehmen, kommt zurück in ein Chaos und findet einen Stein im Feuer. Danach sieht sie etliche weitere neue Steine in dem gleichen Feuer in allen Farben. / In einem Traum der Mutter von drei goldenen Äpfeln explodiert der mittlere im Licht. / Sie fühlt sich matt.

Eifersucht, weil die Mutter (auch Mutter Erde) weiter ist als sie. Dabei könnte sie auch, nur eben nicht über Abheben, Handel und Wettbewerb. Sie muß zurück, dabei erst nimmt sie das Chaos wahr, dem sie unrechtmäßig, ungesetzlich (Steine) entgehen wollte. Den wahren Stein kann sie nur in der Feuerläuterung des ehrlich vollzogenen Erdenlebens finden, dann erst wird das Leben wirklich als Geschenk der Erde erkannt. Wenn sie sich darauf einläßt, kann sie sich die ganze reichhaltige Palette der Farben aneignen, sonst nicht. Die drei Goldäpfel entsprechen denen, die Paris zur Wahl standen, als er von drei Schönen der Helena als der Allerschönsten den Apfel zuerkannte. Die Herkunft des Namens Helena scheint sowohl Sonne wie auch Mond zu bedeuten, also Gegenkräfte, die im Jetzt und Hier vereint werden sollen: die Mitte. Entsprechend Vergangenheit und Zukunft im ewigen Jetzt des Lebensaugenblicks sollen verschmelzen. Helena, die strahlende, leuchtende, Sonne und Mond zugleich. Küren, wählen. Sie hat die Wahl, das Jetzt, das Leben anzunehmen und nicht in die Zukunft zu flüchten, auch noch nach dem alten Motto: Spieglein, Spieglein an der Wand ... Dieser Ehrgeiz soll verschwinden, in die wahre Substanz explodieren: Licht. Statt weltlichen Ehrgeizes – Lichtwahl. Sie soll nicht mehr warten mit der Umwandlung von Festgold in Lichtgold.

Frau A.:

Viele Brunnen sind von trübem Wasser überschwemmt. Drei von ihren vier Kindern sind dort bedrohlich untergetaucht, drohen zu ertrinken. Nur der vierte, der Jüngste hört sie ab und zu rufen und taucht dann auf.

Sie weigert sich, sich zu waschen in einem Waschsaal, wo viele Jungen sich waschen. Allerdings, räumt sie ein, ist jeder derart mit sich selbst beschäftigt, daß er sich nicht um die anderen kümmert ...

Sie legt entschieden zu viel Wert auf das Echo anderer Leute; damit drückt sich eine verdeckte starke Egozentrik aus, sie handelt für Publikum, überschätzt dabei gewaltig die Aufmerksamkeit, die man ihr entgegenbringt, statt sich mit der Kraft des Bären (Selbstbeobachtung) zu verbinden, und sich selber als Echo zu spiegeln, ihr Handeln und Denken aus der inneren Kontrolle allein zu reflektieren. Der jüngste Sohn ist der einzige renitente, aufmüpfige. Er haut in ihren Träumen des öfteren ab, befreit sich von den beengenden Denkmustern zuhause. Die anderen Kinder gehen unter, weil der klare Lebensbrunnen, aus dem sie eigentlich schöpfen sollte (echte Lebensenergie), von trübem Hochwasser überschwemmt wird: eine unklare Flut unbewußter Gefühle macht diese Quelle unbrauchbar und droht ihre innere Nachkommenschaft zu ertränken. Ein echter Alptraum. Aus falscher Scham, falschem Stolz, Zur-Schaustellung ihres vermeintlichen Wesens wagt sie nicht, ihr besseres Ich zu reinigen (was könnten die Leute denken?). Da beißt sich die Katze in den Schwanz: vorgeschobener Stolz verhindert Reinigung. Die einzelnen Sparten (die anderen Jungen) waschen sich eifrig, aber sie hat nichts davon, weil sie das nicht koordiniert, denn ihr Willenskollektiv – das Traum-Ich wäscht sich nicht; dabei schaut gar niemand zu. Damit erscheint am Ende die Wäsche wie nicht geschehen, wie ein späterer Traum bestätigt. Falsches Beifallheischen verhindert auch, klare Verhältnisse in ihrem eigenen Willen zu schaffen und danach zu leben, nach außen zu vollziehen, unangefochten von Beifall oder Mißfallenskundgebungen anderer (die quasi Öffentlichkeit des Waschens). Damit verhindert sie ihre Freiheit und bleibt Sklave (*Sie ist gefangen in einer massiven Burg aus Steinquadern, bzw. Findlingen und fühlt sich dort wohl*).

Das war es dann wohl für diesmal: sie bleibt in dem Gefängnis aus weltlichen und irdischen Gesetzen, geht nicht in die göttlichen Gesetze des freien Geistes. Da es ihr momentan dort scheinbar noch besser gefällt, muß sie auch dort bleiben. Sie hat entschieden. Das ist unwiderruflich für diesmal.

Ein Kind träumt:

In einem Western wird ein Mann mit Benzin übergossen und brennt lichterloh. Er ist nicht zu löschen, ein Mädchen ohne Herz versucht es. / Eine Feuersäule erscheint auf der Asphaltstraße.

Dieser Seele wird Feuerläuterung angekündigt, aber auch Führung. Ausweichen wird nicht möglich sein. Die Gefühlsebene ist tot vom Karma her. Der Wille muß verbrennen in der alten Form, weil er bis dato das Falsche gewollt hat. (Benzin = Sprit = Spirit. Lebensenergie benutzen für rohe Gewalt, das vermeintliche Recht des „Stärkeren".)

Die Feuersäule ist die Ankündigung SEINER Führung, ein uraltes archetypisches Modell, das jeder aus der Bibel kennt. Es kommt in Träumen häufiger vor. Das Kind wußte nicht davon.

Frau Z.:

Sie fährt in ihrem PKW auf der Autobahn, als plötzlich vor ihr eine hohe, unumgehbare Feuersäule mitten auf der Fahrbahn Einhalt gebietet. Sie muß halten und verläßt die Autobahn.

ER Selber stellt sich ihr in den Weg des allgemeinen Wahnsinns, so daß sie den nicht weiterfahren kann.

Ich sah vor Jahren in einer Vision eine solche Säule: gewaltig, unendlich hoch, ein zylindrisches, rotierendes, ehrfurchtgebietendes Gebilde aus Rauch und Feuer; sehr beeindruckend. (Nach oben konnte ich das Ende nicht schauen, so weit in den Himmel ragte diese Säule). Ich sah sie am hellichten Tag, als Doppel gemeint: die Feuersäule leuchtet ja auch in der Nacht. Hier war sie zugleich Ursache und Wirkung: wo Rauch ist, gibt es auch Feuer und umgekehrt. Die Bedeutung ist vielschichtig. Es entsteht auch Rauch, wo etwas verbrennt.

Ein weiterer Traum von der Frau, die es so schwer hat, ihre irdischen Reichtümer zu reduzieren:

Vor einer Kirche befindet sich eine Baustelle. Sie hat einen vagen Eindruck von einer Hochzeit in der Kirche. Eine Frau (Sie? Die Braut? Sie ist sich nicht sicher) zerpflückt einen blaßgelben Blumenstrauß (Brautstrauß). Der Bräutigam trägt eine weiße Hose und ein lachsapricotfarbenes Hemd.

Ihre Vorstellung, ihr Verständnis von der anstehenden Hochzeit und ihrem Platz dabei ist noch recht dürftig. Sie reflektiert zu verspielt, zu oberflächlich damit und riskiert ihre wahre Teilnahme an dieser Hochzeit. Einerseits ist es in Ordnung, den Blumenstrauß zu zerpflücken, weil der noch eine Mischfarbe hat (das Ego-gelb verblaßt bereits!), denn der muß eine eindeutige Farbe aus dem Chakrenspektrum haben oder weiß werden. Andererseits mißachtet sie das Geschenk der Blumen, der Liebesgedanken Gottes; so kann man in gar keinem Fall damit umgehen, auch wenn die Farbe noch nicht stimmt. Sie kann noch nicht klar teilhaben an dieser Hochzeit und Stellung beziehen, eben weil ihre Spiritualität noch eine Baustelle ist. Erst wenn die Kirche frei zugänglich und fertig gebaut ist, kann in ihr die Hochzeit im beabsichtigten Stil stattfinden. Die lachsapricot-Farbe ist ebenfalls eine unzulässige Mischung aus dem rot des Blutes, des Herzens (Hemd) und dem gelb des Ego -(ismus), womit sie ihren Herzbereich bedeckt hält im männlichen Aspekt, fleischlich: weltlich, materiell. Das Weiß der Hosen ist in diesem Fall unpassend, sie vermeint, sich im stofflichen Bereich bereits reingewaschen zu haben. Da sie eher konventionell ist in puncto Formen und Prestige, müßte ihr Bräutigam schwarze tadellose Hosen tragen. Wenn schon weiße Kleider, dann komplett für die Braut:

Hochzeit. Der Bräutigam ist korrekt gekleidet, aber das Kleid der Braut hat im Oberteil schwarze Flecken. Außerdem trägt sie Gummistiefel.

Die nächste Runde mit demselben Thema. Diesmal wird das Oberteil (Gefühls- und Egobereich) der Braut moniert: die berühmten schwarzen Flecken auf der „weißen Weste". Die Gummistiefel sind sicher auch nicht das passende Schuhwerk und deuten auf Schlamm und Schmutz hin, gegen den sie sich noch wappnet, statt zu beseitigen.

Er watet erst durch Schlamm, dann durch schwefelgelbe Zündholzmasse. Seine Füße werden dabei sehr beschmutzt.

Es macht ihm sehr zu schaffen, sich auf den vermeintlichen Erdendreck einzulassen. Das erscheint ihm zugleich als gefährlicher Zündstoff, gleich in großer Menge. In der Arbeit hatte sich bereits eine alte traumatische Geschichte mit Brandstiftung gezeigt. Ursächlich ist diese Geschichte

212

einer der Gründe, aus denen er sich vor dem Feuer der Erde und des Lebens fürchtet. Schwefel ist einer der üblen archetypischen Stoffe, die in etlichen Verbindungen nicht nur Brandgefahr für die leibliche Ebene bedeutet, sondern ebenso für die seelische. Man denke an die alten Satansdarstellungen, der immer unter Schwefelgestank auftritt. Schwefelgase können tödlich sein in gewissen Verbindungen (Schwefelwasserstoff), wobei der Wasserstoff als *der* Urbaustein der Erde, bzw. der Schöpfung gilt.

Ganz allgemein fehlt der Bereich der Luft noch im verwirklichten Geschehen der Entwicklungsgeschichte der Menschheit. Der zieht nun herauf mit der vierten Dimension. Bei diesem gewaltigen Entwicklungsschub fliegen zuerst natürlich die Fetzen, wie bei allen großen Veränderungen.

Wir müssen lernen, in gänzlich anderen Zeiträumen zu denken. Wir erleben zurzeit den Beginn des Fusionsprozesses auf der Erde haargenau in der Natur gespiegelt: Sonnenbrand ganz neuer Art mit nachfolgender Dürre; zunehmend rätselhafte Strahlungen harter Art (Gamma-Strahlen u. a.). Eingeweihte wissen, woher die kommen und was sie bedeuten. Zugleich gibt es zunehmend Überschwemmungen; Feuer und Wasser einträchtig beieinander. Durch die Ozonlöcher – und nicht nur durch die – kommen Mengen von feuerähnlichen Einstrahlungen herein (Eingeweihte können die wahrnehmen, teilweise abfangen und umwandeln). Zum Verbrennen wird Wasser gebraucht. Das erscheint nun nicht mehr so rätselhaft. In der Traumwelt stellt sich diese Synthese zwischen Feuer und Wasser, Himmel und Erde auch als Hochzeit dar.

Namen

Sie fährt in einem dunkelblauen Auto (altes Modell, das es schon lange nicht mehr gibt) frontal auf ein weißes Auto auf, an dessen Steuer ein junger Mann sitzt. Seltsamerweise steht sie nun gleichzeitig neben ihrem Auto und sieht, daß ihr „Schaden" aus einer exakt halbrunden Beule besteht, halbkugelig, konkav. Bei diesen alten Autotypen war ohnehin das Motorgitter vorn nach innen gezogen. Sonst ist nichts passiert. Sie ist weder erschreckt noch wütend über den Unfall; nur erstaunt über die merkwürdige halbkugelige Eindellung. Der junge Mann ist freundlich und sympathisch. Plötzlich steht seine Mutter neben ihm. Sie redet die Frau mit „Frau Sieve" an.

Sieve mit v, nicht mit w – ich frage danach. Sie hatte nie ein solches Auto. Kennt sie eine Frau Sieve? Ja, etliche; der Name ist häufig in ihrer

Wohngegend. Sie verbindet nichts Konkretes mit diesem Namen. Aber ich ... Inzwischen weißt du: dunkelblaues Vehikel = noch umnachteter Geist, noch nicht taghelle Spiritualität, sie hat noch nicht verstanden, ist noch ein geistiger Trittbrettfahrer von allen allgemeinen Richtungen. Natürlich ist der junge Mann ein Angestellter von „drüben", der sie aufhalten, auffahren lassen sollte, um sie zu bremsen, zum Umkehren, zur Wende zu bewegen. Schau dir das ganze einmal von der anderen Seite an, dann wird die Beule konvex und steht für die Nachthälfte der Erde und ihres Weltbildes und damit der Bewußtseinsseite der Träumerin. Die Lichtwelt liefert das helle Gegenstück. Ebenso muß der Name Sieve umgekehrt gelesen werden: eveiS = e.V. Eis. Mutter Erde will sich ihr ins Bewußtsein bringen, und das sehr nachdrücklich, glatt mit einem Unfall, so sehr pressiert es! Ich frage sie, ob sie einem Verein angehört. Ja, einem Sportverein (e.V.). Der vermeintliche gängige Sportsgeist der Allgemeinheit, der keiner ist ... Möglichst viel reisen, verdienen, erleben, sehen ... Zusammenhalten, Gemeinschaftssinn der oberflächlichen Art: Geselligkeit, Kumpelschaft, Scheingeborgenheit in dem „was alle machen", die beim ersten Antippen zusammenkracht. Alles auf Kosten von Mutter Erde und des wirklichen Lebens. Schnell noch ein dickes Stück von dem großen Kuchen abschneiden, der schon längst nicht mehr existiert. Ohne Rücksicht auf Verluste. Sie gehört zu dem gigantischen Mammutverein e.V. derer, die „Sie" zur Erde sagen, und Mutter Erde und die Natur für lebensfeindlich, eiskalt halten, der man mit Gewalt abzwingen muß was man haben will. Daraus macht sich dieser globale Verein einen Sport! Längst schon hatte ich ihr eindringlich nahegelegt, die Bedürfnisse der Erde und ihre eigenen wirklichen Bedürfnisse wahrzunehmen; dringend zu ändern. Entweder hat sie mir nicht geglaubt, oder sie wollte nicht. Es ist auch gar keine populäre Lehre ... Ihre außerordentliche Reiselust mit dem Fassadenslogan „die Welt kennenlernen" muß umgewandelt werden nach innen: dort auf Abenteuerreisen gehen. Die Zeit für ihre bisherige Lebensart ist endgültig vorbei. Schon Monate vorher hatte ich ihr das gesagt. Sie wollte nicht wahrhaben, daß ihre wirklichen Motive Genießen, Bewegung als Selbstzweck (animalische Ebene!), als Flucht, um nicht innen schürfen zu müssen, sind. Da liegt der Sportsgeist!

Die zweite Auflage desselben Traumromans folgt gleich hinterher:

Sie fährt mit ihrem Wohnmobil und zwei weiteren Frauen durch eine Art kleines Dorf auf einer provisorischen, unbefestigten Straße mit brüchigen Rändern. Plötzlich hört der Weg auf, es geht nicht weiter, weil vor ihnen eine hohe Felswand aufragt, bewachsen mit Bäumen und andern Pflanzen. Auf einmal schiebt ein grobschlächtiger Riesenkerl mit struppi-

*gem Bart von hinten das Wohnmobil an. Sonderbarerweise rollt es rück-
wärts; der aber scheint das nicht zu merken und schiebt weiter, bis es links
in einem Sandweg in einem tiefen Loch verschwindet. Es ist abzusehen,
daß es da niemals wieder herausgeholt werden kann.*

Versandet und versackt im seichten Untergrund unfruchtbarer, unbefe-
stigter Geleise. Besser können „meine" Vorhaltungen gar nicht untermau-
ert werden, als aus diesem Traum! Das Angekündigte wird Wirklichkeit.
Diese Art Lebensführung ist endgültig zuende. Die Weg- und Zielbedin-
gungen waren ohnehin miserabel. Schlimm genug, daß sie so lange darauf
beharrt hat. Abgebrochene Ränder, eine nur provisorische Fahrbahn, und
nun stellt sich auch noch das göttliche Gesetz in der Natur unüberwindlich
in den Weg: die Felswand! Die stumm leidenden geopferten Geschöpfe
der Erde, die reinsten Naturausdrücke ragen nun einhaltgebietend empor
und sperren den Allgemeinweg. Das war für alle! Keine Straße von Dauer,
total ramponiert ohnehin. Der Grobklotz von Mann, eine Darstellung von
Machowahn des Machbaren, mit Gewalt Erzwingbaren, merkt nicht einmal, daß er genau das Gegenteil von dem bewirkt, was er will („Wo rohe
Kräfte sinnlos walten ...") Er kann sich noch so blind ins Zeug legen, es
bleibt dabei: die Sache geht nach hinten los. Dabei versteckt er seine wahren animalischen Wünsche auch noch argumentativ vor sich und andern
geschickt hinter dem struppigen Bart, der kommunikative Dialog wird
manipuliert, mit vorgeschobenen Gründen kaschiert. Man sieht nur noch
das Gestrüpp des Verstecks, nicht die Wahrheit dahinter.

Wehe ihr, sie hält den bisherigen Trend ein; dann wird auf andere Art
ein Riegel vorgeschoben werden, darauf kannst du dich verlassen. Das Gesetz ist absolut verbindlich.

*Sie fährt ein kleines behindertes Mädchen namens Sabrina im Kinder-
wagen.*

Ich schlage im Namen-Lexikon nach: Sabrina ist der Nymphenname
des englischen Flusses Severn. Sie kennt den Fluß, war schon dort. Das
behinderte Kind kennt sie auch, aber es ist älter als in dem Traum und
heißt auch anders; außerdem ist es nicht ihr Kind. Nymphen sind Wasser-
nixen; du kennst sie bereits – die kleine Seejungfrau! Dieser Aspekt ist in
der Träumerin behindert (wohl wohl). Naturgeister weiblicher Art, die sie
betreuen soll, statt sie mit Ego- und Reisekonsum zu verletzen. Die ebenfalls behinderten Aspekte anderer Mütter soll sie zu ihren Aufgaben machen. Das ist ihre Zukunft. Der Witz dabei: sie arbeitet beruflich mit Behinderten ... Und nun rate, wohin ihr Hauptanliegen geht ... Reisen organi-
sieren mit ihnen.

Eine Nachbarin ruft laut „Evelyn". Sie weiß nicht, wer gerufen wird, fühlt sich aber angesprochen.

Ist sie auch, obwohl sie nicht Evelyn heißt. ER hat gesagt: „ ICH werde dich bei deinem Namen rufen!". Der Anruf in der Übersetzung durch die Erde bedeutet dasselbe. Evelyn heißt „Kraft". Ein Aufruf, ihrer wirklichen – weiblichen – Kraft zu folgen, sich als Verbündete, nicht als Feindin der Mutter Erde zu verstehen; die Nächste (Nachbarin) ruft laut. Weh' dem, der geflissentlich den Aufruf überhört! Das Ablaufdatum des Alten, alles Vergangenen springt in allen Träumen mitten ins Gesicht. Hörst du nicht freiwillig, wird's stofflich. Krankheiten und Katastrophen sind Nachhilfestunden für die Seele. Notfalls mußt du sitzen bleiben, wenn du den Stoff des „Jahrgangs" (eine Inkarnation, das Gebot der Zeit) nicht bewältigen willst; dumm, faul, unbelehrbar, uneinsichtig. Der Stoff muß in jedem Fall gelernt werden. Die Kraft erhältst du u. a. aus der Einsicht in deine Schwächen, deine Schatten. Umgekehrt: in der Schwäche liegt die Kraft verborgen, nämlich in der genauen Kenntnis derselben und langsamen Überwindung („In den Schwachen ist der Herr mächtig ..." So ist das gemeint).

Der ganze hartgesottene Eigennutz fliegt auf! Was für Erziehungsträume.

Zur Auflockerung dieser ernsten Angelegenheiten ein herrliches Beispiel von Traum-Humor der direktesten Art; sozusagen ein Intermezzo eines Lustspiel-Einakters, der eigentlich ebenso ernst ist. Das Traumtheater ist genial: Tragödien können sich als Komödien verkleiden, und Lustspiele als bissige Satiren. Für einen noch Unbedarften wird in Zuckerguß verpackt, so wie folgt:

Eine alte Dame, die sich selbst für wirklich „gut" hält, meint, sie habe nun einen dahinplätschernden Lebensabend „verdient", das Ihre (was immer das ist) getan und könne nun den Lieben Gott einen guten Mann sein lassen, verpackt ihren Irrtum so:

Sie will zu ihrem Bruder nach Rastede. Ihr Mann (längst tot), ihr Neffe und dessen Sohn halten sie in Oldenburg auf, in der Achternstraße.

Nun will sie in der langen Straße den Bus nehmen, aber der fährt nicht, weil auf der Strecke die Heiligengeiststraße wegen Bauarbeiten gesperrt ist; dort gähnt ein Abgrund.

Das ist ein Traum zum Lachen – und auch wieder nicht! Namen derart direkt im Konzentrat habe ich noch nicht erlebt. Der Witz ist: diese Namen gibt es vor Ort alle tatsächlich. Du kannst sie alle wörtlich nehmen. Sogar „Oldenburg" im Sinne von old=alt, Burg wie Verschanzung. Sie hängt fest. Sie möchte gern in Rast-ede, stets, also möglichst bleibend rasten (sprich rosten). Achtern heißt hinten, hinterher. Sie hinkt hinter dem her, was sie eigentlich könnte. Die Lange Straße steht für die Langsamkeit ihrer Entwicklung, wie: auf der langen Leitung stehen. Es dauert, bis endlich der Einsichtsgroschen fallen will. Ihr sehr bequemer Weg zum Heiligen Geist, den sie bereits in der Tasche wähnte („Ich bin ein guter Mensch"), stellt sich als im Bau befindliche Unüberbrückbarkeit heraus: sie steht in Wirklichkeit vor einem Abgrund. So kann sie nirgends ankommen. Nach Rastede soll sie gar nicht, wo sie sich lediglich anhängen, durchschleusen wollte. Um bei ihrem Traumjargon zu bleiben, könnte sie sich vielleicht einen anderen Zielort vornehmen: Laufen, Hitzacker, Springe oder Rennerod ...

Sich kindhaft unbesehen für einen guten Menschen halten, ist ein äußerst gefährliches Pflaster, da wird das Dunkle nicht wahrgenommen. Genau dort hat es den leichtesten Zutritt. Es reicht nicht, nach landläufigen Vorstellungen niemandem etwas Böses anzutun.

Ein junger Mann, mitten im Studium, der noch zum Ausweichen neigt: *sieht seine Mutter als Megäre, die ihn verfolgt, solange, bis er sie vergewaltigt. / In einer Klinik, die zugleich eine Schule ist, befindet er sich in Behandlung von einer Frau Dr. Johannes. Er will dort sein Zimmer weiß streichen, kommt aber nicht dazu.*

Über viele Ereignisse wird ihm bedeutet, daß er sich zuerst auf die einzelnen Abläufe im Erdenbereich einlassen muß, bevor sein „Behandlungs- und Wohnraum" geweißt werden kann. Er hat versucht zu umgehen. Andersherum gilt ebenso: durch die falschen Ablenkungen im Außenbereich läßt er sich vom geistigen Weißen abhalten. Er erlebt die Erdenschule, die Erde als Megäre. Da ist keine Liebe, er fühlt sich durch die Herausforderungen des irdischen Lebens derart genervt, daß er mit Gewalt antwortet, um sich die Erde gefügig zu machen. Das ist nicht drin. Sie fordert ihn heraus, aber er ist nicht zu echter Stellungnahme gewillt. Seine innere Meisterin, Heilerin, Ärztin trägt einen männlichen Namen: nur die Teamarbeit seiner beiden Seiten kann ihn heilen, wenn er seine Sicht auf die Erdmutter wie auf die männliche Gewaltantwort korrigiert. Das zutiefst Sinnige dahinter: die beiden historischen Johannesse! Johannes der Täufer und Johannes der Jünger vertreten diese beiden Seiten als Team. Erinnere dich bitte: Johannes d. T. war eine Emanation (Abspaltung/Ausdrucksform) von Gabriel, dem, der die Wasserseite vertritt, also auch mit Wasser getauft hat; Johannes d. J. war eine Emanation von Michael, der das Feuer vertritt.

Der junge Mann wußte von alledem nichts. Die Namensverknüpfung Dr. Johannes als einer Ärztin ist beeindruckend! Er konnte mit dem Na-

217

men nichts assoziieren! Hiermit wird zum zig-sten Male offenbar, wie notwendig die Traumschlüsse weitergegeben werden müssen.

Zwei eigene Traumausschnitte:

Auf einer Wanderung durch Hochwald auf der Kammhöhe komme ich an eine Abzweigung, die rechtwinklig links hinunter ins Tal führt. Dort steht ein Straßenschild: „Lamspringe 12 km". Die Sonne ist nah am Untergehen, mein kleiner Dackel ist bei mir. Ich bin besorgt, ob ich das vor Einbruch der Nacht noch schaffen kann, vor allem wegen des kleinen Hundes; hat er doch bereits eine lange Wanderung hinter sich und ist nun alt. Ich befürchte, ihn tragen zu müssen ...

Lamspringe ist ein Ort meiner Kindheit. Wohl bin ich einmal als kleines Mädchen allein zu Fuß 12 km vom Elternhaus nach Lamspringe getigert, um bei entfernten Verwandten die Ferien zu verbringen. Ich schob mit meinem Puppenwagen und sämtlichen Bedarfsutensilien darin auf der Landstraße entlang, wohlgemut, voller Abenteuerlust und ohne jede Angst (ich hatte überhaupt selten normale Angst). Nur: die Traumlandschaft war völlig anders; es ging ausschließlich um den Namen und das rechtzeitige Ankommen. Die 12 als eine in sich geschlossene Zeitrunde, die noch zur Verfügung steht (wobei völlig offen bleibt, wie lange Außenzeitdauer das sein soll), noch bewältigt werden muß, egal ob bei Tag oder Nacht. Bei Tag ist es leichter, deshalb ist Eile geboten. Auf dem Höhenweg hätte ich auch bleiben können (wie aus dem weiteren Traum hervorging), aber dort würde es Verzögerungen geben. Ich muß mich also auf eine Talstrecke der Gemütsseite gefaßt machen, um an der Wiederkunft des „Lammes" und der daran gekoppelten Freude teilhaben zu können (Lamm-springe). Die Sonne der vergleichsweise „geruhigen" Lebenswanderung ist nahe am Untergehen; es wird ungemütlich werden. Ich traue meiner eigenen Treue-Durchhaltekraft nicht so ganz unter solchen Umständen (der alte Hund), die ist nun müde und alt.

Eine entzückende Ankündigung, nicht wahr? Es heißt sich wappnen, mobil machen, stramm zumarschieren, keine Rast mehr, wenn möglich fröhlich und heiter.

Schon zwei Nächte später träume ich den „Zwilling":

Ich muß mit dem Auto nach Heidenrod. Mir ist ein wenig bange vor der weiten Fahrt, zumal auch da Einbruch der Nacht bevorsteht.

Den Ort gibt es im Taunus, ganz in der Nähe meiner engsten Verwandten, zu denen ich öfter fahre. Zu Heidenrod selber habe ich keinerlei Verbindung; auch hier geht es um den Namen: Heiden roden. Das heißt nichts anderes als: eine Ermahnung, meine Aufgabe zu beschleunigen, nicht zu versäumen; den so-dahin-Lebenden die inneren Botschaften nahebringen, nicht zu ermüden, nicht nachzulassen. Heiden sind Ungläubige, bzw. Unwissende. Bitte, krieg das nicht in den falschen Hals! Das ist weder intellektuell noch bildungsmäßig noch missionarisch zu verstehen, sondern übergeordnet. Unter den sogenannten Christen laufen genauso viele Heiden herum wie anderswo. Es ist keine Frage der Religionszugehörigkeit! Es geht ausschließlich um die direkte persönliche Erfahrung des inneren Lichts, das sich nun jedem Menschen auf neue Weise unmittelbar offenbaren will. Die Gleichgültigen, Lauen, oberflächlich Mitlaufenden sind gemeint mit den Heiden und die anderen, die völlig eigenen neuen inneren Wegen folgen wollen. Ich bin nur Empfänger, Dolmetscher und Pionier; ich habe nur eine Menge Kanäle offen, die viele erst noch öffnen müssen. Dabei soll ich helfen. „Das Licht wird den Heiden gegeben werden." Und der Auftrag „Gehet hin in alle Welt und lehret alle Völker ..." muß nun, nach zwei Jahrtausenden in die nächst höhere Verständnisebene katapultiert werden. Der Auftrag will nun – endlich – ganz anders aufgefaßt werden, als die Kirchen Jahrhunderte lang demonstriert haben. Wir alle haben inzwischen reichlich Inkarnationen in allen Weltgegenden durchexerziert und die notwendigen Erfahrungen gesammelt, um nun die Quintessenz auf den Punkt zu bringen. Begriffe und Außengemeinschaften ersetzen nicht den sehr schlichten, unabhängigen Inhalt. Alles, was von Herzen sucht und dem Sinn der Erde und dem wirklichen Leben dient, ist vom Christus-Logos durchdrungen. Nur das ist wesentlich. Nicht in Ordnung ist, wenn um Bezeichnungen und Herrschaft und Besserwissen gestritten wird. Jeglicher Fanatismus, auch die Behauptung, daß nur eine kirchliche Taufe einschließt in das Christuswesen, ist absurd, ist Hochmut. Es zählt allein, das übergeordnete Christuslicht leben, egal, wie man es nennt. Ich kann das gar nicht oft genug betonen: der Christus ist nicht eine Angelegenheit der Kirchen oder bloß der Erdenmenschen überhaupt – der Christus ist eine Angelegenheit des gesamten Kosmos! Der unstillbare Hunger nach Licht und dessen Auswirkungen sind es, die den Weg weisen. Die in sich geborgenen Wissenden findest du in allen Erdteilen, gewiß nicht zusammengeschart unter einer Religionsflagge. Jeder, aber auch jeder diesbezügliche Hochmut wird genährt von dunklen Kräften, und die sind weltweit die gleichen.

Alpträume – Weltuntergangsträume

Der Mensch hat sich angewöhnt, seinen Träumen Etiketten aufzukleben; Alpträume rangieren unter „schlechten Träumen". Ich sagte schon weiter vorn, es gibt keine schlechten und guten Träume, nur unangenehme oder angenehme, wobei diese Qualifizierung in die Irre führt. „Harmlose" Träume entpuppen sich leicht als ausgebuffte Erziehungsträume, die wesentlich schwerer zu sezieren sind als handfeste Alpträume.

Einen angenehmen Traum nimmt man leicht als freundliche Stimmungsbasis für den kommenden Tag mit, wohingegen unangenehme Träume einem die Tagessuppe ganz schön versalzen können; man versucht möglichst, sie schnell loszuwerden. Bloß funktioniert das nicht immer nach Wunsch, weil unangenehme Träume die Eigenschaften von Pech haben: sie haften zäh und penetrant. Häufig genug verfolgen sie uns durch Wiederholung, so lange, bis sie endlich angenommen oder weggepackt werden. Das letztere ist nicht zu empfehlen, denn das heißt: du willst die Warnung nicht annehmen, nun mußt du sie in der Folge als Geschehen aushalten. Besser beherzigen, nicht wahr? Wenn die Träume dich aufgeben, dann geht es außen rund, bald danach. Laß es nicht darauf ankommen. Alpträume sind gut, weil sie weiterhelfen, gerade weil sie aufrütteln, schocken.

Der Wunsch, möglichst nur Angenehmes herauszufiltern, ist zwar verständlich, weil menschlich, aber nichtsdestoweniger unbrauchbar.

Wem würde es einfallen, einen straffen, verdienten Hinweis (auch Verweis), eine strenge Verwarnung an ein Kind von seiten eines engagierten Lehrers oder der Eltern als schlecht zu bezeichnen.

Wir alle sind Kinder in bezug auf die Erdenschulung.

Nicht immer erscheinen Alpträume als Kritik gravierender Fehler, sie können auch Vorwarnungen sein, wenn Gefahr droht, sowohl im persönlichen wie im überpersönlichen Bereich. Also Träume mit hellsichtigem Charakter. Gerade Alpträume haben Schutzfunktion und sind allein deshalb schon außerordentlich wertvoll. Wie dumm erscheint der Mensch nun vor diesem Hintergrund mit seiner Ablehnung.

Bis einer soweit ist, für Alpträume aufrichtig dankbar zu sein, braucht es einiges an Einsicht, Übung und Überwindung.

Alpträume lassen keinerlei faule Kompromisse, entschuldigendes Verhandeln oder Vertuschen zu. *Das* beherrschen wir ohnehin nur allzu gut.

Wir neigen zuerst einmal dazu, solche Traumbotschaften, die sich auf eigenes Fehlverhalten beziehen, als Kritik zu erleben. Dann versuchen wir leicht, solange herum zu manipulieren aus Verteidigung und Rechtfertigung, bis wir den Braten mundgerecht schlucken können. Hinter Empörung und Aggression verschanzen wir uns damit aus uralter Gewohnheit, um uns selbst zu behaupten mit dem alten Selbstverständnis. Das aber soll sich ja gerade ändern. Erst wenn wir es geschafft haben, vorbehaltlos eine

Lektion zu lernen, kann der herrliche Moment kommen, wo wir vielleicht in ein befreiendes Gelächter ausbrechen und damit vollends die Fesseln der Eigentricks abstreifen. Je eher man das fertigbringt, um so schneller lösen sich alte Knoten. Ausbüchsen nützt ohnehin nichts. Mit Humor und Witz reagieren lernen auf harte innere Botschaften, ist die zuverlässigste Umgangsform. Nur – man kann das nicht immer, auch wenn man darum weiß. Da hilft nur üben.

Du weißt schon: Träume haben immer recht, sind immer wahr ... Du kannst dich auf sie verlassen und das kannst du von deinem Alltagsbewußtsein nicht behaupten, das lügt noch wie gedruckt.

Es gibt nichts, was es nicht gibt, auch bei Träumen. Hier kommt ein Traumhappen, an dem du dich vielleicht verschluckst. Ich hoffe, der wird dir helfen, dich immer mehr auf ein weiteres Gesichtsfeld einzulassen, ohne daß du den Kopf gleich in den Sand steckst:

Frau K. hat 46 Jahre lang denselben Alptraum erlebt, seit ihrem 7. Lebensjahr. Mehrere dutzend Male erlebte sie dieselbe Horrorsituation. Die Art dieses Traumes stellt eine außergewöhnliche Besonderheit in der Legion von Alpträumen à la carte dar. Zum einen war sie jedesmal im Traum genau in dem aktuellen Alter der Außenrealität, zum andern hat sie den Traumschauplatz später im Außen gefunden, und der „Traum" hörte schlagartig von einem Tag auf den anderen auf, um nie wieder zu erscheinen.

Sie beschreibt *einen großen verwilderten Garten mit einem alten Fachwerkhaus darauf, das einen bedrohlichen, abweisenden Eindruck macht. Im Hintergrund sieht sie einen dichten Tannenwald. Sie geht durch das beschädigte Gartentor und will durch die Fensterscheiben ins Haus schauen. Das ist nicht möglich, weil die blind und schmutzig sind. Als sie wieder gehen will, kommen von hinten mehrere Gestalten und wollen sie ermorden. Sie haben Messer, einer hält ihren Kopf und Hals von hinten umklammert.*

An dieser Stelle wacht sie immer schweißgebadet auf. Beim ersten Traumauftritt, der mit einem traumatischen Außenereignis zusammenfiel, war sie 7 Jahre alt, beim letzten 52.

In meinen Sitzungen stellt sich heraus, daß dieses Haus mit einem früheren Leben zusammenhängt. Inzwischen machte sie eine Reise in die ehemalige DDR, auf den Spuren ihrer Verwandtschaft und Vergangenheit. Dabei stößt sie ganz „zufällig" (!) auf genau dieses Grundstück und Haus. Sie erkennt es sofort, hat es aber in diesem Leben noch nie gesehen!!! Sie ist danach sehr aufgewühlt. Später taucht der Alptraum wieder auf; dann hat sie bei mir eine Sitzung. Das Ganze wirkt irgendwie wie eine bösartige Scharade und ist auch so etwas ähnliches. Denn in der Nacht nach der Sitzung und dem letzten Traumauftritt erscheinen diese Traummörder bei mir und bringen mich um. Sie erdolchen mich mit etlichen scharfen Messerstichen überallhin. Es war sehr real, grauenhaft, schmerzhaft, und ich hatte furchtbare Angst. Ich habe im Detail alles mitbekommen in einer Art Halbschlaf, bzw. halbwachem Zustand. Ich bin richtig gestorben! Am Tag darauf war ich völlig fertig, todwund, konnte nicht aufstehen und bat schließlich meine Engel, mich wieder zusammenzuflicken. Das taten sie auch, indem sie mich – gegen Mittag – in einen 2-stündigen Tiefschlaf versenkten. So tief wie ein Koma. Ich habe einen solchen Schlaf noch nie erlebt, außer vielleicht unter Vollnarkose. Fast wäre ich nicht zurückgekommen. Ich hatte große Mühe, mich in meinem Körper wieder zurechtzufinden, war bis zum Abend nicht ganz bei mir und litt an Gleichgewichtsstörungen, die ich überhaupt nicht kenne. Ich war auch den ganzen Tag in einer Art Verwirrung, die mir ebenfalls neu war.

Ich hatte für Frau K. ein furchtbares Stück Karma ablösen dürfen, was wie ein Damoklesschwert über ihrem Leben hing. Es war nicht das erste Mal, daß ich derartiges erlebte; aber jedesmal ist es vollkommen anders, wenn auch immer sehr heftig; und nie weiß ich es vorher; ich stolpere immer ahnungslos hinein. Das hat seine Ordnung, denn sonst würde ich vermutlich vor Angst verweigern.

Sogar Alpträume kann man teilen ...

Es gab noch eine faszinierende Nachgeschichte: unmittelbar hinterher, noch am gleichen Wochenende. Mit dem abgelösten Mord verschwanden bei der alten Mutter von Frau K., die zu der Zeit in einem Alten-Pflegeheim lag, eine ganze Schar finsterer Gespenster, so daß sie endlich in Frieden sterben konnte, was sie längst herbeigesehnt hatte. Ihre tägliche lautstarke Abwehr gegen diese für andere unsichtbare graue Gesellschaft hatte die Pflegerinnen so in Angst versetzt, daß keine mehr gern in das Zimmer ging. Die alte Dame hatte ihrerseits, ohne es zu wissen, ihre Enkelin besetzt, die als Studentin in H. lebte. Damit war das junge Mädchen in Gefahr. Es stellte sich heraus, daß zwischen den beiden eine karmische Abhängigkeit bestand: sie waren im vorigen Jahrhundert (ich sah das) Schwestern gewesen, die beide recht jung starben. Die jüngere (die jetzige Enkelin) starb vor der älteren (die jetzige Großmutter), die offenbar unselbständig und ängstlich gewesen war. Beim Tod der älteren kam die schon Verstorbene, um sie abzuholen und liebevoll hinüber zu geleiten. Jetzt bestand die alte Dame auf Wiederholung, weil ihre Seele kurz vor dem Tod beide Leben in Verwirrung brachte und meinte, die Enkelin müs-

222

se mit ihr gehen. Das sagte sie oft! Das junge Mädchen bekam ob solcher Reden Angst und blieb fern. Nach meinem stellvertretenden „Tod" kam sie plötzlich aus H., und traf die Großmutter zum Abschied nehmen noch lebend an. Sämtliche erschreckenden Ungereimtheiten waren wie weggewischt.

Mit der Ablösung des Morderlebnisses war der gesamte Spuk vorbei. Du siehst: es gilt, dein Rasterdenken zu erweitern.

Die Frau mit den eingegipsten Armen träumt:

Kriegsschauplatz. Ein Verwundeter schreit um Hilfe. Sie hört und sieht es, tut aber nichts um zu helfen. Eine Frau warnt sie daraufhin vor einer anderen Frau, die sich dann als Mann entpuppt. Dann kommt ein Junge mit einer schweren Wirbelsäulenverkrümmung ins Spiel. Sie sieht voller Entsetzen, daß der eine Darmschlinge ums Herz hat.

Angesichts dieser Ansammlung von Scheußlichkeiten könnte man schaudern. Vom Karma her bringt sie – wie viele – eine furchtbare Altlast mit, mit der sie ringt. Trotz des sehr Niederdrückenden hat sie den Kampf aufgenommen und gibt nicht auf. Sie erträgt alle Botschaften willig und schmettert nichts ab. Das ist Stärke in der richtigen Richtung.

Die uralte Gefühlskälte und Grausamkeit, der Egoismus, die Herzlosigkeit im weiblichen Teil, drückt sich in der männlichen Seite als Opfer aus in diesem Krieg der Kontrahenten Herz gegen Verstand, Frau gegen Mann. In diesem Fall ist der Mann der Leidtragende und zu kurz Gekommene. Der Junge mit der Darmschlinge drückt den zeitspäteren Aspekt der Wiederholung gleicher Täterschaft und Rückfälligkeit aus. Der Darm als Verdauungs- und Entsorgungskanal alles Materiellen, der das Herz, das Mitgefühl erwürgt in Umschlingung (auch eine Art Pythonschlange). Immer hatten vordergründiger physischer Eigennutz Vorrang vor Hilfeleistung und Fürsorge. Die verkrümmte Wirbelsäule kündet beredt von mangelnder aufrechter Haltung (wahrer Mensch). Zugleich ist eine direkte, konkrete Erinnerung enthalten in dem Soldatenbild aus der Seelenvergangenheit.

Doch die Lichtwelt verzeiht alles, auch das Schlimmste. Immer vorausgesetzt, der Mensch wird ein Wollender und hört auf, im Alten zu verharren. Das Wollen muß echt, tief und unerbittlich werden, wichtiger als tägliche Bedürfnisse, wichtiger als Leben und Sterben. Diese Dringlichkeit schlummert in jedem Menschen.

Diese Träumerin folgt ihrem nahezu unstillbaren Hunger nach Kehrtwende, deshalb prasselt in kurzer Zeit ein ganzes Feuerwerk von Alpträumen mit Orkanstärke auf sie ein. Sie nimmt an, selbst wenn sie total erledigt ist! Bewundernswert.

Nach einigen weiteren provokativen Träumen und Außenereignissen, wird sie aufgefordert, sich mit dem Thema Tod zu befassen.

Sie träumt von *einem Mord an einem Mann in einem ehemaligen leeren Verkaufsraum. Neben der Tür sieht sie drei bunte Kinder-Windmühlen; solche, die man in den Wind hält und schnurren läßt. Eine Frau mit einer Peitsche kommt auf sie zu und peitscht sie auf das Gesäß. Sie erfährt keinen Schmerz. Nun nimmt die Frau die Peitschenschnur, in der Mitte zu einer Schlinge gelegt, und berührt sie damit. Das nun verursacht ihr großen Schmerz. / In einer Straße sieht sie einen gewaltigen weißen Wirbelsturm auf sich zu rasen. Sie drückt sich in einen Hauseingang. Nun hört sie eine Stimme: „Du wirst deinen Engel sehen!"*

Der Ermordete ist ein Doppelgänger von dem Verwundeten, klar. In ihrer Seelenvergangenheit blieb sie für alle Schicksalsschläge schmerzunempfindlich, die andere betroffen gemacht hätten. Sie bleibt ungerührt (das Peitschenende ist zeitlich gemeint). Die Frau mit der Peitsche ist eine innere Lehrmeisterin. Erst als sie mit der Symbolschlinge (siehe Darmschlinge des Jungen), mit der Mitte der Schnur, auch nur berührt wird, erlebt sie den notwendigen Schmerz. Das hat getroffen. Schläge nicht. Das Spiel mit dem Wind in der Vergangenheit war gefährlich, weil sie die Kraft des Windes kindhaft, also unverantwortlich, unterschätzt und damit gespielt hatte. Die drei Windmühlen zeugen davon, zumal im Dreieraspekt der Zeitebenen. „Wer Wind sät, wird Sturm ernten". Diese Ernte ist bereits abgeschlossen: der Dreieraspekt der Zeit, drei Mühlen, drei Peitschenschnurabschnitte (die beiden Enden in der Mitte (Gegenwart!) zusammengenommen, womit sie sich berühren läßt!). Der geerntete Sturm erscheint nun umgewandelt als wirbelnde, reinigende Kraft aus weißem Licht. Es ist ihre persönliche Darstellung des Christus-Lichtes, das so durch die Straße fegt, bereinigend, ehrfurchtgebietend und hinreißend, es erfaßt alles. Sie braucht sich nicht davor zu fürchten und verstecken, weil sie bereit ist, erkennend und reumütig sich erfassen zu lassen. Wirbel (Spiralen) finden sich überall, wo sich etwas manifestieren will, sei es in der physischen, sei es in der geistigen Ebene. Solche Wirbel sind auch die Energieschleusen zwischen verschiedenen Schwingungsebenen, wo transferiert wird von einer Wirklichkeit in eine andere; Treppenhäuser mit viel Licht. Chakren sind auch solche Wirbel. Gewissermaßen entspricht ihre Traumversion des Lichtwirbels dem Kommen des weißen Lichts, als „Blitz". Deshalb auch die Ankündigung als Trost, als Verheißung, als Hoffnung, viel mehr noch: als Gewißheit. Schöner kann man es nicht erfahren, daß man „dabei sein darf". Natürlich ist das keine Aufforderung zum Hintenanlehnen; im Gegenteil, jetzt wird es erst richtig spannend, nicht nur auf der Traumbühne findet solche Spannung statt. Laß dich darauf ein und du brauchst kein Fernsehen, kein Kino und keinen Zirkus mehr. Du kannst es alles hautnah in dir selber erleben.

Diese Träume haben keinen Ewigkeitswert. Sie sind Warnungen, Bestandsaufnahmen, Änderungsvorschläge. Ja, auch Ankündigungen von Möglichkeiten und Wahrscheinlichkeiten.

Aber sie sind nicht Unausweichlichkeiten!

Sie vernichten dich nicht – sie helfen dir!

Deshalb überlebst du sogar in solchen Träumen, in denen du umkommst. Es ist wie in einer Operninszenierung, einem Drama: alle Toten stehen am Schluß wieder auf, quicklebendig und verbeugen sich.

Ob du als Schauspieler in deinem eigenen Stück am Ende Beifall erhältst oder nicht, liegt ganz bei deiner „Leistung".

Ein Film, ein Theaterstück mit der geheimen Aufschrift: das eigentliche Leben findet außerhalb des Traumes statt, wobei der Traum deine Wirklichkeit ist.

Dieselbe Träumerin, die den 29. November in den Himmel geschrieben sah:

Sie sieht ein Zentrum mit vielen Wissenschaftlern. Es ist ein furchtbarer Unfall passiert. Ein Atomunfall? ... Panik bricht unter den Wissenschaftlern aus. Trotz der hektischsten Bemühungen stürzt ringsum alles ein. Kein Haus bleibt stehen, kein Stein auf dem anderen.

Weltuntergangstraum? Jein. Vorerst kann sie den persönlich verstehen. Ihre Karmalast war schwer. Uralter, lange gelebter männlicher Machtwahn (... alles ist machbar kraft des Intellekts ...). Doch dieser Größenwahn führt zur totalen Katastrophe. Hier heißt es Abstand nehmen, weibliche Kräfte entwickeln. Ihre Seele hatte aufs falsche Pferd gesetzt: technisch, wissenschaftlich, rein männlich.

Viele erzählen mir, zunehmend in den letzten Jahren, Träume von schwersten Angriffen, brutaler Gewalt, Bombeneinschlägen gigantischen Ausmaßes, toter verdorrter Erde ohne einen Baum, riesigen Flutwellen, schweren Bränden mit totaler Zerstörung.

Es ist nicht ratsam, solche um sich greifenden Trauminhalte einfach abzuschieben auf persönliche Ängste angesichts der überall vorhergesagten Katastrophen. Kinder träumen dasselbe. Es verhält sich vielmehr so, daß in solchen Träumen die Parallele verstanden werden soll, nicht zuletzt die Möglichkeit des einzelnen, Vorgänge zu begreifen und zu beeinflussen, seine Verantwortung im Gesamtgeschehen anzunehmen. Durch seine eigene prismatische Richtungsänderung abschwächen, umwandeln, erneuern, seinen Teil der Gesamtsituation der Erdenmenschheit auf sich zu nehmen. Dieser Vorgang ist sehr real. Die bereits angelaufenen und noch zukünftigen Ereignisse sind nicht von vornherein festgelegt, können immer noch beeinflußt werden, jede Minute.

Die äußere Welt ändert sich so, wie der einzelne sich ändert!

Einer für alle – alle für einen. Das kannst du umfassend und wörtlich verstehen.

Die Strategie der Angst ist eine dunkle Strategie und bezweckt Lahmlegen. Nur dann bleibt alles beim alten, bzw. muß untergehen. Gefahren sind nur da übermächtig, wo wir ihnen ausweichen. Das gilt absolut für die Zukunft der Erde und der Menschheit.

Er fährt mit einem leichten, wunderbaren Fahrrad, das plötzlich abhebt und mit ihm durch die Luft weiterfährt. Aber er kann nicht nur fliegen, was ein wunderbares Gefühl ist, sondern er macht sich überhaupt nichts aus dem Bombenhagel, der um ihn herum einschlägt und alles verwüstet. Auf dem Fahrrad steht ein Name: „Libelle". —

Libelle steht für Sinnestäuschung. Das betrifft auch die Umkehrung der Traumvorstellung. Der Alltag ist der Traum. Die Wirklichkeit woanders. Er braucht sich vor nichts zu fürchten, was auch geschehen mag. Sein Bewußtsein ist in der wahren Heimat zu Hause. Das Fliegen ist ein Markenzeichen der 4. Dimension, die im Anrollen begriffen ist. Er fährt freiwillig mit einem superleichten Rad (silbern für die Gefühlswelt), denn er weiß, was Sache ist, er ist schöpferisch beteiligt. Wovor also sollte er sich fürchten?

Weltuntergangssituation. Da kommt ein riesiges Ufo und nimmt Menschen auf, die mitwollen. Zu ihrem Erstaunen bleibt das Ufo halb leer.

Ufos reichen bereits in den Bereich der 4. Dimension hinüber. Es muß sich nicht um ein physikalisches, außen sichtbares Ufo handeln, obwohl das durchaus möglich ist. Tausende von Menschen haben bereits Ufos gesehen, ich selber auch. Es kann also aus einer anderen Frequenzebene kommen und damit als Vehikel in andere Existenzbereiche überführen wollen. Ich sagte bereits, daß es nicht ausreicht, die Schöpfung aus dem sehr eng gespannten Rahmen der materiellen Wahrnehmung zu verstehen, das deckt immer nur den alleruntersten Bereich dessen ab, was ist.

Ein elfjähriger Junge mit hellsichtigen Anlagen, der sich als uralte Seele im Erwachen entpuppt, träumt ebenfalls von furchtbarer Zerstörung:

Alles um ihn her brennt lichterloh, sämtliche Nachbarhäuser werden zerstört, es gibt keinen lebenden Baum mehr; nur sein Elternhaus bleibt intakt. Er empfindet das als ein Wunder.

Er erlebt die Situation angstfrei. Er wird vorbereitet auf den totalen Umwälzprozess. Wie immer sich das nach außen darstellen wird: innen muß alles Alte verbrennen ohne Überreste. Das Neue muß wirklich neu sein können, dafür kann Altes nicht mit hinein genommen, hinüber gerettet werden. Das ist nicht mehr im Programm der Schöpfung vorgesehen.

Solche Träume gehen über das hinaus, was jeder als frühere eigene Kindheitsträume in Erinnerung hat. Jeder wird vorbereitet auf der personellen Ebene für die heftigen Erschütterungen, die hereinschwappende gewaltige Energien konzentriertester Art, die alles Bestehende „platt" machen werden (müssen).

Beachte bitte, daß alle diese Träume etwas Gemeinsames enthalten: die so Vorbereiteten haben alle keine Angst!

Eine Studentin träumt

von einer riesenhohen Flutwelle, die heran rollt und alles unter sich begräbt. Sie rennt einen Berg hinauf, bringt sich in Sicherheit. Sie hat keine Angst. —

Die Flutwelle hochschwappender Emotionen, das Inferno aufbrechender Gefühlsmassen wird im kleinen und im großen angekündigt.

Bereits vor Jahren wurde ich mitten in der Nacht mit einem Donnersatz geweckt:

„Demnächst wird die hauptsächliche Nahrung
der Menschen Adrenalin sein!"

Das ist wohl deutlich genug.

Zu dem aufrührenden Bereinigungsprozess gehören zunehmend Erinnerungen an frühere Leben, damit die heutigen Muster verstanden und abgelöst werden können. Das ist enorm aufregend! Immer mehr Menschen erhalten über Träume konkrete Erinnerungen dieser Art.

Ich selber erlebe das seit Jahren ebenfalls über (auch) diese Kanäle. Manches erfuhr ich über Träume, was ich im Wachbewußtsein als Botschaft niemals hätte glauben, annehmen können. Gerade wegen der Traumebene aber blieb mir nichts anderes übrig, als genau das Unglaubliche annehmen zu müssen, *weil* die Träume sich der Zensur entziehen, dem nahezu unheilbaren Mißtrauen, Gewohnheit, enge Anpassung an das, was alle denken (und wie wandelbar ist das!). Die Fälschungen können nur im Wachbewußtsein entstehen. Zu unserem Glück können wir unsere Träume nicht auch noch maskieren, sonst gäbe es keine Chance zur Befreiung.

Kleine Kinder träumen Inhalte und Formen, die sie unmöglich aus ihrem erst kurzen Leben beziehen können. Das ist sicher. Die dumme Ausrede, das rekrutiere sich aus dem Fernsehen, ist absurd, denn nicht alle Kinder sind fernsehgeprägt; zu meiner Kinderzeit hatte niemand Fernsehen, und diese Generation hatte ebenfalls solche Träume. Du mußt dir halt die Mühe machen, offen und ernsthaft Kinderträume anzuhören und nicht abzuschmettern, was inhaltlich gesagt wird.

Niemand wird gezwungen, auf der Stelle alles unbesehen zu schlucken. Jeder braucht seine Zeit zum Begreifen und wird früher oder später selber dahinterkommen. Besser ist halt früher, denn die Zeit drängt allein schon wegen der langen Verzögerung durch Uneinsichtigkeit und Trägheit. Nimm die Mauer wahr, wenn du vor einer stehst und schau genau, was sie ist! Bei vielen kann vorerst nur das erreicht werden, daß sie wenigstens ihre allzu engen Denkgrenzen loslassen *wollen*. Skepsis ist gut, deren Terror nicht.

Zwei Beispiele von Kontinuität

Anhand von zwei Träumerinnen möchte ich jeweils eine Entwicklungs- bzw. Nichtentwicklungsserie vorstellen, die beide ein wenig an eine Feld-Wald-und-Wiesengeschichte erinnern. Du erkennst dich vielleicht in dem einen oder anderen Bestandteil wieder. Beide erscheinen als hartgesottene Vertreterinnen unserer erstaunlichen Ausdauer in Unbelehrbarkeit, wobei ich hoffe, daß es nicht jede so arg treibt wie die erste der zitierten Träumerinnen.

Diese erste Serie gemahnt an eine Inszenierung aus der Klamottenkiste des Traumtheaters und ist nicht zum Nachahmen empfohlen. Andererseits kannst du daran ein Stück Geduld, Nachsicht und Abstand der Sicht gewinnen, dich selber im fremden Traumspiegel ein wenig betrachten und zurechtrücken. Ich fühle mich immer wieder betroffen durch die Träume anderer.

Sie paßt in die Hosen ihres kleinen Sohnes.

Der ist drei Jahre alt. Der Hosenbereich ist der Bereich der Physis, der materiellen Ebene.

Sie drückt mit zwei jungen Männern die Schulbank; ein kleiner Dunkler und ein großer Blonder. Der Blonde insistiert, sie solle ihn wahrnehmen. Der Lehrer nimmt die Personalien auf.

Ihr innerer Lehrer macht eine Bestandsaufnahme; sie wird von den höheren Daten erfaßt, weil sie nun Beratung annehmen will. Der kleine

Dunkle ist ihr nur zu sehr vertraut; er verkörpert ihre schwache männliche Seite, die sie nicht aufhellen will; der Blonde insistiert vergeblich, wie du gleich sehen wirst; er ist die bereinigte Fassung des kleinen Dunklen. Aber sie will in ihrer Willensseite nicht aus den Kinderhosen herauswachsen. Dann müßte sie ja ihre schnell wechselnden Liebschaften aufgeben. Die gehen natürlich in immer kürzeren Abständen den Bach hinunter, weil sie partout nicht einsehen will, daß diese ganze „Übung" nur ihrem Wunsch dient, jemanden zu finden, der für sie sorgt, ihr die eigenen Entscheidungen abnimmt. Sie will einfach „Weibchen" bleiben, nichts weiter. Sie will sich anhängen, nicht selbständig sein:

Sie begehrt einen Mann, der aber lehnt ihre Annäherung ab. / Ein Nachbar versucht, etwas für sie zu regeln; das geht schief. Beim zweiten Versuch ... endet es sogar tödlich!

Da helfen keine Ausflüchte: sie *will* ihre Angelegenheiten ausschließlich über das Bett regeln! An einer unverfänglicheren Regelung ist sie so wenig interessiert (Nachbar), daß dessen Hilfeversuch dramatisch ausgeht. Es geht ihr überhaupt nicht um Entwicklung! Was für eine Entdeckung. Jetzt wird es ernst, denn nun bahnt sich im Körperbereich (natürlich im Bauch) Krankheit an. Sie bekommt ernstlich Angst, die sie für kurze Zeit zu erreichen vermag:

Sie erhält ein Angebot von freundlichen Menschen, mit ihnen auf einer wunderbaren Hofstelle zu leben, die voll ausgerüstet ist.

Selbst dieses tolle Angebot schlägt sie aus, obwohl sie hier echte Geborgenheit und Gemeinschaft finden könnte. Sie zögert zu lange, weil sie weiterhin mit der Bauchwollust liebäugelt und nicht verzichten mag.

Es droht Aidsgefahr!

Das ist mehr als deutlich. Aids als Seelenkrankheit, tödliche, irreversible Ansteckung, wenn sie auf dem eingeschlagenen Kurs besteht.

Ihr ehemaliger Hund wird verwandelt in ihren Sohn.

Die längst vergangene, gestorbene Treue kann zur nächsthöheren Stufe menschlicher, wenn auch noch kindhafter Reife aufsteigen (noch einmal eine Chance). Den Hund gibt es schon lange nicht mehr. Zugleich ist gemeint, die Treue auf ihren Sohn zu übertragen, innerlich ehrlicher für ihn zu sorgen, denn allzusehr wird sie von ihren persönlichen Bauchwünschen beherrscht.

Ein Urlaub geht total daneben, weil sie sich von einer Freundin bestimmen läßt, ihren Sohn nicht mitzunehmen.

Der ist lästig dabei. Sie will Urlaub haben von der Verantwortlichkeit, und die ist ohnehin unverhältnismäßig klein, nämlich genau drei Jahre alt! Kindhaft genug, selbst die ist ihr noch hinderlich auf der Bauchjagd. Zweifellos handelt es sich um eine Freundin, die ähnlichen Vorstellungen hinterherjagt.

Eines ihrer vielen Verhältnisse

fährt mit einem roten Auto eine lange Auffahrt hinauf und verschwindet für immer. (Es war ein Mann, der sehr bestimmt und kategorisch das Verhältnis beendet hatte.) Im Traum heißt es wörtlich: *Der Mann lohnt sich!*

Das rote Auto bezieht sich auf Sex als sowohl angenehme wie „nützliche" Gewohnheit, den sie als unzulässigen Köder einsetzt. Diese Gewohnheit muß sie entschieden verabschieden, entlassen auf Nimmerwiedersehen, auch wenn es eine lange Bergauframpe hinauf gehen muß.

Sie wird belehrt in Thema Prostitution. Unter einem Mann ohne Kopf taucht ein Buch mit einem Kinderabbild hervor, in dem es um Mißbrauch des Mannes mit dem Kind geht.

Sie benutzt weder Willen noch Verstand (kopflos), kompromittiert ihre Seele wie ihre weibliche Substanz, prostituiert ihr ganzes Wesen. Die Imagination des neuen inneren Kindes wird bereits im Vorfeld (Abbild) mißbraucht, abgewürgt durch ihren Willensmangel. Ihre Seelenkoketterie ist besonders drastisch und unverhohlen. Sie spielt zunehmend mit dem Feuer, denn schließlich erhält sie Kenntnis über ihre Machenschaften.

Sie hat einen gelben Schmetterling aus Weingummi.

Schmetterling stünde für die Kraft der Transformation in höhere Bewußtseinsformen. Sie macht eine Farce daraus: die Süßigkeiten, bzw. das, was sie dafür hält, werden bevorzugt, auch noch doppelt „genäht" als Rauschersatz (Wein); das gelb streicht zusätzlich verstärkt die Egozentrik heraus. Dreifach erhärtet. Gummi: dehnbar, strukturlos.

Sie nimmt teil an einer Bundeswehrschulung mit dem Thema „Neue Gesundheitsvorsorge". / Eine epileptische Frau ist alternativ zu heilen.

Ein wahrhaft geduldiges Traumangebot. Sie hat Achtung vor der Bundeswehr, die ist für sie eine sinnvolle Einrichtung, bietet Schutz und Verteidigung. (Erinnere dich – ausschlaggebend ist die Denkweise der Träumenden).

Epilepsie ist immer eine Form von Besetzung. Dieser Begriff ist wirklich sehr weit zu fassen und bedeutet: wir haben überall da, wo Unerledigtes, nicht Angeschautes, nicht Erlöstes in uns schlummert bzw. gärt, Kanäle für Dunkelkräfte offen. Epileptische Menschen werden zeitweise, während der Anfälle, total von diesen Dunkelkräften besetzt und beherrscht, die dann sogar die Körperfunktionen übernehmen. In dieser Zeit befinden sich die Betroffenen in einer Art komatösem Zustand, von dunklen Wesen manipuliert und wie Roboter gesteuert.

230

Das ist ein Wissen, keine Hypothese!

Folgerichtig heißt es in diesem Traum auch ausdrücklich, daß diese Frau (sie selbst) mit herkömmlichen Mitteln nicht geheilt werden kann. Nur alternativ. Schön und gut – es gibt alternative Mittel: spirituelle. Aber dafür muß sie wollen! Aber da hapert es bei ihr. Solange sie nicht will, kann ihr nicht einmal der innere allgegenwärtige Arzt helfen. Und der ist der einzige, der aus dem Karmagesetz befreien kann.

Sie uriniert auf alten antiken Schmuck. Kot würde es auch tun.

Darin liegt Doppelsinn. Sie soll buchstäblich auf ihre alten Wertvorstellungen ... pfeifen! Loslassen; das alte Verbrauchte muß entsorgt werden, und dann genau auf die alten Schaustücke, mit denen sich der Mensch seit altersher schmückt. Der Schmuck wird dadurch erhalten, daß sie ihn genau mit dem alten Verdauten aus sich selbst rettet. Rückkopplungseffekt. Gedankensport für sich. Da sie nur Askese und Verzicht im Sinn hat als Soll, blockiert sie sich, geht gar nicht erst an das andere Denken heran. So wird sie alles verlieren, wenn sie den Traum nicht verifiziert. Der alte Schmuck steht auch für das der Seele ehemals anvertraute Gut, die ursprünglich anvertrauten Himmelsschätze, die du getrost auf das Geschenk des Lebens und den damit verbundenen Auftrag übertragen kannst. Die müssen unbedingt erhalten werden. Ihre Gesinnung ist eben ganz und gar nicht in Ordnung; das einstmals Anvertraute ist vorhanden. Und wieder stürzt sie ab:

Ihre Mutter will sie aus der Küche in den Flur abschieben, unter ihrem heftigen Protest.

Sie möchte gar zu gern „heilen lernen". Dieser Wunsch ist auf *dieser* Basis kein frommer, sondern ein unreifer. Die Küche ist der Ort, wo Fürsorge für andere und sich selber geschieht, wo die Seelenspeisen zubereitet werden. Mutter Erde kann sie dort nicht gebrauchen; sie muß in den Eingangsbereich zurück, wird zurückgestuft.

Ihr Fahrradlenker bricht ab, die Bremsen reißen; sie will stiften gehen zu ihrem neuesten Verhältnis, damit der das Rad repariert. / Während sie mit diesem Mann im Bett liegt und intim wird, zünden Terroristen einen Sprengsatz im Flur.

Nun wird es brenzlig. Sogar ihre eigene Anstrengung bricht zusammen (Fahrrad). Selbst ihren Rückzug in den Flur kann sie geländemäßig nicht halten. Durch ihre Unverbesserlichkeit gefährdet sie alles. Dunkle, gefährliche Mächte haben Zutritt und richten schweres Unheil an. Wiederholte Chancen, die vertan werden, sind in diesem Demonstrationsroman warnendes Beispiel. Jedes erneuerte Angebot, Lektionen zu lernen, wird unter erschwerten Umständen erteilt, das sagte ich bereits.

Wie lange ein derartiges Spielchen zugelassen wird, weiß niemand voraus. Darauf ankommen lassen sollte man es lieber nicht, denn bei einem derartig vernagelten Kraftspiel zieht sie den kürzeren. Relativ lange gibt es in einem solchen Gruselkabinett von Träumen noch die Möglichkeit, sich doch noch zu besinnen. Aber sicher kannst du sein, daß bei derartiger Unbelehrbarkeit unweigerlich sogenannte Schicksalsschläge nicht mehr lange auf sich warten lassen werden. Das ist Gesetz.

Manche Traumgeschichten lesen sich in der Tat wie spannende Fortsetzungsromane, und das sind sie auch. Die Kontinuität der Träume, der Alltagsereignisse, der Schmerzen und der Krankheiten sind derart stimmig ineinander verflochten, daß man es kaum glauben kann, man muß es lesen lernen. Selbstverständlich kann ich auch die nächste Ausschnittsgeschichte nur querschnittmäßig vorstellen.

Frau M. sucht seit langem einen spirituellen Weg, konnte ihn aber nicht finden und befand sich unbewußt deswegen in einem tiefen Hader mit Gott. Jetzt drehe es um: sie konnte den Weg nicht finden, *weil* sie in einem alten Hader mit IHM steckt. Ihre Blockade war eindeutig: sie hegte unbemerkt die Vorstellung, sie müsse allein aufgrund ihrer Suche sofort an Ziele katapultiert werden. Gleich zu Anfang hatte sie sich beklagt, daß sie unfähig zur Meditation sei. Es käme einfach nichts, trotz aller Bemühung. Tatsache ist, sie erwartete sofort märchenhafte Erfolge und verbaute sich damit den Weg, denn das ist eine klare Hochmutsbedingung an IHN.

Nachdem in einem Traum angekündigt war, sie solle nun auch den Schmerz des Lebens und die auch darin liegende Schönheit annehmen, lebendig, nicht konserviert, erhielt sie folgenden Traum:

Ein sehr freundlich aussehender Arzt schenkt ihr ein rosa Korsett aus durchsichtigem Plexiglas. Dieses Korsett schloß den ganzen Rumpf ein. Sie lehnt aus Eitelkeit ab.

Immer wenn Eitelkeit ins Spiel kommt, befindet sich der Träumer auf dem Holzweg. Sie plagt sich seit langem mit starken Rückenschmerzen ab. Diese Art von Arzt ist immer ein Abgesandter des Christus-Logos. ER macht ihr ein großes Geschenk: rosa steht für die unmittelbare Liebe des Göttlichen. Sie erhält eine durchsichtige (durchschaubare), pflegeleichte, so leicht wie möglich gehaltene Stütze für ihre mangelnde innere Aufrichtung und fehlende Stärke – und – schlägt sie aus! (Der innere Arzt kann auch als kompetenter Schulleiter, fähiger Chef, Geliebter o. Ä. erscheinen. Bei ihr ist es direkt ein Arzt; sie arbeitet im Gesundheitsbereich).

Ihre Ablehnung ist blind und dumm, ein Schlag ins Gesicht. Falscher Stolz und schlechtes Gewissen aus dem Karma her, „keine Hilfe verdient zu haben" stehen dahinter Pate. Sie meint alles allein, aus ureigener Kraft zu können und zu müssen. Das ist ein Irrtum. Die Aufforderung, sich die Liebeshilfe von „drüben" schenken zu lassen, ist nicht nur generös, sondern auch eine gute Übung für verdeckte Omnipotenzansprüche. Durchlässigkeit muß erst erworben werden.

Der Mensch kann das Gute und das Wahre nur *wie* aus sich selbst, aber er kann es nicht absolut aus sich selbst.

Das ist der Unterschied! Wir empfangen und geben weiter. Wir können nichts weitergeben, was wir nicht zuvor empfangen hätten! Ich zitiere gerafft aus dem Buch von Gitta Mallasz „Die Antwort der Engel": „... Kritik ist nicht Zeichen deines Unvermögens, sondern deines Vermögens. Von einer Distel kann man keine Feigen schütteln, aber von einem Feigenbaum. Sei froh, wenn du geschüttelt wirst ..."

Ausnahmslos mache ich die Erfahrung: je inniger und aufrichtiger jemand seinen Weg in die Innerlichkeit geht, je mehr er bereit ist, sich auf alles daraus folgende einzulassen, um so härter wird er in einer bestimmten Richtung herangenommen. Es kann einem dabei zeitweise Hören und Sehen vergehen. Darin liegt auch die Funktion eines Eignungstestes, an dem jeder selbst überprüfen kann, wie weit seine Standhaftigkeit und Ausdauer reicht. Mancher springt noch unterwegs ab. Wen Gott liebt, den züchtigt ER. Das ist ein alter Hut, aber gültig. Wer brauchbar sein will, muß durch eine straffe Schule. Es bleibt auf *dem* Weg immer weniger Raum für Kinkerlitzchen. Eine vorübergehende Phase von Einsamkeit gehört zur „Ausbildung". Durch die Veränderung zieht jeder andere Menschen an als vorher, alle Kontakte verändern sich; wie bei einem Umzug. Damit haben wir zuerst einmal Schwierigkeiten, das ist menschlich und legitim. Mit dem Hinüberretten alter Muster verursachen wir uns zwangsläufig Schmerz. Schmerz ist Widerstand, Verzögerung. Nach und nach kommt im Austausch derart viel Schönes und Wertvolles herein, daß man nach jedem weiteren Schritt nicht mehr fassen kann, wieso man sich derart schwer damit getan hat. So geht es auch Frau M.

In einem weiteren Traum zeigt sich, wie sehr sie sich über die Dummheit anderer ärgert (wer tut das nicht), aber: ohne ihre eigene anzuschauen. Essenz: erst vor der eigenen Tür kehren. Die Aufdeckung ihrer Konflikte, zusammen mit karmischen Untergründen, bezieht sich zunehmend auf ihren Mann. Ihr wird gespiegelt, wie sehr sie mit doppeltem Boden lebt. Ihre Kritik mag noch so berechtigt sein; dennoch muß sie ihre zur Schau getragene Freundlichkeit, Kompromißbereitschaft und Anpassungsfähigkeit als getarnte Bestechungsversuche und Erpressung demaskieren. Das sind absolut gängige Strategien, keine Spezialitäten von ihr. Zu der Zeit meint sie auch noch, ihr Mann dürfe von den Besuchen bei mir nichts wissen.

Sie wird aufgefordert, frische weiße Blätter zu benutzen, nicht bereits vollgeschriebene. / Nachts kommt sie von einem Rummel und gerät in ... Schwierigkeiten ... Erst wenn sie sich dem Rummel fernhält, kann eine UrinAnalyse gemacht werden.

Die steht für genaues Sezieren der Ausscheidung, stichhaltig Rückschlüsse ziehen zu können, also eine Diagnose dessen, was in ihr verborgen vorgeht. Zum Rummel gehört auch, wenn sie allabendlich ihrem Mann beim Fernsehen Gesellschaft leistet, obwohl sie das haßt. Es entpuppt sich (Urin-Analyse) als falscher Opfermut, als Bestechung („Ich bleibe bei Dir gegen meine eigenen Interessen. Im Gegenzug will ich von Dir ...“). „Langweilige Einladungen" mit seichten Kontakten ... das alles ist Traumrummel.

Ein netter Freund (Engelhelfer) *stellt sie zur Rede, weil sie in der Bibel Stellen durchgestrichen und eigene Bilder hinein gemalt hat. Anderes hat sie blau angestrichen.*

Sie manipuliert die Bibel eigenmächtig und selbstherrlich, so daß ihr die Inhalte in den Kram passen. Was ihr nicht schmeckt, streicht sie aus, auch das was sie nicht versteht. Vor einer derartigen Verstümmelung wird in der Bibel selbst gewarnt. Sie manipuliert die göttliche Wahrheit, das göttliche Wort. Kein Wunder, daß sie zunehmend unter allerlei Schmerzen leidet. Die zur Schau getragene Sittsamkeit ist eine Farce.

Sie sieht ihren Vater ermordet hinter einem Wandschirm. Es ist alles voller Blut, und die blutende linke Hand hängt sichtbar über den Wandschirm. Sie weiß, es ist ihr Vater, obwohl sie ihn selbst nicht sieht. Die beiden jungen Mörder, die sich im Raum befinden, werden von mehreren Personen überwältigt, die ihr aber ebenfalls unsichtbar bleiben.

Nach dem Traum geht es ihr sehr schlecht. Wen wundert es. Wer ihr Vater ist, ist klar: ER. Die beiden Mörder sind Abspaltungen ihrer selbst: Allegorien von Selbstherrlichkeit und Anmaßung, männliche Hochmuts-Wesenszüge in dem Fall. Die Herzenshand des Christus wird als gemordet besonders hervorgehoben; diejenige, die ER ihr hingehalten hat. Das meiste bleibt halb verborgen hinter einem schamhaften Schirm. Das Ganze ist eine Art persönlicher Kreuzigung. Sie ermordet Gott in sich, weil sie das Handeln aus Liebe in sich nicht Tat werden läßt. Das ist alles andere als ein Unikat. Tatsächlich beherrschen wir alle das Handeln gegen den Liebesgeist in uns recht gut.

Sie lernt segeln auf einem Kanal. Sie sitzt allein in einem kleinen Segelboot mit weißen Segeln. Hinter ihr befindet sich ein großes grünes Segelschiff mit weißen Segeln. Der Kapitän auf der Kommandobrücke überwacht sie freundlich. Neben ihm steht ihr Mann, worüber sie sich wundert.

Sie ist sauer, weil sie dort auf dem Kanal sein muß; viel lieber will sie ins offene Meer hinaus, aber das wird ihr nicht erlaubt; erst muß sie den Segelschein machen. —

Wer noch nicht sicher auf Skiern ist, sollte nicht einen steilen Berg in Angriff nehmen – es ist wie Skilaufen auf dem Idiotenhügel. Der Kanal muß als enge, überschaubare Übungsstrecke absolviert werden, als vorgeschriebene Bahn zu ihrem besten. Wieder die Ungeduld: es geht ihr alles nicht schnell genug, die einzelnen Lernschritte würde sie gern übergehen. Anmaßung, bevorzugt behandelt zu werden; sie will das Abitur, ohne vorher die Schule zu besuchen; sie will ans Ziel ohne den *Weg* gehen zu müssen. Der Kapitän ist ER oder einer SEINER Engel. Wieder müpft sie auf, will sich nicht fügen. Aber so, wie die zwei Mörder dingfest gemacht wurden, so bleibt auch der Kapitän freundlich und hilfsbereit.

Das Grün drückt die Umsetzung der göttlichen Liebe durch die Erde aus und über das Menschenherz gleichermaßen. Nicht zufällig ist das Herzchakra genauso grün wie die Erde es dort ist, wo sie am üppigsten für ihre Kinder sorgt. Das Weiß der Segel ist das Gesamtspektrum der Sieben, des Siebten (Er), der kosmischen Sammelebene, unter deren Wind und Anleitung jeder segeln lernen kann, wenn er sich dieser Führung beugt in aller Bescheidenheit. Da aber fehlt es noch bei ihr. Der schweigende Ehemann neben dem Kapitän beweist, daß sie ihn falsch einschätzt. Außerdem hat sie seine Rolle in ihrem Leben nicht verstanden. Er nimmt in dem Lernspiel genau den Platz ein, an dem sie ihn im Traum sieht, und soll ihr genau das spiegeln, was bei ihr abgeschnitten ist. Wie immer er als Persönlichkeit sein mag – sie erlebt ihn subjektiv in der Unvollständigkeit ihrer eigenen Projektion. Damit nagelt sie ihn außen fest. Solche projektionsmäßigen Kabinettstückchen beherrschen wir alle nur zu gut.

In einem *Krebstraum hat sie einen kahlen Kopf.* Die animalischen Motive ihres Seins werden ihr geradezu weggeätzt (Chemotherapie). Eine recht brutale Behandlung, aber zweifellos zu ihrem Besten. Bescheidenheit ist die echte Alternative zu Anmaßung, nicht buckeln und betteln oder gar erpressen. Jahrtausendelang sind wir in aschebestreute, sich geißelnde Devotion geschliddert, statt über echte Einsicht echte Demut zu erlangen. Bestechung hilft nicht, auch nicht die subtilste.

Eine Freundin teilt ihr einen Traum mit, den sie für sie erhalten hat:

„Der Kerker ist nicht außen, sondern innen."

Knapp und deutlich. Das gilt für alle und alles. Wir ziehen wie Magneten die Dinge unbewußt an, die wir für unsere Lernprozesse benötigen, jederzeit und überall. Erst wenn die Prozesse durch den inneren Fleischwolf gelaufen sind, können sie nach außen wirken. Konkret bezogen auf Frau M.: sie erlebt ihre Ehe seit langem als Fessel, als Kerker. Das ist gang und gäbe. Wie berechtigt das nach außen erscheinen mag – sie kann nur in *sich* ändern. Sie erhält über ein gestochen scharfes Traumbild eine genaue Anleitung, wie sie aus den Fesseln des inneren Labyrinths entkommen kann:

In einem Quadrat sind eine Menge alter ägyptischer Glyphen enthalten, alle kohlschwarz. Dann werden diese Bildzeichen lebendig, gehen durch die Carréewände nach außen und verlieren dabei ihre Schwärze.

Phantastisch. Das alte Menschengesetz in alte Raumzeitform gepreßt (Quadrat), geht hinaus aus der Gefangenschaft und wird dabei lebendig („Und das Wort ward Fleisch und wohnte unter uns ...""). Ich bin immer wieder überwältigt von der großartigen Klarheit der inneren und äußeren Fügungen, wie weit der Bogen von drüben gespannt wird, um uns aus unserer Seelenhaft zu befreien. Wie wenig Anlaß haben wir doch, so dumm und undankbar zu sein; wie beschämt können wir immer wieder sein, wenn uns endlich das nächste Licht aufgeht ...

Ein freundlicher Helfer impliziert ihr in den linken Handteller auf sehr schmerzhafte Weise eine Ampulle. Es tut derart weh, daß sie schreien möchte, aber sie hält es aus, weil sie weiß, es muß sein!

Hurra – es tut sich was bei ihr! Dies ist eine deutliche Ablösung der ermordeten Vaterhand. Ihre Bereitschaft, sich endlich eine Langzeitarznei implantieren zu lassen, malt einen Silberstreif am Horizont. Ich erhalte zur gleichen Zeit ein Bild aus ihr: ein mickriger, zerrupfter kleiner Vogel hockt ergeben und trostlos da. Auf seinem Schnabel sitzt eine nicht passende Brille, die dauernd herunterrutscht. Es soll eine Eule sein (Weisheit). Ein jämmerliches Bild. Sie kann nun erkennen, was sie sich für Illusionen über sich selbst gemacht hat. Schaumschlägerei, Hochstaplerin in puncto Weisheit und tätiger göttlicher Liebe als Werkzeug. Nichts war damit. Das tut freilich weh.

Die Tortur wird wirken, aber den inneren Schmerz der Eigenerkenntnis muß sie bereit sein auszuhalten. Immer dann, wenn sie im Begriff steht, rückfällig zu werden, wird sich im linken Hand- und Armbereich ein Schmerz melden wie ein innerer Wächter: ein eingebautes Alarmsystem. Gut so, sie braucht dem nur zu folgen.

In ihrer Stadt findet sie ihr Auto brennend an einer Baustelle. Ihre Cousine macht sie darauf aufmerksam; sie selbst hätte es gar nicht bemerkt und wundert sich, daß das Auto dort steht, weil sie es dort nicht abgestellt hat. Das Heck brennt lichterloh, das Auto ist nicht zu retten (Es ist ein großer Mercedes, auf dem ihr Mann bestand.) *Ihr schießt gerade noch durch den Kopf, daß sie sich nun ein kleines neues Autochen kaufen wolle/müsse, und zwar ein weißes.*

Gut so: zurückschalten im Anspruch. Sie braucht ein maßgeschneidertes Vehikel für neue Bescheidenheit. Das Auto war deshalb an einem unbewußten Ort abgestellt, weil sie sich wieder einmal, wider besseres Wissen zu einer recht überflüssigen unsinnigen Einladung hat breitschlagen lassen. Fremdbestimmung aus faulen Motiven und Mitläuferschaft. Deshalb gibt es hinten unbemerkt einen Brand. Bei dem Mercedes ist der Tank hinten. Ihr falsch eingesetztes Betriebskapital brennt. Wen wird es wundern, daß sie just zur gleichen Zeit starkes Magenbrennen hat! Der Lebenssprit wird vergeudet. Das Ego im dritten Chakra, wo auch die persönliche Energie, das Vegetativum geregelt wird, verplempert, was dringend woanders benötigt würde. Sie ist derartig mit Straßenbau beschäftigt, daß ihr das nächstliegende entgeht (Baustelle). Die Cousine beschreibt sie als beherzte resolute Frau ohne jede Zimperlichkeit, die zu der Zeit ohne jede Sentimentalität mit einer schwierigen Lebenssituation fertig wurde. Frau M. bewundert sie: deren Komponente will in ihr entwickelt werden.

Der Brandunfall, der sich im körperlichen als Magenkoliken auswirkte (kein Mediziner hätte hier einen Befund erbringen können, da bin ich sicher) wurde auf meine Bitte hin von Gabriel, meinem geliebten unglaublichen Alleskönner auf sehr passende Weise behoben: Frau M. bekam im dritten Chakra als Geschenk einen Antriebsriemen aus Licht implantiert, der durch einen Lichtmotor aus dem All betrieben wird. Auf den kann sie sich verlassen. Eine Art energetischer Nabelschnur. Damit kann sich in ihrem Leben alles ändern, sie braucht das Geschenk nur zu benutzen und sich darüber freuen. Bestechend wie immer der herrliche Humor in den Hilfen aus der Lichtwelt.

Empöre dich nicht über die Heftigkeit der Schulung. Sie hatte bereits viele Inkarnationen mit Hochmut und Anmaßung „vertan". Es kann und darf uns nicht zu leicht gemacht werden, sonst ist die Rückfallquote noch viel höher. Das Ampullenimplantat in der Herzhand des Gebens und der Antriebsriemen im Solar plexus sind großartige Geschenke. Ganz gleich, wie störrisch sich einer anstellt: zeigt er Ausdauer, wird geholfen.

Mobilisiere deinen Mut und deinen Humor, und du wirst erleben, mit welcher Genialität Gabriel als Wegbereiter und Putzfrau die unglaublichsten Kaninchen aus dem Hut zaubert, um dir auf deinem Erwachen-Weg zu helfen. Mir hilft seine unermüdliche Art und Weise des Beistands besonders über schallendes Gelächter. Es entsteht eine tiefe Nähe durch sein So-wirtschaften. Und genau die ist beabsichtigt. Die Engel wollen uns nicht im Kotau vor sich sehen, sie wollen uns als ebenbürtige Partner und selbständige Mitarbeiter heranziehen. Bitte glaube mir das. Es ist sehr wichtig. Selbst der Christus will keinen falschen Abstand und kriechende Verehrung. Selbst Er will uns frei, aufrecht und fähig. Die echte Demut stellt sich quasi von allein ein mit wachsender Erkenntnis.

Der arbeitsmäßige Umgang mit Träumen

Wie gehe ich an einen Traum heran? Es spielt keine Rolle, ob du ihn selbst geträumt hast oder dir ein anderer einen Traum erzählt – du mußt fragen, fragen, fragen. Laß ein Feuerwerk von Fragen niederprasseln. Es ähnelt der Arbeit eines guten Kriminologen, mit Beharrlichkeit und Kleinarbeit kommst du auf die entscheidende Spur. Es gibt keine dummen Fragen. Frag nach allem, solange, bis sich ein Bild herausschält. Frag genau nach den einzelnen Personen, Gedanken und Gefühlen im Traum. Oft gibt es Diskrepanzen: du denkst im Wachsein das Gegenteil von dem, was der Traum vermittelt. Ausschlaggebend ist das Ganze. Die Gedanken und Gefühle im Traum müssen mit denen im Wachsein in Beziehung gesetzt werden. Das Abwägen dabei steht bereits innerhalb des freien Willens. Trag zuerst alles zusammen, was dir nur einfällt dazu; alles gibt Hinweise.

Alle Träume sind genial! Mißachte das Geniale nicht, nur weil du es noch nicht verstanden hast.

Ich spreche absichtlich nicht von Methodik des Träumens. Auch das Fragen ist weniger methodisch als systemisch: es steht immer der Kontext des Ganzen dahinter, Methodik erstarrt zu schnell zu einem Schema und Selbstzweck, mit dem man sich leicht im Kreise dreht. Das ist mir nicht lebendig genug. Das Feuerwerk des Fragens, der Spürsinn muß intuitiv kommen, weniger methodisch ... Wohl ist das Methodische ein Strang dabei, aber die Zulassung des Genialischen dahinter geht darüber hinaus. Natürlich muß es verbunden werden: Methodisches als Hilfsmittel, an das Genialische heranzukommen. Ich hoffe, das ist klar genug.

Eine Frau, noch in den Fünfzigern, träumt:

Sie soll einen jungen Nachbarn heiraten und gerät deshalb mit sich selbst schwer in die Klemme ihrer eigenen Gedanken im Traum ... Ich bin doch soviel älter ... ich kenne ihn kaum ... er hat doch schon eine Frau ... Steht denn da eine Scheidung an? Ich will gar nicht heiraten ... Nun wird sie aus der Traum-Arbeitsgruppe mit Fragen bombardiert.

(Frage): „Kennst Du den Mann im Außenfeld?"

(Antwort): „Ja, der hat im Mai d. J. in den Hof in der Nachbarschaft eingeheiratet."

„Warst Du bei der Hochzeit?

„Ja, ich war dort."

„Hat es Dir gefallen?"

„Naja, ich gehe nicht gern zu solchen Festen."

„Warum bist Du dann hingegangen?"

„Ich fühle mich verpflichtet, weil es doch Nachbarn sind. Viel lieber bliebe ich zu Hause."

„Hast Du noch andere Gründe, warum Du hingehst zu solchen Einladungen?" Nach einigem Zögern: „Ich hab Angst, sonst irgendwann allein zu sein."

Aha. „Du bist von Deiner Lebensart her alles andere als normal. Hast Du denn die Erfahrung gemacht, solche Teilnahme ändere wirklich etwas an Deinem sozialen Umfeld; hat es Dein Alleinsein wirklich durchbrochen?"

„Nein, nicht wirklich."

„Kannst Du Dich erinnern, wer Dir gesagt hat, daß Du den heiraten sollst?"

„Nein. Ich wußte es einfach."

„Erzähle was über die Familie, wo Du zu der Hochzeit warst."

„Der Hof gehört eigentlich der Altbäuerin, deren Mann damals auch eingeheiratet hat, so wie der junge jetzt."

„Magst Du die Leute?"

„Ach ja, die sind ganz nett; aber ich kenne sie kaum. Der junge Mann ist Bauer. Seine Eltern haben einen Pachthof."

„Er verbessert sich also mit der Einheirat?"

„Ja, könnte man sagen."

„Aber die Altleute können auch zufrieden sein, denn wer will heute noch Bauer werden von den Jungen."

„Das wird so sein."

„Du mußt doch irgendwelche Eindrücke von dem jungen Mann haben, die Du Dir noch nicht bewußt gemacht hast. Wie ist der so?"

„Der hat Neuerungen eingeführt auf dem Hof. Er hält die Schweine draußen im Freien und in Hütten. Das finde ich gut." Wir auch ...

„Waren denn die Altleute damit einverstanden?"

„Naja, die Schwiegermutter hatte dort immer das Sagen. Sie hat zwei Töchter. Die eine ist total folgsam; die muß bei allem, was sie tut, um Erlaubnis fragen."

„Und die andere ist die, die geheiratet hat?"

„Ja, die war schon einmal verheiratet, das ist das zweite Mal. Jetzt kommt ein Baby."

Aha. „Hast Du den Eindruck, das sei eine Vernunftheirat oder eine Liebesheirat?" „Ich denke, das letztere."

„Erzähl uns noch was über den jungen Mann. Ich glaube, Du hast mehr unterschwellige Gedanken gehabt, als Du eingestehst."

Der Traum überführt sie, indem er zeigt, wie sehr sie ihre Reflexion türkt. Zweimal hat sie betont, sie kenne ihn eigentlich nicht, müht sich um unverbindliche Distanz. Nun stellt sich kristallklar heraus, daß sie viel mehr reflektiert hat, als sie zugibt, das aber türkt, um keine Konsequenzen ziehen zu müssen. Das Motiv: Angst und Trägheit.

„Der hat auch sonst eine Menge Neuerungen durchgesetzt in dem Hof. Alles, was der macht, finde ich gut. Er ändert den ganzen Betrieb."

„Würdest Du sagen, daß er sich mutig und zielstrebig gegen die Schwiegermutter durchgesetzt hat, um seine eigenen Vorstellungen zu verwirklichen?"

„Ja, das finde ich schon."

„Von Mai bis jetzt ist nur eine kurze Zeit gewesen, er hat also Tempo vorgelegt. Würdest Du sagen, daß Du ihn insgeheim bewunderst wegen seiner Zielsicherheit?"

„Ja, das stimmt."

„Im Traum wolltest Du den auf keinen Fall heiraten. Warum?"

„Ich hatte Angst."

„Wovor?"

„Das weiß ich nicht."

Frage an die Gruppe: soll sie ihn heiraten oder nicht? Sind ihre Abwehrgründe echt oder vorgeschoben? Wer ist der junge Mann, den sie angeblich überhaupt nicht kennt? Warum sollte sie ihn heiraten?

Die Träumerin sehnt sich nach männlicher Führung, die forsch und gewitzt ihre Angelegenheiten in die Hand nimmt. Dieser Typ des jungen Nachbarn ist genau die richtige Mischung, die sie in sich selbst hervorholen und entwickeln soll, eine tiefe, unverbrüchliche Verbindung eingehen (will und) soll. Sie soll wollen. Bedenke bitte: die Traumgestalten sind immer Aspekte des Träumenden. Ihr fehlt genau das, was dieser junge Nachbar an den Tag legt. Hochzeit ist immer die ebenbürtige Verbindung zwischen der männlichen und der weiblichen Seite in sich selbst.

Bei ihr fehlt es an Entschlußkraft und Handeln! Genau das ist ihr Thema seit langem. Sie klagt oft, sie bekomme ihre Angelegenheiten nicht geordnet. Sie schaffe es nicht, ihr Zuhause und Umfeld so zu gestalten, daß sie sich wohl fühlt und dort in ihrer Mitte sein kann. Sie berichtet davon in einer Weise, als ob sie von etwas außerhalb daran gehindert würde. Deswegen geht sie dauernd stiften unter welchen Vorwänden auch immer, meist schiebt sie soziale Anliegen vor. Das Geschenk der Zeit – sie hat viel davon inzwischen – nutzt sie nicht aus für das Wesentliche. Sie sucht außen Unterstützung, ein Schiff, an das sie ihr Boot anhängen kann. Ansätze zum Handeln zeigen sich immer nur kurz und bleiben dann stecken. Sie sagt selber, sie schafft es nie, etwas zuende zu bringen. Jahr um Jahr vergeht, ohne daß sie weiterkäme. Ihre Abwehrvorwände benutzt sie als Alibi, um so weitermachen zu können, ihre alte Schwäche nicht ändern zu müssen: sie sei zu alt. Der Traum nun bietet ihr an, die Eigenschaften des jungen Mannes ihre eigenen werden zu lassen.

Ein weiteres Beispiel, bewußt gewählt von einer Frau, über die ich noch keinerlei Informationen besaß, weil sie mir den Traum in der ersten Sitzung erzählte.

Ich komme in ein großes helles Haus. Links befindet sich ein riesiges Wohnzimmer voller Antiquitäten und Teppiche. Alles ist teuer, aber irgendwie ungemütlich; es wirkt ein bißchen wie ein Verkaufsraum. Hinten in der Raumführung, die nach rechts weitergeht, sitzt eine Frau im Schneider- oder Lotussitz und stopft Wäsche; Unterwäsche und so etwas. Daneben geht es rechts hinüber in einen Schmuckladen; der steht brechend voll mit antikem Granatschmuck. Ich weiß nicht, ob der echt antik ist oder nicht. An der rechten Seite ist alles Schaufenster nach draußen, und draußen entlang verläuft eine Prachtstraße.

Nachdem ich ihr erläutert hatte, daß links die Mutterseite und rechts die Vaterseite angesiedelt ist, fange ich an zu fragen (ich hatte den Traum insgesamt erfaßt, aber sie sollte es nachvollziehen können).

„Magst Du Antiquitäten?"

„Ja, sehr."

„Hat Deine Mutter auch Sinn dafür?"

„Ja, hat sie. Sie umgibt sich damit."

„Sie verfügt offenbar auch über das notwendige Geld dafür."

„Ja. Ich beziehe eine Apanage von ihr. Aus der Abhängigkeit will ich so schnell wie möglich raus."

Sie haßt ihre Mutter dafür. Aber das dient nur als Aufhänger. Noch weiß sie nichts davon, daß sie selber nachahmt. Sie hätte den gleichen Reichtum auch gern.

Wohnlich ist das Ganze nicht, eher angetan, damit zu prunken im großen Stil (riesiges Wohnzimmer, also dort, wo man Gäste empfängt). Antiquitäten als Ausstellungsstücke zum Angeben, stehen gleichermaßen für Nostalgisches, Tradition, Gewohnheit, Schaustellung. Sie klebt im Denken und im gesamten Weltbild an Altem, an Eitelkeit und Protzigem. Sie steckt voller Neid, ohne das auch nur wahrhaben zu wollen.

„Machst Du gern Flickarbeit?" Was für eine Frage – wer macht das schon gern. „Natürlich nicht."

„Machst Du sie überhaupt?"

„Naja, wenn ich dazu gezwungen bin."

„Unter Zähneknirschen also. Wäsche stopfen ist ein undankbarer Dienst, eine uralte weibliche Arbeit des Dienens, die nicht gewürdigt wird von anderen; man kann damit nicht glänzen. Aschenputtelarbeit. Würdest Du das bestätigen?"

„Ja."

„Kennst Du die Frau, die da näht; oder erinnert sie Dich an eine, die Du kennst?"

„Nein."

„Was ist für Dich der Schneider- bzw. Lotossitz – ganz davon abgesehen, daß es seit altersher der überlieferte Sitz der Schneider sein soll –?"

„Der Sitz meditativer Haltung."

„Also, die Frau, die da näht, befindet sich mit dem Nähen in Meditation."

„So könnte man sagen."

„Zur Reihenfolge: mußt Du an der Frau vorbei, um nach rechts zu gelangen?"

„Ja, der Weg durch das Haus führt so."

„Besitzt Du Granatschmuck?"

„Ja, ich habe ein altes Stück von meiner Großmutter geerbt."

„Magst Du diesen Schmuck?"

„Ja, sehr."

Und nun wird sie lebhaft und erklärt mir den Unterschied der echten alten Fundorte wertvollen Granats und der billigeren Steine neuerer Fundorte. Sie stellt Ansprüche im Sinn von Anmaßung ohne bisherige Einsicht darein. Es ist schließlich nicht selbstverständlich, solche Dinge geschenkt zu bekommen. Man kann sie sich ja auch verdienen müssen.

„Hat Dein Vater eine Neigung zu materiellem Reichtum?"

„Ja, die hat er." (Und es klingt Neid und Ärger hindurch.)

„Du bist sauer, weil er Dich nicht teilhaben läßt daran."

Zögern, sich Winden ...

„Er gibt gern an damit, nicht wahr?" Das wird bestätigt.

„Bist Du Dir klar darüber, daß nicht nur von beiden Eltern aus eine Neigung zu Pracht und deren Schaustellung besteht, sondern Du das teilst?"

Empört: „Ich habe gar kein Geld dafür."

„Wenn Du die gleichen Möglichkeiten hättest; würdest Du es anders machen?"

Darüber hatte sie sich noch keinerlei Rechenschaft abgelegt. Eifersucht und Neid aus Geltungssucht (es steht Hochmut dahinter) wollte sie bei sich nicht anschauen, wie die in ihr schmorten und sie vergifteten.

„Zu der nähenden Frau. Was ist für Dich Dienen?"

Hier wurde sie unmittelbar heftig: sie diene bereits ihr ganzes Leben und ernte dafür wenig oder gar keinen Dank. Sie müsse von klein auf für alles herhalten. Sie beschrieb nun ein jüngstes Beispiel, bei dem sie meinte, nur Undank geerntet zu haben und nun den Schluß daraus zog, nicht mehr geben zu wollen.

Ein rechtes Aschenputtel-Syndrom, was bei näherem Hinsehen zerfiel, denn ihr Dienen war voll Wut, Erpressung, Zwang und Auflehnung. In Wirklichkeit erwartete sie Dank und Rückgabe. Das aber ist nicht dienen. Deshalb kannte sie auch die nähende Frau nicht. Die war ja auch im Hintergrund angesiedelt, fast in der Mitte. Und die Mitte liegt eben weder auf der einen noch der anderen Seite. Vollendung des Dienens im Lotussitz bedeutet: Alles, was du tust, mit der gleichen Hingabe und Vollständigkeit zu tun, egal, ob du dafür Lorbeeren erhältst oder nicht. Wer kann das von allein ... Aber dahin mausern kannst du dich ... In Wirklichkeit fängt dort das Geben erst an, da, wo es ehrlich nichts zurückerhalten will. Es ist kein Verbrechen, das noch nicht zu können. Aber wach werden dahin muß nun erfolgen.

Witzigerweise kann sie den Schneidersitz nicht, es tut ihr alles weh beim Beine-Kreuzen. Sie gab sich große Mühe, ihre alte Fassade aufrecht zu erhalten. Aber nicht lange. Nach der zweiten Sitzung, in der ich heftig mit ihr gerungen hatte (verbal natürlich), brach ihr Widerstand zusammen, nicht zuletzt mit Hilfe eines erschreckenden Traumes danach, der sie so schwer erschütterte, daß sie Mühe hatte, den zu bekennen (Jenen Traum will und muß ich hier unterschlagen).

Ihr Seelenhaus war ein Verkaufsladen; Zurschaustellung von ungemütlichen Prachtstücken statt einer Wohnstatt. Das dürfte nicht schwer nachzuvollziehen sein.

Es bedarf einer ungeheuren Ausdauer und Geduld zum Lernen und der stets wachsenden Wachsamkeit.

Es ist später, als du denkst!

Löse dich von der unbewußten Grundhaltung jeden Tag aufs neue, es müsse dir dein Verständnis für dich selber in den Schoß fallen, denn das wird es nicht tun. Sich selbst verstehen, heißt auch andere verstehen und die Schöpfung. Das ist immerhin ein gewaltiges Projekt! Allzu weit haben wir uns entfernt von der Wahrheit. Der Heimweg ist weit. Paare Geduld mit Ausdauer und Einsicht. („Wer ausharrt, wird selig werden.") Gib nicht gleich auf, wenn du nicht sofort alle deine Träume verstehst nach der Lektüre dieses Buches. Erinnere dich: es bedarf viel praktischer Übung; und wie bei allem, was taugen soll, des totalen persönlichen Einsatzes. Komme nicht mit dem alten faulen Argument, du habest keine Zeit dafür! Spontan sicher nicht, das stimmt. Verlagere deine Prioritäten, und du wirst Zeit genug haben, einfach, weil es nicht Wichtigeres in deinem Leben gibt, als dich zu entwickeln. Das Keine-Zeit-Haben hast du dir – wie alle – über lange Zeiträume selber erschaffen und meinst nun, du könntest das nicht ändern. Die vermeintlichen Außenzwänge verlieren sehr schnell ihre Macht, wenn du es für möglich hältst und beginnst, das zu verwirklichen. Der Außenkram verändert sich dann und wird sich wesentlich leichter gestalten, als du dir vorstellen kannst. Laß es einfach mal darauf ankommen und tu es! Du wirst dich wundern – das verspreche ich dir! Fall nicht sofort in die alte Enttäuschung und Gewohnheit zurück, wenn du damit nicht sofort erfolgreich bist. Niemand ist das. Auch sogenannte Eingeweihte lernen ihr Leben lang (die um so mehr, als sie darum wissen).

Laß dich nicht entmutigen! Bleib bei dir selber. Fang an, dir und deinen Fähigkeiten zu trauen. Und guck dir deine Empfindlichkeit gegenüber Kritik aus den Träumen an: diese Empfindlichkeit ist ein Ausdruck verdeckten Hochmuts (du redest zwar davon, daß du dich bessern mußt, aber klammheimlich hältst du dich für toll. Das wirkliche Tolle ist dein bereinigtes, wahres, fähiges Wesen). Erkenne deine Träume als deine Freunde; auch die Alpträume. Arbeite mit ihnen, aber verbeiße dich nicht darin. Meinst du, nicht weiterzukommen, laß sie eine Weile ruhen und reifen (einen guten Wein muß man auch gären und reifen lassen). Bitte die Lichtwelt immer wieder um Hilfe; die wirst du erhalten, immer wieder überraschend und auf unvorhergesehene Weise. Das hilft auch gegen die dumme Vorstellung, selbst „alles im Griff" zu haben. Streiche diesen Satz aus deinem Vokabular – er ist allzu beliebt. Disziplin ist auch anders, als du denkst. Dein Verständnis von Disziplin bedient sich subtiler Gewalt, es ist eine Form von Drill ohne Herz. Wahre Disziplin ist Aufmerksamkeit: lerne deine wahren Gefühle und Gedanken kennen und dann handle bewußt, nicht aus unüberprüfter Gewohnheit. Das letztere läßt dich in Ketten schmachten, das erstere macht dich frei. Das ist eine Lebensaufgabe, kein Kurzlehrgang. Vergiß das nicht.

Und noch einmal: hab Geduld mit dir dabei. Du kannst es nicht deshalb, weil du es willst. Du mußt es erlernen, weil du es willst.

Korrigiere immer wieder. Fehler sind dazu da, gemacht zu werden. Aber lerne daraus. Ohne Fehler ist es überhaupt nicht möglich, das mag dich ermutigen. Wir haben noch einen weiten Weg bis zur Vollkommenheit. Bis dahin machen wir eben Fehler. Die Träume sind die Sprache deiner inneren Führung, lerne sie verstehen.

Sprich mit vertrauten Menschen, die ähnlich suchen, über deine Träume, ermuntere sie, auch über die ihren zu sprechen. Hört einander zu und helft einander. Tu es auch allein für dich. Folge in beidem deinem Herzen, wann du besser allein darangehst, wann du austauschen willst. Nimm deine Scham wahr über das Offenlegen der inneren Wahrheit über dich selber und respektiere sie. Brich sie nicht mit Gewalt. Alle sitzen im selben Boot, das kann ich dir versichern. Zuerst haben alle Angst vor der inneren Wahrheit, das legt sich erst später mit zunehmender Souveränität im echten Selbstvertrauen und Sich-Annehmen.

Andere werden sich freuen und mitmachen, wenn du Mut zeigst und den Anfang machst. Immer muß irgendwer anfangen; warum nicht du? Unterstelle andern nicht vorweg Verachtung als Reaktion, bei den meisten wirst du Erleichterung konstatieren, es wird sich echte Nähe herauskristallisieren (... ach, der auch? ... ich nicht allein ... Wie gut- ich habe Genossen auf dem Weg, im Leid, im Ärger, in der Angst, in der Frustration über mein permanentes schlechtes Gewissen). Finde heraus, woher das schlechte Gewissen eigentlich kommt. Von außen aus den „unrechtmäßigen" Anforderungen der Gesellschaft, deren Spielregeln sich ändern müssen! Von innen aus dem Karma, aus der gespeicherten Seelenerinnerung an uralte unverdaute schlechte Taten.

Wie kannst du erwarten weiterzukommen, wenn du gar nicht erst anfängst! Also fang an, sofort. Und überprüfe immer wieder deine Ausdauer. Straucheln, abstürzen, zurückfallen – es ist alles mit drin. Nur aufgeben darfst du nicht. Aufgeben ist die wirklich einzige Katastrophe, die du dir antun kannst.

Geh immer wieder tief in die Traumsituation hinein. Die vorerst unüberwindlich scheinende Wirrnis wird sich Stück für Stück klären. Laß dir von mir gesagt sein: Träume, die du sofort vollständig verstehen kannst, sind zunächst selten! Es wird dermaleinst der Tag kommen, an dem wir alle Träume sofort verstehen. Aber soweit sind wir noch nicht.

„Vor den Preis setzten die Götter den Schweiß (Fleiß)."

Die anfängliche „Last", über die du stöhnen kannst, soviel dir guttut, wird sich immer mehr in erfolgreiche Freude verwandeln. Wie die Freude eines Kindes, das ein heikles Puzzlespiel geschafft hat. Das Spiel wäre keins, wenn das Bild gleich fertig auf den Tisch käme, oder?

Vergiß bitte die erwartete Patentrezeptur. Die ist allenfalls der Preis am Ende, wo und wie immer. Hast du eine Etappe geschafft, ist bereits die nächste im Anrollen begriffen (wer rastet, der rostet). Akzeptiere, daß du in Übung bleiben mußt.

Die Nagelprobe am Ende muß schlüssig ausfallen. Erst wenn wirklich alles nahtlos zusammenpaßt, alle losen Enden sich vollkommen ineinanderfügen, liegt das Piktogramm/Kryptogramm im Klartext vor dir.

Jetzt höre ich dich bange fragen, woher du denn weißt, ob es stimmt oder ob du dir eine künstliche Konstruktion geleistet hast. Sei beruhigt – du weißt es. Das Stimmige am inneren Wissen liegt dir im Blut, du erkennst die Wahrheit, wenn du sie vor dir hast. Laß dich von deiner Intuition anleiten und höre auf, dir zu mißtrauen. Lerne Wachsamkeit von Verkrampfung zu unterscheiden. Im nachhinein, wenn du einen Traum wirklich verstanden hast, erscheint er absolut genial: er ist so logisch wie er überraschend und einfach ist im Gerüst, auch wenn dich die Traumstrategie um tausend Ecken führen sollte.

Dann, erst dann führt der bewußte Vollzug, das Verankern im Alltagsbewußtsein zu einer richtiggehend tektonischen Verschiebung in deinem ganzen Sein; dann erst entfaltet die Wirkung des Traumes ihren ganzen Reichtum. Das gilt auch für Alpträume.

Schaffst du es nicht, einen Traum zu knacken, laß ihn nach „vergeblicher" Bemühung, einfach links liegen. Er ruht und gärt und steht verwandelt eines Tages wieder auf. Gib nicht zu schnell auf, aber beiß dich auch nicht zu sehr fest. Das Maß ist auch hierbei selten richtig, das du an den Tag legst. Das macht nichts. Du wirst es lernen. Laß Träume so lange durch den inneren Fleischwolf gehen, bis sie fein genug sind zum Verdauen. Du mußt sie manchmal öfter durchlaufen lassen als einen tollen Videofilm. Geh immer wieder hinein in die Traumsituation. Träume das gleiche nochmals im Wachen.

Alte, weggelegte Träume erfahren häufig nach Tagen, Wochen, Monaten, gar Jahren(!) plötzlich eine Neuauflage oder werden gar dann erst verstanden. Ein frischer Traum kann sie aus der Versenkung holen und in ein erweitertes Verständnis erheben. Du wußtest vielleicht nichts davon, wie sehr das Abgelegte in dir weiter rumort hatte. Das Altbekannte oder nicht

Verstandene oder vermeintlich Verarbeitete erscheint in einem neuen Kleid, so als ob es nun erst überhaupt entdeckt würde. Du kannst dasselbe erleben, wenn du ein Buch nochmals liest. Es ist, als hättest du vormals etwas völlig anderes gelesen, als habest du vormals nichts verstanden.

Ein „unerklärlicher" déjà-vu Effekt reicht immer häufiger in die bisher noch dumpfe Erinnerung der karmischen Vergangenheit, der früheren Leben hinein und will nun ins Bewußtsein treten. Zwecks Großreinemachen der Seelen ist es nötig, die alten mit den neuen unerledigten Verknüpfungen zu durchschauen, sonst kann nichts ad acta gelegt werden, sonst holt uns die Vergangenheit immer wieder ein. Die aber muß nun geklärt und hinter uns gelassen werden. Wir können in das Neue keinerlei alten Ballast mitnehmen. Verlaß dich darauf: wir bekommen solange aufgetischt, bis wir verstanden haben! Niemand schlüpft durch das Netz dieser gigantischen „Säuberungsaktion".

Traumkorrektur

Laß dich warnen: Träume sind keine modeunterworfenen Freizeitspiele für gelangweilte, neugierige Leute, sondern anstrengende Arbeit, die den ganzen Menschen mit seiner ganzen Hingabe erfordert. Dennoch kannst du dich mit Sportsgeist und wie im Spiel damit befassen. Träume sind keine unabdingbaren, unveränderlichen Botschaften, die diktatorisch für die Zukunft oder auch für den Augenblick festlegen. Geradezu phantastisch mutet die Tatsache an, daß der Mensch auch innerhalb der Träume jeden Spielraum genießt; wobei genießen *nicht* im Sinne des Angenehmen verstanden werden darf. *Freiheit ist* und bleibt vorerst ausgesprochen unangenehm, eine schwere, langwierige Aufgabe, die überhaupt erst in dieser Zeit voll ausbricht und in die Zukunft hinein gelernt werden muß.

Träume wollen und müssen *frei* gehandhabt werden, als ungeschminkte Vorschläge des höheren Bewußtseins. – Schau, so könnte es sein ... das ist gut für dich – das ist nicht gut für dich. Hier drohst du fehlzugehen ... Paß auf, Gefahr!

Verdeckt können Auswege angeboten werden. Meist gibt es knallharte Hinweise, wenn akute Gefahr droht, sich derart zu verrennen, daß womöglich Lebensgefahr heraufbeschworen wird, sei es im physischen, sei es im seelischen Bereich. Es heißt auch dann niemals: so oder so *mußt* du handeln, sondern so oder so sollest du (nicht) handeln. Es gibt niemals dogmatische Patentlösungen. Wer die erwartet, der wird enttäuscht. Menschlich ist es allzumal, daß wir uns alle einfach Befehle wünschen.

Aber hier genau liegt die größte Gefahr, in die Irre zu gehen, nicht zu merken, wenn wir falschen Ratgebern aufhocken. Abhängigkeit ist nie das Ziel echter Ratgeber. In eben diesen Schwächekanal, der uns nur allzu geläufig ist, haken konventionelle Strömungen ein: es ist viel leichter, Pillen zu nehmen und Versicherungen abzuschließen, sich damit in vermeintlicher Sicherheit zu wiegen, statt permanent das Risiko eigener Entscheidungen auf sich zu nehmen.

Auch hier sind Träume unbestechlich. Wir dürfen korrigieren!

Die Herausforderung der Freiheit wirkt vorerst derart belastend, daß viele lieber sterben würden, als ihre Freiheit annehmen! Es ist unfaßlich, wie viele Menschen sich insgeheim vom Tod Erlösung erhoffen, im Sinne von endlich Ruhe haben und verdeckt auf ihren Tod hinarbeiten, bei gleichzeitiger Angst davor wie hypnotisierte Kaninchen. Aber:

Nicht der Tod erlöst vom Leiden, sondern das Leben!

Das voll angenommene Leben erlöst am Ende sogar den Tod selber!

Das Ende der Träume bleibt häufig offen – es wird keine Lösung aufgezeigt, denn solch ein Traum hat keinen anderen Zweck, als den Träumer auf etwas aufmerken zu lassen, was ihm entgangen ist oder droht, noch zu entgehen. Das ist ja gerade das Tolle: im Vorfeld des Träumens können scheinbare Unausweichlichkeiten abgefangen und korrigiert werden. Ein Geschenk, die Freiheit besser zu lernen. Dann kann, muß, darf der Mensch sich selber um Lösungen bemühen. Erst dann kann ihm von „drüben" weitergeholfen werden! *„Hilf dir selbst, so hilft dir Gott."* Das unmittelbar Wirksame aus der Lichtwelt kann uns also nur erreichen, wenn wir selber den Boden dafür bereiten (Das Gleichnis vom Sämann. Wir erhalten alles geschenkt: Wetter, Erde, Wachstum, Regen, Sonne, Saat ... aber die Arbeit mit diesen Mitteln nimmt uns niemand ab.). Der bequeme Weg führt immer nach unten. Der eigene Anteil verlangt uns ständig das Äußerste ab, aus dem einfachen Grund, weil wir von vornherein voller Widerstand und karmischer Altlasten stecken, die nur langsam und mühevoll überwunden werden können.

Hat der Träumer seine Abweichung vom inneren Weg verstanden, die Dynamik des Abdriftens, in dem ein Fehler unweigerlich zum nächsten führt, kann er kraft seiner Einsicht (oft mit Schreck, gar Schock verbunden) ändern.

Er kann das Drehbuch des Traumes im Wachbewußtsein völlig neu schreiben und gelangt folgerichtig zu anderen Ergebnissen.

Dann müssen im Außenfeld die Resultate der Kursabweichung nicht mehr eintreten und erlitten werden.

Das veränderte Drehbuch zeitigt einen veränderten Lebensfilm, dem unbedingt eine bewußte Absichtserklärung zugrunde gelegt werden muß. So wird die persönliche Geschichte geschrieben.

Das ist ein Aspekt der inneren Führung, des Gehorsams und der Freiheit, die versteht: sich *freiwillig* der inneren Führung anzuvertrauen.

Der Anfänger im Traumverständnis mag nun bange sein, weil er sich noch nicht zutraut, souverän dem keimenden inneren Schlüssel zu folgen. Die Unsicherheit erlebt er als einen wesentlichen Faktor des Menschseins. Er mag getrost sein: die innere Führung hat nicht nur Geduld, verlangt sicher nicht sofortige Beherrschung des Themas, sondern führt auch da zunehmend durch die einzelnen Lernstationen. Niemand wird verurteilt. Unfähigkeit gibt es in Wirklichkeit nicht. Nur Weigerung, überhaupt anzufangen und jede Etappe Schritt für Schritt zu bewältigen. Von niemandem wird plötzliche Meisterschaft verlangt; souverän kann man immer nur *werden!*

„Der Mensch in seinem dunklen Drang ist sich des rechten Weges wohl bewußt." (Goethe)

„Es ist dir gesagt Mensch, was gut ist ..." (Micha)

Wenn man einmal begriffen hat, daß Ausweichen auf Dauer nicht möglich ist, sondern jeder einzeln durch die ganze Schule hindurch muß, dann kann man gleich mitmachen, oder? Zu verlieren hat man nichts dabei, außer seinen „schlechten" Eigenschaften. Aber man hat alles zu gewinnen!

Wer wirklich bereit ist, es anzugehen, auch seine Träume Lehrmeister werden zu lassen, der bekommt ganz sicher auch die notwendige Hilfe; er braucht sich nur zu öffnen, zu erwarten und darum zu bitten.

Die Erdenschulung des Menschen bleibt niemals ohne die passenden Lehrer im rechten Moment. Es wäre sonst eine unsinnig dumme Schule. Wer aber wagt, seinem Schöpfer einen solchen Pfusch zu unterstellen, nur weil er noch zu blind ist, die weise höhere Ordnung dahinter zu durchschauen.

Nimm also deine Träume an, wie sie sind und wisse, sie sind ausnahmslos weise, minutiös und legen dich niemals fest für alle Zukunft. Sie sind immer brandaktuell in deinem persönlichen Terrain wie auch im Übergeordneten der Menschheit.

Du kannst also mit der *Traumkorrektur* Weichen neu stellen. Die Konsequenz daraus ist grenzenlos! Du hast die Chance, ein Virtuose auf dem Traum-Instrument zu werden; und das bedarf der Übung, wie jedes andere Instrument auch.

Träume haben seit je den Auftrag und die Funktion der Wahrheitsfindung. Die seit Jahrtausenden zunehmende Maskierung des Menschenego ist eine äußerst raffinierte Taktik der Selbsttäuschung, des gewohnheitsmäßig doppelten Bodens geworden, um nur ja nicht die schmerzhaften Einsichten über sich selbst aushalten und als Konsequenz ändern zu müssen.

Wie erfolgreich diese hochentwickelte Strategie der Schmerzvermeidung geworden ist, kann jeder nicht nur an sich selbst, sondern auch unschwer am Zustand der Erde ablesen. Und an anderen (da ist es viel leichter als bei sich selber!).

Leider entpuppt sich diese Strömung als Bumerang. „Sackgasse" als Schlupfloch erscheint als zu schwache Definition, denn am Ende stellt sich heraus, daß die vermeintliche Schmerzvermeidung zu einer Potenzierung von Schmerz, Verwirrung, tiefster Not und Ausweglosigkeit führt. Alle Ausflüchte in Gier und Genuß als Surrogat für echte Lebensqualität, bietet letztlich weder Sättigung noch inneren und äußeren Frieden. Im Gegenteil: die Flucht bedarf immer größerer Dröhnung, um die Wirksamkeit von augenblicklicher Betäubung als Illusion aufrecht zu erhalten. Ein wahrer Teufelskreis.

In diesem Rahmenverständnis erscheint die Zuganglosigkeit zu den eigenen und den Menschheitsträumen nur als ein zwingendes Attribut.

Wer seine innere Wahrheit nicht erkennen will, kann keinen Zugang zu seinen Träumen finden. Wer keinen Zugang zu seinen Träumen sucht, koppelt sich von der inneren Wahrheit ab. Symptomatisch dabei ist die oberflächliche Stellungnahme (Alibi): was ich nicht verstehe, darum brauche ich mich auch nicht zu kümmern. Schlimmer noch: es wird eifrig an den vielfältigen Ersatzträumen gebastelt, ohne diese Tatsache überhaupt zu bemerken, als da sind: Alkohol, Rauchen, Drogen, Fernsehen, Urlaubs- und Freizeitwahnsinn, Hektik und Betriebsamkeit und vieles mehr. Nichts gegen diese Aktivitäten an sich: der Ton macht die Musik. Damit meine ich: ausschließlich der Hintergrund der Gesinnung macht, ob ein Tun, ein Gedanke gut ist oder nicht. Entsprechend dem Paracelsus-Wort „die Dosis macht, ob ein Mittel heilend oder giftig wirkt." ...

Nicht die Dinge an sich sind schlecht, sondern was wir daraus *machen*. Das liegt sehr nah beieinander und ist allzu oft nur schwer zu unterscheiden. Auch dies Unterscheidungsvermögen ist nicht einfach von allein vorhanden, sondern muß Schritt für Schritt erworben werden. Im Prinzip weiß jeder Mensch tief innen von der Notwendigkeit der Mühsal, aber zwischen diesem Wissen und der an den Tag gelegten Haltung, so zu tun, als richteten sich die Dinge nach unseren Vorstellungen von „angenehm", klafft ein tiefer Riß. Dieser Riß hat sich längst zu einer tödlichen Wunde ausgewachsen, an der die Menschheit droht, zugrunde zu gehen. Nun aber soll der Riß geheilt werden! Das geht aber nur, wenn der einzelne bereit ist, ihn überhaupt wahrzunehmen, zu erforschen und seinen Anteil daran zu übernehmen. Die Zeit ist allgemein reif dafür.

Dieser Prozess der Wahrheitsfindung steht hinter dem Begriff des Weltgerichts! Das ist also nicht etwas, was irgendwann in einer fernen Zukunft stattfinden wird, sondern bereits im Gang ist! Das ist Erlösung!

Innerhalb dieses Prozesses bekommen Träume wieder ihren ursprünglichen Platz zugewiesen, weil sie ein wesentlicher Bestandteil davon sind. In den Träumen gibt es keinen willensmäßigen Widerstand, es steht der Wahrheit nichts im Wege.

Das heißt nun nicht: zurück zum Archaikum, sondern voran in ein neues Verständnis, wobei alles bisher Erlebte, Erlernte, Erfahrene als Basis dient, so wie die Küchenabfälle den guten Kompost von morgen abgeben. Man kann auch nicht Küchenabfälle aus der Zukunft heute kompostieren, um gestern gute Erde zu erhalten. Das ist ebenso absurd. Ein Zurück kann es naturgemäß niemals geben.

Wir haben bereits erfahren, daß Träume Schöpferkraft besitzen. Wir haben erfahren, daß wir Traum-Drehbücher korrigieren, ja, ganz neu schreiben können. Daraus folgt nach dem Gesetz der zeitlichen Reihenfolge, die erst im Geist erschafft und dann in die materielle Ausdrucksform gießt, daß wir auf die gleiche Weise die Erde neu erschaffen können.

Wer sich mit weniger begnügt, ist selber schuld!

Daraus erfolgt gleichermaßen wenigstens eine Ahnung von der Verantwortung, die jeder einzelne trägt. Sich heraushalten ist nur scheinbar möglich, und dann nur auf begrenzte Zeit.

Wer jetzt vor Bangigkeit zittert, hat recht. In Anbetracht seiner eigenen langen Entwicklungsgeschichte in unendlichen Zeiträumen, die die gesamte Epoche des Abdriftens, der Blindheit und Eingeschränktheit beinhaltet, hat er recht, angesichts dieser gigantischen Aufgabe und seiner kleinen menschlichen Erbarmungswürdigkeit zu zittern, und sich nicht vorstellen kann, wie er je diese Herausforderung bewältigen könne. Das aber ist nur die eine Seite der Medaille, die nun, im Erwachensprozess erschreckt und überrumpelt.

Die andere Seite wagt sich erst zaghaft ans Licht: eine unerhörte, göttliche Fähigkeit, genau diese Aufgaben zu bewältigen. Wir sind dafür geschaffen und ausgerüstet worden. Wir haben es nur verspielt. Diese andere Seite ist noch im Morgendämmern begriffen. Wie ein Keimling, ein zarter Sproß im Schnee, dem man noch nicht ansehen kann, was er dermaleinst für eine wunderbare Blume oder ein großer, starker Baum werden will. Vorerst wird für viele Menschen die Verheißung als Träger dienen müssen. Auch das ist gut, schult es doch die Möglichkeit, Vertrauen, Geduld und Zuversicht zu üben. Und von diesen „Tugenden" haben die meisten von uns nur wenig entwickelt. Je mehr darin gelernt wird, um so weniger Angst ist nötig. Angst und Vertrauen sind Zwillinge: der eine hell, der andere dunkel. Je mehr Angst, um so weniger Vertrauen. Wo Vertrauen herrscht, ist kein Platz mehr für Angst. Es sind Komplementärkräfte.

Zur Traumtechnik gehört unbedingt nach dem Bezug zum Alltag zu forschen, da Träume oft in die unmittelbare Zukunft weisen, also Vorbereitungsmaßnahmen sind. Frage dich: in welchem Trend stehe ich gerade? Was ich gerade tue, getan habe oder tun will – ist das von meinem inneren Gewissen her in Ordnung oder habe ich ein ungutes Gefühl dabei, das ich versuche zu übertönen? *Will* ich das wirklich, sagt mein Herz etwas anderes, habe ich eine verschlüsselte Warnung erhalten? Lasse ich mich bloß treiben und reagiere lediglich statt zu agieren? Lasse ich mich von den Vorstellungen anderer bestimmen oder bestimme ich selber?

Wir werden in rasantem Tempo zu Grenzgängern zwischen Traum und sogenannter Wirklichkeit. Um tiefer einsteigen zu können in diese Grenzwelt, müssen wir erst wollen. Dieses Grenzgängerreich wird täglich gewichtiger. Die Träume lassen nicht locker, sie sind ständig am Bohren und Antreiben. Sie schweigen „endlich" nur still, wenn jemand überhaupt nicht hören will, obwohl er es könnte.

Das Interpretieren von Träumen ist die Grammatik der Seelensprache.

Dein besseres Ich beherrscht diese Sprache. Laß sie dir in deinem Alltags-Ich beibringen. Grammatik muß geübt werden.

Es macht nichts, wenn das dauert; dafür haben wir unsere Lebenszeit in der Erdenschule erhalten.

Selbst wenn du nichts von deinen Träumen verstehst, wirken sie in einer bestimmten Ebene. Wo Rauch ist, gibt es auch ein Feuer. Besser natürlich, du findest das Feuer und hängst deinen Suppenkessel darüber. Die Auswertung ohne Verstehen ist ungleich geringer; es gibt dann nur ein bißchen Wärme, keine nahrhafte Suppe; man kann sogar verhungern dabei. Wir kommen nur wirklich im nötigen Tempo weiter, wenn wir bewußt ausschöpfen.

„Humor ist wenn man trotzdem lacht"
Licht ist, wenn man trotzdem strahlt.

Liebe ist, wenn man trotzdem liebt.

Wie in einer Schule stets höhere Klassen erreicht werden müssen, so ist es auch in der Traumschule. Wachsein und träumen werden sich zunehmend mischen. Je weiter du dich ins Erwachen bewegst, um so mehr verschiebt sich die Traumwelt hin zur erlebten vollzogenen Wirklichkeit. Das geht viel weiter, als du dir momentan vorstellen kannst.

Jeder hat bereits den Fall erlebt, daß er intensiv und äußerst lebhaft von einem Menschen träumt, mit dem er lange keinen Kontakt hatte; just am nächsten Tag ruft dieser Mensch an. Zufall? Niemals. Es gibt keine Zufälle. Alles, aber auch alles was geschieht, steht miteinander in einem genau abgestimmten Zusammenhang.

Du wirst nahtlos Weiterträumen lernen, wenn du mitten im Traum erwachst und dich später nicht mehr erinnern können, an welcher Stelle du aufgehört hast zu schlafen. Deine Traumgedanken und deine Alltagsgedanken werden immer mehr ineinander übergehen und sich gegenseitig durchdringen. Vereinzelte, bereits erfolgte hellsichtige Träume werden dir weniger Angst machen und dir immer geläufiger werden. Hellsichtigkeit wird in der Zukunft eine der wesentlichen Gaben werden. Und damit meine ich nicht Wahrsagerei, sondern inneres Sehen mit allen Erkenntnisqualitäten. In dieser Grenzgängerwelt wird die Trennung aufgelöst, die dich von der 4. Dimension trennt.

Es gibt kein Ende der Lernschraube. Je weiter du wagst vorzudringen, um so mehr Wunderbares wird möglich. Du hast noch keine Ahnung, was du in Träumen und durch Träume vermagst! Immer mehr wirst du hineingezogen werden in die erweiterten grandiosen Realitäten anderer Existenzbereiche, die das kleine bisherige Areal deines Bewußtseins zunehmend aus den Angeln hebt. Im Träumen und im Wachen gleichermaßen kannst du die Muster der Vergangenheit und der Zukunft erkennen und dich danach ausrichten und somit wirksamer das Jetzt gestalten.

Du kannst sogar andere Emanationen (Abspaltungen) deines höheren Selbst als Identitäten kennenlernen (dunkle wie helle). Der Einstieg in die Traumebenen verhält sich wie ein Zwiebelschalenprinzip: es kommen immer noch neue Schichten zum Vorschein.

Visionen empfangen ist träumen auf höchster Ebene.

Viele Menschen empfangen bereits Visionen.

Jeder Mensch besitzt die Anlage zur Hellsichtigkeit. Die liegt aber bei den meisten brach, bricht nur in extremen Situationen einmal durch. Ein nicht gehobener Schatz. Warum fürchtest du dich vor dieser Anlage? Nimm sie doch an, entwickle und benutze sie zu aller Wohl! Die Träume machen es dir vor und schulen dich darin.

Ein sehr enger Freund hatte vor längerer Zeit einen Traum, in dem er mit seiner Frau per Fahrrad einen Weg entlang fuhr. Er sah diesen Weg genau und beschrieb ihn mir. Monate später macht er mit seiner Frau einen ausgedehnten Fahrradausflug (Anfahrt per Bahn) und befindet sich plötzlich genau auf jenem Weg, den er außerhalb des Traumes noch nie gesehen hatte. Er meinte, als er diesen Weg erkannte, sei er vor Überraschung und Schreck fast vom Fahrrad gefallen.

Das war nur der Auftakt und damit eine Schleusensituation, damit er sich vertraut machen könne, denn seitdem erhält er oft im Traum wesentliche Hinweise, die sogar schon Katastrophen größeren Stils verhindern halfen. Und das außerhalb seines privaten Bereichs. So werden Lichtdiener geschult. Längst erfüllt er immer größere Aufgaben getreulich, leistet im Hintergrund nach Gabriels Vorbild eine Menge „Dreckarbeit" und fragt nicht nach Lorbeeren und Publikum.

Eines nachts hat er einen sehr lebhaften Traum:

Er schippt auf einem alten Zug in der Lok, bzw. dem Tender Kohlen. Die Arbeit ist schwer, er muß sich sehr anstrengen, schwitzt stark und kriegt keine Pause.

Und jetzt der Clou: Beim Erwachen am Morgen ist er nicht nur total erledigt vor Erschöpfung, sondern hat beide Hände voller Schwielen; sicht- und fühlbar, wunde geschwollene Hände. Überflüssig zu betonen, daß es im Außenfeld vorher keinerlei Ursache gab.

Das ist beileibe kein Einzelfall. Ich erlebe derartige Dinge seit Jahren. Wer solche Ereignisse einfach leugnet, weil er sie selbst nicht gesehen hat und nicht für möglich hält, stellt sich nicht nur ein Armutszeugnis beschränkten Denkens aus, sondern muß auch konsequenterweise die Stigmata einzelner Menschen ableugnen, die es doch nachweislich gibt, ebenso die erstaunlichen Resultate in der Findhorn-Gemeinschaft, ebenso die „unerklärlichen" Fähigkeiten großer Yogi, usw. Keiner kommt an solchen Phänomenen vorbei nur weil er zu denkfaul ist. Denen kann ich nur von Herzen wünschen, bald einmal eine heftige Überraschung zu erleben, die nicht in seine Denk-Schemata paßt. Wahrscheinlich hat er bereits unerklärliche Sonderlichkeiten erlebt, die aber geflissentlich vergessen und verdrängt.

Unschwer ist bei den Menschen, mit denen ich schon länger arbeite, die zunehmende Tendenz zu erkennen, im Traum des Träumens bewußt zu werden. Oft genug wird noch ein Klops darauf gesetzt, indem es klipp und klar im Traum heißt – das träumst du jetzt! Der vermeintliche Traum ist die Wirklichkeit.

Auch das doppelte Doppel kommt vor: Du weißt, daß du jetzt in diesem Traum träumst, daß du träumst. Das verlangt einiges an Um-die-Ecke-denken.

Es ist mir inzwischen möglich, während des Schlafens auf die gleiche Weise zu arbeiten wie im Wachen. Ich kann mir im Traum von anderen Menschen (egal wo die sich befinden) ihre Träume erzählen lassen und deuten oder sogar direkt ihre Träume stellvertretend träumen. Ich kann gleichzeitig in drei verschiedenen Zeitebenen während des Körperschlafs bewußt sein und woanders arbeiten. Wirklich gleichzeitig, nicht nacheinander. Und ich habe keine Ahnung, was da in Zukunft noch alles verwirklicht werden mag! Sicher ist, ich bin wie du, auf dem Weg und es geht ständig voran.

Es ist einfach phantastisch, was sich zunehmend für Welten auftun, wovon ach so viele, keine Vorstellung haben. Die Armen! Was entgeht ihnen, weil sie beim Gewohnten bleiben ...

Mindestens so wichtig wie das Traumverständnis selbst ist: Hunger und Durst wecken.

Kümmere dich dabei nicht vorbeugend darum, was wohl dabei herauskommen mag. In der berühmten Bhagawadgita gibt es eine fundamentale Lehre, die mich beim eigenen Bilanzziehen immer wieder tief berührt:

„Du hast ein Recht auf Handeln, aber nicht auf dessen Früchte.
Lasse nie die Früchte die Beweggründe für dein Handeln sein!"

Wir sind Lernende, nicht Vollendete. Was noch in der Zukunft liegt ist zweifellos überwältigend. Dieses Buch stellt nichts weiter dar als einen Ausschnitt einer Etappe, nicht einen Schlußstein. Dinge sind immer in Entwicklung begriffen. Die Neigung der Menschen, sich immer wieder vorschnell am Ende aller Weisheit zu denken, ist sehr gefährlich. Der allgemeine Wahn, der heutige Mensch habe so ziemlich alles erreicht, was es zu erreichen gibt, ist einer der folgenschwersten, katastrophalsten Ausdrücke menschlichen Hochmuts und damit Luzifers Kraft.

Die Traumschulung ist nur ein, wenn auch wesentlicher, Bestandteil der gesamten inneren Schulung zum wahren Menschen. Wer bereit ist, die innere Sprache zu erlernen, kann auch für andere zum Vermittler, zum Dolmetscher werden. Es bedarf der Freiwilligen, die bereit sind, als Botschafter zu fungieren. Nebenbei gesagt, ist diese Schulung unerbittlich; oft erscheint sie als nahezu unerträglich hart. Man könnte sie mit einem Top-Agenten-Drill gleichsetzen, der häufig wie ein Himmelfahrtskommando direkt hinter die „feindlichen" Linien führt. Ein Friede-Freude-Eierkuchen-Dasein wird ganz sicher auch nicht mit einer exquisiten inneren Schulung gewährleistet.

Eine ganz überragende Stütze auf dem Weg des Erwachens und des Erschaffens ist der Humor! Humor vermag viele, wenn nicht gar alle Spitzen und Klippen zu entschärfen.

Jeder übe sich in Humor, so gut er überhaupt vermag.

Es steht jedem Leser frei, alles anzuzweifeln. Das hat keinen Einfluß auf die Sache selber. Der Zweifler mag geduldig, offen und ausdauernd seine Träume überprüfen und selbst feststellen, ob ihn solche Lesarten weiterbringen. Was er daraus macht, geht mich nichts an, bei aller Anteilnahme und aufrichtigem Anliegen.

Anhang

In allen Chakren kann rosa oder gold oder weiß oder lichtblau als durchsichtiges, klares Licht erscheinen.

rosa:	die direkte göttliche Liebesenergie
gold:	das Sonnenlichtgold der Erkenntnis und der Wahrheit (wie weiß)
lila:	direkte kosmische Energie, die von hohen Verbündeten aus der Lichtwelt oder Helfern aus dem kosmischen All kommt.
lichtblau:	wie gold, und auch die Farbe des Hl. Geistes, des Wirkenden.

Alle Energien fließen auch durch die Wirbelsäule.

Das Blut in der Herzchakrazuordnung hat eine andere Qualität als das Bauchblut (das rein physische). Es wird im übertragenen Sinn verstanden.

Chakren sind Energiezentren, die sich wie Wirbel verhalten und ebenso rotieren. Die Rotation ist die gleiche wie in galaktischen Wirbeln. Es sind Schaltstellen, Knotenpunkte, Speicher für Energien (helle und dunkle) und Speicher für Erlebtes. Sie stehen untereinander in Verbindung, wie auch mit intergalaktischen Instanzen.

Es gibt noch mehr Chakren als die aufgeführten sieben; z. B. in den Handinnenflächen und unter den Fußsohlen. Aber diese sieben sind die wesentlichsten, die du kennen solltest, sie entsprechen den sieben Seelenebenen. Die Erfahrungsarchive des Körpers und des Seelenkörpers liegen aber nicht nur in den Chakren, sondern auch in sämtlichen Verletzungsstellen seit je, die wie Mikrochips speichern: eine Art umfangreicher genetischer Code auch der Psyche. Die Chakren speichern sozusagen in übergeordneter Instanz. Beispiel: die Seelenvorgeschichte und das zugrundeliegende Seelenmuster eines erlittenen Beinbruchs wird an der Bruchstelle selbst gespeichert, aber sublimiert, ebenfalls in dem zuständigen Chakra (in diesem Fall das 1. und das 2.). Das Chakra entspricht dem zentralen Archiv einer Großstadt, die Bruchstelle selbst der spezifisch zuständigen Außenstelle.

Die Chakren verbinden auch die drei Ebenen: Körper – Geist – Seele. Sie sind einem hellen Treppenhaus eines großen, komplexen Gebäudes vergleichbar, das die einzelnen Stockwerke verbindet samt den Nebentrakten. Unten befände sich analog der Ein- bzw. Ausgang, von oben fällt das Licht durch die Lichtkuppel (oder eben auch nicht, bei menschlicher Blindheit).

Karma: das Gesetz von Ursache und Wirkung. Aus der Wirkung wird wieder Ursache und so fort – eine Endloskette. Hinter dem Karmagesetz steht das göttliche Gesetz sowie sein Ausdruck in der Natur: nichts geht verloren.

Da die Karmafolgen aller Taten und Gedanken zum Verursacher zurückkehren, würde es kaum je einen Fortschritt geben, wir würden Gefangene bleiben, weil wir permanent neues Karma erzeugen, das wiederum gesühnt werden muß.

Karmisch gesehen, sind wir alle „Kriminelle" und sitzen in „Haft". Begnadigt werden kann nur der Einsichtige, Reumütige. Damit wird nicht das Gesetz ungültig gemacht, ausgehebelt, sondern der Begnadigte wird aus dem Gesetz herausgenommen. Siehe Paulus: der Mensch innerhalb und außerhalb des Gesetzes. Wer die göttliche Liebesbegnadigung nicht annimmt, bleibt unter dem Gesetz. Da nichts verloren geht, weder in der Natur noch im Geist- und Seelenbereich, kehrt früher oder später alles als eine Art Substanz zurück. Der Erlösungswillige nimmt es zurück und wandelt es um in eine brauchbare lichte Kraft; bzw. das Christuslicht tut das in jedem einzelnen.

Die *Astralwelt* ist eine feinstoffliche Welt, die vom Grobstofflichen befreit ist. In der Astralwelt befindest du dich während des Träumens. Die Zukunftsebene der vierten Dimension ist ein Schwingungsbereich der Astralwelt. In *dem* Bereich ist die neue Erde bereits existent.

Der Astralbereich ist *nicht* der Aetherbereich. Der Aetherbereich ist das energetische Doppel aller lebenden Körper in der grobstofflichen Materie. Er löst sich beim stofflichen Tod auf und steht als undifferenzierte Energie danach wieder zur Verfügung: eine Art energetischer Abfall zum „Kompostieren".

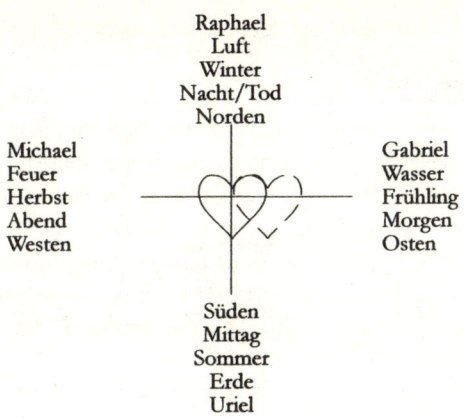

Raphael
Luft
Winter
Nacht/Tod
Norden

Michael   Gabriel
Feuer   Wasser
Herbst   Frühling
Abend   Morgen
Westen   Osten

Süden
Mittag
Sommer
Erde
Uriel

Seitenwechsel, bzw. Fusion

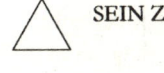 SEIN Zeichen

 Das Zeichen der Schöpfung   Davidsstern, Vereinigung
                                            beider Zeichen

 Pyramide als Raum-Entsprechung

 Die Spiegelung der Schöpfung

 Kreis, bzw. Kugel analog als Schöpfungskreis = O = Omega   A = Alpha
gegenseitige Durchdringung   A und O,   Anfang und Ende

 Der Geist in der Schöpfung, bzw. die Schöpfung im Geist.
Die Initialen ineinander gefügt.

 Der Saturn als Lehrmodell (seine Wesenheit ist ein Aspekt Gabriels)
Die obere Hälfte des Planetenkörpers: mentale Ebene
Die untere Hälfte: stoffliche, unbewußte Ebene
Die frei schwebenden Ringe: spirituelle Ebene, entspricht dem
Heiligenschein. Die neue Erde wird einen solchen Ring erhalten.

Chakren

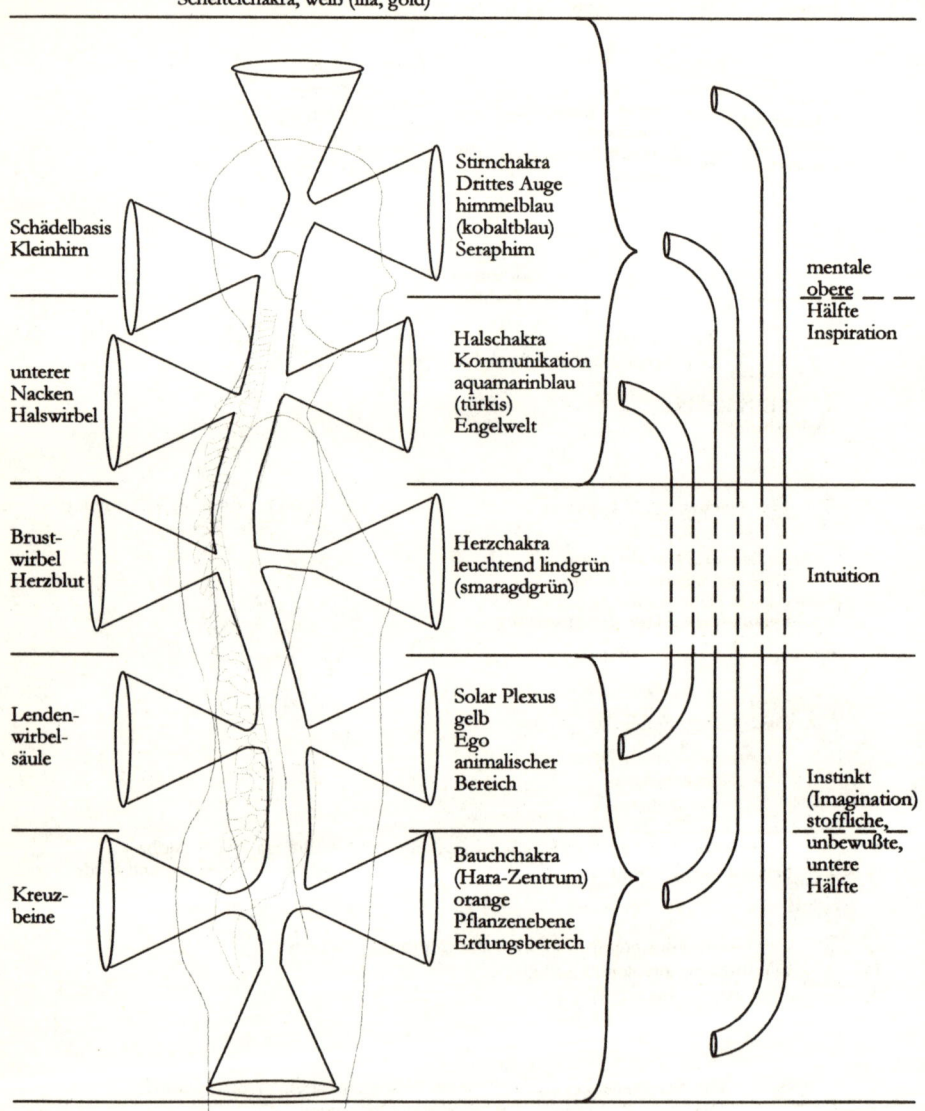

Der Christus
Scheitelchakra, weiß (lila, gold)

Schädelbasis
Kleinhirn

Stirnchakra
Drittes Auge
himmelblau
(kobaltblau)
Seraphim

mentale
obere
Hälfte
Inspiration

unterer
Nacken
Halswirbel

Halschakra
Kommunikation
aquamarinblau
(türkis)
Engelwelt

Brust-
wirbel
Herzblut

Herzchakra
leuchtend lindgrün
(smaragdgrün)

Intuition

Lenden-
wirbel-
säule

Solar Plexus
gelb
Ego
animalischer
Bereich

Instinkt
(Imagination)
stoffliche,
unbewußte,
untere
Hälfte

Kreuz-
beine

Bauchchakra
(Hara-Zentrum)
orange
Pflanzenebene
Erdungsbereich

Wurzelchakra (Steiß)
feuerrot

ursprüngliche Einheit
mineralische Ebene, Gesetz, Zahl

Körperbereich		psychischer Bereich	Töne
	Schädeldecke		H'
hinten	vorn	kosmischer Zugang	
Nacht Schattenseite Hinterkopf (unbemerkt)	Augen, Ohren, Nase Oberkiefer willkürliches Nerven- system	Urteilen, ins Gleichgewicht bringen; erkennen, innere Stimme hören, (Gewissen), inneres Sehen spirituelle Witterung (Nase)	A'
Schulterblätter	Unterkiefer, Zunge Schilddrüse oberer Lungenbereich	reden, schweigen, handeln in Einklang (oder Disharmonie) mit dem Herzen zusammen	G'
Nieren	Lungen Herz Arme, Hände, Haut als Trennung zwischen innen und außen (Nebenaspekt Haut: zu dem betroffenen Körperbereich einordnen in 2.Instanz)	Gefühlsbereich, Lebensodem Geben, die Neue Tat, Sitz der Wahrheit. Liebe, Opferbereitschaft Die Mitte von allem Handeln aus dem Herzen (steigt auf zum 5.Chakra)	F'
	Magen, Galle, Leber Bauchspeicheldrüse Vegetatives Nervensystem Körperenergie	Selbstvertrauen, Selbstwertgefühl Ego-Kraft als induviduelle, tierische Ebene (Ego-Klumpen, bzw. Christus- Sonne) mit der Urfreude an Bewegung an sich und Harmonie und Rhythmus	E'
(Nieren) Ischiasnerv	Blut, Blase, Prostata Gebärmutter Beine und Füße sekundär aus dem Erdungs- bereich	standhalten, wurzeln, erden im Leben, voranschreiten, Zweiheit	D'
	Blut Knochen	ursprüngliche Lebensfreude Lebensmut, Lebenswille im Grundenergiebereich	C'